böhlau

L'Homme Archiv
Band 1

HERAUSGEBERINNEN: Erna Appelt, Innsbruck/Wien; Ingrid Bauer, Salzburg; Mineke Bosch, Maastricht; Susanna Burghartz, Basel; Ute Gerhard, Frankfurt a. M.; Hanna Hacker, Wien; Christa Hämmerle, Wien; Karin Hausen, Berlin; Waltraud Heindl, Wien; Brigitte Mazohl-Wallnig, Innsbruck/Salzburg; Herta Nagl-Docekal, Wien; Edith Saurer, Wien; Regina Schulte, Florenz und Claudia Ulbrich, Berlin.

Monika Bernold/Johanna Gehmacher

Auto/Biographie und Frauenfrage

Tagebücher, Briefwechsel, Politische Schriften
von Mathilde Hanzel-Hübner (1884–1970)

Böhlau Verlag Wien · Köln · Weimar

Gedruckt mit Unterstützung durch
den Fonds zur Förderung der wissenschaftlichen Forschung

Coverillustration: Porträt Mathilde Hanzel, 1915

Bibliographische Information Der Deutschen Bibliothek

Die Deutsche Bibliothek verzeichnet diese Publikation in der
Deutschen Nationalbibliographie; detaillierte bibliografische Angaben sind im Internet über
http://dnb.ddb.de abrufbar.

ISBN 3-205-77094-3

Das Werk ist urheberrechtlich geschützt.
Die dadurch begründeten Rechte,
insbesondere die der Übersetzung, des Nachdruckes,
der Entnahme von Abbildungen, der Funksendung,
der Wiedergabe auf photomechanischem oder
ähnlichem Wege, der Wiedergabe im Internet und
der Speicherung in Datenverarbeitungsanlagen, bleiben,
auch bei nur auszugsweiser Verwertung,
vorbehalten.

© 2003 by Böhlau Verlag Ges. m. b. H. und Co. KG,
Wien · Köln · Weimar
http://www.boehlau.at
Druck: Manz Crossmedia, Wien

Danksagung

Wir danken Gunvor Sramek, Einar Lemche, Viggo Lemche, Fritz Pangratz, Ewald Pangratz und Reinhilt Häusler, daß sie durch die Übergabe des Nachlasses ihrer Großmutter und Schwiegermutter Mathilde Hanzel-Hübner an die ‚Sammlung Frauennachlässe' am Institut für Geschichte der Universität Wien dieses Buch ermöglicht haben. Wir danken Mathilde Hanzel-Hübners Nachfahren auch für ihr wohlwollendes Interesse an diesem Projekt und die fortgesetzte Bereitschaft zu informativen Gesprächen.

Edith Saurer, die das dieser Publikation vorausgegangene Forschungsprojekt geleitet hat, danken wir für vielfältige Unterstützung und Ermutigung sowie für die kontinuierliche Begleitung und konstruktive Kritik unserer Arbeit.

Danken möchten wir schließlich allen, die zur Realisierung dieses Buches beigetragen haben, die mit uns diskutiert und uns motiviert haben. Für ihre professionelle Arbeit und die gute Kooperation bei der Herstellung des Buches danken wir Andreas Burghardt, Bettina Waringer, Eva Reinhold-Weisz und Hedwig Rotter. Für Anregungen, Hilfestellungen und produktive Gespräche bedanken wir uns bei Eva Blimlinger, Andrea Ellmeier, Li Gerhalter, Ela Hornung, Ursula Huber, Juliane Mikoletzky, Verena Pawlowsky, Bertrand Perz, Angela Schweiger, Georg Thaler und Gudrun Wedel.

Inhalt

9 **Vorwort**

13 **Einleitung**
13 ‚Biographie' eines Archivs
19 Namen und Benennungen
22 Die Vizepräsidentin
28 Fragmente einer Auto/Biographie der Frauenfrage

31 **„Von der Hohen Schule der Frauen"**
31 Genealogien
39 Topographien
49 Auftritt einer unbekannten Pionierin
53 Das „pädagogische Luftschloß" oder die Liebe zur darstellenden Geometrie

61 **Auto/Biographien**
61 Lebensgeschichten und Schreibmuster
70 „Lebensübersicht"/en 1953
79 „Curriculum Vitae" 1934
85 „Prägnante Biographie" 1948 (1949)

91 **Photographien**

99 **Ausblick: „Frau Hübner/Passagen" (1899–1918)**
99   Passagen
100 Chronologie und Geheimnis – Tagebücher, Briefwechsel, politische Schriften

111 **Nahaufnahme: Frau Hübner 1907/08**

112 Verdichtungen
115 Dokumente 1907/08
150 Veränderungen

153 **„Auf der Suche nach verlorenen Idealen"**
Aufzeichnungen und Korrespondenzen im Krieg (1940, 1941, 1945)

154 Spiegelungen
159 (Ohne) Zensur. Korrespondenzen
163 Datierungen und Verortungen
170 Dokumente 1: Oktober 1940/Schatten
174 Dokumente 2: April/Mai 1941/Fortsetzungen, Wiederholungen
180 Dokumente 3: 1945/Aufzeichnungen

195 **„Über die Notwendigkeit der Veränderungen**
in der bürgerlichen Gesellschaft"

196 Beate Hanzel: Die Not des Mittelstandes (1910)
203 Rosa Mayreder und Mathilde Hanzel: Brief an Mr. Henderson (1934)
209 Mathilde Hanzel u. a., Frauenforderungen für den Mädchenunterricht (1935–1937)
223 Mathilde Hanzel-Hübner, Die Mütter in der UNO (1947)

235 **Anhang**

235 Ausgewählte biographische Daten zu Mathilde Hanzel-Hübner
237 AutorInnen und AdressatInnen – biographische Angaben
241 Verzeichnis ganz oder teilweise wiedergegebener Dokumente
250 Archive
252 Editionszeichen
253 Literaturverzeichnis

„Frau Hübner/Passagen", 1899–1918 (CD-ROM)

Edith Saurer

Vorwort

Schreiben hatte für Mathilde Hanzel-Hübner, deren Nachlaß die Anregung wie das Material für den vorliegenden Band von Monika Bernold und Johanna Gehmacher darstellte, ein ganzes Leben lang einen hohen Stellenwert. Die ersten Zeilen, die von „Tilly" Hübner erhalten sind, reichen in das Jahr 1894 zurück, als sie gemeinsam mit ihren Geschwistern einen Brief an ihren Vater „Wohlgeboren Herrn Gustav Hübner k.k. Professor" in Wien verfaßte. Zu den letzten Schreiben zählt ein Brief vom 7. März 1963 an Gerhard Zwerenz, den Verfasser des Buches „Wider die deutschen Tabus". In den sieben Jahrzehnten, die zwischen diesen beiden Schriften liegen, hat Hanzel-Hübner nicht aufgehört, mit sich und anderen auf dem Schreibwege zu kommunizieren. Leben und Schreiben waren kein Gegensatz, sondern stellten eine Einheit dar. Die junge „Frauenrechtlerin", „erregt" über die Ungerechtigkeiten, denen sie Frauen ausgesetzt sieht, entwickelt Vorstellungen, die sie zum Handeln motivieren. Sie wird Mitglied und Vizepräsidentin des ‚Allgemeinen Österreichischen Frauenvereins'. Politisch engagiert blieb sie bis zu ihrem Tode, ihre Sichtweisen änderten sich, aber die „Frauenfrage" blieb *ihr* Anliegen. Sie heiratete, zog zwei Töchter auf, war Bürgerschullehrerin, bis das „Doppelverdienergesetz" von 1933 dies unmöglich machte. Das Schreiben stellt eine Kontinuität ihres Lebens her, sicher nicht die einzige, aber eine zentrale. Sie schrieb und sammelte das Geschriebene: Briefe, die an sie adressiert waren, ihre eigenen Tagebücher und jene von Familienangehörigen, Kalender, Exzerpte, Arbeitsmaterialien, Photographien. Ihre Töchter und Enkelkinder sowie deren Familienangehörige hielten sich nach ihrem Tod an diese von ihr vorgegebenen Regeln. Es entstand der Gedächtnisspeicher „Familienarchiv", dessen Beachtung in einer bürgerlichen Familie dieser Zeit eine Ausnahme darstellte.

Der umfangreiche Nachlaß, den Mathilde Hanzel-Hübner hinterlassen hat, war nicht nur die Voraussetzung für das Verfassen des vorliegenden Bandes, sondern auch die materielle Initialzündung für die Gründung der ‚Sammlung Frauennachlässe' am Institut für Geschichte. Als im Jahre 1989 eine Gruppe von Historikerinnen, zu denen auch Monika Bernold gehörte, eine Ausstellung zum Thema „70 Jahre Frauenwahlrecht" vorbereitete und autobiographische Quellen zu diesem Thema suchte, hat sich auf ein eingeschaltetes Inserat in einer Straßenbahnzeitung Gunvor Sramek telefonisch gemeldet. Sie erzählte vom Engagement ihrer Großmutter in der Frauen- und der Friedensbewegung. Der Name war mir aus der Geschichte der österreichischen Frauenbewegung nicht bekannt, aber das Angebot in seiner Vielfalt an unterschiedlichen Textdokumenten verlockend, und ich holte den Nachlaß aus einer Villa in der Werkbundsiedlung im 14. Wiener Gemeindebezirk und brachte ihn an die Universität Wien im 1. Bezirk. Das ist keine große Strecke, aber sie war entscheidend für die weitere Geschichte von Mathilde Hanzel-Hübner, für das Institut für Geschichte und natürlich die beiden Autorinnen. Johanna Gehmacher begann den Nachlaß zu ordnen und durch Gespräche mit den Nachlaßgeber/inne/n zu kontextualisieren. Im Zuge dessen gelangten noch weitere Stücke des Nachlasses ins Institut. Was auch geschah, nachdem Monika Bernold in das vom Fonds zur Förderung der wissenschaftlichen Forschung geförderte und von mir geleitete Projekt eintrat. Der Raum, in dem der Nachlaß Hanzel-Hübner untergebracht wurde, wurde auch der Raum, in dem die beiden Autorinnen drei Jahre lang die Texte für die Edition aufbereiteten. Die Wände waren zugedeckt mit Familienphotos und Genealogien, Netzwerkdarstellungen und Textentwürfen. Mathilde Hanzel-Hübner hat in die Geschichtswissenschaft Einzug gehalten, und die Voraussetzungen dazu hat sie, die sich im politischen Leben immer im Hintergrund gehalten hatte, durch ihren Nachlaß selbst geschaffen.

Heute, im Jahr 2003, umfaßt die damals begonnene ‚Sammlung Frauennachlässe' sechzig Nachlässe, die teilweise in das 18. Jahrhundert zurückreichen und über Österreich hinausgehen, und dies dank des Engagements von Christa Hämmerle und in der jüngsten Zeit auch Li Gerhalters.[1] Die Geschichte der ‚Sammlung Frauennachlässe' am Institut für Geschichte erschöpft sich nicht in dem bisher Dargestellten, das Lebensgeschichten, Erinnerungen, Ausstellungen, Projekte und deren Verschränkungen umfaßt. Das Interesse an den „Frauennachlässen" ist Teil der historiographischen Entwicklung der letzten Jahrzehnte. Die Frauengeschichte wollte Frauen sichtbar machen. Dazu bedurfte es neuer Fragestellungen, Methoden und Quellen. Autobiographieforschung, „Ego Geschichte" intendierten das Aufdecken und die Analyse der Subjektivität als vernachlässigten Wirkungsfaktor der Geschichte. Die ‚Sammlung Frauennachlässe' ist in beiden Traditionen verankert. Ihr Sammlungsgut sind Briefe, Tagebücher, Photographien, Rechnungsbücher etc., nicht aber Autobiographien. Diese bewahrt eine andere Institution an der Universität Wien, die ‚Dokumentation lebensgeschichtlicher Aufzeichnungen' am Institut für Wirtschafts- und Sozialgeschichte.

„Auto/Biographie und Frauenfrage" eröffnet die Reihe ‚L'Homme Archiv. Quellen zur Feministischen Geschichtswissenschaft'.[2] Diese Quellen stellen ein Desiderat von Forschung und Lehre dar; in der langen Tradition der Editionswelten fehlen solide Bausteine zur Frauen- und Geschlechtergeschichte. ‚L'Homme Archiv' soll auch Neuauflagen von Klassikern/Klassikerinnen des Faches veröffentlichen und in einen historiographisch-wissenschaftsgeschichtlichen Zusammenhang stellen.

---

1   Nähere Informationen unter http://www.univie.ac.at/geschichte/sfn
2   Seit 1990 erscheint „L'Homme. Zeitschrift für Feministische Geschichtswissenschaft", seit 1995 „L'Homme Schriften. Schriften zur Feministischen Geschichtswissenschaft".

Monika Bernold und Johanna Gehmacher haben in „Auto/Biographie und Frauenfrage" die Herausforderung, die eine Quellenedition stellt, auf innovative Weise bewältigt, indem sie über die traditionellen Anforderungen der Editionstechnik hinausgehen und Reflexion als notwendigen Teil der Kommentierung auffassen. Sie zeigen, wie Mathilde Hanzel-Hübners Lebensgeschichte unter vielfältigen Perspektiven zu fassen ist, wie sie aber auch die Frauengeschichte des 20. Jahrhunderts in ihren Grundproblemen und in ihren Möglichkeiten zum Ausdruck bringt. Die Autorinnen haben Quellen und Annotationen, Forschungsfragen und Kommentare auf eine ebenso fundierte wie anregende Weise zu verbinden gewußt. Daß sie das tun konnten, geht auch auf ihre Fähigkeit zur produktiven Zusammenarbeit zurück. Und dies braucht die Forschung mehr denn je.

Einleitung

‚Biographie' eines Archivs

Am Anfang war das Archiv. Die fast unüberblickbare Menge von Dokumenten aus dem Nachlaß der pensionierten Oberschulrätin Mathilde Hanzel-Hübner und ihrer Familie füllt 92 Archivschachteln. Darunter befinden sich private Korrespondenzen und Tagebücher ebenso wie Dokumente zur Geschichte der Frauen- und Friedensbewegung in den dreißiger Jahren, Familienphotographien über viele Jahrzehnte, zum Teil detaillierte Aufzeichnungen über die finanziellen Verhältnisse einer Lehrerfamilie, eine umfassende Dokumentation des Bildungs- und Berufsweges von Mathilde Hanzel-Hübner, unveröffentlichte politische Konzepte ebenso wie Publikationen zu den Fragen Frieden und Mädchenbildung. Sichtbar wird das Leben einer in den achtziger Jahren des 19. Jahrhunderts geborenen Frau, die schon früh an Bildung interessiert war, vor dem Ersten Weltkrieg in der radikalen Frauenbewegung aktiv war und sich ihr Leben lang in frauen-, friedens- und bildungspolitischen Fragen engagierte.

Wenn am Anfang das Archiv stand, kommt also hier das ‚Material' vor der Frage? Wir verstehen unsere Arbeit keineswegs in solch quellenpositivistischer Manier. Vielmehr gehen wir davon aus, daß ein Archiv wie der von uns bearbeitete Nachlaß, den wir in einem – in doppelter Weise ‚unmöglichen' – Akt der Aneignung bisweilen ‚unser' Archiv nennen, immer schon von unterschiedlichsten – einander auch widersprechenden – Fragen und Anliegen konstituiert ist. Am Beispiel des Nachlasses von Mathilde Hanzel-Hübner lassen sich eine Reihe von Interessen ausmachen, die ihn in seiner heutigen Form erst hergestellt haben. Da ist zuerst Mathilde Hanzel-Hübners Interesse an ihrer Selbst-Dokumentation zu nennen. Sie hat trotz enger Wohnungsverhältnisse, mehrerer Wohnungswechsel und zweier Kriege nicht nur ihr eigenes Leben akribisch dokumentiert, sondern etwa auch Briefe ihrer Mutter und ein Tagebuch ihres Vaters aufbewahrt. Den Hintergründen dieses Interesses nachzugehen, zählt bereits zu den Fragestellungen unserer Auseinandersetzung mit ihrem Nachlaß. Die Kinder und Enkelkinder von Mathilde Hanzel-Hübner wiederum haben die große Menge an schriftlichem Material ihrer Mutter und Großmutter übernommen und aufgehoben. Damit verbanden sich, so glauben wir, auch eigene Fragen – etwa, um nur ein Beispiel zu nennen, die Frage nach dem politischen Verhalten der Großeltern in der Zeit des Nationalsozialismus, wie sie von den Enkeln mehrfach an uns herangetragen wurde. Eine weitere dieses Archiv konstituierende Frage stellt das dokumentarische Interesse im Kontext der Frauen- und Geschlechtergeschichte dar, durch das Mathilde Hanzel-Hübners Nachlaß erst am Institut für Geschichte der Universität Wien Platz gefunden hat. Im Rahmen der ‚Sammlung Frauennachlässe' dieses Instituts werden Quellenbestände gesammelt und bearbeitet, die bis vor kurzem noch als ‚nicht geschichtswürdig' galten. Eine Vielzahl von höchst unterschiedlichen und wohl zum Teil auch widersprüchlichen Fragen hat also das Archiv, mit dem wir nun arbeiten, hergestellt – und auch immer wieder verändert. So hat Mathilde Hanzel-Hübner selbst ihre Dokumente wohl zuerst nach pragmatischen Gesichtspunkten ihrer Verwendung geordnet. Zugleich finden sich aber (etwa in der Form von Bündelungen und Beschriftungen) Hinweise darauf, daß sie im hohen Alter einen Teil ihrer Papiere durchgesehen und nach inhaltlichen Kriterien geordnet hat. Darüber hinaus haben aber auch die Interessen anderer Menschen Spuren hinterlassen – so könnten die unterschiedlichen Aufbewahrungsorte der einzelnen Nachlaßbestandteile darauf hindeuten, daß Mathilde Hanzel-Hübners Nachfahren jeweils an unterschiedlichen Dokumenten Interesse hatten – in ihnen vielleicht auch manches nachlesen wollten. Ähnliches gilt schließlich für die sukzessive Überleitung des Nachlasses in die ‚Sammlung Frauennachlässe'. Während die erste Durchsicht der Materialien noch mit jener Fragestellung im Zusammenhang stand, in deren Kontext die ersten Nachlaßteile ins Institut für Geschichte kamen, war die spätere Arbeit mit den Dokumenten eher vom Interesse an einer umfassenden Erfassung getragen. Dabei wurden allerdings sicher nochmals Ordnungszusammenhänge zerstört, deren Sinn durch den fragmentarischen Charakter der ersten Teilbestände nicht erschließbar war.

Es ging also schon in einem ersten Zugang nicht darum, die ‚Realität' aus den Quellen abzulesen, sondern darum, die Fragen zu rekonstruieren, die ihre spezifische Aufschichtung produziert haben. Die Fragen, die wir schließlich bei der Entwicklung dieses Editionsprojektes gestellt haben, laufen zum Teil parallel mit den verschiedenen Anliegen, die das von uns bearbeitete Archiv konstituiert haben, zum Teil liegen sie quer dazu. Sie konzentrierten sich um zwei Themenfelder: die Auseinandersetzung mit der Geschichte der Frauenbewegung und ihren sozialen und politischen Forderungen und die biographietheoretische Frage der Selbstthematisierung, für die uns Mathilde Hanzel-Hübners so ausführliche Selbstdokumentation ein guter Ausgangspunkt schien.

Bei der Annäherung an die verschiedenen Dokumente ‚unseres' Archivs entsteht das Bild einer Figur, die im Zentrum all dessen steht, Mathilde Hanzel-Hübner. Die realitätsmächtige Vorstellung von der Einheit der Biographie, die ihren Niederschlag in Konventionen der Aufzeichnung von eigenem und fremdem Leben gefunden hat, wie auch die im Laufe der Arbeit zunehmende affektive Besetzung der ‚Heldin' ließen trotz der Fülle der Dokumente eine Reihe von Leerstellen sichtbar werden. Neben Jahren intensivster Selbstdokumentation Mathilde Hanzel-Hübners finden sich auch lange Abschnitte, aus denen nur wenige Aufzeichnungen und/oder Briefe vorhanden sind. Manche Lebensbereiche sind ausführlich beschrieben, andere werden von uns nur als relevant vermutet – was das Fehlen diesbezüglicher Dokumente zum frag-würdigen Faktum macht. Wieder andere Aspekte – etwa Mathilde Hanzel-Hübners Aktivitäten im ‚Allgemeinen österreichischen Frauenverein', die unter anderem in der Zeitschrift ‚Neues Frauenleben'[1] dokumentiert sind – sind im

---

1   Vgl. dazu das Kapitel „Frau Hübner/Passagen" (CD-ROM), Kommentar 4

Lauf unserer Recherchen zutage getreten, wären aber bei einer Beschränkung auf das uns im Nachlaß zur Verfügung stehende Material kaum sichtbar geworden. Wenn wir also in all dieser Fülle an Dokumenten immer wieder mit Erfahrungen des Mangels konfrontiert sind, so ist dies aus der Perspektive mancher unserer Fragestellungen als Defizit zu bezeichnen. In bezug auf das umfassendere Editionsprojekt haben diese offensichtlichen Lücken allerdings den Vorteil, uns immer wieder an den fragmentarischen und vorläufigen Charakter nicht nur jeder biographischen, sondern jeder historiographischen Annäherung zu erinnern.

Am Anfang war das Archiv noch klein. Zwei Bananenschachteln mit Briefen und Aufzeichnungen hatten die Enkel von Mathilde Hanzel-Hübner der ‚Sammlung Frauennachlässe' am Institut für Geschichte überlassen. Sie folgten damit einem Aufruf, der 1989 in einer in allen Wiener U-Bahnen und Straßenbahnen aufliegenden Zeitschrift erschienen war. Der von Monika Bernold verfaßte kurze Text wies auf eine Ausstellung hin, die eine Gruppe von Historikerinnen unter der Leitung von Edith Saurer anläßlich des siebzigjährigen Jubiläums der Einführung des Frauenwahlrechts gestaltete, und bat um die Überlassung von Nachlässen, in denen diesbezügliche Dokumente zu erwarten sein konnten. Nach einer ersten Durchsicht ergab der Nachlaß einer Frauenrechtlerin, als welcher die beiden Schachteln ins Institut gekommen waren, keine unmittelbar für die Ausstellung verwendbaren Dokumente. Die Materialien wurden daher vorerst ohne weitere Bearbeitung aufbewahrt. Im Rahmen einer zeitlich begrenzten Karenzvertretung am Institut für Geschichte hat Johanna Gehmacher 1993 diesen Nachlaß geordnet und verzeichnet. Im Zusammenhang mit diesen Arbeiten hat sie Kontakt mit den Nachfahren aufgenommen und – zum Teil gemeinsam mit Edith Saurer – mit Mathilde Hanzel-Hübners Enkelkindern Gunvor Sramek und Ewald Pangratz sowie mit dem Schwiegersohn Fritz Pangratz Erinnerungsinterviews durchgeführt. In der Folge wurden dem Institut von den Erben weitere umfangreiche Bestände zu Mathilde Hanzel-Hübner überlassen. Ein großer Teil der neuen Dokumente – darunter unter anderem das Tagebuch Mathilde Hanzel-Hübners aus dem Zweiten Weltkrieg oder eine umfangreiche mit Photographien versehene Ahnentafel der Familien Hanzel und Hübner – kam aus dem Nachlaß von deren in Dänemark verstorbener Tochter Ruthilt Lemche.

Im darauffolgenden Jahr konzipierten wir unter der Projektleitung von Edith Saurer das vorliegende Editionsprojekt aus dem Nachlaß von Mathilde Hanzel-Hübner. Das Projekt wurde beim Fonds zur Förderung der wissenschaftlichen Forschung eingereicht und zuerst für ein Jahr und nach einem Folgeantrag für ein weiteres Jahr gefördert. Im Zuge der im Dezember 1996 aufgenommenen Projektarbeiten wurde nicht nur ein weiteres Erinnerungsinterview – mit Ewald Pangratz und seiner Schwester Reinhilt Häusler – durchgeführt, die Enkelkinder übergaben auch nochmals eine Reihe von Dokumenten, darunter insbesondere die Tagebücher von Mathilde Hübner vor ihrer Verheiratung, Teile des Feldpostbriefwechsels des Ehepaares Hanzel aus dem Ersten Weltkrieg sowie das Protokoll einer Tonbandaufzeichnung der Lebenserinnerungen von Mathilde Hanzel-Hübner. Die Bestände kamen aus mehreren Haushalten – von Gunvor Sramek und ihrer Familie, die Mathilde

Hanzel-Hübners Wohnung übernommen hatten, aus dem Haus der Familie Pangratz, wo Mathilde Hanzel-Hübner ihre letzten Lebensjahre verbracht hatte und wo Ewald Pangratz nach dem Tod seines Vaters Fritz Pangratz die noch vorhandenen Dokumente zu sichten begann, sowie von Gunvor Srameks Bruder Viggo Lemche aus Dänemark. Die so disparaten Aufbewahrungsorte geben neben der Vielzahl der in der Dokumentensammlung aufgehobenen Fragen eine weitere Erklärung für die Heterogenität des aus bislang drei Teilnachlässen bestehenden Archivs. Der langsame Proceß seiner Zusammenfügung hat uns immer wieder von abschließenden Thesen – etwa hinsichtlich der Bedeutung bestimmter Lücken – abgehalten, er hat uns gleichwohl auch in einen Zustand projektiver Anspannung versetzt, der uns immer wieder ganz bestimmte Dokumente – so etwa die Korrespondenz des ‚Allgemeinen österreichischen Frauenvereins', dessen Schriftführerin und später Vizepräsidentin Mathilde Hanzel-Hübner war – erhoffen ließ. Uns heute besonders wertvolle Stücke der späteren Lieferungen wie etwa den Großteil der Tagebücher hingegen hätten wir, bevor wir sie erhalten haben, niemals für existent gehalten.

Zu den besonderen Stücken des Archivs in seinem derzeitigen Zustand zählen unter anderem ein über mehr als ein Jahrzehnt dauerndes Tagebuch des Mädchens/der jungen Frau Mathilde Hübner vom Beginn dieses Jahrhunderts sowie ihr Tagebuch aus den Jahren während und nach dem Zweiten Weltkrieg und eine Reihe von (kurzen) autobiographischen Texten aus verschiedenen Phasen ihres Lebens. Kontextualisierbar sind diese Dokumente durch die ebenfalls im Archiv enthaltenen Korrespondenzen junger Lehrerinnen mit Mathilde Hanzel-Hübner kurz nach der Jahrhundertwende, die nicht nur deren Lebensentwürfe und -perspektiven detailreich sichtbar machen, sondern durch eine fünfzig Jahre später erstellte Sammlung von Autobiographien dieser alle einem Jahrgang der Lehrerinnenbildungsanstalt angehörenden Frauen ergänzt und konterkariert werden. Über Kalender und Arbeitsunterlagen von Mathilde Hanzel-Hübner ebenso wie über wiederkehrende Thematisierungen in ihrer Korrespondenz ist schließlich der Arbeitsalltag einer Bürgerschul- (später: Hauptschul-)Lehrerin dokumentiert, die vom Abschluß der Lehrerinnenbildungsanstalt 1903 bis zu ihrer Pensionierung 1934 durchgehend berufstätig war.

Sozialgeschichtlich besonders wertvoll erscheint unter anderem auch die über mehrere Generationen und mehr als ein Jahrhundert reichende Privatkorrespondenz einer bildungsbürgerlichen Familie, die von einem Brief, den Mathilde Hanzel-Hübners Mutter Agnes Coulon in der Mitte des 19. Jahrhunderts als Mädchen im Nymphenburger Internat erhielt, über die Hochzeitsgratulationen für Mathilde Hübner und Ottokar Hanzel vor dem Ersten Weltkrieg bis zu den Beileidsschreiben nach Mathilde Hanzel-Hübners Tod im Jahr 1970 reicht. Darunter finden sich zum Beispiel der fast vollständige – mehr als 2000 Schreiben umfassende – Feldpostbriefwechsel des Ehepaares Hanzel-Hübner während des Ersten Weltkrieges oder die über mehrere Jahrzehnte reichende regelmäßige Korrespondenz zwischen Mathilde Hanzel-Hübner und ihrer seit 1935 in Dänemark lebenden Tochter Ruthilt Lemche, die von beiden Seiten erhalten ist.

Auch eine Reihe von Aspekten der Frauenbewegungen im 20. Jahrhundert ist in dem Nachlaß von Mathilde Hanzel-Hübner dokumentiert. Mathilde Hanzel-Hübner war vor dem Ersten Weltkrieg über mehrere Jahre Vorstandsmitglied des ‚Allgemeinen österreichischen Frauenvereins' – zuerst als Schriftführerin, dann als Vizepräsidentin des Vereins. In den dreißiger Jahren war sie insbesondere im Rahmen der ‚Internationalen Frauenliga für Frieden und Freiheit' sowohl in Friedensfragen als auch in Fragen der Verbesserung der Mädchenbildung tätig – Anliegen, die sie auch nach dem Zweiten Weltkrieg nochmals aufnahm. Der Schwerpunkt der hier überlieferten Dokumente liegt auf den dreißiger Jahren, aus denen vielfältige Arbeitsunterlagen wie Konzepte, Sitzungsprotokolle, Adreßverzeichnisse, Korrespondenzen und auch Dokumentationen von Aktivitäten erhalten sind. Mathilde Hanzel-Hübners Beteiligung an der radikalen Frauenbewegung vor dem Ersten Weltkrieg spiegelt sich hingegen vor allem in (zum Teil in Form von Notizen, zum Teil in detailliert ausgearbeiteten Essays niedergelegten) Überlegungen zu Fragen des Geschlechterverhältnisses, die sie in ihren Tagebüchern und Notizheften angestellt hat. In den Kampf um die Frauenbildung hat sie auch persönlich durch das jahrelange Bemühen um ihre Zulassung zur Technischen Hochschule investiert. Ihr diesbezüglicher Briefwechsel mit Ministerium und Professorenkollegium der Technischen Hochschule ist in ihrem Nachlaß ebenfalls erhalten.

Trotz dieser im Rahmen eines zweijährigen Forschungsprojektes gar nicht zu bearbeitenden Dokumentenfülle haben uns die im Forschungsprozeß entstandenen Fragen angesichts der ‚Lücken' der uns zur Verfügung stehenden Materialien bald auch in andere Archive geführt. Erfolgreich waren wir unter anderem in der Handschriftenabteilung der Wiener Stadt- und Landesbibliothek, wo der Nachlaß der langjährigen Präsidentin des ‚Allgemeinen österreichischen Frauenvereins', Auguste Fickert, aufbewahrt ist, im Österreichischen Staatsarchiv, wo sich unter anderem in den Akten des Unterrichtsministeriums Niederschläge von Mathilde Hanzel-Hübners Kampf um die Verbesserung der Mädchenbildung finden, und im Archiv der Technischen Universität Wien, wo ihre Eingaben um die Zulassung zu dieser Hochschule dokumentiert sind. Im Archiv der Technischen Universität Wien wie auch im Wiener Universitätsarchiv gingen wir dem Ausbildungsweg von Mathilde Hanzel-Hübners Ehemann Ottokar Hanzel nach. Einige Dokumente aus Mathilde Hanzel-Hübners Personalakt als Lehrerin konnten wir im Archiv des Wiener Stadtschulrates einsehen. Bei der Auseinandersetzung mit Mathilde Hanzel-Hübners Aktivitäten im Kontext der ‚Internationalen Frauenliga für Frieden und Freiheit' haben wir uns insbesondere an zwei Archive gewandt: das Archiv des ‚Bundes Österreichischer Frauenvereine' und das Sonderarchiv in Moskau, wo unter anderem große Bestände zu österreichischen Vereinen lagern, die von der sowjetischen Verwaltung zwischen 1945 und 1955 nach Moskau gebracht wurden. Die Verantwortlichen des ‚Bundes Österreichischer Frauenvereine' konnten uns mangels personeller Ausstattung den Zugang zu ihrem Archiv nicht ermöglichen. Ins Moskauer Sonderarchiv konnten wir mit Unterstützung des Fonds zur Förderung der wissenschaftlichen Forschung im Mai 1998 eine Archivreise durchführen, die umfangreiches Material zur nach wie vor nahezu gänzlich unerforschten Geschichte des österreichischen Zweigs der ‚Internationalen Frauenliga für Frieden und Freiheit' erbracht hat.

Vor dem Weg in andere Archive aber stand die Auseinandersetzung mit dem von Mathilde Hanzel-Hübner hinterlassenen Archiv. Wir gingen dabei mit zwei unterschiedlichen Strategien an die Bestände heran. Zum einen versuchten wir – dem Bild der archäologischen Grabung folgend – die verschiedenen ‚Schichtungen' der Materialien und der dahinter zu vermutenden Dokumentationsinteressen und Fragen zu erfahren. Aus diesem Grund haben wir die verschiedenen Herkunftsorte sowie die unterschiedlichen Übergabezeitpunkte so genau wie möglich erhoben und dokumentiert. Ebenso haben wir, wo irgendeine vorgegebene Ordnung erkennbar war, diese bestehen lassen. Zum anderen aber machten es die Heterogenität und nicht mehr nachvollziehbare Umschichtungen auch notwendig, die Bestände nach Sinnzusammenhängen und entlang einer groben Chronologie zu ordnen. Über das gesamte Archiv haben wir ein detailliertes Verzeichnis angelegt. Das heißt, wir haben alle vorhandenen Bestände relativ genau – und auch mehrfach – gesichtet. Es war uns aber nicht möglich, alle vorhandenen Materialien auch zu bearbeiten – hier würden etwa nur der Feldpostbriefwechsel des Ehepaares Hanzel oder auch die Bestände zur ‚Internationalen Frauenliga für Frieden und Freiheit' eigener Forschungsprojekte bedürfen. Jene Dokumente, mit denen wir – ausgehend von unseren Forschungsfragen – ausführlicher gearbeitet haben, haben wir über die Grobverzeichnung hinaus beschlagwortet, exzerpiert und in eine Datenbank eingearbeitet. Die im Verlauf dieses Prozesses für die Edition ausgewählten Dokumente haben Li Gerhalter und Angela Schweiger mit großer Sorgfalt transkribiert. Feinanalysen und Kürzungen konnten dann anhand dieser Transkripte erstellt werden.

Die Form der Darstellung, zu der wir uns entschlossen haben, nennen wir eine kommentierte biographische Edition. Wir haben also entlang biographischer Fragestellungen eine Reihe von Dokumenten aus dem Nachlaß von Mathilde Hanzel-Hübner – insbesondere Tagebücher, Korrespondenzen und Aufsätze bzw. Konzepte – ausgewählt, die wir in transkribierter Form – zum Teil gekürzt, zum Teil ungekürzt – in diesem Band edieren. Es ist dabei nicht unser Anliegen, *eine* Biographie von Mathilde Hanzel-Hübner – sei es durch unsere Texte, sei es in der Zusammenstellung der Dokumente – herzustellen. Vielmehr wollen wir der Fiktion der linearen Darstellbarkeit von Biographie im Stile des Entwicklungsromans mit der Vorstellung einer Reihe unterschiedlicher Perspektiven entgegentreten. Die Dokumente sind dabei von zwei verschiedenen Arten von Kommentaren begleitet. Zum einen enthält der Band von uns verfaßte längere Texte, die bestimmte biographische, biographietheoretische und historische Fragestellungen eingehend diskutieren. Zum anderen gibt es eine Vielzahl von Kurzkommentaren, die zum Teil ein konkretes Dokument kontextualisieren, zum Teil kommentierend in den umfassendsten Editionsteil – das an Mathilde Hanzel-Hübners Tagebuch orientierte Kapitel „Frau Hübner/Passagen" – hineinschneiden, das auf der dem Buch beigelegten CD-ROM zugänglich ist.

Was hier allerdings als linearer Prozeß der ‚Biographie eines Archivs' und dem daraus entstehenden Buch erscheint, war freilich eine von vielen Ungleichzeitigkeiten, Umwegen und auch Zufällen gekennzeichnete Entwicklung. Das beginnt schon mit der Geschichte des Archivs selbst – so hatten wir beide in ganz unterschiedlichen Zusammenhängen mit dem sukzessiven Transfer der Materialien in die ‚Sammlung Frauennachlässe' zu tun, ohne noch zu wissen, daß sich damit einmal ein jahrelanges gemeinsames Forschungsprojekt verbinden würde. Es gilt auch für die Differenz(en) zwischen den Fragestellungen und Anliegen, durch die der Nachlaß von Mathilde Hanzel und ihrer Familie an das Institut für Geschichte kam, und jenen Forschungskontexten, in die wir die Dokumente mit unserem Forschungsprojekt stellten. Es gilt schließlich auch für den Prozeß der konkreten Auswahl der Dokumente, die wir edieren bzw. zur Grundlage unserer Analysen machen wollten. Dieser Prozeß war – und dies war eine schon zu Projektbeginn intendierte methodische Grundlage – stark dialogisch strukturiert. D. h., wir haben nicht von vornherein die Arbeiten in Felder aufgeteilt, um dann mehr oder weniger unabhängig voneinander Einzelteile dieses Bandes herzustellen, sondern wir haben unsere jeweiligen Perspektiven auf die Dokumente, aber auch unsere wechselnden Besetzungen der ‚Heldin', mit der wir uns auseinandersetzten, permanent miteinander diskutiert. Regelmäßige Diskussionen über inhaltliche und methodische Fragen mit unserer Projektleiterin Edith Saurer ermöglichten uns die Überprüfung und Reformulierung unserer Forschungshypothesen. Darüber hinaus bildeten Gespräche mit KollegInnen, StudentInnen und FreundInnen einen wichtigen Rahmen unserer intersubjektiven Zugangsweise.

Namen und Benennungen

Wir nennen die Frau, die in dieser Fülle von Dokumenten in den verschiedensten Facetten und Perspektiven vorkommt, in unserer täglichen Arbeit „Tilly". Diese Benennung basiert auf keiner bewußten Entscheidung, sondern hat sich aus sowohl pragmatischen wie affektiven Gründen verfestigt und eine solche Bedeutung erlangt, daß auch FreundInnen und KollegInnen, die wir durch unsere Erzählungen für unsere Arbeit interessiert haben, sich nach ‚Tilly' erkundigen. Die darin enthaltenen Absurditäten – sie fragen nach einer ihnen gänzlich fremden Frau durch die bloße Nennung ihres Vornamens, und sie fragen nach dem ‚Wohlergehen' von jemandem, die schon lange verstorben ist – machen den projektiven Charakter dieser Benennung deutlich. Wenn das Wort ‚Tilly' jemanden/etwas benennt, so weniger die Oberschulrätin Mathilde Hanzel-Hübner, deren Nachlaß wir bearbeiten, sondern vielmehr unser Projekt, unsere Fragen an die Dokumente, die sie hinterlassen hat.

Die Verwendung des Kürzels „Tilly" macht aus arbeitspragmatischer Perspektive allerdings durchaus Sinn. Denn „Mathilde Hanzel-Hübner" ist für den täglichen Gebrauch nicht nur lang, es ist auch nicht immer korrekt. Die unter diesem summarischen Namen bezeichnete Person hat in ihrem langen Leben eine Reihe von formellen und informellen Namen getragen. Mathilde Beata Maria Hübner wurde 1884 als dritte von fünf Töchtern eines Gymnasialprofessors und einer ehemaligen Gouvernante geboren. In ihrer Familie wie auch unter ihren Freundinnen wurde sie Tilly genannt. Tilly bzw. Mathilde Hübner war eine lernbegierige junge Frau, die nicht nur die Lehrerinnenbildungsanstalt absolvierte, um danach (ab 1903) als Lehrerin berufstätig zu werden, sondern auch mit zumindest teilweisem Erfolg um die Zulassung zur Technischen Hochschule gekämpft hat.[2] Frau Hübner wurde sie in den Kreisen des ‚Allgemeinen österreichischen Frauenvereins' genannt, wo man um die Abschaffung des diskriminierenden Diminutivs „Fräulein" bemüht war.[3] Nach der 1910 erfolgten Verheiratung mit ihrem privaten Lehrer und Liebhaber Ottokar Hanzel war ihr bürgerlicher Name Mathilde Hanzel, im privaten Briefverkehr mit ihrem Mann unterschrieb sie oft mit „Tilo", einer Koseform ihres Vornamens, aber auch der Vorname „Tilly" blieb in freundschaftlichen wie familiären Kontexten erhalten. Mit „Tilly Hübner" unterzeichnete sie auch weiterhin bisweilen, später verwendete sie – insbesondere in politischen Kontexten – gerne den Doppelnamen Hanzel-Hübner; ein Verfahren zur formellen Annahme dieses Namens ist allerdings nicht dokumentiert. Zu diesen wechselnden Namen kommen noch die sich ändernden Titel: aus der provisorischen Lehrerin Mathilde Hübner wurde die Bürgerschullehrerin Mathilde Hanzel, die Schulrätin und später die Oberschulrätin Mathilde Hanzel – eine Bezeichnung, auf die sie, wie die Enkel berichtet haben, bis zu ihrem Tod 1970 großen Wert legte. Der fiktiven Kontinuität unserer Benennung „Tilly" steht also die Diskontinuität des Namens der in den Quellen auftretenden Protagonistin gegenüber. Die vielfältigen Verflechtungen zwischen privater und familiärer, beruflicher und politischer Biographie kommen darin zum Ausdruck. Diese Interferenzen versuchen wir auf den unterschiedlichen Darstellungsebenen sichtbar zu machen. Wir werden daher im folgenden in unseren Quellenangaben den jeweils rechtlich korrekten Namen – Mathilde Hübner bzw. Mathilde Hanzel – verwenden. Die verschiedenen informellen Namen wie auch formelle Titel werden demgegenüber in Text und Adressierungen der abgedruckten Dokumente sichtbar.

In den von uns verfaßten Kommentaren und biographischen Texten hingegen haben wir uns entschlossen, anstelle der wechselnden formellen und informellen Namen eine kontinuierliche – und damit von uns gewählte – Benennung beizubehalten. Gleichwohl erschien uns der intimisierende Kosename Tilly, der zudem unser besonderes Interesse für bestimmte Aspekte der von uns untersuchten Biographie zum Ausdruck bringt, problematisch gerade wegen der darin ausgedrückten Nähe. Es ist ein immer wieder zu beobachtendes Phäno-

---

[2] Zur Geschichte ihrer Sozialisation und ihrer Bildungskarriere vgl. das Kapitel „Von der Hohen Schule der Frauen"

[3] Zur Forderung nach Einführung des Titels „Frau" für unverheiratete Frauen vgl. das Kapitel „Frau Hübner/Passagen" (CD-ROM), Kommentar 11

men, daß über Frauen schnell mit ihrem Vornamen gesprochen wird. Vermag dies auch die Instabilität des Nachnamens von Frauen zugleich zu bewältigen und zu problematisieren, so trägt es doch immer auch den Charakter von Nicht-Öffentlichkeit mit allen damit verbundenen Entwertungen. Der scheinbar so freundliche Akt der ‚Annäherung' entzieht der damit beschriebenen Figur Bedeutung – und so finden sich auch wohl kaum Biographien von Männern, die diese durchgängig mit dem Vornamen bezeichnen. Tilly braucht also einen Nachnamen, der freilich nicht durchgängig zu haben ist. Hier kam uns allerdings der Zufall zuhilfe, daß ihre beiden Nachnamen mit „H" beginnen. Wir verwenden daher in unseren kommentierenden, fragenden oder erzählenden Texten den von uns ‚erfundenen' Namen „Tilly H.". Wird darin sowohl Distanz wie Verfremdung hörbar und sichtbar, so ist diese Irritation, die der Homogenisierung des entstehenden Bildes entgegenwirken soll, unsere ausdrückliche Intention.

Die Verwendung des fiktiven Namens „Tilly H." soll zum einen die Differenz zwischen der von uns konstruierten Akteurin und der in den einzelnen Dokumenten sprechenden bzw. benannten Person sichtbar machen. Zum anderen aber soll er die Gemeinsamkeit unseres Projektes deutlich machen. Denn wiewohl wir unsere Forschungsfragen nicht nur gemeinsam entwickelt haben, sondern in einem kontinuierlichen Austauschprozeß auch immer wieder auf ihre Sinnhaftigkeit überprüfen und damit reformulieren, so gehen wir doch von einer unterschiedlichen affektiven Besetzung aus, die im Arbeitsdialog nicht nur in der differenten Begeisterung bzw. Abneigung gegenüber bestimmten Dokumenten oder in unterschiedlichen Interpretationen, sondern bisweilen auch in den Aneignungen ‚meine' und ‚deine' Tilly zum Ausdruck kommt. Hier haben wir uns in der Ambivalenz zwischen der Dokumentation der je eigenen Deutungen und Zugänge und der Sichtbarmachung des für uns so wichtigen Prinzips der gemeinsamen Erarbeitung von Fragen und Thesen für die Betonung von zweiterem entschlossen. Damit glauben wir freilich nicht, unseren – je unterschiedlichen – autobiographischen Besetzungen zu entgehen. Wir gehen vielmehr davon aus, daß jede biographische Beschäftigung immer auch etwas über den Biographen/die Biographin aussagt, also immer auch autobiographisch ist. Da wir meinen, daß diese ‚Vermischung' nicht vermieden, sondern nur thematisiert und damit sichtbar gemacht werden kann, haben wir uns – hierin der britischen Soziologin Liz Stanley folgend – für die Verwendung des Terminus „Auto/Biographie" zur Bezeichnung unserer biographischen Arbeit entschieden.[4]

---

4   Für eine eingehendere Thematisierung der auto/biographischen Schreibweisen und Literaturverweise vgl. das Kapitel „Auto/Biographien"

Die Vizepräsidentin

Tilly H. stand nie ganz vorne. Das gilt für den Kampf um den Zugang von Frauen zur akademischen Bildung, in dem sie für einen kurzen Moment eine Pionierin war: 1909 erkämpfte sie als erste Frau ihre Zulassung zur Technischen Hochschule Wien als Gasthörerin. Doch Tilly H. beendete ihr Studium nicht – sei es, weil keine Aussicht bestand, als reguläre Hörerin zugelassen zu werden, sei es, weil sie aus ökonomischen Gründen weiter als Bürgerschullehrerin arbeiten mußte.[5] Sie leistete einen wichtigen Beitrag zur Durchsetzung des technischen Studiums für Frauen, doch sie erlangte keine hervorragende Stellung in diesem Feld. Ähnliches gilt für ihr Engagement in der Frauenbewegung vor dem Ersten Weltkrieg. Wiewohl sie über mehrere Jahre Vorstandsmitglied des ‚Allgemeinen österreichischen Frauenvereins' war, wurde sie öffentlich nur selten sichtbar und blieb daher auch, als die Geschichte dieses Vereins ins Interesse feministischer Historikerinnen rückte, unbemerkt. Während Namen von Denkerinnen und Politikerinnen wie Auguste Fickert oder Rosa Mayreder im feministischen Gedächtnis die radikale Frauenbewegung repräsentieren, sind jene Frauen, die wie Tilly H. die Bewegung durch ihr vielfältiges Engagement trugen, noch kaum historisch untersucht worden. Tilly H.s Funktionen im ‚Allgemeinen österreichischen Frauenverein' sind paradigmatisch für jene unabdingbare, aber nur wenig wahrgenommene Arbeit zur Aufrechterhaltung einer Bewegung. Sie begann als Schriftführerin – in der klassischen Position der Jüngsten also – und wurde, als nach dem Tod der Vereinsgründerin und langjährigen Präsidentin Auguste Fickert die Präsidentinnenposition nicht mehr besetzt wurde, gemeinsam mit Sophie Regen Vizepräsidentin. Sie hatte sich also, läßt sich daraus schließen, als jemand qualifiziert, die bereit war, für die Organisation zu arbeiten.[6] Ihr öffentlicher Auftritt blieb auch als Vizepräsidentin, die den Verein bei verschiedenen offiziellen Anlässen repräsentierte, unspektakulär. Symptomatisch dafür erscheint uns die Situation im Zusammenhang mit der Eröffnung des Heimhofs, eines Wohnheimes für unverheiratete Beamtinnen, für dessen Realisierung sich Auguste Fickert bis zu ihrem Tod eingesetzt hatte. Die Heimleitung wollte ganz offensichtlich mit dem radikalen Frauenverein nichts zu tun haben und lud dessen Vertreterinnen nicht einmal zu den Eröffnungsfeierlichkeiten ein. Wiewohl im ‚Allgemeinen österreichischen Frauenverein' im Vorfeld über Strategien beraten wurde, wie Tilly H. die maßgebliche Beteiligung der Vereinsgründerin bei der Eröffnung des Hauses zur Geltung bringen könnte, mußte der Bericht im ‚Neuen Frauenleben' resignierend konstatieren, daß der Vertreterin des ‚Allgemeinen österreichi-

---

5   Zu Tilly H.s Bildungsbiographie im Kontext der zeitgenössischen Bedingungen der Mädchenbildung und für diesbezügliche Literaturverweise vgl. das Kapitel „Von der Hohen Schule der Frauen"
6   Zu Tilly H.s Funktionen und Aktivitäten im *Allgemeinen österreichischen Frauenverein* vgl. im Kapitel „Frau Hübner/Passagen" (CD-ROM) die Kommentare 11–14

schen Frauenvereins' nicht einmal das Wort erteilt wurde.[7] Mag dies als Folge von Tilly H.s Unerfahrenheit zu interpretieren sein, so könnte darin doch auch ihre Generationenlage und damit auch eine zeitspezifische Situation zum Ausdruck kommen. Die Frauenbewegung hatte am Vorabend des Ersten Weltkrieges manche Verbesserungen insbesondere hinsichtlich der Bildungs- und Berufsmöglichkeiten für Frauen erreicht – in vielem war sie aber auch an scheinbar unüberschreitbare Grenzen gestoßen. Tilly H. gehörte nicht zur heroischen Gründerinnengeneration, sondern zu jenen, die – etwa durch die Möglichkeit die Reifeprüfung abzulegen – schon ein Stück weit von deren Errungenschaften profitiert haben und sozialisiert wurden. Sie zählte zum hoffnungsvollen Nachwuchs der Frauenbewegung – doch sie gehörte damit auch zu jenen, die die begrenzte gesellschaftliche Akzeptanz und die damit verbundene Stagnation der Bewegung miterleben mußten.

Sowohl als Schriftführerin als auch als Vizepräsidentin taucht Tilly H. immer wieder als Unterzeichnerin kollektiver Texte – wie etwa Petitionen und Aufrufe – auf.[8] Über das Ausmaß ihrer Beteiligung an deren Verfassung können wir nur Mutmaßungen anstellen. Als eigenständige Autorin politischer Konzepte wird sie nicht sichtbar – eine Analyse der Publikationen der Frauenbewegung vor dem Ersten Weltkrieg würde sie also nicht als konzeptive Denkerin, sondern allenfalls als Organisatorin einordnen. Dem stehen allerdings ihre unveröffentlichten politischen Konzepte gegenüber, die deutlich machen, daß Tilly H. die philosophischen und politischen Entwürfe und Forderungen der radikalen Frauenbewegung nicht nur rezipierte und für sich partiell umsetzte, sondern auch selbst schreibend und philosophierend mitvollzog.[9] Wenn sie etwas von diesen Überlegungen publiziert hat, so tat sie das allerdings nicht unter ihrem Namen.[10] Ob die junge Aktivistin im ‚Neuen Frauenleben', dem Publikationsorgan des ‚Allgemeinen österreichischen Frauenvereins', wegen ihrer Unerfahrenheit nicht als Autorin eingeladen wurde, ob sie ihre Schreibversuche selbst nicht hoch genug einschätzte oder ob sie mit Rücksicht auf ihre berufliche Position als Lehrerin auf Veröffentlichungen verzichtet hat, muß hier offen bleiben. Tilly H. selbst thematisiert an einer Stelle die Spannung zwischen Anspruch und Realisierung ihres öffentlichen Auftretens, wenn sie eine Sammlung ihrer Aufsätze in einem Konzeptheft mit den Worten „Aus Reden, die ich nicht gesprochen habe – zur Reinigung der Gesellschaft" übertitelt. (Mathilde Hübner, Konzeptheft ‚Von der Hohen Schule der Frauen', NL IIIC/4) Tilly H.s in Briefen, Tagebüchern und Konzeptheften niedergelegten Überlegungen zu Themen der Frauenbewegung geben jedoch gerade auch wegen ihrer Unabgeschlossenheit überraschende Einblicke in Diskussionen und Denkfiguren des radikalen Flügels der Wiener Frauenbewe-

---

7   Vgl. das Kapitel „Frau Hübner/Passagen" (CD-ROM), Kommentar 14
8   Vgl. z. B. das Kapitel „Frau Hübner/Passagen" (CD-ROM), Kommentar 14
9   Vgl. das Kapitel „Frau Hübner/Passagen" (CD-ROM), Kommentar 5
10 Vgl. das Kapitel „Über die Notwendigkeit der Veränderungen in der bürgerlichen Gesellschaft", Beate Hanzel, Die Not des Mittelstandes (Dokument und Kommentar)

gung der Jahrhundertwende. Wir begegnen in diesen Texten einer jungen unverheirateten Frau aus dem Bildungsbürgertum, die nicht nur Pläne für eine Reform der Frauen- und Mädchenbildung entwarf, sondern sich auch unerschrocken Gedanken über Prostitution, sexuelle Aufklärung und uneheliche Mutterschaft machte. Wenn wir diese Notizen und Aufsätze daher im Kapitel „Frau Hübner/Passagen" (CD-ROM) in aller Ausführlichkeit in dieses Buch aufgenommen haben, so nicht wegen ihrer besonderen Originalität oder Radikalität, sondern weil wir gerade auch an Tilly H.s oft sichtbar werdender Mühe, Worte zu finden, das diskursive Klima der Frauenbewegung, die Argumente, Legitimationen und Widersprüche, aber auch die Breite und Lebendigkeit der Debatte sichtbar zu machen hoffen.

Tilly H. nahm in ihren politischen Konzepten durchaus auch das Gesamtprojekt der „Emanzipation" in den Blick. „Ich will über die Frauenfrage ein Kapitel schreiben, ich will eine Reform der Emanzipation anstreben", schrieb sie 1906 in ein mit ihrem Lehrer und Liebhaber Ottokar Hanzel geteiltes Korrespondenzheft (Mathilde Hübner, Brieftagebuch ‚Wir' 1905 – 1908, NL IIIC/4) und stellte damit Beschreibung und verändernde Handlung auf eine Ebene. Ihren die Konflikte um die Geschlechterverhältnisse zusammenfassenden Begriff haben wir für den Titel unseres Buchs übernommen – von der „Frauenfrage" zu sprechen, schien uns Möglichkeiten zu eröffnen, die Begriffe wie „Frauenbewegung" oder „Feminismus" nicht bieten. Denn von einer ‚Frage' auszugehen, wie dies in der politischen Debatte an der Wende vom 19. zum 20. Jahrhundert in ganz verschiedenen Kontexten üblich war, hält das Thema in mehrfacher Hinsicht offen. Dies betrifft sowohl die Perspektiven der Fragestellung als auch die Antworten – mit dem Begriff „Frauenfrage" ist also kein eindeutiges politisches Programm oder gar eine bestimmte Bewegung angesprochen, sondern nur ein Thema, eine zeitspezifische Aufmerksamkeit benannt. Damit kann ein wesentlich breiteres Feld zur Diskussion gestellt werden als entlang des Begriffs „Frauenbewegung", der ja, auch wenn eine genauere politische Differenzierung unterbleibt, doch Gruppen – nämlich jene der AnhängerInnen und der GegnerInnen dieser Bewegung – herstellt und damit zeitgenössische Ambivalenzen und Überschneidungen unsichtbar macht. Dies gilt um so mehr im Hinblick auf den Begriff „Feminismus", der im Zuge der Debatten der Frauenbewegung der siebziger und achtziger Jahre und der daran anschließenden wissenschaftlichen Entwicklungen eine sehr spezifische Ausdeutung erfahren hat, die in Anwendung auf Fragestellungen der Frauenbewegung vor dem Ersten Weltkrieg eine Reihe von Anachronismen produziert. Gleichwohl läßt sich in der feministischen historischen Forschung eine Tendenz beobachten, von sehr breiten Definitionen von „Frauenbewegung" und „Feminismus" auszugehen, um eine möglichst große Vielfalt von historischen Forderungen, Ansprüchen und Organisierungen einbeziehen zu können. Demgegenüber erlaubt, wie wir meinen, der Begriff „Frauenfrage" viel eher, die historischen Bewegungen in ihren Eigendefinitionen darzustellen und zu kontextualisieren.

Tilly H. hat in ihrem Tagebuch – und soweit wir das überprüfen konnten auch in ihrer

Korrespondenz – weder den Terminus „Frauenbewegung" benützt noch sich selbst als „Feministin" bezeichnet. Im Familiengedächtnis wird sie als „Frauenrechtlerin" erinnert – eine Selbstdefinition, auf der sie, wie ihre Enkelin Gunvor Sramek berichtet, noch im hohen Alter beharrte.[11] Die Dauerhaftigkeit dieser Identifikation betont Tilly H. in einem Brief, den sie 1941 an ihre Schwester Mimi Jikeli in Rumänien schrieb: „Du weißt liebe Mimi, ich bin immer frauenrechtlerisch eingestellt gewesen und bin es noch..." (Mathilde Hanzel an Maria Jikeli, 26. 8. 1941, NL IIIC/6) Dieses ein Leben lang aufrechterhaltene Bekenntnis zu einem schon längst nicht mehr gebräuchlichen politischen Kampfbegriff war wohl nicht zuletzt ausschlaggebend dafür, daß Tilly H.s Nachlaß in die ‚Sammlung Frauennachlässe' am Institut für Geschichte gelangt ist. Es vermittelte ihren Enkeln eine Vorstellung von einer bestimmten Bedeutung ihrer Großmutter, die sie auf den Aufruf im Kontext der Ausstellung zur Geschichte des Frauenwahlrechts antworten ließ – und es weckte unsere historische Neugier.

Tilly H.s Identifikation als „Frauenrechtlerin" stellt eine Brücke dar zwischen Selbstdeutungen und Welterklärungen, die in der Frauenbewegung der Jahrhundertwende gründen, und Theorien zu den Geschlechterverhältnissen, wie sie in der aus der Frauenbewegung der siebziger Jahre hervorgegangenen Frauen- und Geschlechtergeschichte entwickelt wurden. Diese Brücke darf, wie wir meinen, freilich nicht als bruchlose Traditionslinie gedeutet werden. Die von der Neuen Frauenbewegung initiierte Suche nach feministischen Kontinuitäten über das Jahrhundert hinweg hat den historischen Blick auf jene lang vergessenen Frauen, die sich am Ende des 19. und zu Beginn des 20. Jahrhunderts für soziale und politische Rechte von Frauen eingesetzt hatten, ermöglicht. Gleichwohl birgt sie auch die Gefahr von projektiven Verkürzungen in sich: allzuleicht wird von den historischen Frauenrechtlerinnen nur gesehen, was aus der Perspektive heutiger feministischer Konzepte politisch richtig erscheint. Die Auseinandersetzung mit Frauen, die wie Tilly H. zu einem bestimmten Moment oder auch immer wieder bestimmte Konfliktfelder um das Geschlechterverhältnis laut werden haben lassen, die aber niemals an der Spitze einer Bewegung standen, erlaubt vielleicht einen distanzierteren und damit auch differenzierteren Blick auf die Geschichte der Frauenfrage im 20. Jahrhundert als die Beschäftigung mit den Vordenkerinnen und Vorkämpferinnen, die viel mehr zu Identifikationen und Idealisierungen einladen.

Wir haben uns also mit gutem Grund zur Auseinandersetzung mit jemandem entschlossen, die weder durch Taten, die einschneidende Veränderungen herbeiführten, oder Texte, die völlig neue Sichtweisen erbrachten, Bedeutung erlangt hat. Keineswegs aber haben wir uns dem schriftlichen Nachlaß und der Biographie von Tilly H. zugewandt, weil etwa die Geschichte der ersten Frauenbewegungsgeneration schon hinreichend erforscht wäre – so liegen trotz der vielfältigen und wichtigen Beiträge zu diesem Thema auch zu den zentralen

---

11 Interview mit Gunvor Sramek (am 11. 4. 1994 in Wien), IV/90

Persönlichkeiten wie Auguste Fickert und Rosa Mayreder oder auch zu Marianne Hainisch, der Integrationsfigur der gemäßigten Frauenbewegung, weder ausführliche Biographien vor, noch gibt es Editionen ihrer privaten Korrespondenz. Was rechtfertigt also die biographische Beschäftigung mit Tilly H. und die Edition ihrer Korrespondenzen und unveröffentlichten Texte? Ihre Biographie ist, wie wir meinen, paradigmatisch – nicht als Geschichte einer ‚großen‘ Frauenrechtlerin, aber als Verweis auf eine Frau, an der die Frauenfrage des 20. Jahrhunderts immer wieder beispielhaft sichtbar wird. Dies gilt für ihre unter den Aktivistinnen der Frauenbewegung um die Jahrhundertwende so häufige Herkunft aus dem mittellosen Bildungsbürgertum, mit der sich die Notwendigkeit eigenständiger Erwerbstätigkeit verband, für ihren scheinbar so aussichtslosen Kampf um ein Hochschulstudium und auch für ihren späteren Wechsel von der radikalen Frauenbewegung zur Friedensbewegung und die damit verbundene Aufrechterhaltung politischer Netzwerke über viele Jahrzehnte. Es gilt auch für Tilly H.s schon so früh realisierte Verbindung von Berufstätigkeit mit Ehe und Familie, die in den folgenden Jahrzehnten zu einem Kernthema aller Auseinandersetzungen mit der Frauenfrage werden sollte – ein Beispiel einer reaktionären Lösung des Konfliktes ist das 1934 erlassene sogenannte ‚Doppelverdienergesetz‘, das auch Tilly H. in die Frühpension zwang,[12] sie aber nicht von der Fortsetzung ihrer friedens- und bildungspolitischen Aktivitäten abhielt. Es gilt schließlich auch für die im liberalen Bürgertum so weitverbreitete Begeisterung für den ‚Anschluß‘ Österreichs an NS-Deutschland, die auch Tilly H. 1938 die Hakenkreuzfahne aus dem Fenster hängen ließ, für die aus heutiger Sicht so problematisch erscheinenden bevölkerungspolitischen Konzepte, wie sie in Kreisen der Frauenbewegung einigen Widerhall erfuhren und von Tilly H. mit großem Interesse rezipiert wurden, und nicht zuletzt auch für ihre insbesondere am Ende des Zweiten Weltkrieges in ihren Aufzeichnungen zutage tretenden antisemitischen Vorurteile. Die Auseinandersetzung mit Tilly H. läßt vielfältige Ambivalenzen und Brüche zutage treten. Unser Anliegen war es nicht, diese zu überbrücken und zu kitten, sondern es ging uns vielmehr darum, sie als mögliche Ansatzpunkte neuer Fragen besonders deutlich sichtbar zu machen.

Die Auseinandersetzung mit Tilly H.s Biographie und die kommentierte Edition von ausgewählten Auszügen aus ihren Tagebüchern sowie eines Teils ihrer Korrespondenzen und Aufzeichnungen erhält ihren Sinn nicht zuletzt auch aus der Perspektive des von ihr hinterlassenen umfangreichen Archivs. Die hier publizierten Dokumente bieten, wie wir meinen, auch über unsere Deutungen hinaus zahlreiche Ansatzpunkte zu ihrer weiteren Verwendung und Interpretation in sozialgeschichtlichen wie in frauen- und geschlechtergeschichtlichen Kontexten. Nicht zuletzt aber halten wir Tilly H.s exzessive Selbstdokumentation selbst für ein deutungswürdiges historisches Phänomen. Sie steht in direktem Gegensatz nicht nur zur so lange und in weiten Teilen der Geschichtswissenschaft nach wie vor herrschenden Unsichtbarkeit von Frauen und der damit verbundenen äußerst geringen Präsenz von Doku-

---

12 Vgl. das Kapitel „Auto/Biographien"

menten von und über Frauen in den Archiven, sondern auch zur geringen Bedeutung, die im allgemeinen den schriftlichen Nachlässen von Frauen zugemessen wird. Ein Anliegen dieses Buches ist es also auch, Quellen zugänglich zu machen, die in traditionellen Archiven nur spärlich dokumentiert sind.

Im Zusammenhang damit steht auch die relativ genaue Form der Edierung der Dokumente, zu der wir uns entschlossen haben. So haben wir Hervorhebungen durch **Fettbuchstaben**, Streichungen durch graphische Nachbildung ~~Streichun~~ und unlesbare Buchstaben und Wortteile durch Auslassungszeichen [..] kenntlich gemacht. Die zeitgenössische Orthographie der Quellen (z. B. „giengen" statt „gingen" oder „Thal" statt „Tal") wurde beibehalten, offensichtliche Schreibfehler wurden aber mit [sic] gekennzeichnet. Unübliche Abkürzungen wurden, soweit sie auflösbar erschienen, ohne Kennzeichnung belassen. Die Interpunktion wurde modernisiert. Auf Korrekturen, Randnotizen und korrigierende Hinzufügungen wird durch eigene Textanmerkungen* verwiesen. Hinzufügungen der Autorin/des Autors einer Quelle zwischen den Zeilen wurden zwischen /zwei Querstrichen/ in den Text aufgenommen. Grundsätzlich haben wir den Sinnzusammenhang eines Briefes nicht durch Kürzungen zerstört, auch wenn uns im Einzelfall nur ein Teil des Schreibens edierenswert erschien. In Tilly H.s Tagebüchern, Aufzeichnungen und Konzepten haben wir zum Teil umfangreiche Kürzungen vorgenommen. Diese sind durch ein Auslassungszeichen […] gekennzeichnet. Wurden im Tagebuch mehrere Tage gekürzt, so ist dies durch ein eigenes Auslassungszeichen [***] sichtbar gemacht. Der Entschluß, die Texte in dieser Form zu edieren, stand nicht von Beginn an fest. Vielmehr hat sich diese spezifische Darstellungsform aus unserer Teamarbeit entwickelt. So sollten die Transkribentinnen möglichst viele Texteigenheiten für uns sichtbar machen, da wir nicht von vornherein auf ihre Interpretation verzichten wollten und eine durchgehende Arbeit nur mit den Originaldokumenten angesichts der großen Textmenge nicht möglich erschien. Die – ursprünglich noch wesentlich genaueren – Textanmerkungen der Transkribentinnen erlaubten uns, die Originale bei unserer Auseinandersetzung mit den Texten immer wieder gezielt hinzuzuziehen. Im weiteren Prozeß wollte dann diejenige, die ein Dokument in einem ersten Schritt bearbeitet hatte, im Hinblick auf die daran anschließende gemeinsame Diskussion des bei der Bearbeitung entwickelten Kommentars möglichst viele Merkmale für die jeweils andere zur Interpretation sichtbar lassen – eine Offenheit gegenüber Revisionen und Reformulierungen der eigenen Deutung, die sich als äußerst fruchtbar erwiesen hat. Ebensosehr ist allerdings gerade anhand der Zweifelsfälle der Interpretation deutlich geworden, daß jede noch so genaue Transkription eine Übersetzung mit allen damit verbundenen Defiziten wie Sinnüberschüssen ist. Nicht um der Fiktion der Authentizität wegen haben wir uns also entschlossen, die Quellentexte in der gemeinsam mit den Transkribentinnen Li Gerhalter und Angela Schweiger entwickelten genauen Form zu edieren. Vielmehr hoffen wir damit, Le-

---

* Eine Liste der Editionsregeln und -zeichen findet sich auch im Anhang.

serinnen und Leser in ihren eigenen Interpretationsinteressen anzusprechen. Wir wollen ihnen daher keine abgeschlossene Deutung vorsetzen, sondern appellieren an ihre Lust zur Gegenrede, zur alternativen Sichtweise der Texte. Zugleich glauben wir, daß die von uns gewählte Editionsform auch ein schnelleres Lesen nicht behindert – so wie man ja auch, wenn man vielleicht die in ungewohnter Kurrentschrift verfaßten Aufzeichnungen einer Vorfahrin oder aber einer berühmten Persönlichkeit mit begehrlicher Neugier liest, doch manche mühsam zu entziffernden Wörter, ganze Sätze und Beifügungen überspringt, weil man in der ‚Geschichte' weiterkommen möchte. Denn auch als solche sind – so fanden zumindest wir bei unserer Lektüre – manche der Texte äußerst spannend zu lesen, und wir wünschen ihnen ein auch über die engeren Kreise feministischer HistorikerInnen und SozialwissenschafterInnen hinausgehendes interessiertes Publikum.

Fragmente einer Auto/Biographie der Frauenfrage

Das Buch und die beigelegte CD-ROM, die aus unserer Beschäftigung mit den Dokumenten und dem Leben von Tilly H. entstanden sind, fügen sich keiner einfachen Beschreibung. Das Ergebnis unserer Arbeit ist weder eine Biographie, noch eine bloße Edition, sondern sucht als kommentierte biographische Edition die Vielstimmigkeiten und Uneindeutigkeiten biographischer Thematisierung sichtbar zu machen und zu bearbeiten. Es bleibt trotz seines Umfanges fragmentarisch – dies zum einen wegen der Heterogenität und Lückenhaftigkeit auch eines so umfangreichen Nachlasses, wie jenes, der uns zur Verfügung stand. Zum anderen aber muß es auch Stückwerk bleiben, weil, wie wir meinen, die *ganze* Biographie – so wie die ganze Geschichte – nicht zu haben ist. Wir versuchen dem Wunsch nach Schließung zu entgehen, weil wir glauben, dadurch mehr erfahren und darstellen zu können. Wir sprechen von Auto/Biographie, weil unser Buch – wie jede Form biographischer Thematisierung – autobiographische und biographische Elemente enthält. Die Protagonistin ist auch keine ‚Heldin' im konventionellen Sinn. Sie findet sich vielmehr in bestimmten Momenten an bestimmten Orten und nimmt dazu Stellung – und die Beharrlichkeit und Unablässigkeit, mit der sie denkend verarbeitet und kommentiert, was ihr begegnet, ist vielleicht ihre hervorstechendste Eigenschaft. Ihre oftmals Bewegungen mittragende, aber niemals führende Rolle symbolisiert sich besonders deutlich in ihrer kurzen politischen Funktion als Vizepräsidentin des ‚Allgemeinen Österreichischen Frauenvereins'. Mit dem historischen Begriff der „Frauenfrage" knüpfen wir an ihr durchgängigstes politisches Interesse an, der, wie wir glauben, gerade wegen seiner Offenheit in der feministischen Auseinandersetzung mit historischen Frauenbewegungen einen breiteren Raum verdient. Wenn es daher unser Anliegen war, immer wieder die politischen Kontexte zu rekonstruieren, in denen sich Tilly H. bewegte, so ist damit allerdings angesichts der Spanne eines mehr als achtzigjährigen Lebens ein uneinlösbarer Anspruch verbunden: eine umfassende Geschichte der

Frauenfrage in Österreich vom Ende des 19. Jahrhunderts an und für den Großteil des 20. Jahrhunderts, wie sie hierfür Voraussetzung wäre, gälte es erst zu schreiben.

Das Buch, das Sie in Händen halten, erzählt keine chronologische Biographie – es bietet sich also auch für eine Lektüre quer zu der von uns gewählten Anordnung an, die vielleicht beim Navigieren auf der CD-ROM am einfachsten praktizierbar ist. Wir versuchen Biographie und Texte von Tilly H. von einer Reihe unterschiedlicher Perspektiven aus zur Diskussion zu stellen – die Verbindungen wie die Differenzen zwischen diesen Ansätzen haben wir durch eine große Zahl von Verweisen zwischen den einzelnen Kapiteln sichtbar zu machen versucht. Zwei Kapitel – „Frau Hübner/Passagen" (CD-ROM) und „Über die Notwendigkeit der Veränderungen in der bürgerlichen Gesellschaft" – sind von ihrem Schwergewicht her kommentierte Editionen von Tilly H.s Dokumenten. Demgegenüber werden in den Kapiteln „Von der Hohen Schule der Frauen", „Auto/Biographien" und „Auf der Suche nach verlorenen Idealen" zwar auch Texte von Tilly H. ediert, das Schwergewicht bildet aber dort unsere kommentierende und analysierende Auseinandersetzung mit den Dokumenten.

Die verschiedenen Kapitel orientieren sich an verschiedenen Zeitlogiken und wählen unterschiedliche Erzähl-, Kommentar- und Editionsstrategien. An den Beginn haben wird unter dem Titel „Von der Hohen Schule der Frauen" eine Auseinandersetzung mit jenen Genealogien und Topographien gestellt, die Tilly H.s so sehr an Bildung orientierten Werdegang bestimmten. Mit seinen detaillierten Bezügen auf Herkunft, Kindheit, Sozialisationsbedingungen und Bildungskarriere bietet dieses Kapitel eine Möglichkeit, sich Tilly H.s Biographie in einem ersten Schritt aus einer eher traditionellen Perspektive anzunähern. Es folgt ein Kapitel, in dem es um die Dimensionen auto/biographischen Schreibens im Sinne verschiedener Schreibmuster und Konventionen geht, Lebensgeschichte als Geschichte des ganzen Lebens darzustellen. Anhand mehrerer kurzer auto/biographischer Texte von Tilly H. und auch von ihrer Jugendfreundin und Briefpartnerin Tilde Mell wird Tilly H.s Auto/Biographie in mehreren Varianten ihrer Verschriftlichung vorgestellt und im Kontext auto/biographietheoretischer Fragestellungen diskutiert.

Das umfangreiche Kapitel „Frau Hübner/Passagen"(CD-ROM) präsentiert Tilly H.s Tagebücher zwischen 1899 und 1910, ihre journalartigen regelmäßigen Briefe an ihren Mann von 1914 bis 1918 sowie private und politische Korrespondenzen aus diesen fast zwanzig Jahren. Die Tagebücher geben mit ihrer chronologischen Anordnung die Struktur dieses Kapitels vor. Korrespondenzen mit Freundinnen, der Briefwechsel mit ihrem Liebhaber und späteren Mann Ottokar Hanzel, politische Konzepte und die Dokumente zu Tilly H.s Kampf ums Studium wurden dieser Chronologie ebenso eingefügt wie die Zeugnisse ihrer schulischen und beruflichen Karriere. Zerschnitten wird diese Abfolge durch unsere Kommentare, die an bestimmten Stellen als zusätzliche Stimme in den Text hineinsprechen und sowohl Tilly H.s Schreibpraktiken wie auch unsere Leseweisen sichtbar machen. Das Kapitel „Ausblick: ‚Frau Hübner/Passagen' (1899–1918)" skizziert diesen umfangreichen, auf der

CD-ROM gespeicherten Teil der Edition im Buch. Mit dem Kapitel „Nahaufnahme: Frau Hübner 1907/08" wird ein spezifischer und signifikanter Teil von „Frau Hübner/Passagen" in das Buch aufgenommen, an dessen Beispiel die Editionsstrategien und auch die gesamte Textarchitekur dieses umfangreichen sonst nur auf CD-ROM zugänglichen Editionsteils anschaulich wird.

Im anschließenden Kapitel „Auf der Suche nach verlorenen Idealen" wird dann einer spezifischen biographischen Frage – Tilly H.s Bruch- und Kontinuitätserfahrungen insbesondere im Zusammenhang mit dem Nationalsozialismus – nachgegangen. Die Quellenbasis bieten hier zum einen tagebuchartige Aufzeichnungen während und nach dem Zweiten Weltkrieg, zum anderen der Briefwechsel mit Tilly H.s Tochter Ruthilt Lemche. Das letzte Kapitel dieses Buches ist wiederum – so wie „Frau Hübner/Passagen" (CD-ROM) – vor allem der Edition von Dokumenten gewidmet. Unter dem Titel „Über die Notwendigkeit der Veränderungen in der bürgerlichen Gesellschaft" stellen wir in vier Abschnitten öffentliche politische Stellungnahmen von Tilly H. vor, die jeweils ein bestimmtes Tätigkeitsfeld, aber auch einen bestimmten Lebensabschnitt repräsentieren. Im Unterschied zum Kapitel „Frau Hübner/Passagen" liegt hier der Schwerpunkt auf veröffentlichten Texten. Am Beginn steht der 1910 unter dem Namen Beate Hanzel publizierte Text „Die Not des Mittelstandes", der die ökonomische Lage junger Beamtenfamilien und die damit verbundene Frage des Verhältnisses von Ehechancen und Berufstätigkeit von Frauen thematisiert. Die nächsten beiden Abschnitte gelten jenen beiden politischen Anliegen, mit denen sich Tilly H. in den dreißiger Jahren vor allem beschäftigt hat – der von Mathilde Hanzel und Rosa Mayreder gezeichnete Brief an den Präsidenten der Internationalen Abrüstungskonferenz Arthur Henderson soll als Beispiel für ihr an Fragen internationaler Politik orientiertes friedenspolitisches Engagement stehen, die im Abschnitt „Frauenforderungen für den Mädchenunterricht" präsentierten Dokumente geben Einblick in Tilly H.s bildungspolitische Interventionen. Als letztes Dokument schließlich geben wir einen nach dem Zweiten Weltkrieg unter dem Titel „Mütter in der UNO" in mehreren Sprachen publizierten Text von Mathilde Hanzel-Hübner heraus. Er zeigt, so meinen wir, nicht nur die Kontinuität der aus frauenbewegten Kontexten entstandenen friedenspolitischen Arbeit eindringlich auf, sondern auch deren Grenzen.

„Von der Hohen Schule der Frauen"

Genealogien

Die Mutter liebte es, erzählt Tilly H. in ihren 1962 auf Tonband aufgezeichneten Kindheitserinnerungen, Landkarten zu studieren, um das, wohin sie niemals selbst reisen konnte, zumindest auf den Karten suchen zu können – zum Beispiel das Meer.[1] Dieses an die Mutter geknüpfte Erinnerungs-Bild ist ein möglicher Ausgangspunkt für den Eintritt in den vielschichtigen Zusammenhang von Bildung und ‚Weiblichkeit' in der Biographie von Tilly H. Mit diesem Zusammenhang zu beginnen, ergibt sich zunächst aus den zentralen Eckdaten der Biographie: Tilly H., die Tochter eines Gymnasiallehrers und einer Gouvernante, die selbst die Lehrerinnen-Bildungsanstalt absolvierte, die ein Studium an der Technischen Hochschule anstrebte und einen jahrelangen Kampf für ihr Recht auf ein Studium führte, Tilly H., die seit 1903 als Volksschullehrerin, später als Bürgerschullehrerin, schließlich als Schuldirektorin tätig war, Tilly H., die einen angehenden Gymnasiallehrer heiratete, die Mutter von zwei Töchtern war und deren politisches Engagement zentral um die Fragen der Erziehungs- und Bildungspolitik kreiste, Mathilde Hanzel-Hübner schließlich, die sich noch in hohem Lebensalter in einer kurzen auto/biographischen Selbstdarstellung[2] als „ewiger Student" bezeichnete, tritt uns ganz vordergründig als eine Frau gegenüber, deren Leben und Denken entscheidend von der Frage des Wissens, der Erziehung und Bildung geprägt war.

In diesem Kapitel wird eine erste biographisch/thematische Annäherung an Tilly H. über die Frage der Bildung versucht. Entlang von ausgewählten Dokumenten aus ihrem Nachlaß werden verschiedene Umgebungen rekonstruiert, die uns für das Verständnis des Zusammenhangs von Bildung, Geschlecht und Biographie bedeutungsvoll erschienen sind. Die Rekonstruktion dieser Umgebungen orientiert sich an Metaphern der Zeitlichkeit (Genealogien) und Räumlichkeit (Topographien), in denen Tilly H.s Familiengeschichte bzw. die Geschichte ihrer Bildungssozialisation lesbar sein könnten. Genealogie meint dabei die

---

1   Großmutter Mathilde Hanzel erzählt (Tonbandprotokoll) 1962, NL IIIB, 1. Es handelt sich bei diesem Dokument um ein Tonbandmanuskript, dessen Autorisierung nicht eindeutig geklärt ist. Der Titel: „Großmutter Mathilde Hanzel erzählt zum Tonband Herbst 1962" verweist auf den Schwiegersohn Karsten Lemche, der, so erinnert sich dessen Tochter Gunvor Sramek, die Kindheits-Erzählungen Mathilde Hanzels in Dänemark auf Tonband aufgenommen und transkribiert habe. Das Manuskript umfaßt 18 Maschinschreibseiten. Vgl. das Kapitel „Auto/Biographien"
2   Vgl. zu der theoretischen Begründung der Verwendung eines gegen eine klare Grenzziehung der Genres ‚Biographie' und ‚Autobiographie' gerichteten Begriffs der „Auto/Biographie" im Kapitel „Auto/Biographien".

traditionelle Frage nach dem „Her"-kommen, nach der Zeit vor dem eigenen Eintreten in die Welt. Topographie meint Lagebeschreibung, eine Rekonstruktion der geographischen und symbolischen Landkarten von Kindheit und Ausbildungszeit, in der auch jene Räume zu suchen sind, die ihr verschlossen waren bzw. die unerreichbar blieben wie „das Ausland", wie sie es genannt hat. Der unbestimmte Begriff bezeichnet jenen Ort, wo sie als Frau, wie etwa in der Schweiz, zwar hätte studieren können, wo sie sich aber nicht hinbewegen konnte, weil das finanziell nicht leistbar war.

Die Fokussierung auf das Thema der Bildung verweist auf mehrere methodische und theoretische Problemfelder. Zum einen sind die biographischen Lebensdaten von Tilly H., wie oben kurz angeführt, sehr eng und in vielfältiger Weise mit der Frage der Bildung verknüpft, zum anderen gilt das ebensosehr für einen Großteil der politischen und konzeptuellen Texte, die von Tilly H. überliefert sind. Der Titel dieses Kapitels „Von der Hohen Schule der Frauen" ist in diesem Zusammenhang ganz bewußt einer politischen Schrift entlehnt, die Tilly H. im Jahr 1907 als dreiundzwanzigjährige Lehrerin verfaßte und in der sie das Konzept für eine Frauenhochschule entwarf. Bei der Rekonstruktion der verschiedenen Thematisierungen von Bildung in Tilly H.s Texten und der Annäherung an jene genealogischen und topographischen Umgebungen, die von der Frage der Bildung geprägt waren, geht es uns nicht um die Unterstellung einer Opposition von Leben und Text, in der das eine aus dem anderen erklärbar wäre und umgekehrt. Vielmehr geht es dabei um die Aufschichtung verschiedener, oft auch widersprüchlicher Bezüge, in denen die Frage der Bildung sich zu einem zentralen Topos der überlieferten Daten, Texte und Geschichten von und zu Tilly H. zu verdichten scheint.

Die Frage der Bildung allerdings war nicht nur ein zentrales Thema der individuellen Lebens- und Schreibpraxis von Tilly H., sondern auch ein integraler Topos der bürgerlichen Frauenbewegung, der sich nicht nur in dem hohen Anteil von Lehrerinnen unter den Akteurinnen der ersten Generation (Auguste Fickert, Marie Lang, Enna v. Filek u. v. a.) ausdrückte, sondern auch und in erster Linie im Kampf um das Recht auf Bildung als strategisches Instrument politischer Veränderung. Vor diesem Hintergrund ist die individuelle Ausrichtung von Tilly H. auf die Frage der Bildung in ein kollektives Projekt einzuschreiben und damit zu kontextualisieren.

Das erste Kapitel einer biographischen Edition entlang des Bildungstopos zu entwerfen bedeutet schließlich aber auch, in einem sehr besetzten und definierten Feld biographischer Darstellungskonventionen zu operieren. Die Lebensgeschichte als Bildungsgeschichte zu erzählen ist ein traditionsreiches Schema auto/biographischer Erzählungen, eng verknüpft mit dem Erzählmodell, das sich am „Chronotopos der Lebensreise"[3] orientiert, und eng verknüpft auch mit der Konstituierung des ‚autonomen', ‚einzigartigen' und ‚männlichen' Sub-

---

3 Sigrid Weigel, Ingeborg Bachmann, Hinterlassenschaften unter Wahrung des Briefgeheimnisses. Wien 1999, 41

jekts als Effekt des schriftlichen Selbstbezugs. Wenn in diesem ersten Kapitel dennoch versucht wird, eine typologische Erfahrung narrativ darzustellen, gilt es dabei gleichzeitig und auch in weiterer Folge dieses Buches, den Status der Konstruktion einer solchen Erzählung offen zu halten und mit den Unwägbarkeiten, den Differenzen und konstitutiven Leerstellen der überlieferten Dokumente zu konfrontieren.

Zurück zu dem Bild der Mutter in der auto/biographischen Erzählung Tilly H.s: Es handelt von dem Anspruch einer Frau auf die symbolische Aneignung von Räumen, von deren realem Be-Reisen, aber auch wissenschaftlichem Ver-Messen sie ausgeschlossen war.[4] Das Interesse der Mutter an dem Wissens-Raum der Kartographie, zu dem sie institutionell keinen Zugang hatte, wurde für Tilly H. in ihren Kindheitserinnerungen zum initiierenden Erzählimpuls für die Darstellung ihres eigenen Anspruchs auf Wissen und Wissensvermittlung; Tilly H. erinnert dabei die kartographische Kompetenz und das geographische Interesse der Mutter als primäre Agenturen für ihr eigenes Fragen, ihre Neugier, ihren Wunsch, wissen zu wollen.[5] Auch in einem Tagebucheintrag 1945 wird die Beziehung zur Mutter, die zu diesem Zeitpunkt bereits 32 Jahre tot ist, über die Erzählung der gemeinsamen Liebe zur Kartographie dargestellt und in den Rahmen der familialen Bildungsgenealogie gestellt:

„[...] Ich suchte vergeblich nach Karten über d. Tullner Gegend -> Krems, erhielt abends eine herrliche Karte von Herrn Winter, der sie mir zur Verfügung stellte. Welche Freude, eine solche Karte! Ein Coulonscher Ahn hat als Militäringenieur gewirkt und ein Buch verfaßt, das [..] vorbildlich galt. Meine Mutter u. ich haben daher die Vorliebe f. Kartenlesen und Orientierung. [...] " (Tagebuch Mathilde Hanzel 1940–1954, 13. 6. 1945, NL II/10, 91)

Die doppelte Bewegung von Beschränkung und Überschreitung im Verhältnis zu Wissen und Erfahrung von Welt, die in dem retrospektiven Bild von der Mutter, die die Landkarten studiert, gespeichert ist, definiert in gewisser Weise auch den Bildungsweg und die Bildungskonzepte, die Tilly H. selbst als junge Frau entwirft und deren Rekonstruktion im Zentrum dieses Kapitels steht.

Was wissen wir von jener Frau, die für Tilly H.s Verhältnis zu Bildung und Wissen so wichtig gewesen zu sein scheint? Es finden sich nur wenige Dokumente in dem Nachlaß, die die Stimme der Mutter dokumentieren, auch nur wenige an sie adressierte Briefe sind erhalten. Auch in den auto/biographischen Dokumenten von Tilly H. selbst ist die Mutter

---

4   Im Gegensatz zu ihren männlichen Verwandten, von denen zum Beispiel ein bayrischer Offizier ein anerkannter Kartograph gewesen ist. Vgl. Großmutter Mathilde Hanzel erzählt (Tonbandprotokoll) 1962, NL IIIB, 2

5   Die professionelle Kompetenz der Mutter, nämlich deren exzellente Fremdsprachenkenntnisse und ihre hohe Allgemeinbildung, hingegen wird in Tilly H.s Kindheitserinnerung erst in einem zweiten Erzählschritt, im Zusammenhang mit einer Reflexion über die Voraussetzungen und Bedingungen ihrer eigenen Bildungssozialisation, thematisiert. Großmutter Mathilde Hanzel erzählt (Tonbandprotokoll) 1962, NL IIIB, 1

wenig präsent. Dort, wo sie erwähnt oder auch erinnert wird allerdings, ist das Bild der Mutter sehr häufig mit der Thematisierung der eigenen Bildungssozialisation verbunden.

Fragmentarische Spuren des Lebenswegs von Agnes Hübner geb. Coulon lassen sich aus den Familiendokumenten, den Stammbäumen und den Aufzeichnungen von Tilly H. zur Familiengeschichte rekonstruieren. Agnes von Coulon war adeliger Herkunft, die meisten männlichen Vorfahren der Familie standen in bayrischen Militärdiensten, viele von ihnen mit der Vorliebe für Geographie und Kartographie. Ihr Vater, Eduard v. Coulon (geb. 1807), war, so wie schon dessen Vater, königlicher bayrischer Revier- und Administrationsförster in München und seit 1839 mit Josephine Gattinger (geb. 1813), der Tochter einer wohlhabenden Bauerstochter und eines Stadtgerichts-Advokaten, verheiratet. Agnes von Coulon wurde am 21. 1. 1845 als eine der älteren von fünf Schwestern in Hofolding, südlich von München, geboren. Die Söhne der insgesamt zwölfköpfigen Familie besuchten die Kadettenschule, die Töchter wuchsen, sehr früh getrennt von den Eltern, in der strengen Klosterschule der Englischen Fräulein in Nymphenburg auf. In einem der wenigen erhaltenen Briefe, den Josephine von Coulon, die Großmutter von Tilly H., an ihre Töchter in Nymphenburg schreibt und der vermutlich aus den Jahren 1851 bis 1857 stammt, wird dieses Getrenntsein als durchaus schmerzvolle Erfahrung für Mutter und Töchter manifest.

Josephine von Coulon an ihre Töchter*, undatiert (NL I/1):

Hofolding den 18ten/1. Liebe Kinder! Recht leid thut es mir; daß ich immer von einer Zeit, auf die andere vertrösten muß, und euch nie besuchen kann. Dießmal ist wieder der Robert krank, er hatte schon seit Weihnachten beständig Zahnweh, in Folge dessen er jetzt ein Zahngeschwür bekam, was ihm heftigen Schmerz verursacht, und mir Tag und Nacht mit ihm zu schaffen macht, daß ich in dem Falle nicht fortkam, werdet ihr selbst recht gut einsehen. Ihr werdet mich zwar---diese Woche ganz gewiß erwartet haben; weil nächsten Dienstag der Agnes ihr Geburtstag und Namenstag ist; wenn es euch schwer fällt, daß ich wieder nicht komen kan so macht es wie ich und denkt, es könte auch eines in der Familie G gefährlicher krank darnieder liegen, was noch viel trauriger wäre, dankt Gott vielmehr dafür, daß es bisher nur mit kleinen Unwohlsein abging, bey welchen man doch hoffen darf; daß es bald wieder vorüber geht. Der Agnes wünsche ich zum Namenstag das Beste was ich wünschen kan nemlich Gottes Schutz und Segen welchen ihr die Hl. Mutter Gottes Maria erflehen wolle. Ein kl. Geschenk werde ich ihr dann selbst mitbringen. Vertröstet euch nur---noch einige Zeit; denn ich traue mir wirklich keine Zeit zu bestimmen wann ich kome, es könte sonst wieder etwas dazwischen komen; im Winter ist dieß ohnehin

---

* Die spezifische Orthographie dieses Briefes aus dem 19. Jahrhundert wurde beibehalten, und die Abweichungen von der Rechtschreibnorm wurden nicht mit [sic] gekennzeichnet.

eher zu erwarten. Nun lebt wohl seid folgsam und fleißig und gedenkt unser auch in eurem Gebeth. Mit herzlicher Liebe Eure Mutter

Die Familie Coulon konnte sich, so ist anzunehmen, keine individuelle Erziehung ihrer Kinder mit Haus- bzw. Privatlehrern leisten. Bereits im Alter von sechs Jahren kam Agnes in die Klosterschule der Englischen Fräulein in Nymphenburg, von wo für das Jahr 1860/61 ihr Abschlußzeugnis erhalten ist.[6] Dieses Zeugnis der Mutter und die ihr erteilte Unterrichtsbewilligung der Local-Schul-Comission der Residenzstadt München aus dem Jahr 1863 sind die einzigen Behördendokumente der Eltern von Tilly H. (von Gustav Hübner sind keine Zeugnisse dokumentiert), die in dem Nachlaß gemeinsam mit den wenigen Familienbriefen aufbewahrt sind.

Agnes von Coulon war zwölf Jahre alt, als ihre Mutter im 44. Lebensjahr starb. 1859, nur zwei Jahre später, starb auch ihr Vater. Die Kinder der besitzlosen Familie blieben unversorgt zurück. Während die Söhne die Offizierslaufbahn einschlugen, waren die Lebensperspektiven für die Schwestern aus einer niederen, besitzlosen Adelsfamilie klar definiert: Heirat unter ihrem Stand oder Berufstätigkeit als private Erzieherinnen auf der Grundlage ihrer Ausbildung in Nymphenburg. Eine Schwester heiratete einen Lehrer, eine andere einen höheren Eisenbahnbeamten im Elsaß.[7] Agnes von Coulon selbst wurde 1863 die Zulassung zum Privatunterricht in französischer Sprache erteilt.[8] Wahrscheinlich lebte und überlebte sie in den folgenden fünfzehn Jahren in unterschiedlichen Haushalten als Gouvernante und als Privatlehrerin für die modernen Sprachen. Sie war bereits 33 Jahre alt, als sie am 24. 7. 1878 in ihrem damaligen Wohn- und Arbeitsort Voglsang (Pfarre Steyr) Gustav Hübner, einen um drei Jahre jüngeren, fertig ausgebildeten Gymnasiallehrer ohne feste Anstellung, heiratete. Unter den wenigen in dem Nachlaß erhaltenen Familienbriefen befindet sich auch einer von Gustav Hübner an Agnes Hübner aus dem Jahr 1878, geschrieben wenige Wochen nach der Hochzeit:

Gustav Hübner an Agnes Hübner 5. 9. 1878, (NL I/1):

Wien, 5. Sept. 1878. Mein liebes Kind! Damit Du siehst, welch' braven Gatten Du hast, schreibe ich Dir sogleich nach meiner Ankunft in **Wien**; so hast Du schon am

---

6 Zeugnis des Erziehungs-Instituts der englischen Fräulein für das Schuljahr 1860/61, Agnes v. Coulon, NL I/1, Zulassung Agnes von Coulon zum Privatunterricht, durch die Local-Schul-Comission der königlichen Haupt- und Residenzstadt München, 26. 5. 1863, NL I/1

7 Diesen Onkel Bernhard habe sie, erzählt Tilly Jahrzehnte später auf Tonband, 1908 in Straßburg besucht, dort habe sie den Zeppelinflug gesehen und dessen Absturz als das Schicksal Deutschlands interpretiert, vgl. Großmutter Mathilde Hanzel erzählt (Tonbandprotokoll) 1962, NL IIIB, 3

8 Zulassung Agnes von Coulon zum Privatunterricht, durch die Local-Schul-Comission der königlichen Haupt- und Residenzstadt München, 26. 5. 1863, NL I/1

Freitag diesen Brief. Glücklich kam ich in Wien an, fand **Me W.'s** Brief vor, sie wünscht Unterricht und Spaziergang mit Moriz, für den Unterricht bietet sie 40 fl monatlich an, den Preis fürs Spazierengehen soll ich selbst stellen. Ich gedenke die Summe abzurunden auf 50 fl. Tausendmal habe ich Deiner gedacht am Wege, denn ich fuhr nur in Gesellschaft eines Herren. Du liebes Herz, ich küsse Dich zärtlich und bleibe Dein Dich innig liebender Gatte **Gustav**. Ich schlafe in Deinem kleinen Zimmer, da im Studierzimmer das Bett abgeschlagen ist.

Zu den wenigen erhaltenen Familienbriefen aus dem 19. Jahrhundert, die im Nachlaß allesamt in einem kleinen Ledermäppchen aufbewahrt sind, zählt auch ein Brief, den vermutlich die Schwester von Agnes' Vater, Louise, 1878 anläßlich der Hochzeit an die Nichte schrieb. Dieser Brief macht klar, daß Agnes' Hochzeit kein enger, aber auch kein formeller Kontakt mit der Familie Coulon vorangegangen war und daß Agnes von Coulons Entscheidung für Gustav Hübner aus der Perspektive der Familie als Liebesheirat und nicht unbedingt als Versorgungsehe wahrgenommen wurde.[9]

Louise [Nachname unbekannt] an Agnes von Coulon, 15. 7. 1878 (NL I/1):

Liebe, theuere Agnes! München den 16=ten Juli 1878. Vor dem wichtigsten Schritte Deines Lebens will ich Dich versichern, daß wir mit hohem Interesse dem Akte entgegen sehen, in welchem Du Dich für Lebensdauer einem Manne antrauen läßt, von dem wir so viel wie gar nichts wissen; er kann gute, er kann üble Eigenschaften haben, Du hast Dich nie darüber ausgesprochen, darum sehen wir mit Bangem der Trauung entgegen, denn die Liebe ist oft blind! Doch wir vertrauen auf Deinen Verstand, mit dem Du in den vielen Jahren Eures Beisammenseins herausgefunden haben wirst, ob sein Charakter der Art ist, daß er Dich glücklich machen kann. Mache auch Du ihn glücklich! Sei eine gute, brave Frau wie Deine unvergleichliche Mutter war, u. wie Deine --- beiden andren Schwestern ihre Männer glücklich gemacht haben. Erflehe den Segen des Himmels, man braucht denselben besonders in der Ehe! Denke an Deine gute, brave Mutter, an den ehrenwerthen Vater! Sie mögen Dich vom Himmel aus segnen […]

---

9 Über eine etwaige familiäre Beziehung der Trauzeugen zu den Brautleuten wissen wir nichts. In der Trauungsurkunde sind der k. k. General außer Dienst Friedrich Ritter von Ahsbach und Wilhelm Ahsbach, k. k. Leutnant außer Dienst, als Zeugen vermerkt. Vgl. Trauungsurkunde Agnes von Coulon, Gustav Hübner (Kopie) NL IIIB. Auch die Taufpatin, nach der Tilly H. vermutlich benannt wurde, Mathilde Ahsbach, stammt aus dieser Familie, im Taufschein wird sie als „ledige Private in Graz" geführt. Vgl. Taufschein Mathilde Hübner (Kopie) NL IIIB

Auf jenen Mann, der für die Tante von Agnes von Coulon ein Unbekannter war, Gustav Hübner, dürfte jenes soziale Profil zutreffen, das Helmut Engelbrecht für die soziale Herkunft von ‚Mittelschullehrern' in der zweiten Hälfte des 19. Jahrhunderts ausgemacht hat. Aufstiegsorientierte Söhne niederer Beamter oder Gewerbetreibender und Zuwanderer aus dem Großraum der Monarchie dominierten demnach den Lehrberuf, der, wie Engelbrecht angesichts der schlechten Quellenlage mutmaßt, „im deutschen Kernland der Monarchie gar nicht als so erstrebenswert galt"[10]. Gustav Hübner, der Vater von Tilly H. wurde am 12. 10. 1848, im Revolutionsjahr, in Brünn geboren. Seine Mutter war Maria Hübner (geb. 1819), eine Förstersochter und geborene Zverina aus Dobronitz, ‚eine sehr schöne Frau', wie Tilly H. in ihren auto/biographischen Kindheitserinnerungen an die Enkel betont.[11] Tilly H.s Großvater, Anton Hübner[12] (geb. 1818 ebenfalls in Brünn), war Beamter der mährischen Kreiskasse, mit wenig Einkommen, wie Tilly in ihren Kindheitserinnerungen bemerkt.[13] Die wenigen Briefe, die im Nachlaß von Tilly H. aus der Familie ihres Vaters erhalten sind, belegen diese Einschätzung insofern, als die Frage des Geldes, von Schulden und Versorgungsansprüchen der Eltern in den Briefen an deren in Wien studierenden Sohn ein zentrales Thema sind (z. B. Anton Hübner an Gustav Hübner, 22. 8. 1872, NL I/1). Gustav Hübner studierte an der Universität in Wien, zunächst Jus, wie aus einem im Archiv dokumentierten Brief des Vaters zu entnehmen ist, sowie Latein und Griechisch in Hinblick auf eine Ausbildung zum Gymnasialprofessor. Eng verbunden mit der Thematisierung der familialen Geldsorgen erscheint in den Briefen des Vaters Anton an seinen Sohn Gustav Hübner der Wunsch, dieser möge das Studium rasch und erfolgreich abschließen. 1872 schreibt Anton Hübner mit einem Hinweis auf die kranke Mutter an seinen Sohn Gustav:

> „[…] Die Mutter gibt sich jetzt in ihrem Bette so ungestört ihren Gedanken hin und bedauert nur immer, daß du die mündliche Prüfung nicht gemacht hast, sie hatte den steten Wunsch, wie du weißt, Dich bei der Professor zu sehen und sie läßt dir daher recht sehr ans Gewissen legen, Du mögest diese Prüfung machen, um als absolvierter Philologe dazustehen. […] " (Anton Hübner an Gustav Hübner, 22. 8. 1872, NL I/1)

---

10 Helmut Engelbrecht, Geschichte des österreichischen Bildungswesens. Erziehung und Unterricht auf dem Boden Österreichs Bd. 4. Wien 1986, 69
11 Großmutter Mathilde Hanzel erzählt (Tonbandprotokoll) 1962, NL IIIB, 3
12 Die Vorfahren von Anton Hübner dürften Gewerbetreibende aus Nordböhmen gewesen sein. Schneidermeister, Miniaturmaler, wobei Tilly H. in ihren Kindheitserzählungen ganz besonders auf das künstlerische Talent in der Genealogie dieser Hübnerschen Gewerbetreibenden verweist. Gustav Hübner sei in einem altfränkischen Haus aufgewachsen, vorne zwei kleine Wohnungen, dann ein Hof, ein weiterer Flügel, Tiere, ein großer Garten. Ihr Vater genoß dort ein freies Leben, erzählt Tilly H., im Sommer bei den Geschwistern der Mutter am bäuerlichen Hof. Vgl.: Großmutter Mathilde Hanzel erzählt (Tonbandprotokoll) 1962, NL IIIB, 5–6
13 Großmutter Mathilde Hanzel erzählt (Tonbandprotokoll) 1962, NL IIIB, 3

Der Wunsch der Mutter sollte sich erfüllen, bedeutete aber einen durchaus schwierigen Weg für Tilly H.s Vater sowohl in bezug auf die Anforderungen des Studiums wie auch in bezug auf die ökonomische Lage in den ersten Praxisjahren. Der Prozeß der langsamen Professionalisierung bzw. Säkularisierung des Lehrberufs speziell an Gymnasien war in der zweiten Hälfte des 19. Jahrhunderts von einem überaus hohen Anteil an unsicheren und schlecht bezahlten Supplenten- und Hilfslehrerstellen an den Gymnasien begleitet. Seit 1856 war die Lehrbefähigungsprüfung aus zwei Hauptfächern zu absolvieren.[14] 1878, zum Zeitpunkt der Hochzeit mit Agnes, wohnte Gustav Hübner in der Berggasse 13 und war Supplent am Stadtgymnasium Wasagasse in Wien. (Agnes von Coulon und Gustav Hübner, Trauschein (Kopie), NL IIIB) Das heißt, zum Zeitpunkt der Heirat mit Agnes hatte Tilly H.s Vater noch keine feste Anstellung, die Mutter ließ sich im Trauschein als berufstätige Privatlehrerin, „Lehrerin der englischen Sprache", registrieren. Die materielle Unsicherheit des Lehrerehepaares mag mit ein Grund dafür gewesen sein, daß erst zwei Jahre nach der Hochzeit, 1880, die erste Tochter der Familie Hübner, Berta, zur Welt kam, und zwar in Wien, wie aus Berta Hübners Sterbeurkunde hervorgeht. (Berta Hübner, Sterbeurkunde, Nl I/28)

Agnes Hübner war zu diesem Zeitpunkt bereits 35 Jahre alt; 1882 wird die zweite Tochter Olga, weitere zwei Jahre später, 1884, Tilly geboren[15]. Im Jahr 1885 bringt die vierzigjährige Agnes Hübner Mimi und Carola, die Zwillingsschwestern, zur Welt. Die Familie Hübner lebte zu diesem Zeitpunkt bereits in Oberhollabrunn (1908 Erhebung zur Stadt Hollabrunn), weil, so ist anzunehmen, Gustav Hübner 1881 am dortigen Gymnasium zum Professor ernannt wurde[16], also eine feste Anstellung erwarb.

Die Eltern von Tilly H. besetzten einerseits ihrer Klassenlage entsprechend als Paar gewissermaßen idealtypische Positionen im Verhältnis der Geschlechter zur ‚privaten' und ‚öffentlichen' (Aus-)Bildung im 19. Jahrhundert. Agnes von Coulon, in der Klosterschule erzogen, zur Privatlehrerin in Französisch und Englisch, also den Kernfächern ‚gebildeter Weiblichkeit' geschult, war als Gouvernante in privaten Haushalten tätig, Gustav war an der Universität in den ‚alten' Sprachen Griechisch und Latein zum Gymnasiallehrer an staatlichen Gymnasien ausgebildet worden. Die Eltern von Tilly H. waren damit in der zeitgenössischen bürgerlichen Bildungslandschaft entlang einer durchaus traditionellen geschlechtsspezifischen Differenz positioniert. Allerdings korrespondierte und interferierte diese Differenz mit anderen Differenzen sozialer bzw. regionaler Herkunft, durch die die traditionellen geschlechtsspezifischen Asymmetrien in bezug auf die Machtverhältnisse innerhalb dieser Ehe durchaus mehrfach gebrochen sein mochten. So stammte Agnes von

---

14 Engelbrecht, Geschichte des österreichischen Bildungswesens, 65
15 1884, im Geburtsjahr von Tilly H., wurden neue Lehrpläne für Gymnasien erlassen, „nicht bloß Unterricht sondern Erziehung, nicht bloß Wissen sondern Zucht", so faßt Engelbrecht den Grundtenor der Reform zusammen. Engelbrecht, Geschichte des österreichischen Bildungswesens, 586f.
16 Viktor Scheibelreiter (Hg.), 100 Jahre Bundesrealgymnasium Hollabrunn. 1865–1965. Hollabrunn 1965, 107

Coulon im Gegensatz zu Gustav Hübner aus einer niedrigen Adelsfamilie mit französischen Vorfahren, sie war älter als ihr Mann, ihre Herkunftsfamilie lebte in Bayern, Gustav war bürgerlicher Herkunft, ein Zuwanderer von dem von Wien aus gesehen nördlichen Brünn und Teil der deutschsprachigen Minderheit in Mähren. Gemeinsam war beiden nicht nur die Zuwanderung nach Wien und eine finanziell unabgesicherte Position, die den Beginn ihrer Verbindung definierte, sondern auch eine Erfahrung von Bildung, die engstens an die Frage des ökonomischen Überlebens bzw. des sozialen Aufstiegs geknüpft war.

Topographien

„Das Oberhollabrunner humanistische Gymnasium erhielt seit Jahren den größten Zuzug seiner Schüler aus dem erzbischöflichen Knabenseminar. Das schuf eine ganz besondere, an den übrigen öffentlichen Schulen nicht gegebene Situation: Der größte Teil der Schüler stand unter der Aufsicht geistlicher Präfekten und wuchs unter strenger Zucht im Seminar heran, die übrigen lebten als ‚Externisten' im Elternhaus und in der Stadt. In diese merkwürdige, längst als gegeben angenommene Zweiteilung platzte im Jahr 1908 eine Bombe: das Gesuch eines Hollabrunner Bürgers, meines Vaters, der fürs erste mich, seine ältere Tochter Friederike (Fritzi Wechsler) ins Gymnasium schicken wollte. (Es lag kaum fünfzig Schritte von unserem Haus entfernt) Die Idee war unerhört. In der Kleinstadt Oberhollabrunn sollte ein Mädchen Gymnasialbildung erwerben. (…) Meine liebe Mutter, die selber als Mädchen ihren sehnsüchtigen Wunsch, Lehrerin zu werden, nicht hatte durchsetzen können, sah nur ein Ziel vor sich: ihre beiden Töchter sollten erreichen, was ihr versagt geblieben ist."[17]

Dieser kurze auto/biographische Rückblick einer Schülerin des Oberhollabrunner Gymnasiums findet sich in einer Jubiläumsschrift der Anstalt aus dem Jahr 1965. Die Autorin, Friederike Wechsler, hatte persönlich nichts mit Tilly H. zu tun. Sie war das erste Mädchen, das, um eine Generation jünger als Tilly H., an jenem Gymnasium, an dem deren Vater bis 1890 unterrichtete, zum Schulbesuch zugelassen wurde. Ihre Stimme repräsentiert die Multiplizität der Erfahrungen des Ausschlusses, mit denen Mädchen durch die institutionalisierten Bildungseinrichtungen konfrontiert gewesen sind, in der Perspektive einer Zeitverschiebung. Noch 1908, erfahren wir, ist der Wunsch von Friederike Wechsler, das Hollabrunner Gymnasium zu besuchen, ein Skandal. Ihre Erzählung läßt erahnen, mit welchem Potential an Unmöglichkeit der Bildungswunsch von Tilly H., der Tochter eines Gymnasiallehrers um

---

[17] Friederike Ritter, geb. Wechsler (Mat. Jg. 1917), Ein kleiner autobiographischer Beitrag zur Geschichte des Mädchenstudiums am Hollabrunner Gymnasium. In: Scheibelreiter (Hg.), 100 Jahre Bundesrealgymnasium Hollabrunn, 170

1900, konfrontiert gewesen sein muß, als sie in dem entsprechenden Alter war und sich die Frage nach ihrer weiteren Schulkarriere stellte.[18]

Das Gymnasium in Oberhollabrunn wurde im September 1870 als Erweiterung der, 1865 mit Hilfe der ansässigen Sparkasse gegründeten, Realschule als achtklassiges Real- und Obergymnasium gegründet und befand sich damit erstmals in staatlicher Verwaltung.[19] Der Bestand dieser Anstalt, der wichtigsten Schulgründung im Bezirk, war erst durch die Verlegung des fürsterzbischöflichen Knabenseminars Wien nach Oberhollabrunn (1880/1881) endgültig gesichert. Die Anstellung von Gustav Hübner fiel in ebendieses Jahr der Verlegung des Knabenseminars nach Hollabrunn.[20] War das Prestige der ‚Mittelschullehrer' zwar außerhalb der Großstädte vielleicht höher als etwa in Wien, so verhielt es sich mit der materiellen Entlohnung eher umgekehrt. Das Ortsklassensystem für Wien und Niederösterreich bestimmte das Gehalt nach der Größe des Ortes. In Wien erhielt ein junger Lehrer etwa 1000 fl., in einem kleineren Schulstandort nur 800 fl.[21] Mit dem Gehaltsgesetz 1873 erfolgte eine Besserstellung durch die Einstufung in die IX. Rangklasse, die finanzielle Lage blieb im Verhältnis zu anderen Beamtengruppen aber dennoch eher beschränkt.[22] Das Gymnasium, an dem Gustav Hübner unterrichtete, war gleichwohl der erzieherische Ort der politischen und ökonomischen Eliten von Oberhollabrunn. Während die kleinen Gemeinden um Oberhollabrunn entsprechend einer katholisch-bäuerlich geprägten Sozialstruktur politisch eher christlich-sozial dominiert gewesen sein dürften, war der Markt Oberhollabrunn zumindest ab den achtziger Jahren des 19. Jahrhunderts stark deutschnational geprägt. Das Projekt der Modernisierung wurde von den deutschnationalen bzw. liberalen ‚Sparkassenherren' getragen. „Um 1900 waren insgesamt rund drei Fünftel aller Haushalte politisch repräsentiert. Eine besondere Rolle spielten die Professoren des Gymnasiums, der Anstalt des Bürgertums."[23]

Die Vereine als Vorfeldorganisationen der Massenparteien waren auch in Oberhollabrunn (z. B. seit 1878 die Freiwillige Feuerwehr) zentrale Räume des politischen wie gesell-

---

18   1892 besuchte die erste Schülerin als Privatistin die Unterstufe des Gymnasiums in Hollabrunn (Tilly ist zu diesem Zeitpunkt acht Jahre alt, der Vater unterrichtet bereits in Wien). Vgl.: Leopold Rieder, Das Schulwesen im Bezirk Hollabrunn. In: Ernst Bezemek/Willibald Rosner (Hg.), Vergangenheit und Gegenwart. Der Bezirk Hollabrunn und seine Gemeinden. Hollabrunn 1994, 460. In einer Tabelle der Schülerinnenzahlen in der Jubiläumsschrift von 1965 ist für den Zeitraum 1892/93 und 1895/96 ein Mädchen als Privatistin angeführt. Vgl.: Scheibelreiter, 100 Jahre Bundesrealgymnasium Hollabrunn, 61
19   Ernst Bezemek/Gottfried Böck, Von der Revolution zum Zusammenbruch der Monarchie. In: Ernst Bezemek/Willibald Rosner, Vergangenheit und Gegenwart, 171
20   Die Schülerzahl stieg von 41 im Jahr 1880/81 auf 229 Gymnasiasten im Jahr 1981/82, von denen 173 Seminaristen waren.
21   Engelbrecht, Geschichte des österreichischen Bildungswesens, 71
22   Engelbrecht, Geschichte des österreichischen Bildungswesens, 64
23   Ernst Bezemek, Die Geschichte der Stadtgemeinde Hollabrunn und ihrer Gemeinden 1848–1945. In: Bezemek/Rosner, Vergangenheit und Gegenwart, 761

schaftlichen Lebens, an dem auch Gustav Hübner regen Anteil nahm.[24] Zu der politischen Elite der Gemeinde, etwa zum Bezirkshauptmann Graf Kuenburg[25] und Franz Hirling (stellvertr. Bezirkshauptmann), pflegte Gustav Hübner, wenn auch nur sehr formellen, distanzierten Kontakt. (Tagebuch Gustav Hübner, NL I/1, S. 5) Am engsten scheint die Verbindung mit der Familie Dr. von Gschmeidler gewesen zu sein. Ein Indiz für die zunehmend deutschnationale Ausrichtung des Marktes Hollabrunn ab Beginn der achtziger Jahre, die die liberalen Traditionen ablöste, könnte die Gründung eines Zweigvereins des Deutschen Schulvereins durch Dr. Felix Winiwarter (seit 1881 Leiter des Oberhollabrunner Spitals) im Jahr 1882 gewesen sein.[26] Ein Dr. Winiwarter wird im Tagebuch Gustav Hübners mehrmals erwähnt, Gustav Hübner notiert in seinem Tagebuch auch den Besuch bei Kränzchen des 'Deutschen Schulvereins'. Daß die politische Orientierung der Eltern, zumindest des Vaters von Tilly H., deutschnational gewesen sein dürfte, kann aus diesen Kontexten geschlossen werden, explizite Ausführungen zur politischen Orientierung finden sich in den Dokumenten 'unseres' Archivs nicht. In Tilly H.s frühen Tagebüchern aus den Jahren 1901 und 1902 finden sich allerdings explizit antisemitische Passagen, die auch auf eine frühe antisemitische Sozialisation im Kontext des Oberhollabrunner Bürgertums hindeuten.[27] Diese könnten aber ebenfalls mit einem katholisch geprägten Antisemitismus in Bezug stehen. Sowohl in Gustav Hübners als auch in Tilly H.s Tagebuch 1899 ist belegt, daß die Familie sonntags regelmäßig zur Kirche ging, Tilly H. selbst thematisiert sowohl ihren Glauben wie auch den aufkommenden Zweifel bis hin zu einer radikalen Abwendung im Tagebuch 1901–1903.[28]

Die Familie Hübner wohnte in Oberhollabrunn in einer Wohnung, die finanzielle und räumliche Situation der siebenköpfigen Familie war nach bürgerlichen Maßstäben eher beengt. So lebten in der Zeit der Tagebuchaufzeichnungen des Vaters, 1885–1892, zumeist zwei bis drei Koststudenten im Haushalt, Söhne teils adeliger, teils großbürgerlicher Familien wie u. a. die Söhne eines Baron Plappart oder des Architekten Emil Ritter von Förster,[29] die im

---

24 Vgl. Tagebuch Gustav Hübner, NL I/1
25 Graf Kuenburg war ab 1884 Bezirkshauptmann, Tilly H. erinnert sich an sein Flötenspiel. Vgl.: Großmutter Mathilde Hanzel erzählt (Tonbandprotokoll) 1962, NL IIIB, 12
26 Ernst Bezemek/Gottfried Böck, Von der Revolution zum Zusammenbruch der Monarchie, 165. Der bekannteste Vertreter der Deutschnationalen war Rudolf Kolisko, ein Advokat, Gründer der Deutschen Volkspartei, ab 1893 lebte er in Oberhollabrunn.
27 In Oberhollabrunn bestand eine prosperierende jüdische Gemeinde, seit 1901 gab es eine israelitische Kultusgemeinde. Vgl.: Bezemek/Böck, Von der Revolution zum Zusammenbruch der Monarchie, 165. Zur Geschichte der jüdischen Gemeinde in Oberhollabrunn vgl. Ulrike Gollonitsch, „Als wär nichts geschehen." Die jüdische Gemeinde in Hollabrunn. Wien 1990
28 Noch 1901 schreibt sie folgendes Motto in ihr Tagebuch: „Alles ist vergänglich – nur Gott nicht, der Ewige." Am Ostermontag 1902 schreibt sie von der Angst, ihren Glauben zu verlieren. Vgl. das Kapitel „Frau Hübner/Passagen" (CD-ROM), Tagebuch 1901–1903, NL IIIC/4
29 Vermutlich Sohn von Emil von Förster (1838–1909), Architekt, Banken und Theaterbauten in Wien.

Gymnasium zur Schule gingen. Im Tagebuch von Gustav Hübner wird zudem Anna, eine Köchin, als im Hübnerschen Haushalt lebend erwähnt. Die fünf Töchter der Familie schliefen gemeinsam in einem Zimmer, wenn auch jede in einem eigenen Bett. An den Wänden hingen Bilder aus einem Tieratlas, vom Vater auf Pappe aufgezogen, was Tilly H. in ihren Kindheitserinnerungen anschaulich beschreibt:

> „Von meinen beiden Eltern war das hervorstechendste erstens einmal eine grosse Güte und Besorgtheit um uns, ein heiteres Wesen, ein nicht-zu-strenge-sein und ein belehren-wollen, wenn wir gefragt haben. Ich kann mich erinnern, dass diese großen Betten, in denen wir sehr bald schliefen, also grosse Betten, rund herum aufgestellt, eins, zwei, der Länge nach, herüben Tante Olga, dann noch ein kleineres Bett und dann noch ein großes Kinderbett, also im ganzen 5 Betten, und wir hatten die Wände von oben bis unten bedeckt mit Naturbildern, da war nämlich mein Vater in Besitz eines Tieratlasses, und den hat er ganz geopfert, herausgenommen alle Bilder, aufgezogen auf Pappe, mit Ringelchen versehen und hat uns diese Bilder abwechslungsweise natürlich an die Wände hinaufgehangen, und dann sind wir in unseren Betten aufgestanden und haben gesagt das ist schön und das ist nicht schön und das ist grauslich und das mag ich nicht und wie heißt das und wie heißt das, ja und dann lernten wir alle diese Säugetiere, [...] da war ein Schimmel verendet, und da kamen die Aasgeier und wollten diesen Schimmel eben verzehren, dieses Bild war sicherlich nicht schön für uns Kinder, aber es war Wirklichkeit, und Mama hat ein bisschen den Kopf gesenkt und hat gesagt ja es ist halt so, nicht wahr, wenn ein Tier zugrunde geht, verendet nicht wahr, kommen die Aasgeier. Ich konnte von diesem Bild weg nicht kommen, weil ich mir gedacht habe, also das ist jetzt ein toter Körper, und wenn mein Vater erzählte vom Lehrkörper in seiner Schule, so fiel mir dieser Schimmel ein [...]" (Großmutter Mathilde Hanzel erzählt (Tonbandprotokoll) 1962, NL IIIB, 11)

Das Tagebuch von Gustav Hübner, das einen Zeitraum von acht Jahren (1885–1992) in Form sehr variierender Schreibfrequenz umfaßt, ist jenes Dokument, das neben den retrospektiven Kindheitserinnerungen von Tilly H. selbst ihr Aufwachsen in einer Lehrerfamilie in Oberhollabrunn am eindrücklichsten dokumentiert. Aus der Perspektive des Gymnasiallehrers und Familienvaters werden darin Ausschnitte aus dem sozialen Umfeld des familiären Lebens der Familie Hübner sichtbar. Gleichzeitig dokumentiert das Tagebuch auch die Form der protokollarischen Verzeichnung des Alltags durch den Vater von Tilly H., eine Form des Schreibens, die in ganz ähnlicher Weise den Stil des frühen Tagebuchs von Tilly H. prägt.[30]

---

30   Vgl. das Kapitel „Frau Hübner/Passagen" (CD-ROM), Kommentar 1

Gustav Hübner, Tagebuch, NL I/I³¹

Das Jahr 1885 Donnerstag, 1. Jan. Neujahr. Theodor kam am Abende, Eduard war schon am Tag zuvor gekommen. – In diesem Monate ist das seltene Ereignis, daß 2mal Vollmond ist, am 1. u. am 30. Jan. – Ende Jan. mußte Anna, unsere Köchin ins Spital; sie ist tuberculos, hat aber keine Ahnung von ihrem nahen Tode.
Dienstag, 27. Jan. Olgas Geburtstag; schrieb an. Carl nach Prag.
Sonntag, 1. Febr. schrieb an Mutter Namenstag. Anna ist noch immer sehr schlecht.
Samstag, 14. Febr. Zeugnisvertheilung. Wagner und Plappart sind beide durchgekommen; wollte nach Wien fahren, mußte es aber wegen vollständiger Heiserkeit unterlassen.-
Samstag, 4. April, Charsamstag fuhr ich mit dem Morgenzuge nach Wien, besuchte Hein, Schwarz, Obermayer, [Neymisle], Wagner, Plappart, Wasserburger. Am Abende kaufte ich noch Einiges den Kindern. Me. Wasserb. gab mir eine Torte mit und einen schönen Schirm für Agnes.
Samstag, 11. April kam Anna zu uns aus dem Spitale; sie packte ihre Sachen zusammen, weil sie zu ihrer Stiefmutter nach Steirabrunn fährt. Sie sieht schrecklich abgemagert aus. Ich übergab ihr das Sparcassabuch, den Rest des Lohnes.
Sonntag, 12. April fuhr Anna auf einem Leiterwagen in ihre Heimat.
Samstag, 23. Mai starb Anna in ihrer Heimat; sie hat nicht lange gelebt, wurde 30 Jahre alt -
Donnerstag, 4. Juni, Frohnleichnam; gieng mit der Procession, beide Knaben hatten heute Hausarrest; sie sind so wiederspenstig & ungezogen.
Freitag, 12. Juni schrieb an Vater, Donnerstg. Die mündl. Maturitätsprüfug [sic] ist vom 9. bis 19. Juli an unserem Gymnasium. Die Hitze ist enorm.
Donnerstag, 18. Juni ausgiebiger Regen, dabei doch schwül. – Frau Baronin Plappart schenkte zum 15. Juni Berta eine reizende Puppe, mir eine Büchse köstlichen Thee. -
Freitag, 19. Juni. Math. Versetzungsprüfungsarbeit in III.a
Samstag, 20 Juni mit Kindern und Knaben im Kirchwalde. Ed. hat auf seiner Math. Versetzungsprüf. Arbeit kgv., bfrd.
Sonntag, 21. Juni. kam Baron Plappart zu uns. Gieng mit ihm zu Prof. Feldkircher & Director. Letzterer war sehr unangenehm.
Montag, 22. Juni sehr kühl 8° R.
Montag, 29. Juni Peter- & Pauls-Tag wurde meine Frau von Zwillingen (Mädchen) entbunden. – Das erste kam um 3/4 6 Uhr, das zweite um 7 Uhr. So hätten wir im ganzen 5 Mädchen. -[…]

---

31 Die hier edierten Tagebucheintragungen dokumentieren die ersten Seiten des erhaltenen Tagebuchs von Gustav Hübner von Jänner bis Juli 1885 und werden ungekürzt wiedergegeben.

Aus dem Tagebuch des Vaters geht unmittelbar hervor, wie sehr die Frage der Bildung mit jener nach dem Lebensunterhalt der Familie verknüpft war. Das Tagebuch wird von den Schulerfolgen bzw. Mißerfolgen der Koststudenten (z. B. Eduard oder Theodor) thematisch dominiert. Dabei geht es nicht um die Ethik der Bildung, sondern um die Ökonomie des Überlebens. Der Schulerfolg der wohlhabenden Koststudenten war die Voraussetzung für das Einkommen Gustav Hübners als Privatlehrer und Kostgeber. Was das Zusammenleben – der enge Kontakt mit den adeligen, ökonomisch großteils wesentlich besser gestellten Familien – für das Aufwachsen der Hübner-Schwestern in Hinblick auf ihre sozialen Aufstiegswünsche bedeutet haben mag, muß ebenso offenbleiben wie die Frage danach, in welcher Weise die prioritäre Wahrnehmung der männlichen Koststudenten durch den Vater, wie sie aus dem Tagebuch hervorzugehen scheint, das Verhältnis der fünf Töchter zu Schule, Wissen und Bildung geprägt hat.

In Tilly H.s Kindheitserinnerungen, die uns nur als transkribierte Tonbandaufzeichnungen der Enkel überliefert sind, werden die Koststudenten im Haushalt Hollabrunn, die die Tagebuchaufzeichnungen Gustav Hübners so dominieren, nicht erwähnt. Mutter und Vater werden von Tilly H. gleichermaßen deutlich erinnert und liebevoll beschrieben, wobei sie in erster Linie als Lehrer beschrieben sind, vor allem wenn Tilly H. gleich zweimal in ihren Kindheitserinnerungen von ihren Eltern als „Lexikon" spricht, das sie ihnen, den Kindern, gewesen seien.[32]

Seit 1881 bemühte sich Gustav Hübner um eine Ernennung an ein Gymnasium in Wien. Diese erfolgte neun Jahre später, 1890, an das k. u. k. Karl-Ludwig-Gymnasium in der Rosasgasse in Meidling. Gustav Hübner unterrichtete dort Latein, Griechisch und Französisch.[33] Direkt neben der Schule mietete er eine kleine Wohnung. (Tagebuch Gustav Hübner, NL I/1, 22) Im selben Jahr kam es zur Eingemeindung des Vororts Meidling als 12. Bezirk von Wien. Ab 1891 unterrichtete Gustav Hübner neben dieser Stellung auch in dem Hietzinger Mädcheninstitut Holl – jener Schule, die Tilly nach dem Wohnungswechsel nach Wien besuchen sollte – und gab zudem weiterhin Privatunterricht. (1891 schreibt er in seinem Tagebuch erleichtert von einer Verbesserung seines Gehalts auf 2100 fl.)

Ab 1890 – Tilly H. ist sechs Jahre alt – lebte der Vater also unter der Woche in Wien, Agnes Hübner blieb mit den Kindern in Oberhollabrunn zurück. Die Mutter wird zur wichtigsten Erzieherin. Die fünf Schwestern wachsen im Vergleich zu anderen Bürgerstöchtern relativ frei von Etiketten und geschlechtsspezifischen Verhaltensregeln auf, sie gehen schwimmen, klettern auf Bäume, tragen die Haare ganz kurz. Immer wieder verweist Tilly H. in späteren Jahren auf ihre „freisinnige" Erziehung, auf eine „goldene Kindheit", als die die Jahre in Oberhollabrunn retrospektiv dargestellt werden.

---

32 Großmutter Mathilde Hanzel erzählt (Tonbandprotokoll) 1962, NL IIIB, 1 und 11
33 Vgl.: Lehmann's Wohnungsanzeiger. Wien 1901, 192

„[…] daß unsere Jugend sorgenfrei war und uns nicht in irgendwelchen Dingen beschränken mußten, sondern unsern Körper ausbilden konnten, weit über das Maß das sonst in der damaligen Zeit für Mädchen gegeben war, das danke ich unseren Eltern, besonders der Mama sehr, denn sie war im Kloster erzogen worden und hatte natürlich nicht diese – lange nicht diese Freiheit […]" (Großmutter Mathilde Hanzel erzählt (Tonbandprotokoll) 1962, NL IIIB, 1 und 11)

In einem Geburtstagsbrief an ihren Gatten Gustav aus dem Jahr 1894 schreibt Agnes Hübner, daß sie sich wünscht, seinen nächsten Geburtstag endlich gemeinsam in Wien zu verbringen, sie schreibt aber auch davon, daß es schön wäre, wenn sie ein Haus, das gerade zum Verkauf anstünde, erwerben könnten. (Agnes Hübner und Töchter an Gustav Hübner, NL I/1, 13. 10. 1894) Ein Wunsch, den Tilly viele Jahre später ganz ähnlich an ihren Ehemann Ottokar Hanzel herantragen wird.[34] Der im folgenden abgedruckte ‚Familienbrief' der fünf Schwestern und ihrer Mutter an den k. k. Professor in Wien dokumentiert nicht nur die über einen geschlechtsspezifisch geregelten Arbeitsmarkt definierte Dislozierung von Familie und Erwerbsleben, sondern auch den ersten im Nachlaß dokumentierten Text von Tilly H.

Berta, Olga, Agnes, Mimi, Carola, Tilly Hübner (Hollabrunn) an Gustav Hübner, 13. 10. 1894 (NL I/1):

[An] Wohlgeboren Herrn Gustav Hübner
k.k. Professor in 12/1 Wien
k. k. Staats-Gymnasium

Lieber Papa! Da Du morgen nicht da bist, muss ich Dir schriftlich meine innigsten und herzlichsten Glückwünsche darbringen. Möge uns Gott Dich gesund erhalten und Dir noch recht viele freudenvolle Geburtstage erleben lassen! Mama kaufte mir ein neues Federmesser, da wir ein solches schon sehr nothwendig brauchten. Ich wiederhole jetzt fleißig die Satzlehre, und die wenigen Evangelien, welche in der 5. Classe vorgeschrieben sind. Nimm nochmals meine herzlichsten Glückwünsche entgegen und sei herzlich umarmt von Deiner dankbaren Tochter Bertha

Lieber Papa. Ich wünsche Dir alles Gute zu Deinem Geburtstag. Gott erhalte Dich uns recht lange gesund. Tante Marie hat schon geschrieben, was sie für uns zu Weihnachten bestimmt hat. Es grüßt und küßt Dich Deine dankbare Tochter Olga

---

34 Vgl. das Kapitel „Frau Hübner/Passagen" (CD-ROM): Mathilde Hanzel an Ottokar Hanzel, 1. 1. 1913 (NL I/2)

Lieber **Gustav**! Den Wünschen der Kinder schließe ich mich an indem ich zum Himmel flehe, Gott möge Dich segnen, schützen und gesund erhalten, damit wir doch Deinen nächsten Geburtstag glücklich zusammen in **Wien** feiern können. – Schreibe bald wieder. Heute ist es hier sehr frostig, so daß es fast nöthig wäre zu heizen. – Das für [**Walter**] bestimmt gewesene Haus soll verkauft werden; es wäre so nett, wenn wir es kaufen könnten. Die ganze Sache nimmt schreckliche **Dimensionen** an und soll der Mann nächstens nach **Korneuburg** überführt werden. – Mit Liebe Deine Agnes

Lieber Papa! Ich wünsche Dir alles Gute zum Geburtstag; aber weil Du nicht da bist, muß ich es Dir in einem Brief schreiben. Es ist hier sehr schön. Ich werde sehr fleißig sein, damit ich Dir eine Freude mahche. Es küßt Dich Deine dankbare Mimi.

Lieber Papa Ich wünsche Dir alles Gute zu Deinem Geburtstag. Mein Ball ist zum Glück noch heil, aber er springt nicht mehr. Es thut mir sehr leid, daß Du nicht mehr da bist. Es küßt Dich Deine dankbare Carola.

Lieber Papa! Ich gratuliere herzlich zu Deinem Geburtstage. Es ist uns allen sehr leid, daß Du nicht bei uns sein kannst. Wir sind zum Glück alle wohl, und ich glaube hoffe, daß auch Du ganz gesund bist, und es auch lange bleiben mögest. Ich bin, wie Du weißt, schon sehr bald mit meiner Violinschule fertig. Ich brauche das dritte Heft, und möchte Dich sehr bitten, daß Du mir es vor Mitwoch schicken mögest. Es grüßt und küßt Dich tausendmal Deine dankbare Tochter **Tilly**

Das erste von Tilly H. autorisierte Dokument in dem Archiv zeigt Tilly H. als eine Tochter, die mit dem Vater über den Fortgang von Lernerfolgen (Violinunterricht) kommuniziert. Ihr Glückwunsch verbindet sich mit einem Auftrag an den Vater, ihr ein weiteres Heft der Violinschule mitzubringen.

Zwei Jahre später wurde Wien auch für Agnes Hübner und ihre fünf Töchter Realität. Sie zogen in die Wohnung Schönbrunnerstraße 289 in Meidling.[35] Im Herbst 1895 trat Tilly

---

35 Im Haus Schönbrunnerstraße 289 sind 1925 (ab diesem Jahrgang ist das Lehmanns' Adressenverzeichnis nach Hausnummern geordnet) 15 Parteien eingetragen, darunter Berta Hübner (Telegraphen Ober Offizialin), Olga Hübner (Malerin), Karola Hübner (Telegraphen Ober Offizialin). Darüber hinaus wohnten in der Schönbrunnerstraße 289 durchwegs mittlere Angestellte, ein Feinmechaniker, ein Schulrat, eine Beamtin, ein Bahnbeamter, ein Kanzleidirektor, eine Lehrerin, und einige Freiberufler. Tilly H. wohnte bis zu ihrer Heirat 1910 in diesem Haus. Von 1910 bis 1926 wohnte sie mit Ottokar Hanzel und ihren Töchtern in Meidling, in der Ratschkygasse 36. Aus dem Adreßbuch geht hervor, daß in diesem Haus und in den Häusern der unmittelbaren Umgebung im Gegensatz zu der Schönbrunnerstraße 289 hauptsächlich Kleingewerbetreibende und ArbeiterInnen wohnten, was darauf hindeuten könnte, daß die Existenzgründung nach der Hochzeit, zumindest was die Wohnsituation anging, einen sozialen Abstieg bedeutete. Vgl. Lehmann's Wohnungsanzeiger Bd. 3. Wien 1925

H. in die nahegelegene Privat-Bürgerschule für Mädchen der Leopoldine Holl, Altgasse 21 in Hietzing, ein,[36] an der ihr Vater bereits vor ihrem Schuleintritt unterrichtete. Die Zeugnisse von Tilly H. sind im Archiv erhalten und weisen ihren Vater Gustav Hübner für das 1. Semester 1897/98 als ihren Klassenvorstand aus. Im Entlassungszeugnis scheint der Vater als Lehrer in Lesen u. Schreiben u. Geographie auf. Nach Jahren, in denen Tilly H. hauptsächlich durch ihre Mutter, eine ehemalige Gouvernante, daheim unterrichtet worden war, wurde sie nun an einer Privatschule mit Öffentlichkeitsrecht zur Schülerin ihres Vaters, eines Gymnasiallehrers, der vermutlich in erster Linie aus finanziellen Gründen zusätzlich zum Gymnasium an einer Privat-Bürgerschule für Mädchen unterrichtete.

Der im 19. Jahrhundert zunehmende Prozeß der staatlichen Normierung und Systematisierung des Bildungswesens war bis um die Jahrhundertwende kaum an der Frage der Mädchenbildung orientiert.[37] Die spezifische Erfahrung von Unterricht in oszillierenden Systemen privater und öffentlicher Bildung, die sich in der Figur ihrer Eltern als professionellen Pädagogen verkörperte, konfrontierte Tilly H. daher in verschärfter Weise mit geschlechterpolitischen und klassenspezifischen Ausprägungen des Schulwesens im 19. Jahrhundert. Höhere Bildung war im 19. Jahrhundert ein Privileg der Frauen des Bürgertums, „die zunächst innerhalb ihrer eigenen Schicht gegen das Bildungsmonopol der Männer anzukämpfen hatten".[38] Die mittleren Sekundarschulen für Mädchen entwickelten sich primär als Initiative bürgerlicher Frauen und waren fast ausschließlich privat finanziert. Das bedeutete hohes Schulgeld im Vergleich zu staatlichen Mittelschulen für Knaben, zumal diese Sekundarschulen für Mädchen kaum oder nur wenig subventioniert worden sind.[39] In Wien gab es 1895 nur wenige solcher Sekundarschulen für Mädchen: die sechsklassigen Mädchenlyzeen des Wiener Frauen-Erwerbsvereins, sechsklassige gymnasiale Mädchenschulen des Vereins für erweiterte Frauenbildung, die dreiklassige höhere Töchterschule des Schulvereins für Beamtentöchter.[40]

---

36 Mit 16. 10. 1896 wurde dieser Schule das Öffentlichkeitsrecht verliehen, vgl. Zeugnis Mathilde Hübner 1896, NL I/50

37 Margret Friedrich, Hatte Vater Staat nur Stieftöchter? Initiativen des Unterrichtsministeriums zur Mädchenbildung 1848–1914. In: Brigitte Mazohl-Wallnig (Hg.), Bürgerliche Frauenkultur im 19. Jahrhundert. (L'Homme Schriften Bd. 2) Wien/Köln/Weimar 1995, 301–342; Vgl. zur Geschichte der Höheren Mädchenbildung in Österreich u. a.: Renate Flich, Wider die Natur der Frau? Entstehungsgeschichte der höheren Mädchenschulen in Österreich. Wien 1996; Margret Friedrich, „Dornröschen schlafe hundert Jahr". Zur Geschichte der Mädchenbildung in Österreich im 19. Jahrhundert. In: Margret Friedrich/Peter Urbanitsch (Hg.), Von Bürgern und ihren Frauen. Wien/Köln/Weimar 1996, 181–197; Gertrud Simon, „Von Maria Theresia zu Eugenia Schwarzwald". Mädchen- und Frauenbildung in Österreich zwischen 1774 und 1919 im Überblick. In: Ilse Brehmer/Gertrud Simon (Hg.), Geschichte der Frauenbildung und Mädchenerziehung in Österreich. Graz 1997, 178–188

38 Monika Dorn, Was dürfen Frauen wissen? Zur Mädchenbildung zwischen Diskriminierung und Emanzipation. Diss. Wien 1996, 104

39 Engelbrecht, Geschichte des österreichischen Bildungswesens, 283

40 Engelbrecht, Geschichte des österreichischen Bildungswesens, 284

1898/99 trat Tilly H. nach einer Aufnahmeprüfung in diese letztere, die dreiklassige höhere Töchterschule des Schulvereins für Beamtentöchter in der Langegasse 47, über.[41] Sie absolvierte allerdings nur die erste Klasse dieser Höheren Töchterschule, um im Jahr darauf zu einem ‚Brotstudium' zu wechseln, also den Weg einer konkreten Berufsausbildung einzuschlagen. Für Frauen aus bürgerlichen Familien, die ihre Töchter nicht dauerhaft materiell versorgen konnten, bot der Beruf der Lehrerin eine, wie Gunda Barth-Scalmani es nennt, „in den Augen der bürgerlichen Öffentlichkeit in Maßen reputierliche Position", die durch den Prozeß der Professionalisierung des Lehrberufs angesehener gewesen sein dürfte als jene der Privatlehrerinnen und Gouvernanten, die aufgrund ihrer sozialen Unabgesichertheit und fehlender Ausbildungsstandards zunehmend mehr als Teil des häuslichen Dienstes wahrgenommen wurden.[42]

Im Herbst 1899 wird Tilly H. sich der Aufnahmeprüfung zur staatlichen Lehrerinnen-Bildungsanstalt stellen[43] und in weiterer Folge vier Jahrgänge an der k. u. k. Lehrerinnen-Bildungsanstalt Wien I, Hegelgasse 14 absolvieren. Tilly H. selbst erzählte viele Jahrzehnte später ihren Enkelkindern die Geschichte von Schulwechsel und eigener Schulkarriere als eine Geschichte der verordneten Unterforderung in der Lehrerinnen-Bildungsanstalt, der sie das beginnende Selbststudium positiv gegenüberstellt:

„[…] Und nach dem Institut Holl bin ich ein Jahr lang in die höhere Töchterschule gegangen, das war so ein erster Versuch, eine Art Lyceum zu haben für die Beamtentöchter, es sind natürlich viel mehr andere sehr gescheite Schülerinnen auch in die einzelnen Jahrgänge gegangen, und ich habe den ersten Jahrgang dort mitgemacht und hab sehr begabte Lehrer gehabt und sehr praktische und geschult methodisch ausgezeichnete Lehrer, und dann kam ich herüber in die Lehrerinnenbildungsanstalt und war eigentlich sehr enttäuscht über den langsamen Unterricht den wir hatten, über diese eigenartigen uralten Erzählungen, die in unserem Lesebuch waren und dann wußte ich doch so eine Menge Dinge schon von zuhaus, daß mir eigentlich die-

---

41 Interessanterweise war sie dort im ersten und zweiten Semester 1898/99 von dem Fach Handarbeiten dispensiert, was auf eine sehr frühe Abneigung von Tilly H. gegenüber dieser vielleicht traditionellsten, mit einer disziplinierten Weiblichkeit assoziierten Ausprägung von „Frauenbildung" hindeuten mag.
42 Vgl. Gunda Barth-Scalmani, Geschlecht: weiblich, Stand: ledig, Beruf: Lehrerin. Grundzüge der Professionalisierung des weiblichen Lehrberufs im Primarschulbereich in Österreich bis zum Ersten Weltkrieg. In: Brigitte Mazohl-Wallnig (Hg.), Bürgerliche Frauenkultur im 19. Jahrhundert. (L'Homme Schriften Bd. 2) Wien/Köln/Weimar 1995, 396
43 Vgl. zur Geschichte der Lehrer- und Lehrerinnen-Bildungsanstalten Engelbrecht, Geschichte des österreichischen Bildungswesens, 214–226
Das Reichsvolksschulgesetz von 1869 gab nicht nur den entscheidenden Hintergrund zu der Verbreitung von Lehrer- und Lehrerinnen-Bildungsanstalten ab, sondern war aufgrund des entstehenden Lehrerbedarfs auch ein wichtiger gesellschaftspolitischer Rahmen für die stetige Zunahme von Frauen im Lehrberuf. Seit 1869 war das erste öffentliche Amt, das Frauen ausüben durften, der Beruf der Lehrerin. Vgl. Gunda Barth-Scalmani, Geschlecht: weiblich, 395

ser Unterricht viel zu wenig, [...] und außerdem hab ich mich damals schon beschäftigt mit – wie heißt das da – mit Geometrie und zwar in einem höheren Grad als bei uns vorgeschrieben war. Ich habe damals schon Trigonometrie angefangen zu lernen allein. [...]" (Großmutter Mathilde Hanzel erzählt (Tonbandprotokoll) 1962, NL IIIB, 15)

Im Juli 1903 schloß Tilly H. die Lehrerinnen-Bildungsanstalt mit einem brillanten Reifezeugnis ab. Das Zeugnis berechtigte sie zur Berufsausübung als provisorische Unterlehrerin an Volksschulen, sowie als Handarbeitslehrerin an Volks- und Bürgerschulen. Für die Berechtigung zu einer definitiven Anstellung allerdings waren danach zwei Jahre Praxis im provisorischen Lehrdienst erforderlich, die sie 1905 absolvieren wird.

Tilly H.s eigene Bildungssozialisation, die eng mit den Topographien der höheren Mädchenbildung im Wien der Jahrhundertwende verbunden ist, ist vor dem Hintergrund einer Kindheit zu interpretieren, die von einem komplexen Arrangement von sozialen, geschlechts- und generationsspezifischen Differenzen bestimmt gewesen ist, in denen sich Wissen und Bildung in besonders hohem Maße nicht nur als Instrument sozialen Aufstiegs, sondern ganz wesentlich als Strategie des Überlebens vermittelt haben dürften.

Auftritt einer unbekannten Pionierin

In einem aktuellen Buch von Juliane Mikoletzky, Ute Georgeacopol-Winischhofer und Margit Pohl zur Geschichte des Frauenstudiums an der Technischen Hochschule Wien lesen wir – wenige Monate nach Beginn unserer Forschungsarbeiten – von Tilly H. im Zusammenhang mit dem allerersten in den Akten der Technischen Hochschule in Wien dokumentierten Gesuch einer Frau um Zulassung zum Studium:

„Es handelt sich um ein Gesuch der Mathilde Hübner, provisorische Lehrerin an der Bürgerschule in Wien V, um Aufnahme als ordentliche Hörerin an die Technische Hochschule in Wien vom Juni 1907. Das genaue Datum ist nicht bekannt, da das Originalansuchen fehlt; laut Protokollbuch langte es am 20. Juni im Rektorat der Wiener Technischen Hochschule ein. Wir wissen daher nichts über die Beweggründe der Antragstellerin, und auch zu der Person der Antragstellerin geht aus den Unterlagen nur noch hervor, daß sie ein Reifezeugnis der Staatsrealschule V vorweisen konnte. Im gleichen Bezirk war sie derzeit als Bürgerschullehrerin beschäftigt. Vom Rektorat der k. k. Technischen Hochschule in Wien wurde ihr Gesuch am 23. Juli 1907 – der Rechtslage entsprechend – zunächst abschlägig beschieden."[44]

---

44 Juliane Mikoletzky/Ute Georgeacopol-Winischhofer/Margit Pohl, „dem Zuge der Zeit entsprechend ..." Zur Geschichte des Frauenstudiums in Österreich am Beispiel der Technischen Universität Wien. (Schriftenreihe des Universitätsarchivs Bd. 1) Wien 1997, 32

In den öffentlichen Archiven der Technischen Universität und in den Akten des Unterrichtsministeriums ist die Geschichte ihres Kampfes um das Frauenstudium dennoch als Erfolgsgeschichte dokumentiert.[45] Am Ende der zweiseitigen Falldarstellung der Mathilde Hübner, wie sie von Juliane Mikoletzky im Archiv der Technischen Universität und in der Gegenüberlieferung der Ministerialakten recherchiert wurde, bilanziert die Autorin:

> „Zu Beginn des Studienjahres 1908/09 suchte Mathilde Hübner formell um Aufnahme als Gasthörerin (Hospitantin) an der Wiener Hochschule an. Damit scheint sie das letztemal in den Akten des Universitätsarchivs auf. Da Gasthörer und Hörerinnen nicht inskribieren konnten, läßt sich ihre tatsächliche Anwesenheit an der Hochschule nicht dokumentieren, doch ist nach dem Vorangegangenen wohl anzunehmen, daß sie die von ihr gewünschten Vorlesungen auch besucht hat und somit als die erste Hospitantin der Technischen Hochschule in Wien anzusehen ist."[46]

Erst im Kontext der historiographischen Erfassung des Frauenstudiums an der Technischen Hochschule Wien wurde Tilly H. damit für uns als Pionierin im Kampf von Frauen um den Zugang zu den Technischen Studien sichtbar. Tilly H. als „erste Hospitantin" und damit als durchaus zentrale Akteurin in dem Kampf um das Frauenstudium wahrzunehmen, macht es an dieser Stelle erforderlich, ganz kurz die historischen Umgebungen zu benennen, die ihren Interventionen gegen die Ausschlußpraxis der Technischen Hochschule vorausgegangen sind.

Der Kampf um das Frauenstudium war zuallererst ein zentrales politisches Anliegen der bürgerlichen Frauenbewegung, die sich im 19. Jahrhundert in den meisten Ländern Europas und den Vereinigten Staaten formierte.[47] Der Blick richtet sich auf Wien, also den Lebens- und Arbeitsmittelpunkt von Tilly H. – obwohl, wie Irene Bandhauer-Schöffmann treffend feststellte, die „böhmische Frauenbewegung, allen voran der Frauenbildungsverein ‚Minerva' die Avantgarde der bürgerlichen Frauenvereine in der Monarchie darstellte".[48] In Wien, wo 1848 für kurze Zeit bereits der ‚Wiener Demokratische Frauenverein' bestanden

---

45 Vgl. Archiv der Technischen Universität Wien, Einreichungsprotokollbücher: 1906/07 Rzl. 2289-1906/07 (Ansuchen um Aufnahme als ordentliche Hörerin); 1907/08 Rzl. 1909 (Neuerliches Ansuchen um Aufnahme als ordentliche Hörerin); 1907/08 Rzl. 2108-1907/07 (Ansuchen um Zulassung zu einzelnen Vorlesungen); 1908/09 Rzl. 657 (Ansuchen zur Aufnahme als Gasthörerin); vgl. auch Juliane Mikoletzky u. a., „dem Zuge der Zeit entsprechend …", 32–35

46 Ebd. 32–35

47 Vgl. insbesondere: Irene Bandhauer-Schöffmann, Frauenbewegung und Studentinnen. Zum Engagement der österreichischen Frauenvereine für das Frauenstudium. In: Waltraud Heindl/Marina Tichy (Hg.), „Durch Erkenntnis zu Freiheit und Glück …" Frauen an der Universität Wien (ab 1897). Wien 1990, 49–79

48 Ebd. 49

hatte[49], etablierten sich 1866 der ‚Wiener Frauenerwerbsverein', der 1892 das erste Mädchengymnasium in Wien gründen sollte, und 1888 der ‚Verein für erweiterte Frauenbildung'. Im Zusammenhang mit dem Kampf ums Frauenwahlrecht wurde 1893 der ‚Allgemeine Österreichische Frauenverein' gegründet, der mit der Lehrerin Auguste Fickert an der Spitze den radikalen Teil der österreichischen Frauenbewegung repräsentierte. Bei der zweiten öffentlichen Versammlung, die dieses Komitee am 14. Mai 1891 abhielt, wurde nicht nur das allgemeine gleiche Wahlrecht, sondern auch die unentgeltliche Zulassung der Frauen zu den Mittelschulen und den Universitäten gefordert.[50] Die ersten Forderungen der Frauenbewegung, die Universitäten zu öffnen, bezogen sich auf die Philosophische und die Medizinische Fakultät sowie auf das Pharmaziestudium. Es war schließlich die Philosophische Fakultät, zu der Frauen mit Erlaß des Unterrichtsministeriums vom 23. März 1897 erstmals als ordentliche Hörerinnen zugelassen wurden, insofern sie österreichische Staatsbürgerinnen, über 18 Jahre alt waren und eine Matura abgelegt hatten. Drei Jahre später, im Jahr 1900, wurden Frauen zum Medizin- und Pharmaziestudium zugelassen. Die Juridische Fakultät und die Technische Hochschule Wien hingegen blieben für Frauen fast weitere zwanzig Jahre versperrt. Damit waren jene Studienrichtungen, die die (Ausbildungs-)Wege zu den gesellschaftlichen Machtzentren bzw. zu den zukunftsträchtigen Berufsfeldern im Ingenieurwesen und in der Architektur ebneten, für zwei weitere Frauengenerationen blockiert. Während der Kampf um das Frauenstudium an der Philosophischen, Medizinischen und Juridischen Fakultät an der Universität Wien seit den späten achtziger Jahren des 20. Jahrhunderts relativ eingehend erforscht wurde, wurde die Geschichte des Frauenstudiums an der Technischen Hochschule erst kürzlich von Juliane Mikoletzky u. a. erfaßt.

Das Wiener Polytechnische Institut, 1815 in Wien gegründet, wurde 1872 formell in eine Technische Hochschule umgewandelt. Mikoletzky konnte nachweisen, daß mit dem Professionalisierungsschub in der Ausbildung in den technischen Fächern um die achtziger Jahre des 19. Jahrhunderts ein massiver Abschließungsschub gegenüber studierwilligen Frauen verbunden gewesen war. An die Stelle eines in den vorhergehenden Jahrzehnten eher unbestimmten und daher offeneren Zugangs in Hinblick auf die Geschlechtszugehörigkeit trat mit einem Beschluß des Professorenkollegiums von 1877 eine restriktive Neuordnung, die lernwillige Personen des weiblichen Geschlechts definitiv von dem Eintritt in die Räume der Technischen Hochschule ausschloß.[51] An der Technischen Hochschule gab es zwar, wie vor 1897 an den Universitäten, aufgrund der ministeriellen Verordnung von 1878 theoretisch die Möglichkeit, mit ausnahmsweiser ministerieller Genehmigung einzelne Vorlesungen als

---

49 Hanna Hacker, Gewalt ist: keine Frau: Akteurinnen – eine Geschichte der Transgressionen. Königstein/Taunus 1997, 73f.; Gabriella Hauch, Frau Biedermann auf den Barrikaden. Frauenleben in der Wiener Revolution 1848. Wien 1990
50 Irene Bandhauer-Schöffmann, Frauenbewegung und Studentinnen, 55. Zu der Vorgeschichte der Zulassung zur Philosophischen Fakultät siehe ebd., 49–65
51 Juliane Mikoletzky u. a., „dem Zuge der Zeit entsprechend …", 17ff.

Gasthörerin zu besuchen. Bis 1900 lassen sich allerdings diesbezüglich keine Zugangsbemühungen zur Technischen Hochschule nachweisen.[52] An der Böhmischen und an der Deutschen Technischen Hochschule in Brünn hingegen finden sich zahlreiche Gesuche und auch Bewilligungen für Gasthörerinnen, Vorlesungen zu besuchen; die meisten von ihnen wurden von Lehrerinnen für die Lehramtsfächer Mathematik und Darstellende Geometrie gestellt.[53]

Das erste vergleichbare Ansuchen für die Wiener Technische Hochschule stellt jenes von Tilly H. aus dem Jahr 1907 dar, dem in den folgenden Jahren nur eine Handvoll weitere, ebenfalls großteils von Lehrerinnen gestellte Ansuchen folgten. Erst 1913 sollten weibliche Lehramtskandidatinnen als außerordentliche Hörerinnen an den technischen Hochschulen der Monarchie zugelassen werden, was einer noch immer höchst restriktiven und spät erfolgten Anpassung an die Gesetzeslage im Bereich der Lehrerberufsbildung entsprach. Demnach war seit einer Verordnung des Unterrichtsministeriums vom 24. Mai 1907 für Lehramtskandidaten an höheren Handelsschulen, für die auch Frauen zugelassen waren, der Nachweis über Fächer zu bringen, die nur an der Technischen Hochschule angeboten wurden, wo diese allerdings keinen Zutritt hatten. Mit 5. April 1912 wurde auch für Lehramtskandidaten für die Fächer Darstellende Geometrie und Freihandzeichnen an Mittelschulen und Mädchenlyzeen der Besuch einzelner Fächer an der Technischen Hochschule vorgeschrieben, die Frauen nach wie vor den Zugang versagte. Nach der ausschließlich auf die Lehramtsfächer beschränkten Zulassung für Gasthörerinnen 1913 waren in den Studienjahren 1913/14 bis 1918/19 an der Technischen Hochschule in Wien 27 weibliche Personen inskribiert.[54] Die vielfältigen Diskussionen der weiteren Jahre über die Ausschlußgründe von Frauen wurden großteils entlang des Konkurrenzarguments geführt, womit die geschlechtsspezifische Strukturierung des Arbeitsfeldes technischer Berufe durchgesetzt werden sollte. In der Arbeit Mikoletzkys sind diese Debatten ebenso sorgfältig dokumentiert, wie die vielfältigen Ansuchen und Petitionen von Frauen, die den Anspruch auf den ArchitektInnen- oder IngenieurInnenberuf stellten, noch bevor durch die von Unterrichtsstaatssekretär Otto Glöckel erlassene Verordnung den Frauen mit dem Studienjahr 1919/20 die definitive Zulassung zum Studium an der Technischen Hochschule gewährt wurde.[55]

Anders als in den öffentlichen Archiven ist in dem privaten Nachlaß von Tilly H. die *nicht offizielle* Geschichte ihres Kampfes um das Studium in vielen Varianten, Korrespondenzen und Umgebungen dokumentiert. Während Tilly H. erst vor dem Hintergrund der jetzt vorliegenden geschlechterpolitischen Institutionengeschichte der Technischen Universität Wien als Pionierin im Kampf um das Frauenstudium sichtbar wird, können jene

---

52 Ebd. 31
53 Ebd. 32
54 Ebd. 37
55 Ebd. 82

Dokumente, die sich in ihrem Nachlaß auf diese Geschichte ihrer Zugangsbemühungen beziehen, verschiedene Selbstdeutungen, Umgebungen und Zuschreibungen freilegen, die zum Beispiel auch die Frage nach dem Stellenwert des Pionierinnenstatus in ihrer Selbstdarstellung reflektieren. Das in der Frauenbewegungsgeschichte traditionelle Darstellungsmodell der unbekannten Pionierin, wie wir es über den Umweg der Geschichte des Frauenstudiums an der Technischen Universität rekonstruieren und für Tilly H. in Anspruch nehmen konnten, wird im folgenden Abschnitt durch eine an den Dokumenten des privaten Nachlasses orientierte biographischen Perspektive kontextualisierbar und möglicherweise in einer differenzierteren Qualität befragbar gemacht.

Das „pädagogische Luftschloß" oder die Liebe zur darstellenden Geometrie

„Ich habe einen Plan für die Erziehung der Jugend", schrieb Tilly H. 1904 in einem Brief an Ottokar Hanzel. Sie formulierte damit, zumindest in den erhaltenen Dokumenten, das erste Mal explizit ein bildungspolitisches Programm: Abschaffung des Religionsunterrichts, statt dessen Einführung des Fachs „Gesellschaftslehre". (Mathilde Hübner an Ottokar Hanzel, 9. 6. 1904, NL I/2a)[56] Es ginge, argumentiert Tilly H., darum, die Jugend zu lehren, daß jeder gegenüber der Gesellschaft Pflichten habe und umgekehrt. „Praktischer Altruismus statt absolutistischer Egoismus" heißt die Formel, die die zwanzigjährige Lehrerin zu ihrem bildungspolitischen Programm erklärt.[57] Die Formulierung des Erziehungsplans ist in einem Brief an ihren Privatlehrer in Mathematik und Darstellender Geometrie adressiert, mit dem sie zum Zweck der Vorbereitung auf die Matura lernte und der sich selbst in Ausbildung zum Gymnasiallehrer für die Fächer Mathematik und Darstellende Geometrie befand. Tilly H. artikuliert ihr eigenes Projekt in unmittelbarer Bezugnahme auf ein Vorhaben Ottokar Hanzels, nämlich seine „Militärmemoiren" zu schreiben:

> „Sie haben einmal etwas erwähnt, daß Sie Ihre Militärmemoiren aufzeichnen würden! Wird etwas draus? – Ich habe einen Plan für die Erziehung der Jugend." (Mathilde Hübner an Ottokar Hanzel, 9. 6. 1904, NL I/2a)

An dieser Brief-Passage sind zwei Dinge besonders interessant. Zum einen die Tatsache, daß Tilly H. ihre erste dokumentierte bildungspolitische Idee in einer geschlechtsneutralen Per-

---

56 Vgl. zur Edition des ganzen Briefes das Kapitel „Frau Hübner/Passagen" (CD-ROM)
57 Inwieweit Tilly H.s Erziehungsplan von den „Schulforderungen der deutschgesinnten Lehrerschaft" aus dem Jahr 1898 beeinflußt war, in denen nach „Punkt 1: Völkische Erziehung" auch eine „vollständige Trennung von Kirche und Schule" sowie die „Einführung der Sittenlehre und Vermittlung der Grundzüge der Volkswirtschafts- und Gesellschaftslehre in der Schule" gefordert worden war, muß dahingestellt bleiben. Zit. nach: Engelbrecht, Geschichte des österreichischen Bildungswesens, 598

spektive formuliert, die Erziehung der Jugend soll verbessert werden und nicht etwa die der jungen Frauen. Zum anderen erscheint es bemerkenswert, daß Tilly H. dem „Militär-Memoiren"-Projekt ihres Privatlehrers und späteren Geliebten (der offenbar den eigenen Erfahrungen im Militärdienst[58] genügend Bedeutsamkeit für eine Verschriftlichung zumißt) ein gesellschaftlich-politisches Projekt als das Eigene entgegensetzt, das sie abschließend nicht unkokett mit dem Satz „Es ist ja nur ein pädagogisches Luftschloß!" kommentiert.

Bereits zu dem Zeitpunkt, als Tilly H. diesen Brief schrieb, im Sommer 1904, hatte sie noch ein anderes, ein konkretes lebensgeschichtliches Projekt, das vielleicht auch als „pädagogisches Luftschloß" beschreibbar wäre. Tilly H. möchte als Privatistin die Matura an einem Gymnasium ablegen, um an der Technischen Hochschule in Wien zu studieren. Es scheint, als ob Tilly H. 1904 an die Realisierbarkeit ihrer eigenen Bildungswünsche und die Verwirklichung ihrer bildungspolitischen Pläne jenseits geschlechterpolitischer Ausgrenzungsmechanismen glaubte. Drei Jahre später, 1907, als sie im Mai die Lehrbefähigungsprüfung für Bürgerschulen mit Auszeichnung bestanden hatte, verfaßte die junge Bürgerschullehrerin Tilly H. eine politische Schrift mit dem Titel „Von der Hohen Schule der Frauen", in der sie ein inhaltliches und organisatorisches Konzept für eine Frauenhochschule entwarf.[59] Ihr pädagogisches Reformprojekt hatte damit erstmals explizit die Frage der Höheren Bildung für Frauen im Blick. Sie selbst hatte zu diesem Zeitpunkt ein Jahr des erfolglosen Kampfes gegen ihren Ausschluß vom Hochschulstudium der Technik hinter sich.

Sowohl ihre Pläne zu einer Lehrplanreform als auch ihr Wunsch, an der Technischen Hochschule zu studieren, entstanden vermutlich aus dem Erfahrungshorizont ihrer Arbeit als junge Lehrerin, die im Juli 1903 die Lehrerinnen-Bildungsanstalt mit Auszeichnung absolviert hatte und ab September 1903 als Substitutin und Supplentin, oftmals parallel an unterschiedlichen Wiener Volksschulen, für einen mehr als dürftigen Lohn und in ungesicherten Arbeitsverhältnissen unterrichtete.[60] Ob sie sich von dem angestrebten Studium eine Verbesserung ihrer Berufssituation bzw. einen vorübergehenden Ausstieg aus den Be-

---

58 Ottokar Hanzel hatte am 23. 4. 1900 seinen Dienst als Einjähriger Freiwilliger angetreten und absolvierte 1904 die Prüfung zum Reserveoffizier mit vorzüglichem Erfolg. Vgl. Österreichisches Staatsarchiv/Kriegsarchiv: Grundbuchblatt und Qualifikationsliste Ottokar Hanzel

59 Konzeptheft „Von der Hohen Schule der Frauen" (NL IIIC/4).Vgl. das Kapitel „Nahaufnahme: Frau Hübner 1907/08" und „Frau Hübner/ Passagen" (CD-ROM), Kommentar 8

60 Für die Supplierung in den Übungsschulen der Lehrerinnen-Bildungsanstalt 1903 und 1904 erhielt sie für 23 Wochenstunden durchschnittlich 110 Kronen/Monat „Substitutionsgebühr", jährlich 1320 Kronen. Vgl. Diverse Remunerationsschreiben des k. k. Bezirksschulrates Wien an Mathilde Hübner, NL I/50. Zur ungleichen Entlohnung von Männern und Frauen im Lehrberuf, ihrem überproportionalen Anteil in weniger qualifizierten Dienstklassen vgl. Gunda Barth-Scalmani, Geschlecht: weiblich, 388. Zur Situation der Lehrerinnen vgl. weiters: Maria Ziniel, Die Situation der Lehrerin um 1900 im Spiegel der ‚Österreichischen Lehrerinnen-Zeitung' (1893–1907). Dipl.arb. Wien 1992; Maria Oppitz, Gehalt und Zölibat: die Lage der Pflichtschullehrerinnen in Österreich nach dem Reichsvolksschulgesetz (1869) bis zum Ersten Weltkrieg. Dipl.arb. Wien 1993

lastungen desselben erhofft hat oder ob es ihr vielleicht in erster Linie um die Erkämpfung des ihr vorenthaltenen Rechts gegangen ist, muß dahingestellt bleiben. Sicher zu sein scheint allerdings, daß ihr die Option, im Ausland zu studieren, wie viele Frauen der ersten Generation sie nutzten, aufgrund ihrer finanziellen Verhältnisse nicht offengestanden ist. Relativ gesichert ist auch, daß sie von dem erkämpften Recht vermutlich nur sehr rudimentär Gebrauch machte, was wohl ebenfalls in erster Linie mit ihren finanziellen Verhältnissen zu tun hatte, mit der Notwendigkeit, nach dem Tod des Vaters 1907 ihre Familie finanziell mitzuunterstützen.

Im Nachlaß von Tilly H. befinden sich mehrere Konzepte zu und Abschriften von ihren Eingaben an das Unterrichtsministerium aus den Jahren 1906–1908 sowie die abschlägigen Bescheide der Technischen Hochschule und schließlich jenes Schreiben des Rektors der Technischen Hochschule Wien vom 28. 12. 1908, in dem ihr dieser mitteilt, daß das Ministerium den „Besuch einzelner Vorlesungen nach Maßgabe des verfügbaren Platzes und der Zustimmung der betreffenden Dozenten gestattet".[61] Im folgenden soll jenes Schreiben zitiert werden, mit dem sich Tilly H. 1908 an das Ministerium für Unterricht wandte, nachdem ihre mehrmaligen Ansuchen um Aufnahme als ordentliche Hörerin abschlägig beschieden worden waren. Das Dokument ist als Abschrift ebenfalls in dem privaten Nachlaß erhalten. Darin formuliert sie, in die strategische Form eines Ansuchens um Zulassung zu einzelnen Vorlesungen an der Technischen Hochschule übersetzt, einen kleinen, aber zentralen Ausschnitt ihrer Bildungsbiographie, in den die Ambivalenz von eigenem Wunsch und gesetzlich verordneter Möglichkeit eingeschrieben ist.

„Neben ihrem Berufe betrieb sie aus Vorliebe Mathematik und Naturwissenschaften und gelangte endlich zu dem Entschlusse, ihren fortgeschrittenen Studien durch Ablegung der Realschulmatura einen vorläufigen Abschluß zu geben. Sie wurde mit Ministerial-Erlaß vom 22. Juni 1906, Z. 23.545, im Herbsttermin 1906 zur Prüfung zugelassen. Über das bestandene Examen erhielt sie das beiliegende Maturitätszeugnis. Aber auch nach dieser Prüfung war ihr Interesse an den einzelnen Fächern nicht erlahmt und sie setzte ihre Studien neben ihrem Berufe fort. Im Laufe ihrer Lehrtätigkeit erwarb sie sich zahlreiche Erfahrungen, welche in ihr den lebhaften Wunsch erweckten, Kenntnisse über Bauhygiene und ähnliche Wissenszweige zu erwerben. Deshalb richtete sie vor einigen Wochen an das Professorenkollegium der Technischen Hochschule in Wien das Ansuchen, ihr den Zutritt zu einigen Vorlesungen gewähren zu wollen. Diese Vorlesungen sind: Heizung und Lüftung von Wohnräumen, Utilitätsbaukunde, Gebäudehygiene, Vorträge über Hochbau, Volkswirtschaftslehre. Bei dieser Auswahl setzte sie ihre Lieblingsfächer, Mathematik und darstellende Geometrie, völlig in den Hintergrund; denn die Schwierigkeiten, die sich der Gewährung ihres Ansuchens entgegenstellen, sind bedeutende

---

61 Vgl. Schreiben der k. k. Technischen Hochschule in Wien Zl. 657 ex 1908/9, Wien am 28. Dezember 1908, an Mathilde Hübner, NL I/50. Vgl. das Kapitel „Frau Hübner/Passagen" (CD-ROM)

und so gestattete sie sich nur, das für ihren Beruf unmittelbar Nützliche zu wählen." (Mathilde Hübner an das Ministerium für Unterricht und Kultus, 6. 7. 08 [Abschrift] (NL I/50))

Die Liebe zur Mathematik und zur Darstellenden Geometrie, von der sie in dem offiziellen Schreiben an das Ministerium schreibt, wird im Kontext anderer auto/biographischer Dokumente aus dem Nachlaß als Subtext ihrer Lernzeit und der Zeit des Kampfes um ein Technikstudium lesbar, in dem das komplizierte Verhältnis von Berufswunsch/Entscheidung, politischem Denken/Handeln und Liebe/Begehren verknüpft zu sein scheint. Neben der offensichtlichen Tatsache, daß Ottokar Hanzel selbst an der Technischen Hochschule studierte[62] und daß sie sich mit ihm in den Fächern Mathematik und Darstellende Geometrie auf ihre Matura vorbereitete, findet sich im Nachlaß auch ein interessanter textueller Hinweis auf die retrospektive Verknüpfung einer Liebes-, Identitäts- und Karrieregeschichte aus der Perspektive einer bereits fast siebzigjährigen Frau: In einem auto/biographischen Text aus dem Jahr 1953, den Tilly H. anläßlich des 50-Jahr-Jubiläums der Matura an der Lehrerinnen-Bildungsanstalt verfaßte und den sie mit dem Titel „Lebensübersicht" überschreibt, nimmt die Erzählung ihrer Bildungssozialisation großen Raum ein.[63] Die dort detailreich erzählte Geschichte des Kampfes um das Studium an der Technischen Hochschule ist von einer Liebesgeschichte eingerahmt. Die Darstellung dieser Liebesgeschichte wiederum beginnt mit der Benennung einer Differenz zu ihren Schwestern, die sich auf die (Nicht-)Erfüllung traditioneller Vorstellungen von Weiblichkeit bezieht. Tilly H. beschreibt die Schwestern als schön und lieblich, sich selbst als eine Frau, die am Denken und Planen interessiert gewesen ist. Sie schreibt sich damit in ihrem Bezug zu den Schwestern in eine traditionelle dichotomische Weiblichkeitskonstruktion ein, die Schönheit mit Dummheit und Intellekt mit Häßlichkeit bestraft, ehe sie relativ unvermittelt mit der Vorstellung ihres Privatlehrers und gleich darauf mit der ausführlichen Darstellung ihres Kampfes um ein Technikstudium beginnt. Um diese Erzählung auszuleiten, gewissermaßen zu schließen, positioniert sich Tilly H. explizit im Kontext der Geschichte des Kampfes um das Frauenstudium, um, nur

---

62 Die Studiengeschichte von Ottokar Hanzel, wie sie im Archiv der Technischen Universität Wien dokumentiert ist, verweist zum einen auf seine finanziellen Schwierigkeiten bei der Begleichung der Studiengebühren, zum anderen auf ein wenig intensiv betriebenes Studium. Ottokar Hanzel inskribierte 1899/1900 an der Technischen Hochschule Wien Bauingenieur. Im ersten Studienjahr war er ‚ganz befreit' von den Gebühren und hatte nur wenige Prüfungen absolviert, vgl. Archiv der Technischen Universität Wien, Haupt-Kat. 1899/1900 Zl. 524. Im zweiten Studienjahr inskribierte er acht Fächer, absolvierte davon aber nur Technisches Zeichnen, vgl. Archiv der Technischen Universität Wien, Haupt-Kat. 1900/1901 Zl. 524. Im Studienjahr 1901/02 absolvierte er keines der von ihm inskribierten Fächer, vgl. Archiv der Technischen Universität Wien, Haupt-Kat. 1901/1902 Zl. 620. Von 1902 bis 1904 war Ottokar Hanzel nicht inskribiert, ab 1904/1905 war er als außerordentlicher Hörer inskribiert. Der letzte Eintrag an der Technischen Hochschule Wien zu Ottokar Hanzel dokumentiert im Studienjahr 1905/1906 die Inskription des Faches Darstellende Geometrie bei Professor Müller.
63 Vgl. das Kapitel „Auto/Biographien"

mit einem Bindestrich getrennt, die LeserInnen wissen zu lassen, daß der anfangs erwähnte junge Lehrer ihr späterer Ehemann (Ottokar Hanzel) ist.

> „Dies ist ein Stück des Kampfes um das Mädchenstudium und wird nur deswegen hier vermerkt. – Wir hatten uns längst lieb, mein Lehrer und ich, aber wir mußten lange warten, ehe wir heiraten konnten (1910)" (Mathilde Hanzel, geb. Hübner, Lebensübersicht. In: Vor 50 Jahren war Matura. NL IIID/1, 35)

Das in der Erzählung vermittelte Selbstbild einer Rebellin,[64] einer Heldin im Kampf um das Frauenstudium wird hier nicht nur mit dem Verweis auf ein kollektives, politisches Projekt legitimiert, sondern gleichzeitig mit einer der melodramatischen Form entlehnten Darstellung des ‚Happy-Ends' einer Liebesgeschichte verknüpft. Es sind literarische Formen, die Tilly H. zur Repräsentation ihrer Lebensgeschichte benützt. Die enge narrative Verschränkung ihrer Kampfgeschichte um das Studium mit ihren Schwestern einerseits, mit Ottokar Hanzel andererseits legt aber auch soziale Bezugsfelder frei, in denen die Geschichte ihres Kampfs um Hochschulbildung im Spannungsverhältnis von Gesagtem und Nicht-Gesagtem als ambivalente Geschichte von Erfolg und Scheitern interpretierbar wird. Der über die Schwestern geführte Erzählbeginn ihrer Bildungsgeschichte „Alle meine Schwestern waren lieblich, ja schön zu nennen, nur ich nicht" verweist in doppelter Weise auf die prekäre innerfamiliäre Positionierung ihrer geschlechtlichen Identität. Als jene, die weniger schön war und dafür das Denken liebte, wie Tilly H. an dieser Stelle sich selbst identifiziert, war sie gleichzeitig aber auch jene der fünf Schwestern, die die Rolle des Sohnes zu übernehmen und die eigenen Ausbildungspläne zugunsten der finanziellen Unterstützung der Schwestern zurückzustellen hatte, was sie an anderer Stelle ihrer ‚Lebensübersicht' auch explizit thematisiert. (Mathilde Hanzel, geb. Hübner, Lebensübersicht. In: Vor 50 Jahren war Matura NL IIID/1, 30).[65]

Die Einrahmung ihrer Bildungsgeschichte durch die Liebesgeschichte mit ihrem Lehrer Ottokar Hanzel wiederum reflektiert nicht nur die wesentliche Bedeutung, die der Begegnung mit ihm in Hinblick auf ihren Studienwunsch zugekommen sein mochte, sondern auch die Verunmöglichung der Realisierung ihres Wunsches, für die die Verheiratung mit einem finanziell abgesicherten Gymnasiallehrer möglicherweise die einzig denk- bzw. leistbare Voraussetzung gewesen wäre. Ottokar Hanzel aber schloß sein Studium erst 1910 ab, mehr als ein Jahr, nachdem Tilly H. die Zulassung als Gasthörerin an der Technischen

---

64 Zur symbolischen Bedeutung und zur narrativen Funktion des Selbstbildes der ‚Rebellin' in Lebensgeschichten von Frauen vgl. Luise Passerini, Myths, Experiences and Emotions. In: The Personal Narrative Group (ed.), Interpreting Women's Lives. Bloomington 1989, 191

65 Die ältere Schwester Olga war Malerin, Berta arbeitete in der Post und Telegraphendirektion, beide blieben unverheiratet. Von den Zwillingsschwestern Mimi und Carola war die eine Sängerin, die andere ebenfalls bis zu ihrer Verheiratung in der Post angestellt.

Hochschule erkämpft hatte, und auch ein Jahr, nachdem sie selbst bereits als definitive Bürgerschullehrerin angestellt war.

Im Nachlaß findet sich ein weiteres Dokument aus den fünfziger Jahren, in dem die kommunikative Umgebung, in die der Zusammenhang von Weiblichkeit und Bildung im Fall von Tilly H. einzulesen wäre, noch einmal zum einleitend erwähnten Bild der Mutter führt. In einem Brief 1956 schreibt die 72jährige pensionierte Schuldirektorin Tilly H. an ihre viele hundert Kilometer entfernt in Dänemark lebende Tochter Ruthilt Lemche:[66]

„[…] An dich dachte ich oft und lebhaft an den Tagen vor Deinem Vortrag, besonders aber vorgestern. Ich dachte an meine Mutter, die, als ich am 18. Okt. 1906 allein vor der ganzen Prüfungskommission stand und drei Stunden inquiriert wurde, ruhelos in der Wohnung auf- und abging. Wie war sie froh, als ich endlich ihr den Erfolg berichten konnte […]." (Mathilde Hanzel-Hübner an Ruthilt Lemche, 17. 2. 1956, NL II/17/ Briefwechsel Hanzel-Lemche 1954–1957)

Tilly H. erinnert sich selbst und ihre Tochter anläßlich eines Vortrags, den diese in Dänemark zu halten hat, an ihre Mutter bzw. deren Großmutter Agnes Hübner. Das Ereignis, das Tilly H. hier so zentral mit der Erinnerung an ihre eigene Mutter verknüpft, ist ihre genau fünfzig Jahre zurückliegende Matura, die sie kommissionell und im Gegensatz zu den Knaben in allen Fächern mit der Verpflichtung zu einer mündlichen Prüfung ablegen mußte. Wovon diese Briefstelle erzählt, ist eine Erfahrung der extremen Ausgesetztheit einer jungen Frau zu Beginn dieses Jahrhunderts auf dem Weg zum Hochschulstudium, wovon sie auch erzählt, ist die emotionale Unterstützung dabei durch ihre Mutter, die in der Erzählfigur gleichzeitig zur eigentlichen Adressatin des angestrebten/erzielten Bildungs-Erfolges wird. Dieses dichte Erinnerungsbild erinnert sich gewissermaßen nach vorne, indem es, sich an die Tochter wendend, sowohl an die Ähnlichkeit mit der Position der Mutter als auch mit der Position der Tochter appelliert. In der darin konstruierten Erfahrung der Gemeinsamkeit, die im Anspruch auf öffentliche Präsenz und Zugang zum Wissen fokussiert, wird vermutlich auch die Erfahrung des Unterschieds und der Distanz sowohl zu der bereits verstorbenen Mutter als auch zu der weit entfernt lebenden Tochter wenn nicht getilgt so doch in Frage gestellt.

Darüber hinaus handelt diese Briefstelle aber auch von dem Transfer eines Wissens um die Überschreitung von Grenzen, die den öffentlichen Raum des Wissens definieren, eine Bewegung, in der der Wunsch von Frauen dreier Generationen nach Bildung ebenso gespeichert ist wie die Anmaßung der Bedingungen seiner Ermöglichung. Diesem kurzen Briefzitat gegenüber möchten wir den Titel des Kapitels „Von der Hohen Schule der Frauen"

---

66 Ruthilt Lemche (geb. 13. 3. 1911 in Wien, gest. 27. 12. 1993 in Dänemark) studierte Philosophie und Germanistik an der Universität Wien und war nach ihrer Verheiratung mit dem Dänen Karsten Lemche im Jahr 1935 als Hausfrau und Volkshochschulvortragende in Dänemark tätig.

auch als Metapher für eine transgenerationale Form der Erinnerung der ‚Frauenfrage' verstanden wissen. Eine Erinnerung, die wie Eva Meyer in dem Essay „Das Gesetz der Korrespondenz"[67] formuliert, „auf ein Wir kommt, das nicht die Einigung auf eine gemeinsame Identität, sondern die zu einer gemeinsamen Handlung ist".

---

67 Eva Meyer, Das Gesetz der Korrespondenz. In: dies., Trieb und Feder. Basel 1993, 96f.

Auto/Biographien

Lebensgeschichten und Schreibmuster

> „Bitte nicht erschrecken, daß da auf einmal mehr als 1000 Lebensjahre auf nur 30 Beinen zu Ihnen auf Besuch kommen. Es sind Jahre schwierigen Arbeitens und reicher Erfahrungen. Vor gerade 50 Jahren saßen wir gleich Ihnen mit all den Vorgefühlen einer Reifeprüfung in diesem Zimmer …"[1]

Mit diesen Sätzen beginnt Tilly H. ein handschriftliches Konzept für eine Rede, die sie vermutlich anläßlich der bevorstehenden Reifeprüfung des Maturajahrganges 1953 und in Zusammenhang mit den 50-Jahr-Jubiläumsfeiern ihres eigenen, des Maturajahrganges 1903, in der Lehrerinnenbildungsanstalt Hegelgasse gehalten hat. In dieser Rede formuliert Tilly H., was den jungen Kolleginnen aus ihrer Perspektive mitzugeben sei, nämlich: „Fleiß im Berufe im Streben nach eigenem, geistigen Wachstum, Pflege der Wahrhaftigkeit in allen Dingen, und Mut auch in schwierigen Lagen die in eigenem Denken gefestigte Überzeugung zu vertreten."[2] Die Rede endet, wie sie begonnen hat, mit einem rhetorischen Gestus, der auf die Transzendierung der eigenen Lebenszeit gerichtet ist: „Vielleicht, vielleicht in 50 Jahren besuchen Sie auch den Reifeprüfungsjahrgang", prophezeit Tilly H. den Maturantinnen. Der Anspruch auf die Zeit nach dem eigenen Tod, wie er hier anklingt, ist gewöhnlich eng mit dem Schreiben von Autobiographien verbunden, und Tilly H.s Rede in der Lehrerinnen-Bildungsanstalt hatte tatsächlich etwas mit einer von ihr verfaßten Auto/Biographie zu tun.

Als Repräsentantin der bei der Feier anwesenden Jahrgangskolleginnen spricht Tilly H. in ihrer Rede nämlich auch von der Bedeutung der Bücher, die sie der Schulbibliothek als Geschenk mitgebracht hatten. Darunter befanden sich Werke von Max Mell[3] und – wenn auch nicht explizit angeführt – vermutlich jenes kleine Büchlein, ein gebundenes Typoskript, in dem sechzehn Jahrgangskolleginnen – darunter Tilly H. – ihre Auto/Biographien zu einer Jubiläumsschrift versammelt hatten.[4] Damit sind wesentliche Kontexte benannt, die den einzigen auto/biographischen Text von Tilly H. mitkonstituieren, der in ihrem Nachlaß erhalten ist und in dem ein „Ich" eine Geschichte erzählt, die dem Modell der Er-

---

1 Mathilde Hanzel-Hübner, Rede an den IV Jahrgang 1953 [handschriftliches Konzept], NL I/21/9, 1
2 Mathilde Hanzel-Hübner, Rede an den IV Jahrgang 1953 [handschriftliches Konzept], NL I/21/9, 3
3 Vgl. das Kapitel „Auf der Suche nach verlorenen Idealen"
4 Der Widerspruch zwischen 16 Texten und 30 Beinen, also fünfzehn bei der Feier anwesenden Frauen, ergibt sich daraus, daß eine Jahrgangskollegin, die in Argentinien lebte, ihren Beitrag nur brieflich beigesteuert hat.

zählung der ‚ganzen' Lebensgeschichte entspricht.⁵ ‚Ganze' Lebensgeschichte meint die Entscheidung der Autorin, ihre Geschichte als Lebensgeschichte zu definieren, und nicht etwa eine Entsprechung von erzählter Zeit und biographischer Lebenszeit. Es gibt zwei weitere auto/biographische Texte im Nachlaß, die in diesem Kapitel ebenfalls ediert werden, die von Tilly H. auch als ‚ganze' Lebensgeschichte konzipiert worden sind. In ihnen allerdings spricht kein „Ich", Tilly H. verfaßte ihr „Curriculum Vitae" (1934) und eine kurze, „Prägnante Biographie" (1948/49) in der 3. Person. Der auto/biographische Text „Lebensübersicht" (1953) aus der Jubiläumsschrift hingegen ist in der ersten Person erzählt und mit dem Namen „Mathilde Hanzel geb. Hübner" überschrieben.

Phillipe Léjeune hat darauf hingewiesen, daß es der Eigenname wäre, der die Gefahr der Unbestimmtheit der 1. Person (Wer spricht? Ist die psychologische Person ein Effekt der Aussage oder umgekehrt?) zu neutralisieren versucht. Nichtsdestotrotz oder gerade deshalb ist der Eigenname bei Léjeune das tiefere Subjekt der Autobiographie⁶, und zwar in der Weise, daß jeder autobiographische Pakt zwischen Leser und Autor – der die Autobiographie als solche erst generiert – über die im Eigennamen konstituierte Identität von Autor-Erzähler-Person hergestellt würde. Alle Identifizierungen münden daher, so Léjeune, in der Einprägung der ersten Person in einen Eigennamen.⁷

Die Problematik dieser Konzeption erschließt sich aus geschlechtergeschichtlicher Perspektive mit dem Verweis auf die zentralen Agenturen und Institutionen, auf denen der Eigenname basiert, dem Zivilstand und den Kontrakten der Publikation, den Diskursen des Rechts und der modernen bürgerlichen Öffentlichkeit also, die die ‚weibliche' Autorschaft strukturell und in komplexer Weise blockieren. Feministische Theoretikerinnen, oft aus dem Bereich der Literaturwissenschaft, aber auch der Soziologie und Geschichtswissenschaft kommend, haben das Konzept des einheitlichen, autonomen Subjekts, das über den Eigennamen identifiziert ist und im Mittelpunkt der bürgerlichen Autobiographie steht, vielfach kritisiert⁸. Sidonie Smith verweist auf die Notwendigkeit einer Analyse „of the material and

---

5 Monika Bernold, Anfänge. Zur Selbstverortung in der popularen Autobiographik. In: Historische Anthropologie 1/1993, 9
6 Vgl. Phillipe Léjeune, Le pacte autobiographique. Paris 1975, 33
7 Ebd. 22
8 Vgl. u. a.: Sidonie Smith, A poetics of women's autobiography: marginality and the fictions of self-representation. Bloomington 1987; Bella Brodzki/Celeste Schenk (eds.), Life/lines: Theorizing women's autobiography. Ithaca/New York 1988; Anne Kathrin Reulecke, ‚Die Nase der Lady Hester'. Überlegungen zum Verhältnis von Biographie und Geschlechterdifferenz. In: Hedwig Röckelein (Hg.), Biographie als Geschichte. Tübingen 1993, 117–142; Liz Stanley, The auto/biographical I. The theory and practice of feminist auto/biography. Manchester 1992; Carolyn Steedman, Past Tenses. Essays on writing autobiography and history. London 1994; Sibylle Moser, Weibliche Selbst-Organisation. Der Wirklichkeitsanspruch autobiographischer Kommunikation. Wien 1997; Anna Babka, Unterbrochen – „Gender" und die Tropen der Autobiographie. Wien 1998; Martine Watson Brownley/Allison B. Kimmich (eds.), Women and Autobiography. Wilmington 1999

discursive conditions engendering romantic individualism"⁹ und schlägt vor zu rekonstruieren, in welcher Weise Subjekte in multiplen Identitätsdiskursen positioniert sind und in welcher Weise diese Identitäten miteinander verbunden sind, sich widersprechen und sich transformieren.¹⁰ Die auto/biographische Vergangenheit ist von Menschen bewohnt, die sich verändern, sagt Liz Stanley.¹¹ Dem wäre hinzuzufügen, daß die auto/biographische Vergangenheit von als Frauen identifizierten Menschen in dem Postulat des Eigennamens nicht so einfach auffindbar ist, was in den divergierenden Unterschriften der Auto/Biographien „Mathilde Hanzel geb. Hübner" (1953), „Mathilde Hanzel" (1934) und „Mathilde Hanzel-Hübner" (1949) mehr als deutlich wird.

Wir haben diese komplexen Fragen bei der Erstellung unseres Buches in eine konkrete Bezeichnungspolitik übersetzt, die darin besteht, das Subjekt der biographischen Edition über eine Auswahl von Namen bzw. von Namensgebungen vorzustellen, die auf soziale, legistische und symbolische Kontexte und Praxen seiner/ihrer Konstituierung verweisen und gleichzeitig die Projektionen der Benennung durch uns, die ‚Biographinnen', mitreflektieren.¹²

Das Kapitel „Auto/Biographien", in dessen Zentrum die Edition von drei Texten steht, in denen Tilly H. ihr Leben beschreibt, ist der Ort, der das Verhältnis dieser Texte zu unserer biographischen Edition reflektiert. Die Übernahme des von Liz Stanley geprägten Begriffs „auto/biography" indiziert dabei dreierlei, zum einen, daß die Grenzen zwischen Biographie und Autobiographie fließend sind, zum anderen, daß die Produktion von autobiographischen und biographischen Texten in vielfältige intertextuelle Bezüge einzutragen ist, und schließlich die Überzeugung, daß weder Autobiographie noch Biographie ein direkter „Spiegel" des ‚gelebten Lebens' sind, daß Vergangenheit nicht zurückgewonnen werden kann, sondern nur ein Wissen um spezifische, selektive, partielle und sozial verortete Sichtweisen auf das Vergangene.¹³

Wir werden mit verschiedenen Editions- und Kommentierungsstrategien versuchen, diese zentralen Implikationen des Begriffes von Auto/Biographie zu erarbeiten und darzustellen. Zentral ist dabei zunächst die Entscheidung, die auto/biographischen Texte von Tilly H. vollständig und in einem eigenen Kapitel des Buches zu edieren und sie sozusagen in Form einer Widerrede „zurücksprechen" zu lassen zu jenen Kapiteln („Von der Hohen Schule der Frauen", „Auf der Suche nach verlorenen Idealen"), in denen wir uns biographisch-narrativ mit Tilly H. auseinandersetzen. Wir gehen dabei davon aus, daß Auto/Biographien auch ganz wesentlich ein Produkt ihrer LeserInnen sind. Die Edition der auto/bio-

---

9 Sidonie Smith, Who's Talking/Who's Talking Back. The Subject of Personal Narrative. In: Signs 2/1993, 395
10 Sidonie Smith, A poetics of women's autobiography, 396
11 Liz Stanley, The auto/biographical I, 93
12 Vgl. den Abschnitt „Namen und Benennungen" in der Einleitung zu diesem Buch
13 Vgl. Liz Stanley, The auto/biographical I, 127

graphischen Texte von Tilly H. soll den LeserInnen dieses Buches daher eigene und vielleicht andere Lesarten als jene, die in unserer Edition und unseren Kommentaren angeboten werden, ermöglichen.

Weiters haben wir uns entschieden, alle im Nachlaß erhaltenen Auto/Biographien von Tilly H., die im weiteren Sinn der intentionalen Darstellung des ‚ganzen' Lebens entsprechen, zu edieren, um die Vielfalt an auto/biographischen Selbstdarstellungen einer Person zu dokumentieren. In dem privaten Nachlaß gibt es eben nicht eine, „die" Autobiographie von Tilly H., sondern mehrere Texte, die, zu verschiedenen Zeiten und zu verschiedenen Anlässen geschrieben, unterschiedliche auto/biographische Schreibmuster repräsentieren: die „Lebensübersicht" (1953), die dem Modell der intentionalen Darstellung des ganzen Lebens folgt, eine „Prägnante Biographie" (1949), die dem einzigen in einem Buch veröffentlichten Text von Tilly H. als auto/biographische Referenz beigestellt ist, und ein „Curriculum Vitae" (1934), das Tilly H. für ein Ansuchen um die Verleihung des Titels „Schulrat" anläßlich ihrer Zwangspensionierung 1934 verfaßte.

Die Verschriftlichung aller dieser Auto/Biographien stand in einem engen institutionellen, formalen oder inhaltlichen Kontext zu dem Leben und Schreiben anderer Frauen. Anhand des Nachlaßbestandes von Tilly H. läßt sich zeigen, daß das Schreiben ihrer Auto/Biographien in spezifische soziale und kollektive Zusammenhänge eingebunden war, die ganz wesentlich mit geteilten Ideen und Handlungen einer Generation bürgerlicher Frauen korrespondierten. Aus diesem Grund werden wir die edierten auto/biographischen Texte von Tilly H. jeweils mit Dokumenten konfrontieren, die den Kontext herstellen, aus dem bzw. zu dem sie sprechen. So wird neben der „Lebensübersicht" von Tilly H. aus dem Jahr 1953 eine weitere der sechzehn kurzen Lebensgeschichten aus der Matura-Jubiläumsschrift ediert werden, und zwar jene ihrer langjährigen Brieffreundin Mathilde Halarevici geb. Mell. Das „Curriculum Vitae" aus dem Jahr 1934 wird gemeinsam mit einer standardisierten Disposition veröffentlicht, die die AntragstellerInnen für die Verleihung des Titels „Schulrat" mit spezifischen Fragen zu ihrer Berufslaufbahn konfrontierte und den vorgegebenen Bauplan für die Darstellung des Berufslebens abgab. Der „Prägnanten Biographie" (1949) aus dem Buch „Der Ruf der Mütter" schließlich wird die Korrespondenz mit der Herausgeberin beigestellt, die für uns die veröffentlichte Kurz-Biographie zu Tilly H. erst als Auto/Biographie identifizierbar machte.

Wir werden schließlich die Chronologie der Niederschrift dieser auto/biographischen Texte (1934/1949/1953) in der editorischen Abfolge bewußt verkehren (1953/1934/1949), um damit noch einmal den Akt des nachträglichen editorischen Eingriffs deutlich zu machen, der an dieser Stelle sowohl der Chronologie der Entstehungszeit wie auch der Chronologie unseres Wissensstandes, also der Zeit der Materialaufschichtung des Archivs, entgegenläuft. (Das „Curriculum Vitae" war Teil des ersten Nachlaß-Bestandes, die beiden anderen Texte kamen erst weit später in das Archiv.) Dennoch, was in dem Akt der editorischen Verkehrung der genannten Chronologien, durch die wir in gewisser Weise die Geschichte „von hinten nach vorne" und „kreuz und quer" erzählen, ebenfalls gespeichert bleibt, ist die Möglichkeit von vielfältigen Lektüreweisen, die auch jene des wieder Von-vorne-nach-hinten-Lesens miteinschließen wird.

Wesentliche Zäsuren und Transformationen der österreichischen Zeitgeschichte sind in die Entstehungszeiten dieser auto/biographischen Texte eingeschrieben. 1934, als Tilly H. ihr „Curriculum Vitae" verfaßt, ist Österreich keine Demokratie mehr, nach der Niederschlagung der organisierten Arbeiterbewegung im Februar etabliert sich in Österreich ein autoritär-faschistisches System klerikaler Prägung. Die Abfassung des „Curriculum Vitae" steht in einem unmittelbaren Zusammenhang mit dem sogenannten Doppelverdienergesetz, einem frauendiskriminierenden Gesetz des austrofaschistischen Systems, das auf die Zurückdrängung verheirateter Frauen aus der Berufstätigkeit abzielte. Die „Prägnante Biographie" verfaßt Tilly H. für das Buch „Der Ruf der Mütter", in dem 1949 ein Artikel von ihr abgedruckt worden ist. Dieses Buch entsteht in den unmittelbaren Nachkriegsjahren in Deutschland. Tilly H. schreibt als Repräsentantin Österreichs und erwähnt drei Jahre nach dem Ende des nationalsozialistischen Terrorregimes dieses Regime und seine Opfer weder in ihrem Artikel noch in ihrer „prägnanten Biographie" mit einem Wort. 1953, als der Maturajahrgang 1903 sein 50-Jahr-Jubiläum feiert und Tilly H. gemeinsam mit ihren Kolleginnen einen Sammelband ihrer Auto/Biographien zusammenstellt, ist Österreich in vier Zonen geteilt, und die wirtschaftliche Entwicklung des Landes steht langsam im Zeichen eines Prozesses, der gern mit dem Schlagwort „Wirtschaftswunder" bezeichnet wird.

Wenn es mit Sigrid Weigel bei dem ‚Anathema' Auto/Biographie auch um die Frage des Umgangs mit den ‚Hinterlassenschaften' einer Person geht, so in der doppelten Bedeutung dieses Wortes, „als Nachlaß (im konkreten und juristischen Sinne) und als Vermächtnis im Sinne einer intellektuellen Summe der Schriften".[14] Tilly H. hat ihre Hinterlassenschaft akribisch geordnet, die Semantik ihrer Dokumentationsstrategien zu entschlüsseln bleibt dennoch in vielfacher Weise beschränkt. Bei der Kommentierung der einzelnen Texte erschien es uns wesentlich, die Wege und Umwege zu benennen, auf denen die Dokumente in das Archiv kamen, bzw. die Zeitpunkte zu reflektieren, zu denen unterschiedliche Dokumente von uns gelesen und damit ‚gewußt' worden sind.

‚Unser' Archiv – das sich aus jenen Nachlaßbeständen zusammensetzt, die der ‚Sammlung Frauennachlässe' von Tilly H.s Familie übergeben wurden – konfrontiert uns mit einer derartigen Fülle von Dokumenten, daß es eine unmögliche Aufgabe blieb, sie alle in den zwei Jahren, für die unser Forschungsprojekt finanziert war, zu lesen. Doch auch wenn die Zeit der Finanzierung für die Arbeit am Archiv eine vielfache wäre, selbst wenn sie eine ‚lebenslange' Beschäftigung der Biographinnen mit den Texten ermöglichte, würde das Para-

---

14 Sigrid Weigel, Ingeborg Bachmann. Hinterlassenschaften unter Wahrung des Briefgeheimnisses. Wien 1999, 323

dox von Leben und Schreiben, das das prekäre Verhältnis von gelebter und geschriebener Zeit umschließt, nicht gelöst.

Die Problematik der Fülle der Dokumente ist eng mit dem Status der von Tilly H. autorisierten und an eine Öffentlichkeit gerichteten Auto/Biographien im Verhältnis zu den vielen anderen ‚persönlichen', nicht veröffentlichten Dokumenten verknüpft. Ein Teil der Hinterlassenschaft Tilly H.s, nämlich ihre Auto/Biographien – sie sind an ein Publikum gerichtet, das über die unmittelbare Familie, die Kinder und Enkel, hinausgeht –, scheint in ihrem Sinn angekommen zu sein, zumindest bei ihren Enkeln, deren Erzählungen über die Großmutter in vielen Punkten und Erinnerungsbildern mit den Auto/Biographien Tilly H.s ident zu sein scheinen.[15] Demgegenüber haben wir auch auf die Spannung von Gesagtem und Nicht-Gesagtem in ihren Auto/Biographien hinzuweisen, die sich als Differenz der verschriftlichten Selbstbilder Tilly H.s zu unseren Fragen beschreiben läßt, die durch die Arbeit an verschiedenen Dokumenten des Nachlasses und anderen Quellen auch andere Bilder von Tilly H. generierten.

Gemeinsam ist den drei Auto/Biographien, daß sie die beiden großen Lebensthemen von Tilly H. adressieren, ihre intellektuelle, praktische und politische Arbeit als Pädagogin und Kämpferin um das Hochschulstudium einerseits, als Friedenspolitikerin andererseits. Gemeinsam ist diesen Texten aber auch, was ungesagt bleibt. Weder ihr Engagement im ‚Allgemeinen Österreichischen Frauenverein' vor 1914[16] noch ihre Positionierung gegenüber dem Nationalsozialismus[17] wird in die in den Auto/Biographien veröffentlichten Selbstbilder integriert. Die Leerstelle, die ihr Engagement in der Ersten Frauenbewegung betrifft, ist eine, die nicht nur für die expliziten Darstellungen ihres Lebens gilt, sondern auch für den Dokumentenbestand im Archiv.[18] Ob diese Leerstelle mit Kränkungen zu tun hatte, die Tilly H. im ‚Allgemeinen Österreichischen Frauenverein' erlebte, vielleicht mit Erfahrungen der Zurückweisung von ihren – im Nachlaß aus dieser Zeit dokumentierten – politischen Texten, die in der Zeitschrift ‚Neues Frauenleben' nicht publiziert worden sind, kann nur vermutet, aber nicht belegt werden. Es wäre andererseits auch denkbar, daß ihr friedens- und bildungspolitisches Engagement, dem sie sich ja im institutionellen Kontext von frauenpolitischen Zusammenhängen (vor allem der ‚Internationalen Liga der Frauen für Frieden und Freiheit') seit dem Ersten Weltkrieg und dann ab den dreißiger Jahren kontinuierlich widmete, für Tilly H. und ihr Selbstbild eben das zentrale Engagement in der ‚Frauenfrage' darstellte, das ihre organisatorischen Aktivitäten im ‚Allgemeinen österreichischen Frauenverein' vor 1914 als unwesentlich erscheinen ließ. Das Schweigen Tilly H. s über

---

15 Vgl. Stichwortprotokolle der Interviews mit Frau Gunvor Sramek (11. 4. 1994) und mit Fritz und Ewald Pangratz (30. 5. 1994)
16 Vgl. das Kapitel „Nahaufnahme: Frau Hübner 1907/08" und das Kapitel „Frau Hübner/Passagen" (CD-ROM)
17 Vgl. das Kapitel „Auf der Suche nach verlorenen Idealen"
18 Vgl. auch den Kommentar zu „Beate Hanzel: Die Not des Mittelstandes" in dem Kapitel: „Über die Notwendigkeit der Veränderungen in der bürgerlichen Gesellschaft"

die Jahre ihrer politischen Arbeit vor 1914, also auch vor ihrer Verheiratung, wäre aber auch in die Geschichte ihrer Beziehung mit Ottokar Hanzel einzulesen. Das Schweigen über ihre frauenpolitischen Aktivitäten vor 1914 ist nicht zuletzt vor dem Hintergrund der Entstehungszeit der Auto/Biographien in Hinblick auf die Frage zu interpretieren, welche Ausprägungen ihres Engagements in der ‚Frauenfrage' nach 1945 gegenüber der damaligen weiblichen Jugend (1953) bzw. gegenüber einer internationalen friedenspolitisch interessierten Öffentlichkeit (1948/49) noch erzählenswert erschienen. Am Beispiel Ingeborg Bachmann hat S. Weigel die Problematik der Auto/Biographie im Spannungsverhältnis von einem Anspruch darauf, etwas zu hinterlassen, und darauf, das Briefgeheimnis zu wahren, festgemacht.[19] Diese Gratwanderung beschreibt unsere Praxis der Benennung der Auslassungen in Tilly H.s auto/biographischem Schreiben ebenso wie auch die Benennung dessen, was an ihrem Schreiben nicht öffentlich geworden ist, wo sie nicht zu Wort gekommen ist.

Zur Diskussion steht an dieser Stelle auch die Legitimität einer biographischen Edition zu einer Frau, die in keines der gängigen Genres der Biographie eingeschrieben werden kann. Die drei von Tilly H. geschriebenen Auto/Biographien machen die Uneindeutigkeit ihrer Positionierung in konventionellen biographischen Darstellungsmodellen noch einmal deutlich. Sie stellen Zwischenformen von popularer Autobiographik und klassischer bürgerlicher Autobiographie dar, die an dem Status des besonderen, einzigartigen „Ich" orientiert ist. Das Modell der außergewöhnlichen Frau, der Pionierin, der Rebellin oder der bedeutenden, ‚öffentlichen' Frau trifft auf Tilly H. ebenso nur partiell zu, wie sie nicht nur als Repräsentantin einer sozialen Gruppe etwa als ‚typische' Lehrerin erzählt werden kann, weil sie ihren Namen sehr wohl in unterschiedlichen Kontexten politisch und öffentlichkeitswirksam eingesetzt hat.

Das Anschreiben gegen ein bereits geformtes Bild einer ‚berühmten' Frau, wie es Brigitte Hamann in ihrer Biographie zu Bertha von Suttner – einer der populärsten historischen Frauen-Biographien der letzten Jahre in Österreich – als zentrales Erkenntnisinteresse beschreibt[20], ist im Falle von Tilly H. müßig. Auch eine ausgewählte Positionierung von Tilly H. in einer an ‚Epochen' orientierten historiographischen Darstellung, wie sie etwa der Band „Die Frauen der Wiener Moderne"[21] am Beispiel verschiedener Frauengruppen und einzelner Biographien versucht, würde sich angesichts der über Jahrzehnte andauernden, sich verändernden, im Nachlaß dokumentierten politischen und pädagogischen Artikulation von Tilly H. als schwierig erweisen.

---

19 Sigrid Weigel, Biographie als Anathema. In: dies., Ingeborg Bachmann. Hinterlassenschaften unter Wahrung des Briefgeheimnisses. Wien 1999, 294
20 Brigitte Hamann, Bertha von Suttner. Ein Leben für den Frieden. München 1986, 9. Ein ähnliches biographisches Darstellungsmuster findet sich auch in Carolyn Steedman, Childhood, Culture and Class in Britain. Margaret McMillan, 1860–1931. London 1990
21 Vgl. Lisa Fischer/Emil Brix (Hg.), Die Frauen der Wiener Moderne. Wien 1997

Carolyn Steedman stellte kürzlich die Frage nach der Bedeutung der Bedeutungslosigkeit von Frauen in der Geschichte und erinnert daran, daß die Ziele der feministischen Geschichtsschreibung der letzten zwanzig Jahre eng mit dem Anliegen verbunden waren, das Verlorene, Vergessene, das Unsichtbare sichtbar zu machen.[22] Steedman konstatiert allerdings kritisch, daß in vielen feministischen ‚Frauenbiographien' die Bedeutungslosigkeit von Frauen in der Geschichte fortgeschrieben würde, und zwar durch die Form der verwendeten Darstellungsmuster, die den Blick auf das ‚Private' favorisieren und oftmals das Leben „großer", aber bisher vergessener Frauenpersönlichkeiten bis ins kleinste Detail rekonstruieren würden, deren Lebensgeschichten nichts anderes erklärten als eben das Leben dieser ‚besonderen' Frauen. Ein ähnliches Problem ergäbe sich durch das in der Frauengeschichtsschreibung gern verwendete, biographische Darstellungsmodell, in dem ein zunächst ereignisloses Leben den späteren Eintritt in ein öffentliches Leben erklärt, ein Modell, das traditionelle dichotomische Vorstellungen von Öffentlichkeit und Privatheit eher reproduzieren denn unterlaufen würde.[23] Steedmans Kritik verweist damit auf eine problematische Tendenz in dem breiten Spektrum von sogenannten ‚Frauenbiographien', die mit einem Anspruch auf Teilhabe an einem Geschichtsbewußtsein verknüpft sind, in dessen Zentrum die Vorstellung der Identität des autonomen Subjekts steht. Die Initiierung, Sammlung, Produktion, Edition und Rezeption von auto/biographischen Aufzeichnungen marginalisierter und unterdrückter gesellschaftlicher Gruppen als Gegenstrategie zu jenen Diskursen, die die dominante Kultur als geschichtsmächtig und erzählenswert definiert, war und ist dennoch mit emanzipatorischen Ansprüchen verknüpft. Das gilt für die im Umfeld der Arbeiterbewegung entstandenen Auto/Biographien ebenso wie für jene, die im Umfeld der Frauenbewegung oder jener sozialen Gruppen entstanden, die aufgrund ihrer Herkunft oder Hautfarbe an den Rand der eigenen Kultur gedrängt gewesen sind.

Harriet Anderson konstatierte vor kurzem am Beispiel der Autobiographien von Adelheid Popp und Rosa Mayreder, also von zwei der prominentesten Vertreterinnen der sozialdemokratischen und der bürgerlichen Frauenbewegung in Österreich, daß sich die These der Allianz von Autobiographie und Feminismus, die in diesem Zusammenhang zu verorten ist, nicht so einfach aufrechterhalten läßt. Nicht das ‚autonome Individuum' und damit das Recht auf Selbstbestimmung stünde im Zentrum der auto/biographischen Texte von Mayreder und Popp, sondern die Vision einer veränderten Menschheit. Das autonome Ich trete zurück hinter dem „Abstrakt-Politischen" wie bei Popp oder hinter dem „Metaphysischen" wie bei Mayreder[24]. Trotz einer vielleicht etwas zu schematischen Interpretation dieser bei-

---

22 Carolyn Steedman, Forms of History, Histories of Form. In: dies., Past Tenses. Essays on writing, autobiography and history. London 1994, 164ff.
23 ebd.
24 Harriet Anderson, Der Feminismus des Sich-Erinnerns. Zum Verhältnis zwischen dem Persönlichen und dem Politischen in Autobiographien der österreichischen Frauenbewegung. In: Klaus Amann/Karl Wagner

den Autobiographien und einem wenig reflektierten Begriff des „autonomen Selbst" stellt Anderson hier eine zentrale Frage, die die Historiographie der Frauenbewegung in der Tat zu beschäftigen hat. Die Frage nämlich nach der Relation von aktuellen und historischen Formen des Verständnisses von ‚Feminismus' in ihrem jeweiligen Verhältnis zu aktuellen und historischen Konzeptionen des Subjekts, die sich bei der Lektüre von Auto/Biographien von in der Ersten Frauenbewegung engagierten Frauen in besonderer Weise stellt. In der folgenden Edition verschiedener Auto/Biographien von Tilly H. soll die von Harriet Anderson aufgeworfene Frage bzw. ihre Suche nach dem ‚autonomen Selbst' in historischen Auto/Biographien von österreichischen Feministinnen mit dem Hinweis auf die aktuelle feministische Vorstellung der Kontingenz von Identitäts- und Subjektpositionen beantwortet werden. Es waren ja gerade feministische Theoretikerinnen, die die Mythen eines essentialistisch gedachten, mit sich selbst identen Subjekts dekonstruierten, was nicht ohne Konsequenz auf die Frage nach auto/biographischen feministischen Darstellungsformen blieb. „When the ‚I' lands on the page, so to speak, it enters a complex web of intertextualities", schreibt Sidonie Smith[25], um die Frage nach den Regimen der Wahrheitsproduktion in auto/biographischen Texten zu problematisieren.

> „Governing the cultural lineaments of the ‚I'-ness and the historical practices of self-narrative, regimes of ‚truthtelling' ‚police' not only what is considered as ‚truth' but also how ‚truth' can be told."[26]

Die eng mit der Entstehung des Kanons der modernen Biographie und Autobiographie verbundene Frage nach der ‚Wahrheit' ist daher mit einem Bewußtsein von konkurrierenden und auch widersprüchlichen Regimen der Wahrheitsproduktion zu konfrontieren. Die ‚Wahrheit' etwa, daß Tilly H. als ‚Frau' ihre Auto/Biographie schreibt und wir diese als solche lesen, ist eine Wahrheit, die durch vielfache Differenzen gebrochen ist, wie jene der Klassenzugehörigkeit, der Generation, der sexuellen Orientierung oder ihrer/unserer ethnischen und kulturellen Zugehörigkeit. Die Vielfalt der Stimmen des sprechenden „Ich" verweist darauf, daß dieses „does not linger entirely to the spatiotemporal locale of gender; she also lingers elsewhere in multiple locales whose positioning shifts with the effect that the formerly periphal becomes central and other locals assume precedence".[27] In diesem Sinn sind auch die Formen des Ausschlusses von als Frauen identifizierten Subjekten innerhalb der historischen Praxen des schriftlichen Selbstbezugs in vielen anderen Positionierungen und Be-

---

(Hg.), Autobiographien in der österreichischen Literatur. Von Franz Grillparzer bis Thomas Bernhard. Innsbruck/Wien 1998, 70
25 Sidonie Smith, Construing Truth in Lying Mouths: Truthtelling in Women's Autobiography. In: Martine Watson Brownley/Allison B. Kimmich (eds.), Women and Autobiography. Wilmington 1999, 42
26 ebd. 42
27 ebd. 44

deutungen, über die Machtverhältnisse sich konstituieren, eingelagert und damit kontingent und in Bewegung. Was die Beschäftigung mit dem auto/biographischen Nachlaß von Tilly H. ermöglicht, der sich in vielfacher Weise einer Lektüre entlang konventioneller biographischer Darstellungsformen der feministischen Geschichtsschreibung entzieht, ist die Rekonstruktion von Kontexten, von Viel- und von Unstimmigkeiten der textuellen Hinterlassenschaften einer in vielen Facetten mit der ‚Frauenfrage' des 20. Jahrhunderts identifizierten Person. Es gibt keinen monolithischen auto/biographischen Diskurs, auch und gerade nicht im Kontext feministischer Darstellungen, sondern multiple Technologien auto/biographischen Schreibens, die sich verändern und in komplexe historische Umgebungen eingebunden sind, die die jeweiligen Schreib- und Lektürepraktiken mitkonstituieren und durchkreuzen.

„Lebensübersicht"/en 1953

Der mit „Lebensübersicht" überschriebene Text von Tilly H. aus dem Jahr 1953 konnte, was seinen Entstehungskontext betrifft, von uns anfangs nicht eindeutig identifiziert werden. Er war als maschinschriftliche A4-formatige Abschrift erst im Juni 1997 mit einer neuerlichen Übergabe von Dokumenten durch die Enkel von Tilly H. in die ‚Sammlung Frauennachlässe' gekommen.[28] Wir vermuteten angesichts der Datierung 1953 einen möglichen Zusammenhang mit dem Matura-Jubiläum, doch erst 1999, als wenige Monate vor Projektabschluß der bisher letzte Schub an Dokumenten von den Enkeln dem Nachlaß angefügt wurde, war es möglich, den Schreibanlaß für diesen Text eindeutig zu rekonstruieren. In einer dieser letzten Schachteln befand sich ein gebundenes Typoskript im A5-Format, in dem sich die geschriebene „Lebensübersicht" von Tilly H. als Beitrag einer Jubiläumsschrift erwies, die anläßlich des 50-Jahre-Matura-Jubiläums der Jahrgangsrunde aus der Lehrerinnen-Bildungsanstalt Hegelgasse erstellt worden war. Tilly H.s „Lebensübersicht" wurde damit erst zu einem sehr späten Zeitpunkt unserer Forschungsarbeiten als Teil eines kollektiven auto/biographischen Projektes eines Absolventinnenjahrganges lesbar.

> „Memoiren pflegen zwar nur berühmte Leute zu schreiben, aber da die meinigen nicht für die Öffentlichkeit bestimmt sind, sondern nur für die Fideikomissbibliothek unseres Jahrgangs einverleibt werden sollen, so mögen sie ihren Platz in dem projektierten Büchlein finden."[29]

---

28 Es handelte sich dabei um Bestände aus Dänemark von Ruthilt Lemche, der Tochter Tilly H.s. Vgl. dazu die Einleitung zu diesem Buch.
29 Anna Kwaternik, geb. Michl, In: Vor 50 Jahren war Matura [Typoskript], NL IIID/1, 136

So beginnt eine der sechzehn Jahrgangskolleginnen ihren kurzen auto/biographischen Bericht und nimmt darin auf die zentrale Frage des Kanons und auf jene nach der Legitimität von auto/biographischen Schreibakten Bezug. Diese Form der Eröffnungserzählung ist typisch für Texte, die von Bernd Jürgen Warneken als ‚populare Autobiographik' bezeichnet worden sind[30], und macht deutlich, daß es keine auto/biographischen Schreibakte jenseits bereits etablierter Vorstellungen und Modelle des schriftlichen Selbstbezugs gibt. Im Falle der vorliegenden Auto/Biographien gab es vermutlich zudem eine konkrete schriftliche Vorgabe. Die Disposition, die wahrscheinlich an alle Klassenkolleginnen mit der Einladung zur Verfassung von kurzen Auto/Biographien ausgesendet wurde (einige Autorinnen beziehen sich explizit auf „gestellte Fragen"), ist ebensowenig in dem Nachlaß von Tilly H. erhalten wie ein Hinweis darauf, wer von den Kolleginnen die Erstellung dieser kollektiven Auto/Biographie initiiert beziehungsweise angeregt hat.

Die Frage nach den anderen, in der Jubiläumsschrift nicht repräsentierten Kolleginnen, wie etwa Josefine von Noé, mit der Tilly H. während und nach der gemeinsamen Ausbildungszeit korrespondierte[31], läßt sich anhand der überlieferten Dokumente ebenfalls nicht beantworten. Weder in Tilly H.s Rede zur Jubiläumsfeier noch in den auto/biographischen Texten selbst wird auf jene Kolleginnen Bezug genommen, die nicht ‚anwesend' waren, sei es, weil sie keinen Beitrag leisten wollten oder konnten, sei es, weil sie nicht mehr, oder im Ausland lebten beziehungsweise nicht auffindbar waren. Unbeantwortet bleibt damit auch die Frage, ob es jüdische Kolleginnen in dem Absolventinnenjahrgang 1903 gab, Hinweise auf den Verbleib der „fehlenden" Jahrgangskolleginnen finden sich nicht.

Die sechzehn auto/biographischen Texte sind stilistisch und auch was ihre Länge betrifft überaus heterogen und orientieren sich an verschiedensten Mustern und Modellen auto/biographischen Selbstbezugs. Emilie Babirad etwa schreibt ihren „Lebenslauf" in Versen, eine Zeile daraus lautet: „Meiner Mutter Ideal war die Lehrerin. Also zogen wir beide zur Bildung hin."[32] Einige Texte schreiben sich, schon mit dem Titel, in traditionelle Bezeichnungsformen des Genres ein („Aus meinem Leben", „Mein Lebenslauf"). Tilly H. wählt mit ihrem Titel „Lebensübersicht" eine visuelle Metapher, in der sowohl der Kontrollanspruch wie auch die Positioniertheit des ordnenden Blicks ausgedrückt ist. Andere, so wie der Text von Tilde Mell, beginnen titellos mit der Erzählung der Geschichte ihres Lebens, wieder andere entwerfen Überschriften, die quer zu kanonisierten Titelgebungen auf den fragmentarischen Charakter ihrer Darstellung beharren („Kleines Mosaik"). Von den sechzehn schreibenden Frauen des Maturajahrgangs 1903 blieben sieben unverheiratet bzw. identifizieren sich nur mit einem, vermutlich ihrem ‚Mädchennamen'. Eine einzige von ihnen hatte pro-

---

30 Vgl. Bernd Jürgen Warneken, Populare Autobiographik: Empirische Studien zu einer Quellengattung der Alltagsgeschichtsforschung. Tübingen 1985
31 Vgl. das Kapitel „Frau Hübner/Passagen" (CD-ROM), Kommentar 3
32 Emilie Babirad, Mein Lebenslauf. In: Vor 50 Jahren war Matura [Typoskript], NL IIID/1, 6

moviert, sie ist auch die einzige, die nicht von ihrem „Leben", sondern ausschnitthaft und anekdotisch von ihren Erinnerungen an die Ausbildungszeit in der Hegelgasse schreibt.

Die Erzählung von dem unerfüllten Traum vom Besuch des Gymnasiums ist vielen dieser auto/biographischen Texte gemeinsam, die den schwierigen Ausbildungs- und Berufsweg von jungen Frauen aus der Mittelschicht zu Beginn dieses Jahrhunderts dokumentieren. Lehrerin zu werden beschreiben viele Autorinnen als eine Notwendigkeit eher denn als Traumberuf, weil ihnen andere wissenschaftliche oder künstlerische Karrierewege nicht offengestanden sind. Die meisten Autorinnen beziehen sich, wenn auch fast durchgehend ohne Namensnennungen, auf das enge und oft lebenslängliche Freundinnennetz, das für sie in der Lehrerinnen-Bildungsanstalt entstand. In der Autobiographie von Ina Langer-Kampmüller, die wir sowohl aus den Interviews der Enkel als auch aus den Tagebüchern von Tilly H. und aus ihren Kalendernotizen aus den fünfziger und sechziger Jahren als lebenslange Freundin von Tilly H. kennen, von der allerdings nur wenige Briefe im Archiv dokumentiert sind, finden wir eine Freundin namentlich erwähnt:

> „Die regelmäßigen Zusammenkünfte mit den mir so lieben Kolleginnen, langjährige Freundschaften mit einigen wertvollen Menschen, besonders mit Mathilde Hübner-Hanzel und ihrem vielseitig gebildeten Mann gaben mancherlei Anregung. Tilly hat sich auch stets um meine Mutter gekümmert und mir in der Krankheit meines Mannes sehr geholfen. Sie ist eine aufopfernde und treue Freundin."[33]

Auch Tilly H. schreibt ihre eigene politische und berufliche Arbeit weit über die Ausbildungszeit hinaus in ein Netz von Beziehungen mit den Jahrgangskolleginnen, den „Kameradinnen" und ihren Schülerinnen ein. Das macht eine wesentliche Differenz zur Selbstdarstellung Tilde Mells deutlich, in der die beschriebenen Erfolge und auch Krisen ihres Lebens ganz wesentlich mit dem Vater und dem Ehemann verbunden bleiben.

Die kollektive Lehrerinnen-Auto/Biographie ist ein Dokument, das in der Geschichte der Etablierung des staatlichen Schulwesens – die auch eine Geschichte von Frauen ist, die Lehrerinnen geworden sind – zu situieren ist. Die Schule wurde im 20. Jahrhundert zu einem Ort, an dem verschiedene gesellschaftliche und politische Imaginationen von der Veränderbarkeit und Gestaltbarkeit der Zukunft an der Figur des Kindes bzw. der Jugend festgemacht wurden. „The childfigure came to be used as an extension of the self, a resource of returning to one's own childhood, and as an image of one's extension in time."[34] Die Vorstellung, daß Menschen in der Zeit durch ihre eigene Geschichte, eine Geschichte des persönlichen Wachstums, positioniert sind, fungiert in den meisten Texten dieser pensionierten Lehrerinnen, und

---

33 Ina Langer-Kampmüller, In: Vor 50 Jahren war Matura [Typoskript], NL IIID/1,74
34 Carolyn Steedman, The Written Self. In: dies., Past tenses. Essays on writing autobiography and history. London 1994, 129

ganz besonders in jenem von Tilly H., als dominante Sinngebung der individuellen pädagogischen Arbeit und gleichzeitig als wichtigste Legitimierung der Verfassung einer Auto/Biographie.

> „Seit ich Rousseaus Bekenntnisse lese, denke ich manchmal, ob eine derartige Selbstbiographie, von einem von uns abgefaßt, nicht eben so interessant wäre." (Tilde Mell an Mathilde Hübner, 12. 9. 1906, NL I/2b)

Was 1906 von Tilde Mell ihrer Brieffreundin Tilly H. gegenüber mit dem Hinweis auf den kanonisierten Repräsentanten der Aufklärungspädagogik, der gleichzeitig die kanonisierte Form der bürgerlichen Autobiographie begründete, als Wunsch und Möglichkeit formuliert wurde,[35] wird siebenundvierzig Jahre später im Kontext der Jubiläumsschrift der Lehrerinnen-Bildungsanstalt Realität. Beide Frauen, sowohl Tilde Mell wie Tilly H., und vierzehn weitere Kolleginnen verfaßten zu diesem Anlaß eine kurze Auto/Biographie. Diese Texte stehen in der angesprochenen Tradition, die die Sinnkonstruktion des „ich bin der/die ich geworden bin" zur Grundlage der gesellschaftlichen Vorstellung von Identität[36] und die Idee der Bildung zum paradigmatischen Instrument der Zukunftsgestaltung werden ließ. Gleichzeitig aber unterlaufen sie als ein kollektives Auto/Biographieprojekt pensionierter Lehrerinnen diese Tradition, nicht zuletzt, indem sie deren geschlechterpolitische Dimension im wahrsten Sinne des Wortes zum „Sprechen" bringen.

Mathilde Hanzel, Lebensübersicht.* In: Vor 50 Jahren war Matura [Typoskript] (NL IIID/1, 28-39):

<u>Mathilde Hanzel geb. Hübner</u>
geb. 1884 zu Oberhollabrunn, N.Öst.

Lebensübersicht

Mein Zurweltkommen kostete beinahe meiner Mutter das Leben. Auch ich erlitt bleibenden Schaden am Nasenbein und rechtem Auge. Ich war eine große Enttäuschung: eine dritte Tochter. Dreizehn Monate nach mir gab meine Mutter Zwillingen das Leben, zweien Mädchen, war also nun Mutter von fünf Töchtern. Die beiden älteren Schwestern hießen die „Großen", ich mit den Zwillingen die Kleinen und wir drei bil-

---

35 Vgl. das Kapitel „Frau Hübner/Passagen" (CD-ROM), Kommentar 3
36 Vgl. Karl J. Weintraub, Autobiography and Historical Consciousness. In: Critical Inquiry, June 1975, 821–848
* Die in dem maschinschriftlichen Dokument durchgängige Schreibung von „ss" für „ß" wurde in der Transkription auf „ß" korrigiert.

deten eine Art „Unterhaus". Viel später erzählte uns die Mutter, daß sie – als wir alle klein waren – 7 Jahre lang keine ganze Nacht durchschlafen konnte. –
Meine Kindheit war goldig schön, ohne Sorgen, ohne Schulbesuch (nur die Religionsstunden mußten wir besuchen); diese Kindheit blieb einer der unverlierbaren Reichtümer meines Lebens. – Mein Vater war Professor für klassische Sprachen, meine Mutter eine sehr gebildete freisinnige Frau. Die Eltern waren unsere Auskunftei, unser Lexikon; es war herrlich, ihnen zuzuhören, wenn sie erzählten oder Mutter am Abend vorlas, während wir fünf ringsum in unseren Betten lagen, es war gut, mit ihnen zu lernen. Die Freiheit des Landlebens, wo es einen zur Wohnung gehörigen Garten gab, der unser Versuchsfeld für Gartenarbeit, Brunnenbauten und Spiele war, wo ein Turngerüst mit Schaukel stand, die Spaziergänge in den Wald und oft weithinaus in die Hügellandschaft, das tägliche Schwimmen im Sommer, all das wirkte wundervoll auf Körper und Gemüt. Ich entsinne mich herrlicher Träume, in denen ich schwebte, wohin ich wollte. Mit elf Jahren kam ich nach Wien, besuchte die Privatbürgerschule des Instituts Holl und dann ein Jahr die Beamtentöchterschule, wo ich außerordentlich viel lernte. – Sehr gerne hätte ich studiert, aber mein Vater wollte, ich sollte bald selbstständig werden und meine Schwestern, wenn nötig, stützen können. Ich trat also im Herbst 1899 in die Lehrerinnenbildungs-Anstalt ein, wo mir der Lehrstoff immer zu karg bemessen, der Unterricht oft wenig anregend, die Methoden veraltet erschienen; veraltet war auch unsere Bibliothek. ich lernte daher meist nach den Lehrbüchern für Mittelschulen, begann mit Trigonometrie und las populäre Schriften über physikalische Probleme, Theorien der Erdgeschichte u.s.w.
Früh war ich mir bewußt, welch mangelhafte Bildungsmöglichkeiten damals noch für Mädchen bestanden und wollte daher meinen Teil dazu beitragen, zu beweisen, daß keinerlei Studium für Frauen zu schwer sei. – Nach der Reifeprüfung war ich zweimal als Supplentin in der Hegelgasse tätig und später an verschiedenen Volksschulen; da ich aber schon 1907 die Bürgerschulprüfung ablegte, nur mehr an diesen Schulen. – Meine erste definitive Anstellung erhielt ich 1909 als Bürgerschullehrerin II. Klasse an der Mädchenbürgerschule beim Wasserturm in Favoriten. Dort hatte ich als Direktor den Vater meiner Jahrgangskameradin Elisabeth Schöberle. – Nie werde ich die väterliche Art vergessen, in der er für die Schülerinnen sorgte, noch seine Einführung in die Kinderseele, sein Bestreben, den armen Arbeiterkindern Freude zu schaffen, sie die Heimat kennen und lieben zu lehren. Mit großer Musikalität leitete er den Chorgesang und vermochte in allen Unterrichtsstunden die Kinder zu freudigem Schaffen anzuregen. Lange vor den Jahren der Wiener Schulreform hat dieser große Kinderfreund reformierend gewirkt. Alle Lehrkräfte schätzten ihn und lernten von ihm und dankten ihm seinen köstlichen Humor.
Meine Schwestern alle waren lieblich, ja schön zu nennen, nur ich nicht. Das hat nie meinen Neid erregt, ich war nicht umworben, sondern hatte Zeit zum Denken und

Planen. Unter den vielen jungen Männern, die in unser musikliebendes Haus kamen, war ein sehr begabter, kritisch eingestellter, der meinen Plan, die Realschulmatura abzulegen, sehr begrüßte. Ich las damals materialistische Schriften, aber dieser junge Mann erzählte mir von dem Eindruck, den Kants „Kritik der reinen Vernunft" auf ihn ausübe, und nun begann ich, die Flachheiten und Tautologien der Materialisten zu merken. Ich hatte einen guten Lehrer in dem jungen Mann, der mich freiwillig vorbereitete. Nach knapp 22 Monaten hatte ich die Prüfung hinter mir. Aufgrund der damaligen Prüfungsvorschriften hatte ich vor dem Sommer 1906 mich als Privatistin gemeldet und war für den Herbsttermin der Realschule im V. Bezirk zugewiesen worden. Alles ging gut, bei den schriftlichen Arbeiten war ich mit den jungen Burschen beisammen, aber für die mündliche Prüfung wurde ich von ihnen abgesondert und aus allen Gegenständen außer Religion drei Stunden lang geprüft. – Am nächsten Tag durfte ich mir das Zeugnis holen. In diesem prangte ein bleistiftbreiter und – langer Tintenfleck über der vorgedruckten Formel, die die Reife zum Besuche der Techn. Hochschule ausdrückt, nur der Anfang „die Examinandin hat den gesetzlichen Anforderungen entsprochen" war geblieben. Ohne Anmerkung oder Erläuterung, warum diese Streichung erfolgte, wurde das Zeugnis ausgestellt. Der Direktor sagte auf meine Frage, daß schon vor dem Sommer der Landesschulrat an die Schule die Weisung ergehen ließ, diesen Passus zu streichen. Acht Tage später war ich beim Unterrichtsminister und dann ergriff ich Rekurs gegen die Art der Ausfertigung meines Maturitätszeugnisses. In diesem Rekurs legte ich genau dar, daß die Zusprechung der Reife etwas anderes sei als die Berechtigung, die Technik zu besuchen, und nach langen Wochen erschien der Schulwart der Realschule und brachte mir ein anderes Zeugnis. Es war ein gewöhnlicher Schreibpapierbogen, der in Schreibeschrift den Inhalt des im ersten Zeugnis enthaltenen Textes aufwies, aber ohne Erläuterung, weil keine Streichung ersichtlich war. Dieses Zeugnis nahm ich nicht an, behielt mein altes und setzte durch, daß mir der Landesschulrat eine Bestätigung ausstellte, daß die Streichung nur deswegen erfolgt sei, weil die k.k. technische Hochschule weiblichen Hörern nicht offenstehe. Dies ist ein Stück des Kampfes um das Mädchenstudium und wird nur deswegen hier vermerkt. – Wir hatten uns längst lieb, mein Lehrer und ich, aber wir mußten lange warten, ehe wir heiraten konnten (1910).

Beim Unterrichten in den Gemeindeschulen, meist der äußeren Bezirke, stand ich oft vor tiefem Elend, das ich nicht beheben, selten ein wenig lindern konnte. Die erste große Frage für mich war: Warum haben diese Kinder ein solch schlechtes Gedächtnis? Und dann erkannte ich nach und nach alle Übel, die das Leben in Städten so schwer schädigen, daß nach wenigen Generationen die Geschlechter aussterben. Immer mehr Arbeit, immer mehr Verpflichtung für die Sehenden und Denkenden eröffnete sich mir, die ich selbst 1914 den Mann ins Feld ziehen lassen mußte; mein zweites Mädchen war damals erst 10 Wochen alt. – Die Kriegsnot und die Not der Nachkriegszeit schädigten meine und meiner Kinder Gesundheit. Zweimal mußte ich wegen Apicitis um Urlaub ansuchen. Ich überwand das Übel und blieb seither (1922) eigentlich sehr gesund. – Mein Mann kam aus dem Kriege zurück und begann ohne Ausruhen wieder seine Lehrtätigkeit als Professor an der Realschule Wien XV. Er widmete sich neben seinem Berufe sogleich neuen allgemeinen Aufgaben (Dienstrechtvertretung) und so ist es geblieben bis heute.

Von allen Menschen, die ich nahe erlebte, Kameradinnen, Schülerinnen, und Erwachsenen bemühte ich mich zu lernen. Mit meinen Jahrgangskolleginnen verbindet mich aufrichtige Freundschaft, die nicht nur aus der Wertschätzung ihrer Charaktere sondern auch aus Dankbarkeit meinerseits besteht. Sie haben meine Bestrebungen immer unterstützt. Meine Schülerinnen waren oft rührend, besonders, wenn sie ein Thema erhielten, das sie anregte. Rührend waren aber auch die Erwachsenen, z. B. die Mitglieder des Elternvereines meiner Schule (XVII., Redtenbachergasse), wenn ich mit der größten Selbstverständlichkeit ihren guten Willen voraussetzte und sie diesen bewiesen.

Schon im Jahre 1915, als im Frühjahr Italiens Treue fraglich geworden war, las ich Immanuel Kants Abhandlung „Zum ewigen Frieden", vorher und später viele seiner Schriften. 1930 schloß ich mich der Friedensbewegung an und bin ihr treu geblieben. Meine Jahrgangskolleginnen haben Anteil an den kleinen Schriften (1946) „Vorschläge zur inneren und äußeren Befriedung Österreichs" und „Die Mütter in der UNO" (1947). Eine verkürzte Fassung dieser ins Englische, Französische und Esperanto übersetzten Schrift wurde in das in München bei Kurt Desch erschienene Buch „Der Ruf der Mütter" aufgenommen.

Immer weiter und weiter wird der Kreis der Probleme, die mit meiner Friedensarbeit zusammenhängen, und so bleibe ich, die nun fünf gut geartete Enkelkinder hat, ein ewiger Student, der doch hofft, bei der allerletzten Prüfung zu bestehen. Wien, im Juni 1953

Mathilde Mell,[*] *In: Vor 50 Jahren war Matura [Typoskript] 1953 (NL IIID/1, 126–133):*

Mathilde Halarevici geb. Mell

In Marburg an der Drau als das vierte Kind meiner Eltern geboren (fünf kamen nach) wurde ich im Alter von 2 Jahren durch die Ernennung meines Vaters zum Direktor des Blinden-Erziehungs-Institutes in Wien in diese Stadt verpflanzt und dieser Wech-

---

[*] Die in dem maschinschriftlichen Dokument durchgängige Schreibung von „ss" für „ß" wurde in der Transkription auf „ß" korrigiert.

sel sollte bestimmend auf mein ganzes Leben wirken. Wir Kinder wuchsen unter den blinden Zöglingen wie in einer großen Familie auf. Für uns waren die Blinden keine anormalen Menschen, wir behandelten sie genauso wie unsere sehenden Schulkameraden, ohne in unserem Betragen ihnen gegenüber auch nur den geringsten Unterschied zu machen. Wie sehr wir ihr Leben und Lernen teilten, geht daraus hervor, daß ich, bevor ich in der Schule lesen und schreiben lernte, schon die Blindenschrift beherrschte. Mein Wunsch wäre es gewesen, ins Gymnasium zu gehen, aber meine älteren Brüder erhoben so energischen Widerspruch dagegen, daß auch ich mich mit Latein und Griechisch plagen sollte, daß schließlich der Besuch der Lehrerinnen-Bildungs-Anstalt beschlossen wurde. Aber ich stellte von vornherein eine Bedingung: „Nur wenn ich am Institut Lehrerin sein kann." Das Institut befand sich in meiner Kindheit am Ende der Josefstädterstraße in der Blindengasse, hatte einen wundervollen großen Garten, der ein Paradies für die blinden Kinder und uns war. Die Verlängerung der Josefstädterstraße, der Bau der Breitenfelderkirche und der Stadtbahn nahmen immer mehr davon weg, heute ist nichts mehr von ihm vorhanden, außer der Erinnerung an ihn, die sich in dem Gedicht meines Bruders Max „Der alte Garten" findet. Wir übersiedelten 1898 in den Prater in das neue Haus, das Ihr alle, liebe Freundinnen, auch besucht habt, als der Abschluß des Blindenunterrichts-Kurses dort bei einer Chokoladenjause [sic] gefeiert wurde.

Mein Wunsch ging in Erfüllung, ich durfte gleich nach der Matura als Lehrerpräfektin bei meinem Vater eintreten und unter seiner Führung meinen Beruf voll erlernen. Leicht hatte ich es nicht. Als Tochter des Direktors durfte ich mir keine Nachlässigkeit, ja nicht das mindeste Nachlassen der Arbeit gestatten. 26 Unterrichtsstunden, 12 Stunden Arbeit in der Blindendruckerei und mindestens 4 Vorlesestunden waren mein Wochenmaß. Eines muß ich aber hier bekennen: Ich war nie mit Leib und Seele Lehrerin, ich war es nur, weil ich eben einen Beruf haben mußte. Meine Pflicht und mehr habe ich immer getan aber ohne Begeisterung.

Während des ersten Weltkrieges war ich neben der Schule auch als Pflegerin in der Kriegsblindenzentrale, die mein Vater eingerichtet hatte, tätig. In diese Zeit fällt auch meine Heirat. Mein Mann, Rumäne aus der Bukowina, war Blindenlehrer wie ich, aber mit ganzer Seele bei seinem Beruf. Der Zusammenbruch brachte mir bittere Jahre. Ein Verleumdungsfeldzug gegen meinen Vater brachte mich in schärfsten Gegensatz zu fast allen meinen Kollegen am Institut. In dieser Atmosphäre arbeiten zu müssen, war mehr, als ich ertragen konnte, und ein Nervenzusammenbruch das Ende. Trotzdem die gegen meinen Vater eingeleitete Untersuchung zu einem Triumph für ihn wurde, war ich froh, als ich im Herbst 1921 Wien verlassen konnte, um meinem Mann (wir waren automatisch durch den Anschluß der Bukowina an Rumänien rumänische Staatsbürger geworden) nach Klausenburg zu folgen, wo er die Leitung des Blinden-Institutes übernahm. Ich erhielt auch einen Posten als Lehrerin, da der

Mangel an geschulten Lehrkräften sehr groß war. Da hieß es aber zunächst Rumänisch lernen, was ich mit Hilfe der Toussaint-Langenscheidt'schen Lehrbriefe, fleißigem Zeitungslesen und erzwungenem Sprechen verhältnismäßig rasch bewältigte. Daß ich systematisch vorging und mich in Orthographie und Grammatik der rumänischen Sprache vertiefte, führte schließlich dazu, daß später selbst die rumänischen Kollegen zu mir wie zu einem Orakel kamen, wenn es sich um orthographische oder grammatikalische Zweifel handelte. Daß ich aber die Bitterkeit der Angriffe gegen meinen Vater nun auch in zweiter Auflage in gegen meinen Mann gerichteten Anwürfen auskosten sollte, ließ ich mir gewiß nicht träumen. Ein anderer Lehrer wollte Direktor werden und fast der ganze Lehrkörper stellte sich gegen meinen Mann, der mit den schändlichsten Waffen der Verleumdung angegriffen wurde. Er ist rein und unbescholten aus den Untersuchungen, die er selbst gegen sich verlangt hatte, hervorgegangen und alle, die gegen ihn gewesen waren, baten um Verzeihung. <u>Er</u> hat vergeben und vergessen, ich nur vergeben, denn vergessen konnte und kann ich nicht. Zweimal mit solchem Schmutz zu tun zu haben, war zuviel.

Auch im Institut meines Mannes habe ich mehr gearbeitet als die Anderen. Besonders die Musterlektionen, die wir für die jüngeren Kollegen hielten, gaben mir immer sehr viel Arbeit.

Wir hatten uns ein schönes Heim geschaffen und besaßen vor der Stadt einen Garten, den wir allein betreuten und zu dem zur Zeit der Tulpenblüte ganz Klausenburg pilgerte. Das Jahr 1940 zerstörte beides. Wir verließen die wieder ungarisch gewordene Stadt und zogen nach Bukarest. Im Jahre 1941 wurde mein Mann mit der Organisation der rumänischen Kriegsblindenzentrale in Czernowitz betraut, wo wir bis zum Jänner 1944 blieben. Dann ging es wieder nach Bukarest, wo wir beim ersten Bombardement schwere Verluste hatten, und dann nach Kronstadt, wo wir auch nach unserer Pensionierung blieben.

Im August 1950 wurde mein Mann eingeladen, als der „bedeutendste Blindenpädagoge" Rumäniens an einer Tagung in Bukarest teilzunehmen. Als er zu einer Debatte das Wort ergriff, konnte er nur kurze Zeit sprechen, da ihn ein Unwohlsein befiel. Wenige Minuten später war er tot. Ein Herzschlag hatte seinem Leben ein Ende gemacht. Es war ein harter Schlag für mich, aber er machte mir den Weg zur Heimkehr nach Wien frei. Durch die Vermittlung meiner Geschwister erhielt ich die Zuzugsbewilligung nach Österreich und sechs Monate, nachdem ich darum eingereicht hatte, auch die Erlaubnis, Rumänien zu verlassen. Nachdem ich alles, was ich hatte, zum Teil verkauft, zum Teil verschenkt hatte, konnte ich mit 70 kg Gepäck, ohne ein Buch, ohne ein Dokument, ohne Geld die Heimreise antreten. Am 24. Mai 1951 kam ich in Wien an, am 18. Dezember 1951 war ich wieder österreichische Staatsbürgerin. April 1953

„Curriculum Vitae" 1934

Das „Curriculum Vitae" der Bürgerschuldirektorin Tilly H. befand sich, gemeinsam mit einer standardisierten Disposition des Schulinspektorats, unter den ersten Dokumenten, die dem Archiv übergeben worden sind. Es wurde, vermutlich noch von Tilly H. selbst, in einer Schachtel mit Zeugnissen und zahlreichen anderen Behördendokumenten, die ihre Ausbildung und Berufstätigkeit betreffen, aufbewahrt. In all diesen Dokumenten sind die institutionellen Fakten und Daten der Berufsbiographie von Tilly H. gespeichert. Zudem sind auch einige Arbeitsbücher aus den zwanziger Jahren im Nachlaß von Tilly H. erhalten, in denen Stundenprotokolle, organisatorische Notizen oder in der Schule gehaltene Reden aufgezeichnet sind. Über konkrete Berufserfahrungen, Schwierigkeiten und Erfolge, Wünsche und Enttäuschungen im Berufsalltag von Tilly H. erfahren wir dort allerdings nichts. Im Kontext der Tagebücher, der Briefwechsel und der anderen Auto/Biographien des Nachlasses wird der Lehrerinnenalltag kaum thematisiert.[37]

Der hier edierte Lebenslauf ist vermutlich ebenfalls nicht aus dem Bedürfnis der Autorin entstanden, ihre als Lehrerin gemachten Erfahrungen entweder zu verarbeiten oder weiterzugeben. Tilly H. kam mit der Verfassung dieses Lebenslaufs einer institutionellen Anforderung beziehungsweise Aufforderung nach, ihre berufliche Karriere darzustellen, sie tut das, indem sie von sich in der 3. Person schreibt. Das unmittelbare Publikum, für das Tilly H. ihr „Curriculum Vitae" verfaßt, ist der Wiener Stadtschulrat, also jene Behörde, bei der sie 1934 um die Zuerkennung des Titels „Schulrat" ansucht, der ihr am 10. April vom Bundespräsidenten verliehen wird[38], und auch jene Behörde, die sie mit der zwangsweisen Versetzung in den Ruhestand konfrontiert. Tilly H. nahm diese Praxis einer Verrechtlichung von Frauendiskriminierung offenbar insofern nicht unwidersprochen hin, als sie diese in einem als Abschrift erhaltenen Schreiben vom 14. 6. 1934 (vermutlich an den Stadtschulrat) gewissermaßen mit einer ‚eigenen' Bedeutung versieht, indem sie das ideologische Rechtfertigungsargument der Regierung, es ginge um Arbeitsplatzbeschaffung, beim Wort nimmt:

„Ich erkläre meine Bereitwilligkeit, mich trotz voller Arbeitsfähigkeit in den Ruhestand versetzen zu lassen, nur aus dem Grunde, um damit in diesen für junge Kräfte fast aussichtslosen Zeiten meinen Teil beizutragen, daß Platz für diese geschaffen werde."[39]

---

37 Vgl. das Kapitel „Frau Hübner/Passagen" (CD-ROM) und das Kapitel „Über die Notwendigkeit der Veränderungen in der bürgerlichen Gesellschaft"
38 Bundesministerium für Unterricht, Zl. 10938-II/9, 10. 4. 1934, NL I/50
39 Abschrift eines nicht adressierten Schreibens Tilly H.s vom 14. 6. 1934, NL I/50

In diesem Schreiben macht Tilly H. weiters deutlich, daß sie nur dann die „beiliegende Erklärung", die sich vermutlich auf die Versetzung in den Ruhestand bezog, unterschreiben werde, wenn diese – wegen der erst danach fällig werdenden 30 Dienstjahre und der damit verbundenen Erhöhung des Pensionsanspruchs – nicht vor dem 30. September des Jahres erfolgen würde. Aus dem im Stadtschulrat erhaltenen Dokument über Tilly H.s „Versetzung in den dauernden Ruhestand gemäß § 6 des Abbaugesetzes"[40] wird klar, daß diese erst mit 31. 12. 1934 erfolgte, womit anzunehmen ist, daß Tilly H. das Schreiben auch abgeschickt und ihre Forderung durchgesetzt haben dürfte.

Dennoch bleibt das „Curriculum Vitae", das sie vermutlich vor dem April 1934 und in Zusammenhang mit der Beantragung des Titels „Schulrat" verfaßte, unmittelbar mit einer Zäsur verknüpft, die sowohl eine individuelle (Zwangspensionierung) als auch eine politische Zäsur in der österreichischen Zeitgeschichte darstellt und dazu die Effekte des sogenannten „Doppelverdienergesetzes" in der unmittelbaren Auswirkung auf die Bürgerschuldirektorin Tilly H. deutlich macht.[41] Die standardisierte und vermutlich vom Stadtschulrat erstellte „Disposition" eines Lebenslaufs dokumentiert die normative Ausprägung und die Bewertungsgrundlagen der Biographie einer ‚Lehrperson' im Jahre 1934, die um eine Anerkennung durch die Verleihung des Titels „Schulrat" ansuchte, eine Anerkennung, die vermutlich von beiden Seiten, der Antragstellerin und des Stadtschulrats, als Kompensation für die Ausgrenzung aus dem Arbeitsmarkt gedacht war.

Tilly H.s „Curriculum Vitae" folgt dem Bauplan der nachgefragten Biographie und läßt, bei aller Formelhaftigkeit eines derartigen Bewerbungsschreibens, dennoch Schwerpunkte in dem Selbstbild als Lehrerin erkennen. Dazu zählt zum einen der ideelle Anspruch, der mit der Weitergabe von Bildung an die Jugend für Tilly H. verbunden gewesen ist, zum anderen die Betonung eines kooperativen Arbeitsstils mit KollegInnen, Eltern und Schülerinnen. Die verzeichneten Tätigkeiten und Erfolge in der beruflichen Karriere machen aber auch Kontinuitätslinien und Überschneidungsflächen mit jenen Fragen deutlich, die Tilly H. seit ihrer Jugend immer wieder beschäftigten, wie zum Beispiel die Frage der sexuellen Aufklärung oder die Frage der Friedenserziehung.[42] Auch ihre Wahrnehmung von sozialer Differenz bzw. ihre Positionierung zur Klassenfrage, mit der sie als Lehrerin in verschiedenen Arbeiterbezirken konfrontiert gewesen war, bildet sich in der Darstellung ihrer Berufskarriere partiell ab. Demnach lag der Schwerpunkt ihres diesbezüglichen Engagements im

---

40 Archiv des Wiener Stadtschulrats: Z.I-10036/34, 19. 12. 1934
41 Vgl. die diesbezügliche Verordnung der Bundesregierung vom 16. 12. 1933 BGBL. Nr. 545 „Abbau verheirateter weiblicher Personen im Bundesdienste", vgl. auch Verena Pawlowsky, Arbeitslosenpolitik im Austrofaschismus. Ein Beispiel restriktiver Sozialpolitik in ökonomischen Krisenzeiten. Diplomarbeit Wien 1988; Irene Schöffmann, Die bürgerliche Frauenbewegung im Austrofaschismus. Eine Studie zur Krise des Geschlechterverhältnisses am Beispiel des Bundes Österreichischer Frauenvereine und der Katholischen Frauenorganisation für die Erzdiözese Wien. Wien (Diss.) 1986
42 Vgl. das Kapitel „Frau Hübner/Passagen" (CD-ROM), Kommentar 5

Einsatz für soziale, karitative und hygienische Maßnahmen zur Linderung der schwierigen Lebensbedingungen der Kinder aus der Arbeiterschicht. Wenn Tilly H. in der kurzen, vorangestellten Ausbildungsbiographie die von ihr gewählten an der Technischen Hochschule unterrichteten Fächer Gebäudehygiene und Volkswirtschaftslehre als jene Vorlesungen bezeichnet, die sie gehört hat, so ist das die einzige von ihr überlieferte Aussage zu einer konkreten Inanspruchnahme des von ihr erkämpften Rechts auf den Hochschulbesuch.

Von dem Personalakt Tilly H.s im Stadtschulrat sind nur mehr rudimentäre Teile erhalten. Darunter die Benachrichtigung über die Zwangspensionierung bzw., wie es im Briefkopf heißt, die „Versetzung in den dauernden Ruhestand gemäß § 6 des Abbaugesetzes" mit 31. 12. 1934.[43] Wir wissen daher nicht, in welcher Form ihr „Curriculum Vitae" dort eingegangen ist, ob Tilly H. jene Fragen, die sie in der im Nachlaß überlieferten Fassung unbeantwortet ließ, in der Endfassung noch eingetragen hat bzw. was sie bewog, eben diese Fragen nicht zu beantworten. Die Fragen, die sie nicht beantwortet hat, sind jene nach dem dienstlichen und außerdienstlichen Verhalten und jene nach der „literarischen Tätigkeit". Dabei ist darauf hinzuweisen, daß im Jahr 1934 – mit Ausnahme des nicht autorisierten Textes von „Beate Hanzel" im ‚Neuen Frauenleben' (1910) – tatsächlich keine uns bekannten veröffentlichten Texte von Tilly H. existierten. Eine Leerstelle in dem „Curriculum Vitae", die, so können wir mit Blick auf die zahlreichen politischen Konzepte und Schriften, die unveröffentlicht in dem Nachlaß Tilly H.s gespeichert sind, sagen, eine Dimension des Scheiterns berührt, die mit dem Nicht-Öffentlichwerden von an die Öffentlichkeit gerichteten Texten von Tilly H. verbunden gewesen sein mochte. Insofern erscheint es auch wenig verwunderlich, daß Tilly H. 1953 in ihrer „Lebensübersicht" detailliert ihre allesamt erst nach 1934 publizierten Texte auflistet, wiewohl, so ist anzunehmen, in dem Einladungsbrief an die Jahrgangskolleginnen die Aufzählung von Publikationen nicht explizit nachgefragt worden ist.

Maschinschriftliche Disposition zu einem Curriculum Vitae, gezeichnet und handschriftlich kommentiert (NL I/50):

Frau Direktorin Hanzel.-*
Name, Geburtsdaten, Bezeichnung der Schule, Im Schuldienst seit, Oberlehrer, Direktor seit, Anzahl der Klassen und Schüler
1) Dienstliches Verhalten:
2) Verdienste auf dem Gebiete der Erziehung:
3) Bemühungen um die körperliche Erziehung:
4) Unterrichtserfolge:

---

43 Archiv des Wiener Stadtschulrats: Z.I-10036/34, 19. 12. 1934
*   handschriftliche Adressierung des folgenden, standardisierten maschinschriftlichen Fragebogens

5) Verhältnis zum Lehrkörper:
6) Verkehr mit dem Elternhaus:
7) Verdienste auf dem Gebiete der Jugendfürsorge:
8) Außerdienstliches Verhalten:
9) Verdienste auf dem Gebiete des öffentlichen Wohles außerhalb d. Schule
10) Literarische Tätigkeit: Referate, Fachartikel, Ansprachen.
11) Bisherige Anerkennungen und Belobungen, Behörde, Art, Zahl, wofür:
Erbitte mir zum Zweck einer Antragstellung ein <u>ausführliches</u> Curriculum vitae freundlichst zu übermitteln. Obige Disposition wolle gütigst berücksichtigt werden.- Besten Gruß [Name unleserlich] Sch. Insp.

Mathilde Hanzel, Curriculum Vitae*, 1934 (NL I/50):

Curriculum Vitae.
Mathilde Hanzel, geboren am 27. Mai 1884 zu (Ober) Hollabrunn, N.Oe., als Tochter des Gymnasialprofessors Gustav Hübner und seiner Gattin Agnes, einer sehr begabten, sprachkundigen Frau. Wirkt an der Hauptschule für Mädchen Wien, 17., Redtenbachergasse 79. Im Schuldienst seit 1903. Direktorin seit 1. Juli 1926, gegenwärtig hat die Schule 13 Klassen mit 477 Schülerinnen. Ihr Studiengang ist gekennzeichnet durch das Streben, über den Rahmen des Vorgeschriebenen hinaus zu lernen. Schon in der Bürgerschule lernte sie neben viel Französisch auch Englisch. Drei Jahre nach der an der Ln.B Anstalt in der Hegelgasse mit Auszeichnung abgelegten Reifeprüfung unterzog sie sich der Maturitätsprüfung für Realschulen an einer Wiener Staatsrealschule mit gutem Erfolg. Im Mai 1907 bestand sie mit Auszeichnung die Bürgerschulprüfung. Nach langen Kämpfen um die Berechtigung zum Besuche der Techn. Hochschule erhielt sie 1908 die Erlaubnis, als Hospitantin Vorlesungen zu besuchen. Sie hörte Gebäudehygiene und Volkswirtschaftslehre. Im Jänner 09 wurde sie def. Bürgerschullehrerin 2. Klasse. Seit März 1910 ist sie mit Ottokar Hanzel, Studienrat, Professor in Wien verheiratet. Ihre Kinder, zwei Töchter, sind jetzt schon erwachsen.
1)
zu 2)
In ihrer fast drei Jahrzehnte umfassenden Berufstätigkeit war es ihr Hauptstreben, die die [sic] Kinder am Lernen zu interessieren und ihnen die Einsicht zu vermitteln, daß erworbene Bildung das einzige Vermögen ist, das dem Menschen nicht genommen werden kann. In vielen Ansprachen z. B. anläßlich der gemeinsamen Republikfeiern

---

* Die in dem maschinschriftlichen Dokument durchgängige Schreibweise „sz" für „ß" wurde in „ß" korrigiert

zeigte sie, wie sehr gerade unsere Verfassung verantwortungsbewußte Staatsbürger braucht. Unter ihrer Leitung wurden nicht bloß schöne von gemeinsamer Arbeit aller Klassen getragene Schulfeiern veranstaltet, sondern auch Ausstellungen von Schülerarbeiten verbunden mit Elternabenden, um in der Elternschaft das Verständnis für den Wert des Unterrichtsgutes zu wecken. Bei der Auswahl von Vortragsthemen ist sie die Beraterin des Elternausschusses und hält selbst im Elternverein Vorträge, z. B. über belehrende Spiele und Beschäftigungen für 10-14 jährige Kinder, sexuelle Aufklärung und Erziehung zur Verantwortlichkeit u. s. w.-- Anläßlich besonderer Vorfälle liegt ihr daran, in ruhiger Auseinandersetzung des Sachverhaltes mit den Eltern, z. B: an eigens hiezu veranstalteten Klassenelternabenden, diese von der Richtigkeit der getroffenen Maßnahmen zu überzeugen, was ihr bisher noch immer gelungen ist. Sie wird daher oft von den Eltern um Rat befragt. Der Elternverein leistet nach besten Kräften soviel als nur möglich zur Förderung der Schule, nie sind seit sie dem Ausschuß der Schule angehört – Streitigkeiten unter den Elternräten entstanden …

zu 3)
Eine ihrer Hauptsorgen ist die Schaffung möglichst hygienischer Bedingungen für den Turnunterricht. Auch hierin wird sie von den Müttern und dem Elternverein gerne unterstützt. Sie hat es als ihre selbstverständliche Supplierungspflicht betrachtet, wenn Lehrkräfte fehlten, mit den Schülerinnen schwimmen zu gehen, den Freiluftnachmittag zu halten oder einen Lehrausflug zu begleiten …

zu 4)
Durch Hospitierungen und Durchsicht der Schülerarbeiten überzeugt sie sich von den Fortschritten im Unterricht und benützt jede passende Gelegenheit, den Lehrkräften durch einschlägiges Bücher- und Bildermaterial neue Anregungen zu geben. Daß die in Oberschulen und Fachschulen übergetretenen Schülerinnen sich bewährten, konnte die Direktorin oft erfahren. In besonders schwierigen Fällen gab sie Nachhilfeunterricht im Rechnen und im Französischen. Einige Zeit hindurch supplierte sie für den erkrankten Violinlehrer und die Französin.

zu 5)
Das kollegiale Einvernehmen mit dem Lehrkörper, der fleißig seiner mitunter sehr schwierigen Arbeit obliegt, blieb in den fast 7 Jahren ungetrübt. Die Lehrkräfte besprechen alle besonderen Vorfälle mit der Direktorin, da sie wissen, daß sie bei genauer Pflichterfüllung auf Verständnis und Unterstützung zählen können.

zu 6)
Die Elternschaft bringt ihr Vertrauen entgegen, oft ist die Direktorin Vermittlerin zwischen Eltern und Kindern.

zu 7)
Siehe erste Anerkennung. Die derzeit an der Schule bestehende Gabelfrühstückaktion entsprang einem ganz kleinen Anfang, den die Direktion gemeinsam mit dem Lehr-

körper vor drei Jahren schuf. Derzeit wird die ganze Aktion von den Müttern geleistet. Mehr als ein Viertel der Kinder haben arbeitslose Väter, die Direktion war daher bemüht – wie schon in früheren Jahren das Schulmilchfrühstück einzuführen, unterstützt von Lehrern, Eltern, der Milchpropagandagesellschaft und dem Lieferanten hat sie schließlich erreicht, daß täglich etwa 50 Viertel Freimilch verteilt werden können.
zu 8)
zu 9)
Ihr Beruf selber drängt zur Betätigung auf dem Gebiete der Friedensbewegung. Ihre Tätigkeit in der Intern. Frauenliga für Frieden und Freiheit erstreckt sich auf Aufgaben der Friedenserziehung im Besonderen, diese Tätigkeit bedingt eine fortschreitende Erweiterung ihrer Kenntnisse auf verschiedensten Gebieten. Außerdem müssen Referate, Reden und Diskussionen gehalten, Aufrufe, Abhandlungen und Berichte verfaßt werden. Anläßlich des Weltkongresses der Friedensvereine in Wien, Sept. 32, hat die Direktorin in öffentlicher Sitzung auf die großen Schwierigkeiten hingewiesen, die angesichts der Friedensverträge dem österr. Erzieherin [sic] seinen Bestrebungen um Völkerversöhnung erwachsen, sie hob hervor, daß trotz der unlogischen, juristisch unhaltbaren und inhumanen Bestimmungen von St. Germain in den öst. Lehrbüchern weder Haß noch Herabsetzung der ehemals feindlichen Völker zu finden ist ...
zu 11)
1) Bez.-Schulrat Wien, G.Z.5535, v. 12. Juli 1910:
belobende Anerkennung für Verdienste um Errichtung und Erhaltung einer Schulausspeisungsstelle
2) Bez.-Schulrat Wien. G.Z.11962ex21, vom 9. Dez. 1921
Belobende Anerkennung für fleißige Mitarbeit in den Arbeitsgemeinschaften und ersprießliche Unterrichtsführung im Sinne der Arbeitsschule
3) St.S.Rat für Wien. G.Z.1-4434/25, vom 25. Juni 25
Anerkennung für die verständnisvolle und anregende Gestaltung des Unterrichtes
4) St.S.Rat für Wien, G.Z. 1-5181/1928, vom 30. Juni 1928
Belobigung für die musterhafte Führung der Schule
5) St.S.Rat für Wien, G.Z.4349/1931, vom 1. Juli 1931
besondere Anerkennung und Dank für umsichtige Leitung und die besonders methodische Führung des Lehrkörpers und äußerst wirksame Erziehungs- und Fürsorgetätigkeit unter schwierigen Verhältnissen.

„Prägnante Biographie" 1948 (1949)

> „Sehr geehrte Frau Hanzel-Hübner! Mir ist bekannt, daß Sie die Leiterin der Friedensaktion der Vereinigung österreichischer Frauen sind. – Ich bearbeite ein internationales Frauenbuch und möchte Sie um einen Beitrag dafür bitten."[44]

Am 5. Jänner 1948 schrieb Barbara Nordhaus-Lüdecke, eine deutsche Pazifistin, diese Zeilen an Tilly H. In diesem Brief, dem ein ausführlicheres Konzept sowie eine Namensliste der neben Tilly H. eingeladenen Frauen beigelegt war, erklärte Nordhaus-Lüdecke kurz die Anliegen ihres ‚Frauenbuchs'. Sie schließt ihr Schreiben mit einer direkten Bezugnahme auf jenen Text, der das eigentliche Zentrum des auto/biographischen Kurztextes von Tilly H. war.

> „Sollte es Ihre Zeit nicht erlauben, uns einen Originalbeitrag zu geben, so wären wir Ihnen sehr verbunden, wenn Sie uns aus dem Vortrag, Aufsatz oder Ihrer Broschüre ‚Die Mütter in der UNO' einen Auszug zur Verfügung stellen würden."[45]

„Beantwortet u. Auszug eingesendet, 5. III. 48" notiert Tilly H. handschriftlich am oberen Seitenrand des Briefes von Barbara Nordhaus-Lüdecke. Sie reagierte also relativ schnell, entschied sich dafür, eine gekürzte Fassung des angesprochenen Aufsatzes „Mütter in der UNO" an die Herausgeberin zu senden. Das, was an dieser Stelle der Edition die Leerstelle bleibt und aus der Perspektive Tilly H.s das eigentliche Zentrum war, nämlich ihr politischer Text, dem sie ihre kurze Auto/Biographie erst auf Nachfrage beigestellt hat, wird von uns in der Originalfassung und ungekürzt im Kapitel „Über die Notwendigkeit der Veränderungen in der bürgerlichen Gesellschaft" ediert und kommentiert.[46]

Hier gilt es demgegenüber darauf hinzuweisen, daß das „Gewünschte"[47], das Tilly H. scheinbar zunächst längere Zeit nicht an Barbara Nordhaus-Lüdecke übermittelte, ja wofür sie sogar „ein Zu-Spät-Kommen" riskierte, die „prägnante Biographie" und ein „künstlerisch gehaltenes Bild" ihrer Person gewesen sind.[48] Erst vier Monate, nachdem sie die Kurzfassung ihres Aufsatzes an die Herausgeberin gesendet hatte, schickte sie auch das verlangte Photo und die kurze Auto/Biographie, die sie in der Form einer Kurzbiographie, also in der dritten Person verfaßte, an die Herausgeberin. Dieses „Zu-Spät-Kommen" bei der Versendung ihrer Auto/Biographie und ihres „Bildes", die ja eine Sendung an die Öffentlichkeit

---

44 Barbara Nordhaus-Lüdecke an Mathilde Hanzel, 5. 1. 1948, NL I/42/Internationale Friedensarbeit
45 ebd.
46 Vgl. „Mütter in der UNO" im Kapitel „Über die Notwendigkeit der Veränderungen in der bürgerlichen Gesellschaft"
47 Vgl. Mathilde Hanzel an Barbara Nordhaus-Lüdecke, 16. 6. 1948, NL I/42/Internationale Friedensarbeit
48 Vgl. Barbara-Nordhaus Lüdecke an Mathilde Hanzel, 5. 1. 1948, NL I/42/Internationale Friedensarbeit

gewesen sind, deutet möglicherweise auf die grundlegende Skepsis von Tilly H. gegenüber der Veröffentlichung dessen, was als auto/biographisches Bild von ihrer Person bezeichnet werden kann, hin. Es war, so scheint es, ein wesentlich größeres Anliegen von Tilly H. ihre politischen und pädagogischen Texte in eine breitere Öffentlichkeit einzuschreiben, als ihre Auto/Biographie zu publizieren.

44 Beiträge von Frauen oder Frauenorganisationen aus mehr als 15 Ländern wurden schließlich in dem Buch „Der Ruf der Mütter", das 1949 erschienen ist, veröffentlicht. Allen Texten wurden kurze Auto/Biographien und Photographien der Autorinnen zur Seite gestellt, die sehr unterschiedlichen Mustern biographischer Kurzdarstellung folgen. Tilly H.s Beitrag ist der einzige aus Österreich, er hat keinen Titel, sondern nur ein Motto, das dem Text vorangestellt ist. Dieses Motto, ein Grillparzer-Zitat, „Gott konnte nicht überall sein, deshalb schuf er die Mütter", scheint im Inhaltsverzeichnis des Buches als Titel des Texts auf. Neben Tilly H. sind u. a. Käthe Kollwitz, Ricarda Huch, Eleanor Roosevelt, Anna Seghers, Clara Ragaz, Pearl S. Buck, Maria Montessori und Margaret Mead Autorinnen des Bandes. Der Tenor des Buches, das 1948, also drei Jahre nach Kriegsende und nach dem Ende des nazistischen Terrorregimes, von einer deutschen Pazifistin initiiert wurde, ist auf eine „Aussöhnung" mit Deutschland gerichtet, deren Grundlage das Verschweigen der unmittelbaren Vergangenheit ist, ein Verschweigen, das mit dem Appell an eine pazifistische „Internationale der Mütter" jenseits politischer Differenzen verbunden wird. Ein Brief von Sigrid Undset, der in dem Buch abgedruckt ist, macht die problematische Ausrichtung des Buchprojektes deutlich. Undset verweigert die Mitarbeit an dem „Ruf der Mütter" mit dem Hinweis, daß es Dinge gäbe, die mehr zu hassen und zu fürchten seien als der Krieg, wie zum Beispiel die Vorstellung, daß weitere Generationen als Hitlerjugend erzogen würden.[49] Tilly H.s Text ist demgegenüber, so wie die meisten anderen Beiträge, von einer pazifistischen Botschaft geprägt, die den Krieg im allgemeinen als Höhepunkt kapitalistischer Geschäftemacherei anprangert, ohne ein Wort über die spezifische Qualität des Zweiten Weltkrieges als Produkt eines rassistischen Regimes zu verlieren und auch ohne auf die Opfer der nationalsozialistischen Vernichtungspolitik einzugehen. Die politische Forderung einer parteiübergreifenden, internationalen Organisierung von Frauen und Müttern bleibt damit völlig entkoppelt von der unmittelbaren Vergangenheit. Dieses Schweigen zum Nationalsozialismus in Tilly H.s Buchbeitrag findet seine Entsprechung in der Leerstelle Nationalsozialismus in ihrer kurzen Auto/Biographie, die dem Text beigestellt ist.[50]

„The facts, then, are a product of their time and place as well as of their author"[51], postuliert Liz Stanley in ihrem Buch „The auto/biographical I", das eine theoretische Grundle-

---

49 Sigrid Undset an Barbara Nordhaus-Lüdecke, 4. 2. 1948, In: Barbara Nordhaus-Lüdecke (Hg.), Der Ruf der Mütter. München 1949, 74; Vergleiche auch ein ähnlich begründetes Ablehnungsschreiben von H. Verwey-Jonker, Holland, ebd. 205
50 Vgl. das Kapitel: „Auf der Suche nach verlorenen Idealen"
51 Liz Stanley, The auto/biographical I, 130

gung zur Auto/Biographie versucht. In der veröffentlichten Auto/Biographie von Tilly H. findet sich ein Fehler, der eben daran erinnert, daß die ‚Fakten' eines Lebens nicht einfach ‚da' sind, um gefunden zu werden. „Zur Richtigstellung füge ich bei, mein Geburtsjahr ist 1884, nicht 1894"[52], schrieb Tilly H. in dem letzten an die Herausgeberin dokumentierten Brief im Archiv. In dem Buch „Der Ruf der Mütter" wurde das Geburtsjahr von Tilly H. falsch abgedruckt, in ihrem Exemplar, das sich als Leihgabe der Enkel im Archiv befindet, ist der Druckfehler handschriftlich korrigiert. Das Geburtsdatum, als eine der grundlegendsten Agenturen der Identifizierung einer Person und wesentlicher Bestandteil fast aller Formen auto/biographischen Selbstbezugs, bleibt auch im Kontext des Nachlasses in gewisser Weise unbestimmt. Während Geburtsurkunde und Trauschein den 27. Mai 1884 als den Tag der Geburt von Mathilde Hübner ausweisen, identifiziert Tilly H. selbst in ihren Tagebüchern den 28. Mai 1884 als ihren Geburtstag.[53] Damit wird im Kontext von Auto/Biographie und Archiv die Fiktion der Faktizität biographischer Daten noch einmal in ihrer vielfachen kulturellen und sozialen Vermitteltheit deutlich.

Barbara Nordhaus-Lüdecke, „Mütter sprechen zur Welt" (Buchkonzept)[54] (NL I/42/Internationale Friedensarbeit):

Barbara Nordhaus-Lüdecke, Wernfeld/Main „Mütter sprechen zur Welt"

Grundgedanken des Buches:
Durch dieses Buch sollen die Mütter zur Welt sprechen. Mütter, die ihre Söhne und Töchter verloren haben – erfahrene Frauen, die wissen, welches Elend jeder Krieg über die Völker gebracht hat und in Zukunft bringen wird. Die unbekannten Frauen neben den führenden aus kleinen und großen Staaten sollen hier gehört werden, denn sie haben uns etwas zu sagen. Sie sprechen zu den Menschen, vor allem aber zu den Männern der Politik und Jugenderziehung.
Es geht um die Zukunft ihrer Kinder, die man ihnen immer wieder für einen Krieg, der sie in den Tod treibt, nehmen will. Sie bringen das neue Leben zur Welt für ihre Familien, und dies für eine friedliche Völkerfamilie. Der Krieg dagegen zerstört jedes Leben, jede Liebe und jede Gemeinschaft. Mutterliebe kennt keine politischen Gren-

---

52 Mathilde Hanzel an Barbara Nordhaus-Lüdecke, 5. 7. 1949, NLI/42/Internationale Friedensarbeit
53 Vgl. das Kapitel „Frau Hübner/Passagen" (CD-ROM), Tagebuch, 28. 5. 1899
54 Dieses Konzept ist gemeinsam mit einer Liste der eingeladenen Autorinnen die Beilage zu dem Brief von Barbara Nordhaus-Lüdecke, in dem sie Mathilde Hanzel um einen Beitrag für das geplante Buch „Mütter sprechen zur Welt", das als „Der Ruf der Mütter" erscheinen wird, bittet. Barbara Nordhaus-Lüdecke an Mathilde Hanzel, 5. 1. 1948, NL I/42/Internationale Friedensarbeit

zen auf dieser Erde. Die Mütter der Welt bilden daher die größte Internationale. Sie verbindet das Band des Friedens.

Nach diesen zwei furchtbaren Kriegen verlangt man mit vollem Recht die Stimmen der Frauen zu hören. Sie rufen schon aus vielen Ländern, aber in den Wirren dieser Nachkriegszeit sind diese Stimmen noch nicht durchgedrungen. Ein fester Zusammenschluß ist daher dringend notwendig, damit ihr Ruf hinaus in die Welt ertönt: „Gebt unseren Kindern einen dauerhaften Frieden!" In diesem Buch soll den Müttern aller Nationen das Wort über den Weg zum Frieden gegeben werden.

Form der Einzelbeiträge:
Frieden, Versöhnung, Güte und Menschlichkeit sind die Grundgedanken für die erbetenen Beiträge. Jede dieser zu Wort kommenden Frauen soll ein beliebig gewähltes Thema von ihrem Arbeits- und Interessengebiet aus sehen und behandeln. Die Form der Beiträge bleibt der Verfasserin überlassen. Erziehungsprobleme, Aufsätze, Erlebnisberichte und Tagebuchaufzeichnungen sind ebenso erwünscht wie Gedichte, Prosa, Apercus usw.

Der Verlag bittet, sich nach Möglichkeit auf 2–3 Schreibmaschinenseiten zu beschränken. Eine prägnante Biographie über die jeweilige Verfasserin sowie ein künstlerisch gehaltenes Bild (Fotografie) sind erwünscht.

Mathilde Hanzel an Barbara Nordhaus-Lüdecke, 16. 6. 1948 [Abschrift] (NL I/42/Internationale Friedensarbeit):

Schulrat Mathilde Hanzel-Hübner
Wien XVII/107
Zeilergasse 63/X/7

an Frau Barbara Nordhaus-Lüdecke,
(13a) Wernfeld am Main, Kreis Gemünden, Deutschland.

Sehr verehrte Frau! Erst heute kann ich ihnen das Gewünschte senden. Sollte ich damit zu spät kommen, bitte ich um Rücksendung des Bildes. Es hätte nicht der Wahrheit entsprochen, Ihnen ein Bild aus dem Jahr 1935 zu senden, also mußte ich eine Aufnahme machen lassen.--- Es wird Sie, verehrte Frau, sicher interessieren, daß der Bund österr. Frauenvereine am 7. Mai d. J. eine von mir verfaßte Botschaft über den Sender II an die Frauen und Mütter der Welt richtete. Es sind darin die Gedanken aus den „Müttern in der UNO" verwoben mit neuen Vorschlägen.- Zu meiner großen Freude hat mein Verein „Frauenarbeit-Frauenhilfe" ein Arbeitskomitee zur Be-

wältigung der äußerst schwierigen Probleme, die sich durch die Kriegs- und Nachkriegszeit für die Frauen ergaben, geschaffen. Darin sind auch die offiziellen Stellen vertreten. Alle meine Arbeiten und Studien aus der Zeit der großen Arbeitslosigkeit kann ich nun verwerten und will mit bestem Willen arbeiten – so lange die Kräfte reichen. Stets Ihre ergebene
2 Beilagen

Mathilde Hanzel-Hübner, Österreich. In: Der Ruf der Mütter. München 1949, 90–91:

Mathilde Hanzel-Hübner, 1894 [sic] in Hollabrunn, Niederösterreich, geboren, hat französische, deutsche und slawische Vorfahren. Freisinnige Erziehung verpflichtete sie, für die Rechte der Frauen auf Bildungs- und Berufsmöglichkeiten zu kämpfen. Nach Absolvierung der staatlichen Lehrerinnenbildungsanstalt in Wien hat sie neben ihrer Lehrtätigkeit als eine der ersten Frauen in Wien die Realschulmatura abgelegt und versuchte, den Weg zum Studium der Technik für Mädchen freizulegen. Sie wurde nur als Gasthörerin zugelassen und widmete sich, da ein Studium im Ausland für sie nicht möglich war, weiterhin ihrem Beruf als Lehrerin. Im ersten Weltkrieg zog sie ihre beiden Kinder auf. Im zweiten Weltkrieg wurden ihr vier Enkelkinder geboren. Von 1930 bis 1938 gehörte sie dem österreichischen Zweig der Internationalen Frauenliga für Frieden und Freiheit an und wirkte dort mit Dr. Marianne Zycha und Friederike Feichtinger im Ausschuß für Friedenserziehung. 1936 gelang die Bildung eines Arbeitskomitees aus Delegierten großer Eltern-, Lehrer- und Frauenvereine zu dem Zweck, den Einbau bestimmter friedensfördernder Wissensgebiete in den Unterricht fortzusetzen. Diese Arbeit hatte jetzt anläßlich der Neugestaltung der Lehrpläne endlich Erfolg. Von 1925 bis 1934 wirkte sie als Hauptschuldirektorin in Wien und meldete sich zu Gunsten der wartenden Junglehrerinnen vorzeitig zur Pensionierung. Gegenwärtig leitet sie in der österreichischen Frauenvereinigung „Frauenarbeit-Frauenhilfe" die Abteilung „Friedenserziehung".

1 Mathilde Hübner, Tagebuch 1899, erste Seite

2 Schülerinnen am Institut Holl, vermutlich 1900, ganz links, stehend: Tilly Hübner

3 Beim Rudern in Laxenburg, vermutlich Sommer 1903: im Vordergrund Tilly, dahinter Olga Hübner

4 Tilde Mell, die Freundin, 1903

5 Die Schwestern Hübner, vermutlich in Nußdorf am Attersee 1903, von links: Alla, Tilly, Mimi, Olga, Berta Hübner

6 Mathilde Hanzel 1915, in der Hand eine Photographie des abwesenden Ehemannes Ottokar Hanzel

7 Ottokar Hanzel und Mathilde Hanzel mit ihren Töchtern Dietgart und Ruthild, vermutlich 1917

8 Porträt Mathilde Hanzel-Hübner, 1948 (NL 1/36), abgedruckt in: Barbara Nordhaus-Lüdecke, Der Ruf der Mütter. München 1949

Ausblick: „Frau Hübner/Passagen" (1899–1918)

Passagen

An dieser Stelle des Buches wird den LeserInnen ein zentraler Teil der Edition des Nachlasses von Mathilde Hanzel-Hübner vorgestellt und in gewisser Weise auch vor-enthalten. Ziel dieses Kapitels ist es, einen Ausblick auf „Frau Hübner/Passagen" zu bieten, ein Kapitel, das in Form einer dem Buch beigelegten CD-ROM zugänglich ist. Es handelt sich dabei um ungefähr zweihundertfünfzig Manuskriptseiten Text und Bild, die jene auto/biographischen Dokumente umfassen, die aus dem Zeitraum 1899–1918 im Nachlaß enthalten sind und in die Edition aufgenommen wurden. Dazu zählen die Tagebücher, aber auch Briefe, Photos, politische Schriften und Korrespondenz sowie Behördendokumente aus den ersten beiden Jahrzehnten des 20. Jahrhunderts, die im wesentlichen die Jugendjahre und das frühe Erwachsenenalter von Mathilde Hanzel-Hübner dokumentieren. Achtzehn in den Textkorpus der Edition eingespielte Kommentare beschreiben die verschiedenen auto/biographischen Textsorten, begründen die editorischen Entscheidungen, reflektieren biographische Fragestellungen und dokumentieren den Entstehungszusammenhang der Edition als dialogischen Arbeits- und Kommunikationsprozeß.

Passagen sind Wege, Überfahrten, Übergänge. Diese Bedeutungsebenen treffen in mehrfacher Weise auf das zu, wovon im folgenden die Rede ist. Es geht einerseits um die Passage, den Übergang eines Teiles des Buches „Auto/Biographie und Frauenfrage" in ein anderes Speichermedium, nämlich auf eine CD-ROM, die dem Umfang und der komplexen formalen Textstruktur des Kapitels „Frau Hübner/Passagen" am ehesten entspricht. Durch das Speichermedium CD-ROM wird es für die LeserInnen möglich, sich quer zu konventionellen Leseweisen zu bewegen sowie eigene Lektüre-Passagen durch die und in den edierten und kommentierten Dokumenten zu legen. In dem Kapitel „Frau Hübner/Passagen" selbst geht es aber auch insofern um Passagen, als darin die Wege und Bewegungen unserer editorischen beziehungsweise biographischen Praxis im Verhältnis zu den Dokumenten und Schichtungen des Archivs und im Verhältnis zur Figur Mathilde Hanzel-Hübner thematisiert und nachgezeichnet werden. Passagen schließlich beschreiben auch eine Zeit der Übergänge und Transformationen in der lebensgeschichtlichen Entwicklung von Mathilde Hanzel-Hübner, wie sie sich insbesondere in den edierten Texten aus den Jahren 1899–1918 zu erschließen scheint.

Das Kapitel „Frau Hübner/Passagen" wirft einen kaleidoskopischen Blick auf ein Mädchen, eine junge, bürgerliche Frau in Wien zu Beginn des vorigen Jahrhunderts. 1899 war Tilly H. vierzehn Jahre alt, sie besuchte die Höhere Schule für Beamtentöchter in der Lange Gasse, wohnte mit ihrer Familie in einer Mietwohnung in der Schönbrunnerstraße in Wien-Meidling. Im Herbst 1899 trat sie in die Lehrerinnen-Bildungsanstalt Hegelgasse über. 1918, im Jahr des Kriegsendes, war Tilly H. Mitte dreißig und seit 1909 als definitive Bürgerschullehrerin tätig. Sie hatte eine kurze Phase vermutlich intensiver Aktivitäten im ‚Allgemeinen Österreichischen Frauenverein' durchlebt, war seit 1910 verheiratet, hatte zwei Kinder und war nach der Geburt ihrer Töchter 1911 und 1914 weiterhin als Bürgerschullehrerin tätig. Im Juli 1918 wurde sie definitiv an eine Mädchen-Bürgerschule im 12. Bezirk versetzt, die sie ab 1924 – anfangs provisorisch – leitete.

Chronologie und Geheimnis –
Tagebücher, Briefwechsel, politische Schriften[1]

Die von uns gewählte Darstellungsform im Kapitel „Frau Hübner/Passagen" handelt von zwei zentralen Paradigmen auto/biographischer Darstellungen[2], von Chronologie und Geheimnis. Die *Chronologie* ist ein narratives Prinzip, durch das diese heterogenen Erfahrungen des Lebens einordenbar erscheinen in eine lineare Abfolge von Zeitlichkeit. Als Ordnungsinstrument gegenüber der komplexen Fülle und Fragmentierung gelebten Lebens produziert die chronologische Ordnung Sinn. Kaum eine biographische Darstellung, die ohne Zeittafel im Anhang auskäme, wenige Biographien nur, die die vorzustellende Person nicht zumindest implizit entlang der Chronologie des Lebenslaufs erzählten.

Die Kapitelstruktur von „Frau Hübner/Passagen" folgt diesem Prinzip, macht es explizit in Form der Übertreibung, die das Voranschreiten der (Lebens-)Zeit streng im Takt der Kalenderjahre 1899 bis 1918 anhand der edierten Quellen dokumentiert. Es schien uns sinnvoll, die zeitliche Logik der Zentraldokumente dieses Kapitels, der Tagebücher und Briefwechsel zu übernehmen, da ihre Form ja so wesentlich über die Form der kalendarischen Datierung definiert ist. Auch die Wahl des Zeitraumes 1899 bis 1918 orientiert sich an der Struktur des auto/biographischen Bestandes im Archiv und nicht primär an lebensgeschichtlichen oder zeithistorischen Zäsuren. Das erste Tagebuch von Tilly H. im Archiv datiert aus dem Jahr 1899, es existieren weiters Tagebücher aus den Jahren 1901 bis 1910, kontinuierliche bzw. sporadische Briefwechsel bis 1914 mit ihren Freundinnen und mit dem Mann, den sie 1910 heiratet. Mit dem tagebuchartigen Feldpostbriefwechsel 1914 bis 1918 endet der kontinuierlich auto/biographisch dokumentierte Zeitabschnitt der ersten Lebensphase von Tilly H. in ‚unserem' Archiv.

---

1   Der Titel „Chronologie und Geheimnis" greift den Titel des Kommentars „Chronologie und Geheimnis" im Kapitel „Frau Hübner/Passagen" (CD-ROM) sowie auch zentrale Themen dieses Kommentars auf, ist jedoch mit diesem nicht identisch.
2   Vgl. zu der theoretischen Begründung der Verwendung eines gegen eine klare Grenzziehung der Genres ‚Biographie' und ‚Autobiographie' gerichteten Begriffs des ‚Auto/Biographischen' das Kapitel „Auto/Biographien".

Unsere Textanordnung reflektiert also zum einen die formale Struktur des Quellenbestandes, auf dem das Kapitel basiert, wie auch das zentrale Bedürfnis nach Kohärenz und Sinn, das die Chronologie verspricht. Andererseits haben wir nach methodischen Strategien gesucht, der Fiktion einer einheitlichen und linearen Geschichte zu entgehen. Eine davon ist die Entscheidung, in „Frau Hübner/Passagen" eine Vielheit von SprecherInnen und AdressatInnen auftreten zu lassen, zum Beispiel die Freundinnen, den Liebhaber, den Stadtschulrat u. a., durch die Tilly H. spricht, angesprochen oder besprochen wird. Postkarten und Briefe von und an Tilly H., politische Schriften von Tilly H. und Behördendokumente werden in die chronologische Abfolge der tagebuchartigen Primärtexte eingespielt. Mit der Entscheidung, auch einige undatierte Dokumente aus dem Archiv in die biographische Edition aufzunehmen, wollen wir die fiktive Dimension der chronologischen Ordnung sichtbar werden lassen, die sich aus der Qualität des Quellenbestands selbst ergibt. Die Schwierigkeit einer definitiven Positionierung solcher Dokumente, für die ein mutmaßlicher Entstehungszeitraum, nicht aber der definitive Zeitpunkt der Niederschrift rekonstruierbar ist, verweist sehr deutlich auf die Dimension der Unschärfe der von uns dar- und hergestellten chronologischen Ordnung der Edition. Die repräsentierte Vielfalt von SprecherInnenpositionen und Quellenformen bietet zudem die Möglichkeit, entlang des Ordnungsprinzips der Chronologie die Fiktion des einheitlichen Sinns/Subjekts zu hintergehen. Jene potentiell bedeutsamen Stimmen in Tilly H.'s Lebenszusammenhang allerdings, die nicht oder kaum in ‚unserem' Archiv dokumentiert sind, wie etwa die der Mutter, des Vaters, der Schwestern, des Kindermädchens, ihrer LehrerInnen oder auch ihrer SchülerInnen, werden in unserer an die Logik des Archivbestandes gebundenen Edition gewissermaßen noch einmal zum Schweigen gebracht. Die Vielstimmigkeit als Darstellungsmittel einer Biographie versteht sich, das bleibt festzuhalten, als ein methodisches Mittel zur Kontextualisierung, nicht aber als ein Mittel zur suggestiven Repräsentation einer ‚vollständigen' bzw. ‚totalen' Biographie.

Eine weitere zentrale Textebene von „Frau Hübner/Passagen", unsere Kommentare, reflektiert die biographische Edition als Konstruktion. Diese Kommentare zerschneiden die Chronologie der Quellenedition. ‚Zerschneiden' bedeutet in diesem Zusammenhang, daß die Kommentare die Logik der Chronologie als das kontinuierliche und lineare Voranschreiten der Zeit, die sich in der chronologischen Abfolge der edierten Quellen dokumentiert, auf mehreren Ebenen brechen: Die Kommentare sind zum einen der explizite Ort, von dem her die Zeit der biographischen Darstellung, also die Zeit unserer wissenschaftlichen Praxis, zu der Chronologie der dokumentierten Quellen spricht. Zum anderen weisen die Kommentare und die darin enthaltenen Bezugnahmen auf die edierten Quellen in mehrere (zeitliche) Richtungen; sie sprechen gewissermaßen zurück und nach vor, nehmen in unterschiedlichen Einstellungsgrößen (Nahaufnahme, Totale) auf zurückliegende bzw. zukünftige Textstellen/sorten und Lebensphasen, die im Passagen-Kapitel angesprochen sind, Bezug. Die Kommentare funktionieren daher als Sekundärtexte, die sowohl entlang wie auch quer zu den sie umgebenden Quellentexten lesbar sind, und nicht so sehr als Einleitungstexte, die die jeweils unmittelbar folgenden Seiten als abgeschlossene Texteinheiten/Kapitel definieren. Die Kommentare handeln in erster Linie vom Status der verschiedenartigen Quellen und von der im Archiv dokumentierten Schreibpraxis von Tilly H. als Mädchen bzw. als junge Frau.

In den Kommentartexten werden wir als Leserinnen auto/biographischer Dokumente und als Autorinnen einer biographischen Edition sichtbar. „Frau Hübner/Passagen" ist jener Teil des Buches, der am intensivsten den Prozeß unserer gemeinsamen Arbeit abbildet, sich den Suggestionen des Biographie-Schreibens stellt und sie zu unterlaufen versucht. Im folgenden wollen wir entlang dieser Kommentare die zentralen Textsorten und Editionstechniken, die das Kapitel „Frau Hübner/Passagen" mitgenerieren, kurz vorstellen. (Tagebücher, Brieftagebuch, Freundinnenbriefe, Kriegskorrespondenz, politische Schriften, Korrespondenz Behördendokumente, Behördenkorrespondenz.) Am Ende dieses Ausblicks-Kapitels werden wir über den neben der Chronologie zweiten zentralen Topos des Auto/Biographischen, über das Geheimnis, reflektieren, das das Kapitel „Frau Hübner/Passagen" ganz wesentlich mitstrukturiert.

Es sind insgesamt vier *Tagebücher* von Tilly H. erhalten, die den Zeitraum von zwölf Jahren (1899–1910) dokumentieren. Das früheste Tagebuch umfaßt das Jahr 1899, ein weiteres den Zeitraum 1901 bis 1903, ein drittes den Zeitraum 1904 bis Mai 1905, das vierte Tagebuch schließlich beginnt mit einer Eintragung im Mai 1905 und endet mit einer im Juni 1910. Das Tagebuch aus dem Jahr 1899 läßt sich am ehesten als ‚Schultagebuch' charakterisieren. Für den Zeitraum vom Ende dieses Tagebuchs im Dezember 1899 bis zum Beginn des zweiten Tagebuchs im Jänner 1901 (1901–1903) ist in dem Archiv kein Tagebuch erhalten. Da das Schultagebuch von 1899 einerseits und die Tagebücher ab 1901 andererseits ungleichzeitig und aus verschiedenen Nachlaßbeständen ins Archiv gelangten, ist es allerdings durchaus vorstellbar, daß auch für das Jahr 1900 ein Tagebuch existiert, das aber auf dem Weg in das Archiv ‚irgendwie' verloren gegangen ist. In den Jahren 1901 bis 1903 schrieb Tilly H. vorwiegend in Lateinschrift, in den späteren Jahren, so wie bereits in dem Schultagebuch 1899, vorwiegend in Kurrentschrift. Anders als in diesem frühesten Tagebuch allerdings trägt Tilly H. in den späteren Jahren nicht mehr täglich ein, sie rekonstruiert vielfach nachträglich, was sich in den schreibfreien Zeiträumen ereignet hat.

1901 bis 1910, jene Jahre, die im Kapitel „Frau Hübner/Passagen" mit Tagebucheinträgen dokumentiert sind, das sind für Tilly H. die Jahre ihrer Jugend, der ersten Verliebtheiten, des Schulabschlusses in der Lehrerinnen-Bildungsanstalt, der Begegnung und Beziehung mit Ottokar Hanzel, den sie 1910 heiraten wird, und ihrer ersten intensiven Auseinandersetzung mit ‚Frauenfragen'. Es sind auch ihre ersten Jahre als junge berufstätige Lehrerin, in denen sie neben dem Beruf als Externe die Realschulmaturitätsprüfung absolviert und den Kampf um die Zulassung zum Studium an der Technischen Hochschule aufnimmt. Der Schreibstil in den Tagebüchern, die diesen Lebensabschnitt dokumentieren, verändert sich, nicht unbedingt linear, aber doch tendenziell von den frühen protokollarischen Alltagsverzeichnungen hin zu einem ersten jugendlichen Philosophieren, von poetischen Versuchen in den Jahren 1903 und 1904 hin zu einer zusehends mehr analytischen, politischen Schrift. Tilly H. selbst reflektierte die Veränderungen ihrer Schreibhaltung im Jahr 1904 mit dem Hinweis auf Veränderungen ihrer Lebenssituation:

„Ich habe das Gefühl, dass ich mich jetzt gewaltig verändere. Aber es ist zum Guten. Ich glaube, daß ich in den letzten Tagen um Jahre reifer geworden bin. – Eigentlich ist der Kontrast zwischen meinem früheren u. jetzigen Leben sehr bedeutend. Früher alles Theorie, nur vereinzelt Gefühlsausgüsse im Tagebuch; jetzt (dabei fehlte noch die Praxis) aus der Gefühlsduselei und Weichheit, in die mich das Leben immer wieder hineinzieht ein mühsames aufbauen der Theorie – ein immer ~~Wieder~~Zerstören müßen." (Mathilde Hübner, Tagebuch, Ostermontag 1904, NL III/C4)

Die Zahl und der Umfang der Tagebucheinträge variiert in diesen Jahren sehr stark. In den Jahren 1901 und 1904 trägt Tilly H. am kontinuierlichsten und ausführlichsten in ihr Tagebuch ein. 1902/03, mit dem Abschluß der Lehrerinnenbildungsanstalt und dem Einstieg ins Berufsleben, nimmt die Schreibfrequenz massiv ab, das gleiche gilt für die Jahre 1908–1910, die nur mehr mit relativ spärlichen Einträgen dokumentiert sind. Eine Fülle von Einspielungen, zum Beispiel eingelegte oder geklebte Briefe, Zeichnungen, kleine Liebesfetische wie getrocknete Blütenblätter oder eine Haarlocke, Straßenbahnfahrscheine und kleine Zeitungsausschnitte kennzeichnen zudem die heterogene, stark bearbeitete Form der Tagebücher, die die zentralen Dokumente des Kapitels „Frau Hübner/Passagen" sind.

Unsere Verfahrensweisen bei der Erstellung des Kapitels „Frau Hübner/Passagen" reflektieren in gewisser Weise dieses Muster der Textproduktion. Auch wir veröffentlichen, kommentieren, wählen aus, spielen andere Dokumente (Briefe, Postkarten, Textentwürfe, Zeichnungen, Photographien, Behördendokumente, Zeitungsberichte) in die Abfolge der chronologischen Tagebucheinträge ein. Unsere Editionsentscheidungen freilich verlaufen quer zu Tilly H.s Beurteilungen ihrer eigenen Schreibpraxis. Was etwa von ihr im Rückblick als „nicht schreibenswert" qualifiziert wurde, befinden wir als lesenswerten Text, der die Sinnfragen einer Sechzehnjährigen anläßlich des anbrechenden neuen Jahrhunderts dokumentiert. Andererseits haben wir für die Edition sowohl innerhalb als auch zwischen einzelnen Tagebucheinträgen Textpassagen gestrichen. Der Großteil dieser Streichungen betrifft Stellen, die im thematischen Kontext des Liebesverhältnisses mit Ottokar Hanzel stehen. Die dem Liebesdiskurs scheinbar immanenten Wiederholungen und Ausschweifungen werden, so denken wir, in den von uns ausgewählten Stellen ausreichend sichtbar gemacht.

Dies galt auch für unsere Editionsentscheidungen gegenüber dem *Brieftagebuch*, das Tilly H. vom 5. 12. 1905 bis zum 22. 7. 1908 gemeinsam mit Ottokar Hanzel führte und das die Formen von Tagebuch und Briefwechsel miteinander verknüpft. Mit dem Kollektivpronomen „Wir" überschrieben (Mathilde Hübner und Ottokar Hanzel, Brieftagebuch ‚Wir', NL IIIC/4) erschufen sich die beiden Liebenden in einem kleinen Notizheft einen Ort, der gleichermaßen als Sublimierung wie auch als Modellierung ihres Begehrens im dialogischen Schriftverkehr funktionierte. Ottokar Hanzel, der junge Student der Technik, ist im Archiv bis 1918 die neben Tilly H. und der Freundin Tilde Mell am dichtesten dokumentierte Stimme, die zu Tilly H. spricht, die aber auch im Zentrum vieler unterschiedlicher Adressierungen und Imaginationen von Tilly H. selbst steht. Durch die streng chronologische Anordnung von Tagebucheinträgen und Eintragungen im Brieftagebuch, durch die Einspielung von Briefen und Behördendokumenten in „Frau Hübner/Passagen" wird der Liebesdiskurs gewissermaßen zurück in die soziale Welt gebunden, der zu entgehen das Schreiben am ‚Wir'-Brieftagebuch für Tilly H. und Ottokar Hanzel vielleicht ganz wesentlich intendiert hat. Was die von uns gewählte Editionstechnik sichtbar macht, ist das komplizierte Verhältnis von Tagebuch, Brief und Brieftagebuch, das sich den Zuschreibungen eindeutiger Genrekonzeptionen entzieht.

Briefe sind neben den Tagebüchern und dem Brieftagebuch die wichtigste Textsorte, die das Kapitel „Frau Hübner/Passagen" ausstattet. Die Briefe der Freundin und Jahrgangskollegin aus der Lehrerinnenbildungsanstalt Tilde Mell sind hier besonders zu nennen sowie die Briefe und Briefwechsel, die die Liebesbeziehung von Tilly H. und Ottokar Hanzel vor 1914 und insbesondere während des Ersten Weltkrieges dokumentieren. Mehr als 200 Briefe und Postkarten von Tilde Mell an Mathilde Hübner existieren aus den Jahren 1901 bis 1913 im Archiv. Die Briefe von Tilly H. hingegen, die Antworten auf Tilde Mells Fragen, die Motive ihres Schreibens an die Freundin kennen wir nicht. Fast zehn Jahre lang – bevor ab 1910 eine Krise der Beziehung beginnt – schreiben sich die beiden jungen Frauen regelmäßig jede Woche Postkarten oder seitenlange Briefe, die eine sehr nahe und zärtliche Frauenbeziehung, aber auch zwei sehr verschiedene Entwürfe weiblicher Lebenspraxis sowie ein Stück historischer Briefkultur dokumentieren. Wir lesen in den Briefen *an* Tilly H. *über* Tilly H., und in gewisser Weise bleibt sie uns ‚Gespenst', wie Kafka aus der Perspektive des Briefeschreibers die Adressatin bezeichnete.[3] In diesem Sinn sehen und verfehlen wir Tilly H. in den Briefen der Freundin als doppelt Gespiegelte. In den Zuschreibungen und Abschreibungen des brieflich kommunizierten Lebens der Freundin einerseits, in der vor allem in den späteren Jahren zunehmend thematisierten Differenz zu ihr andererseits, wird Tilly H. für uns in der Stimme von Tilde Mell präsent. In vielfachen Oppositionen reproduziert Tilde Mell in ihren Briefen die Zumutungen weiblicher Identitätskonstruktion: sie selbst sei das ‚Weibchen', Tilly das ‚moderne Weib', sie selbst sei interessiert am gesellschaftlichen Leben, Tilly hingegen an der Veränderung der gesellschaftlichen Realität, ihre Beziehung zu Männern sei von Unerfülltheit, jene von Tilly von erfüllter Liebe geprägt. 1912 endet der

---

3   Vgl. Franz Kafka, Briefe an Milena. Erweiterte Ausgabe hg. v. Jürgen Born u. Michael Müller. Frankfurt/Main 1983, 315f.

Briefwechsel, der immer mehr um die Verschiedenheit der jeweiligen Lebensmittelpunkte kreist, mit einer resignierten Rede vom Schweigen. An die mehrfach als ‚andere', als Mutter und Ehefrau, als Frauenrechtlerin und Intellektuelle, imaginierte Freundin schreibt Tilde Mell in ihrem letzten erhaltenen Brief bitter: „Ich seh ja ein, daß du nicht mehr zum Schreiben kommst, aber du hast damit auch mich zum Schweigen verdammt." (Tilde Mell an Mathilde Hübner, 30. 6. 1912, NL I/2b) Die Spiegelfunktion der an Tilly H. adressierten Freundinnenbriefe stellte auch die Grundlage unserer Editionsentscheidungen dar. Die Auswahl der Schreiben, die ausnahmslos ungekürzt ediert werden, konzentriert sich zum einen auf Briefe, die explizit auf Tilly H.s Biographie Bezug nehmen, zum anderen auf jene, in denen die Differenz der Lebens- und Weiblichkeitsentwürfe verhandelt wird. Weiters haben wir Briefe ausgesucht, die über das Briefeschreiben selbst reflektieren und damit die Bedeutung des Briefs als Kommunikationsmedium im Erfahrungshorizont bürgerlicher Frauen zu Beginn des 20. Jahrhunderts dokumentieren.

Der *Kriegsbriefwechsel* des Ehepaars Hanzel zählt zu den umfangreichsten zusammenhängenden Beständen im Nachlaß, er umfaßt im Zeitraum August 1914 bis Juni 1918 mehr als zweitausend Schreiben, die in zwei Tranchen in die ‚Sammlung Frauennachlässe' kamen. Ottokar Hanzel schrieb fast jeden Tag zumindest eine Karte, oft aber auch lange Briefe an seine Frau. Auch er erhielt nahezu täglich Briefe von Tilly H. Briefe wie Karten sind, abgesehen von einer kurzen Periode, in der Tilly H. stenographierte, durchwegs in – oft sehr kleiner und flüchtiger – Kurrentschrift verfaßt. Wo schwacher Bleistift auf dem rauhen Papier der Feldpostkarten verwendet wurde, ist manches nur mehr schwer entzifferbar. Tilly und Ottokar Hanzel numerierten ihre Briefe und Karten und bestätigten sich gegenseitig den Empfang in kleinen Vermerken: „Nr. 60. 4./2. 1916. Nach Erhalt v. Karte Nr. 63". Tilly H. hielt Ottokar Hanzel in ihren Briefen über den Alltag zuhause und in der Schule am laufenden, berichtete über ihre Lektüre, beschrieb Tagesereignisse wie politische Verhältnisse. Regelmäßig legte sie peinlich genau Rechenschaft über ihre Einnahmen und Ausgaben ab und diskutierte mit ihrem Mann Einsparungs- und Anlagemöglichkeiten.

Der zentrale Text von „Frau Hübner/Passagen" bleiben Tilly H.s Tagebücher, in deren Chronologie wir alle anderen Dokumente wie auch unsere Kommentare eingearbeitet haben. Die Fortsetzung der chronologischen Dokumentation über dessen Ende 1910 hinaus bedarf also der Erläuterung, die eng mit der tagebuchartigen Form des Kriegsbriefwechsels verbunden ist. Hinter der Entscheidung für die Einbeziehung des Kriegsbriefwechsels stand nicht zuletzt die Auseinandersetzung mit der Vermischung der Genres in der Textproduktion von Tilly H. Da ist zum einen der bisweilen dialogische Charakter des an ein Du gerichteten Tagebuches, zum anderen das Brieftagebuch zwischen Ottokar Hanzel und Tilly H., das als gemeinsam geführtes Heft der Selbstreflexion und der Herstellung einer Beziehung die Genregrenzen überschreitet. Tilly H.s tägliche Briefe an den für Monate und Jahre fernen Soldaten Ottokar Hanzel wiederum erinnern in ihrer strengen Chronologie wie in der Verschriftlichung von Alltagserlebnissen und Gefühlszuständen an ein Journal. Als solches haben wir Tilly H.s Seite der Kriegskorrespondenz gelesen und damit eine unter mehreren möglichen Perspektiven gewählt. Wir haben uns damit zu einer äußerst eingeschränkten Verwendung der Kriegskorrespondenz entschlossen, die nicht auf einer durchgehenden Analyse, sondern nur auf zeitlich gestreuten Stichproben basiert. Darüber hinaus haben wir auch die dialogische Struktur des Briefwechsels weitgehend durchbrochen: Ottokar Hanzel kommt in unserer Auswahl kaum zu Wort. Nur zwei seiner Geburtstagsbriefe für Tilly H. sollen seine Stimme in dieser Periode repräsentieren und zugleich das Editionsprinzip des Kapitels „Frau Hübner/Passagen" fortsetzen, Tillys H.s Geburtstag als signifikantes Datum möglichst durchgängig in auto/biographischen Texten zu dokumentieren. Für die Edition haben wir eine sehr schmale Auswahl aus Tilly H.s Briefen getroffen, dafür aber – in Reflexion auf die Briefform – die Sinneinheit eines Briefes nicht durch Kürzungen zerstört. Wir haben Briefe ausgewählt, die entweder Einblick in Bedingungen und Organisation des Alltags einer erwerbstätigen Frau mit zwei kleinen Kindern während des Ersten Weltkrieges geben oder aber Stellungnahmen zur Politik – insbesondere zu Frauenfragen und friedenspolitischen Initiativen – dokumentieren.

Neben der impliziten Thematisierung von politischen Fragen in den Tagebüchern und Briefen befinden sich auch explizite *politische Schriften* und vereinzelt *politische Korrespondenz* der Intellektuellen und politischen Akteurin Tilly H. in dem Archiv, die in die edierten Dokumente des Kapitels „Frau Hübner/Passagen" aufgenommen worden sind. 1905, also im Jahr des Erscheinens von Rosa Mayreders viel diskutiertem Buch ‚Kritik der Weiblichkeit', in dem die Mitbegründerin des ‚Allgemeinen Österreichischen Frauenvereins' ihre radikalen Thesen zum Zusammenhang von Sexualität und Macht entwarf, arbeitete Tilly H. an ihrem ‚Buche von der Aufklärung'.[4] (Mathilde Hübner, Tagebuch, 9. 2. 1905, NL IIIC/4) In einem Notizheft im A5-Format entwickelte sie auf mehr als 60 dicht beschriebenen Seiten ihre Vorstellungen zur Aufklärung junger Mädchen, von Sexualität, dem weiblichen Körper und der Frage der Mutterschaft. „Wie sollen die jungen Mädchen aufgeklärt werden. Ein Versuch zur Bekämpfung alter Fehler und deren Folgen" steht im Titel der Abhandlung. (Mathilde Hübner, Konzeptheft, ‚Wie sollen …', NL IIIC/4)[5] Wir haben aus diesem Text die Disposition sowie die einführenden Bemerkungen für die Edition ausgewählt, in denen das inhaltliche Konzept, Schreibmotive und das intendierte Publikum bzw. Tilly H. als eine sich als öffentliche Rednerin imaginierende Autorin sichtbar werden. 1907/08 sollte sie weitere politische Schriften zu den beiden klassischen Themen der Frauenbewegung

---

4   Drei Jahre später, am 23. März 1908, hielt Rosa Mayreder im Rahmen einer von der *Gesellschaft zur Bekämpfung der Geschlechtskrankheiten* organisierten Enquete einen Vortrag „Über die sexuelle Aufklärung der Jugend". In: Neues Frauenleben 4/1908, 90–97. Ihr Name wurde auch im Kontext der Gründung der *Gesellschaft zur Bekämpfung der Geschlechtskrankheiten* 1907 erwähnt. In: Neues Frauenleben 6/1907, 21

5   Die Aufzeichnungen sind nicht datiert, wir wissen aus dem Tagebuch, daß Tilly H. Anfang Februar 1905 bereits 51 Seiten fertiggeschrieben hatte. Vgl. Mathilde Hübner, Tagebuch, 9. 2. 1905, NL IIIC/4

Bildung und politische Rechte (‚Von der Hohen Schule der Frauen', ‚Das Weib braucht Klarheit') verfassen, die auszugsweise in dem Kapitel „Frau Hübner/Passagen" und in der ‚Nahaufnahme' zu den Jahren 1907/1908 im nächsten Kapitel des Buches nachzulesen sind.

Eine weitere Textsorte, die im Kapitel „Frau Hübner/Passagen" immer wieder eingespielt wird, sind *Behördendokumente*. Tilly H. hat ihren schulischen und beruflichen Werdegang durchgehend dokumentiert – ihre gesamten Zeugnisse finden sich ebenso im Archiv wie verschiedene Ausweise, Zuweisungen an Schulen oder die Korrespondenz bezüglich ihres Kampfes um die Zulassung zur Technischen Hochschule. Es hätte daher keine große Schwierigkeit dargestellt, eine am Weg durch gesellschaftliche Institutionen orientierte Biographie zu erstellen, wie sie dem formellen Lebenslauf mit all seinen fiktiven Elementen entspricht. Im Kapitel „Frau Hübner/Passagen" haben wir uns zu einer anderen Verwendung dieser Dokumente entschlossen. Wenn wir eine Reihe von Behördendokumenten als Faksimiles in die Chronologie einspielen, so dienen sie nicht nur der Darstellung bestimmter Ereignisse, vielmehr soll auch ihr objekthafter Charakter deutlich gemacht werden. Es handelt sich hier nicht bloß um Texte, die sich als solche abdrucken ließen, vielmehr kommt in der materiellen Ausstattung etwa von Zeugnissen wie in ihrer spezifischen Anordnung von Formular, Schrift und Unterschrift/en institutionelle Macht zum Ausdruck. Besondere Bedeutung erhält dies dort, wo wie in Tilly H.s Maturazeugnis jener vorgedruckte Passus von Hand gestrichen ist, der die Berechtigung zum Studium an der Technischen Hochschule ausdrückte – ein dicker Tintenstrich, dessen Negationskraft Tilly H. bis ins hohe Alter beschäftigte.

Unter dem umfangreichen in die ‚Sammlung Frauennachlässe' gelangten Material gibt es, wiewohl Tilly H. Schriftführerin und später Vizepräsidentin des ‚Allgemeinen Österreichischen Frauenvereins' war, für die Jahre vor dem Ersten Weltkrieg nur zwei Schreiben, die als *politische Korrespondenz* aus dem Umfeld der Frauenbewegung bezeichnet werden können. Wenn sie in die Edition aufgenommen wurden, wiewohl ihnen ein Zug des Marginalen und Fragmentarischen anhaftet, so deshalb, weil sie für eine Lücke stehen, die darin sichtbar gemacht werden soll.

Der eine Brief stammt von Leopoldine Kulka[6], einer zentralen Persönlichkeit in den Konflikten um Auguste Fickerts[7] Nachfolge im ‚Allgemeinen Österreichischen Frauenver-

---

6   Leopoldine Kulka (1873–1920), Journalistin und Feministin, an der Seite von Auguste Fickert sehr früh im *Allgemeinen Österreichischen Frauenverein* aktiv. Nach Auguste Fickerts Tod leitete sie gemeinsam mit Christine Touaillon und Emil Fickert das *Neue Frauenleben*. Vermutlich ab 1913 übernahm Leopoldine Kulka nach Mathilde Hanzel und Sophie Regen die Vizepräsidentinnenschaft des *Allgemeinen Österreichischen Frauenvereins*. 1915 nahm sie am Frauenfriedenskongreß in Den Haag teil und war Mitbegründerin der Frauen-Internationale (später Internationale Frauenliga) für Frieden und Freiheit. Vgl. Hanna Hacker, Wer gewinnt? Wer verliert? Wer tritt aus dem Schatten? Machtkämpfe und Beziehungsstrukturen nach dem Tod der „großen Feministin" Auguste Fickert (1910). In: L'Homme. Zeitschrift für Feministische Geschichtswissenschaft 1/1996, 97–106, 101f.
7   Auguste Fickert (1855–1910), Städtische Lehrerin in Wien, Feministin, Mitbegründerin und Präsidentin

ein'. (Leopoldine Kulka an Mathilde Hanzel, vermutlich 1911, NL IIIC/6) Im Herbst 1910 übernahm Kulka die Mitherausgabe der Zeitschrift des Vereins, des ‚Neuen Frauenleben'.[8] Bald war sie – die Präsidentinnenfunktion blieb weiter unbesetzt – Erste Vizepräsidentin des Vereins.[9] Tilly H. hat, so ist zu vermuten, als Zweite Vizepräsidentin eng mit ihr kooperiert. In dem Schreiben Kulkas geht es um die Eröffnung des Heimhofes am 14. Oktober 1911. Der Heimhof, ein Einküchenhaus für ledige berufstätige Frauen, war Auguste Fickerts letztes Projekt, für das sie sich bis zu ihrem Tod 1910 engagiert hatte.[10] Der zweite in die Edition aufgenommene Brief stammt von Stefanie Nauheimer, die sich bei Tilly für die Gratulation zu ihrer Wahl zur ersten Bezirksschulrätin bedankte. (Stefanie Nauheimer an Mathilde Hanzel, 31. 10. 1911, NL I/2a) Auch Nauheimer war in Frauenbewegungskreisen gut bekannt, wie die Redaktion des ‚Neuen Frauenleben' in einem Bericht über ihre Wahl vermerkte.[11] Der pragmatische Tonfall in Leopoldine Kulkas flüchtigen Zeilen deutet auf einen weit häufigeren schriftlichen Austausch zwischen den beiden Frauen, die Bedeutungslosig-

des *Allgemeinen Österreichischen Frauenvereins* (1893), gemeinsam mit Marie Lang und Rosa Mayreder Herausgeberin der *Dokumente der Frauen* (1899), Gründerin der ersten österreichischen Rechtsschutzstelle für unbemittelte Frauen (1895), Herausgeberin des *Neuen Frauenleben* (1902). Zu Auguste Fickert vgl. u. a.: Dora Leon, Auguste Fickert. In: Bund Österreichischer Frauenvereine (Hg.), Frauenbilder aus Österreich. Wien 1955, 51–63; Renate Flich, Der Fall Auguste Fickert – eine Lehrerin macht Schlagzeilen. In: Wiener Geschichtsblätter 1/1990, 1–24; Anderson, Vision und Leidenschaft; Carola Auernig, „Sehr geehrtes Fräulein". Die Briefe der Stefanie Kummer (1868–1942) an Auguste Fickert (1855–1910) von ca. 1891–1907. Dipl.arb. Wien 1994; Hacker, Wer gewinnt?, 97–106

8 Vereinsnachrichten. In: Neues Frauenleben 1/1911, 15; Hacker, Wer gewinnt?, 101f.
9 Hanna Hacker gibt an, daß sie diese Funktion bereits ab 1911 innehatte. Vgl. Hacker, Wer gewinnt?, 102. In einem Tätigkeitsbericht des Vereines über das Jahr 1911 heißt es hingegen, daß bei der 18. ordentlichen Generalversammlung des *Allgemeinen österreichischen Frauenvereines* Sophie Regen und Mathilde Hanzel als Vizepräsidentinnen gewählt wurden, während die Präsidentinnenstelle unbesetzt blieb. Leopoldine Kulka wird in demselben Bericht nur als Herausgeberin des *Neuen Frauenleben* vorgestellt. Vgl. WStLB: Jahresberichte/Allgemeiner Österreichischer Frauenverein: Tätigkeitsbericht des Allgemeinen Österreichischen Frauenvereins (1911). Der Zeitpunkt von Kulkas Wahl zur Ersten Vizepräsidentin ist in den Vereinsberichten des *Neuen Frauenleben* nicht feststellbar, da in der Folge die Vorstandsmitglieder ohne Angabe von Funktionen aufgezählt werden. Anzunehmen ist jedoch, daß Kulka 1913 bereits die Funktion der Vizepräsidentin innehatte, da sie die Generalversammlung im April 1914 leitete. Vgl. (Rundschau). In: Neues Frauenleben 7/1914, 212
10 Sie hatte staatliche Stellen für eine Förderung des „Beamtinnenheims" gewinnen können, eine Genossenschaft war gegründet worden. In den Jahren nach der Eröffnung verband sich die Kritik an der Genossenschaft (unter anderem an den hohen Kosten für die Bewohnerinnen) mit Konflikten um deren Leitung. Tilly H.s Rede bei der Eröffnungsfeier blieb ungehalten: Wie Leopoldine Kulka in ihrem Bericht im *Neuen Frauenleben* verärgert bemerkte, habe man der Repräsentantin des *Allgemeinen österreichischen Frauenvereins* das Wort verwehrt, da die Veranstalter der offiziellen Feier das Unternehmen lieber als eine „von der Regierung geschaffene Wohlfahrtseinrichtung" darstellen wollten. Leopoldine Kulka, Die Eröffnung des „Heimhofes". In: Neues Frauenleben 10/1911, 293–296. Zur weiteren Entwicklung des Heimhof vgl. Hacker, Wer gewinnt?, 103f., 106
11 (Wien). In: Neues Frauenleben 7/1911, 187

keit eines Höflichkeitsschreibens wie jenes von Stefanie Nauheimer läßt vermuten, daß dieser Brief eher zufällig unter die private Post geriet, mit der er aufbewahrt war.

Kaum vorstellbar ist, daß während Tilly H.s mehrjähriger Tätigkeit im Vereinsvorstand des ‚Allgemeinen österreichischen Frauenvereins' – zuerst als Schriftführerin, dann als Vizepräsidentin – keine andere Korrespondenz als diese beiden Briefe gewechselt wurde. Die Suche nach diesen von uns immer wieder imaginierten Dokumenten blieb erfolglos. Die Frage nach dem Grund für ihr Fehlen wurde zur Auseinandersetzung mit den Grenzen des uns zur Verfügung stehenden Dokumentenbestandes. Verblieb der Schriftverkehr, den Tilly H. in ihren Vorstandsfunktionen führte, beim Verein? Oder hat sie diese Korrespondenz später dem Verein übergeben? Wo ist das Archiv des Vereins hingekommen? Hat Tilly H. diesbezügliche Dokumente gesondert aufbewahrt, sodaß sie von den Nachfahren nicht bei ihrem übrigen Nachlaß gefunden wurden? Oder sind sie verlorengegangen, wurden vielleicht sogar weggeworfen? Eine Vernichtung durch Tilly H. selbst paßt zwar zur Verschweigung der Aktivitäten im ‚Allgemeinen österreichischen Frauenverein' in allen auto/biographischen Dokumenten, dagegen spricht allerdings, daß sie sonst so penibel alles aufbewahrte.

Das wenige, was wir über Tilly H.s Aktivitäten als Vizepräsidentin des ‚Allgemeinen österreichischen Frauenvereins' wissen – nicht zuletzt die Tatsache, daß sie diese Funktion innehatte –, haben wir aus dem ‚Neuen Frauenleben' und aus den – nicht sehr zahlreichen – Dokumenten zum ‚Allgemeinen Österreichischen Frauenverein' in der Wiener Stadt- und Landesbibliothek erfahren. Tilly H.s Nachlaß gewährt in diesem Punkt keinen ‚Blick hinter die Kulissen', wir sind auf öffentliche Repräsentationen angewiesen. Diese verweisen, wie zum Beispiel die Tatsache, daß Tilly H. (und nicht Leopoldine Kulka oder Sophie Regen) bei der Heimhof-Eröffnung in Wien sprechen sollte, darauf, daß sie es war, die in diesen Jahren den ‚Allgemeinen österreichischen Frauenverein' nach außen repräsentierte. Was sich im Kontext des privaten Nachlasses von Tilly H. als Geheimnis, als Verborgenes und Unauffindbares präsentiert, ist – und das scheint auf den ersten Blick paradox – ihr öffentliches, frauenbewegtes Engagement vor 1914.

Das *Geheimnis* ist ein Topos, dem das Biographische viel von seiner Faszination und Popularität verdankt. Privilegierte Orte des Geheimnisses sind das Tagebuch, der Liebesbriefwechsel – Quellen also, die „Frau Hübner/Passagen" zu einem wesentlichen Teil mitgenerieren. Die ersten Verliebtheiten, Sexualität, Fragen der privaten und beruflichen aber auch der politischen Orientierung werden in vielen der edierten Dokumente thematisiert. Diese klassischen Themen des Jugend- und frühen Erwachsenenalters sind in und durch die Quellen in ‚unserem' Archiv überproportional repräsentiert. Inwieweit sich davon ein Zusammenhang von Identitätsbildungsphase und vermehrter auto/biographischer Schreibpraxis ableiten läßt, bleibt allerdings fraglich. In den ersten Monaten unserer Arbeit befand sich nur ein einziges Tagebuch aus dem Jahr 1899 in ‚unserem' Archiv[12], Tilly H. war für uns

---

12 Vgl. dazu den Abschnitt „‚Biographie' eines Archivs" in der Einleitung dieses Buches

primär als Schweigende und als in Briefen an sie Gespiegelte präsent, bis der ‚Sammlung Frauennachlässe' von der Familie ein weiterer Nachlaßbestand überlassen wurde, in dem dann die Tagebücher von 1901 bis 1910 enthalten waren. Die Tatsache, daß sich heute im Archiv Tagebücher von 1899 bis 1910 befinden, bedeutet nicht, daß Tilly H. nicht auch in späteren Jahren vielleicht wieder Tagebuch geführt hat.[13] Die Genese des Archivs bleibt der wichtigste Rahmen für verallgemeinernde Thesen über die Schreibpraxis, aber auch für unser Wissen über die Person Tilly H.

Jenseits dieser quellenkritischen Fragen aber evoziert das Geheimnis eine unabschließbare Bewegung des Begehrens gegenüber der Biographie. Es verweist auf den imaginären Ort, der darüber Auskunft zu geben verspricht, was wir von Tilly H. nicht, ‚noch nicht' wissen. Tagebuch und Liebesbriefwechsel sind aber, gerade indem sie das Geheimnis, das Intime, das fehlende Wissen zu beinhalten versprechen, nicht zwangsläufig privilegierte Texte, um diese zu finden. Die von uns gewählte Form ihrer Veröffentlichung in Form einer CD-ROM, an einem anderen, von dem Buch aus gesehen, zunächst verborgenen Ort (der Text, der auf CD-ROM gespeichert ist, entzieht sich dem unmittelbaren Blick, der Lektüre, die nicht über Computer vermittelt ist), zitiert den biographischen Topos des Intimen und des Geheimnisses ebenso, wie sie ihn dekonstruiert. Letzteres insofern, als das CD-ROM-Kapitel „Frau Hübner/Passagen" Auskunft gibt über das theoretische und methodische Verhältnis von BiographInnen zu den Personen/Figuren, den Gegenständen und Fragen ihrer Arbeit. Die gewählte editorische Praxis in „Frau Hübner/Passagen" will darstellen, daß es nicht darum geht, die auto/biographischen Dokumente als Spiegel einzusetzen, durch den die ‚öffentliche' Figur Tilly H., mit einem Bild der ‚wahren' Frau ‚dahinter' konfrontiert würde. Wir sind nicht an der Aufdeckung des Eigentlichen als Darstellungsmittel interessiert, sondern an der Sichtbarmachung des Heterogenen und Widersprüchlichen, dem wir als LeserInnen auto/biographischer Dokumente ausgesetzt waren und sind. „Frau Hübner/Passagen", der Text auf CD-ROM, ist als abwesender das Zentrum des ganzen Buches, der dessen Erstellung sowohl mitgenerierte wie auch reflektiert. Der Verweis auf ein abwesendes Zentrum paraphrasiert zudem noch einmal die unabschließbare Bewegung des Begehrens nach dem imaginären Ort, der die ‚ganze' Biographie erzählt.

---

13   Vgl. auch Kapitel „Auf der Suche nach verlorenen Idealen"

Nahaufnahme: Frau Hübner 1907/08

Das chronologische Editionsverfahren des umfangreichen – von der beiliegenden CD-ROM abrufbaren – Kapitels „Frau Hübner/Passagen" privilegiert keinen bestimmten Zeitraum; es ist von der Forderung nach einer Art ‚gleichschwebender Aufmerksamkeit' über eine Spanne von fast 20 Jahren getragen. Ein paradox erscheinendes und doch schlüssiges Ergebnis dieser Vorgangsweise ist das Sichtbarwerden spezifischer Verdichtungen und Umbrüche. So haben wir immer dort, wo uns signifikante Veränderungen in Form und Umfang der vorhandenen Dokumente aufgefallen sind, nach Veränderungen und Brüchen in der Biographie von Tilly H. gefragt. Dabei ließ sich zeigen, daß Phasen des Umbruchs in Tilly H.s Leben vielfach mit Veränderungen in der Schreibpraxis einhergingen. Eine der so zutage tretenden Transformationsphasen stellt das Jahr 1907 dar, in dem Erfahrungen von Bruch und Verlust sowie die Zuspitzung von Widersprüchen kulminierten. Tilly H. thematisiert im Jänner 1908 in einer tagebuchartigen Notiz die vorangegangenen Krisen mit dem Bild der biographischen Beschleunigung – „innerlich" hat sie eine weit längere Zeitstrecke als die von ihr in den Blick genommenen zwei Jahre zurückgelegt.

> „Vor einem Jahr war es hell in mir, vor zweien däuchte mir meine Zukunft ein großer leuchtender Weg zu sein. Um 2 Jahre bin ich älter geworden, innerlich aber um viel mehr." (Mathilde Hübner, Konzeptheft ‚Von der Hohen Schule der Frauen' [und andere Texte 1907, 1908], NL IIIC/4, 41v–43)

Die Positionierung der Lichtmetapher des „leuchtenden Weges" in der Vergangenheit evoziert ein Bild düsterer Gegenwart der Schreiberin – es ist eine vergangene Zukunft, von der hier die Rede ist. Das Jahr 1907 läßt sich als ein Jahr der Krisen und Konflikte in Tilly H.s Lebensgeschichte darstellen. In den ersten Monaten des Jahres 1908 wird eine Verschiebung in Tilly H.s biographischer Perspektive sichtbar, die sich als Konsequenz aus den Krisenerfahrungen des vorangegangenen Jahres lesen läßt. Wir haben daher den Zeitraum vom Jänner 1907 bis zum März 1908 für eine exemplarische Nahaufnahme ausgewählt. Die Wiedergabe der Dokumente und Kommentare dieses Zeitraums im gedruckten Buch soll nicht nur eine Phase der Verdichtung in Tilly H.'s Biographie dokumentieren, sondern auch die spezifische Qualität der Quellen sichtbar machen und einen – partiellen und exemplarischen – Einblick in unsere Editionsstrategien geben.

Verdichtungen[1]

„Wann gedenkt ihr zu heiraten?" und „Was ist das mit dem Rekurs im Ministerium" fragt Tilde Mell, mit der Tilly H. wöchentlich Briefe tauscht, im Jänner 1907. (Tilde Mell an Mathilde Hübner, 11. 1. 1907, NL I/2b) Damit sind durch die Freundin zwei zentrale Ereigniszusammenhänge angesprochen, die die lebensgeschichtlichen Brüche des Krisenjahres 1907 markieren. Da ist zum einen der Wunsch von Tilly H. und Ottokar Hanzel zu heiraten, dessen Realisierung sich im Laufe des Jahres 1907 in unbestimmbare Ferne verschiebt. Ottokar Hanzel wird nicht wie erhofft im Juni mit seinem Studium an der Technischen Hochschule fertig. Er verschiebt die Abschlußprüfung, die als Voraussetzung für eine Anstellung die ökonomische und wohl auch symbolische Bedingung für eine Heirat gewesen ist. Zugleich ist mit Tilly H.s erfolgreicher Absolvierung der Matura im Oktober 1906 jener Arbeitszusammenhang, der die Beziehung gestiftet hatte, beendet.

Der Rekurs im Ministerium andererseits, nach dem Tilde Mell sich erkundigt, betrifft das Maturitätszeugnis von Tilly H., das ihr mit einer Streichung der Zugangsberechtigungsklausel zum Studium an der Technischen Hochschule ausgestellt worden ist, wogegen sie bereits wenige Tage nach Ablegung der Prüfung beim Ministerium Beschwerde erhoben hatte. Im Februar 1907 wird eben dieser Rekurs abgelehnt, ihr wird ein neues Zeugnis ausgestellt, in dem zwar keine Streichung mehr sichtbar ist, das aber weiterhin keine Zugangsberechtigung zur Technischen Hochschule enthält. Tilly H. verweigert die Annahme dieses Dokuments, das ihren Ausschluß fortschreibt und zugleich unsichtbar macht. (Vgl. dazu auch das Kapitel „Von der Hohen Schule der Frauen")

Nachdem Tilly H. im Mai 1907 die Lehrbefähigungsprüfung für Bürgerschulen absolviert hat, sind für die Dreiundzwanzigjährige die Grenzen des ihr offenstehenden Bildungsweges erreicht. Von einer höheren Ausbildung für den Lehrberuf sind Frauen ebenso ausgeschlossen wie vom Studium an der Technischen Hochschule, das Tilly H. anstrebt. In der Beziehung zu Ottokar Hanzel spitzt sich damit der schwelende Konflikt zu – sie hat alles ihr Mögliche getan, um die ökonomische Fundierung der geplanten Ehe sicherzustellen, von da an liegt es nur mehr an ihrem Verlobten, daß das gemeinsame Ziel nicht erreicht wird. Zugleich wird nun, da Tilly H. in ihrem Beruf keine Möglichkeiten weiterer Qualifizierung mehr offenstehen, auch die Zurückweisung ihres Studienwunsches viel deutlicher fühlbar. Als im Juli 1907 überdies der Vater überraschend stirbt, erhält Tilly H., die sich selbst in auto/biographischen Texten immer wieder in der Position des ‚Sohnes' dargestellt hat, zusätzliche Verantwortung aufgeladen.

---

1 Der Abschnitt „Verdichtungen" thematisiert in abgewandelter Weise die gleichen Fragen wie der Kommentar „Konzeptheft" im Kapitel „Frau Hübner/Passagen" (CD-ROM), ist mit diesem Kommentar allerdings nicht identisch.

Das Jahr 1907 markiert einen signifikanten Wechsel in der Schreibpraxis und den Schreibpraktiken von Tilly H. Ab dem Winter 1906/07 schreibt Tilly H. immer seltener in ihr Tagebuch – der erste Eintrag des Jahres 1907 findet sich erst im Mai 1907. Gleichzeitig diversifizieren sich die Orte ihres Schreibens. Tilly schreibt weiterhin Briefe, sie kommuniziert mit Ottokar Hanzel in Form des ‚Wir'-Brieftagebuchs; zum Zentrum ihres schriftlichen Ausdrucks aber wird ein dicht beschriebenes Heft, in welchem sie politische Schriften zur Frauenfrage entwirft. Diese Textform spiegelt einen neuen Typus der Korrespondenz, der sich ab nun im Nachlaß findet: die Korrespondenz mit Behörden, in deren Zentrum die Durchsetzung von Tilly H.s Forderung nach dem Recht auf ein Studium an der Technischen Hochschule steht. Die Überlegungen und Empörungen, die bei der Formulierung dieser wohlgesetzten und oft ausführlichen Schreiben entstehen, finden ihren Ausdruck, so läßt sich vermuten, nicht zuletzt in diesen Entwürfen von politischen Schriften.

Die tendenzielle Auslagerung des Schreibens vom Tagebuch in den politischen Text findet in der Wahl einer anderen materiellen Form, eben eines Konzepthefts, ihren Ausdruck. Auch im Tagebuch aber schreibt Tilly H. immer häufiger über politische Themen, mit Tilde Mell diskutiert sie 1907, so entnehmen wir deren Antwortbriefen, intensiv die Frauenfrage. In dem Heft mit den politischen Schriften wiederum finden sich vereinzelt auch tagebuchartige, auto/biographische Notizen, vor allem aus dem Jahr 1908. Als ob das schreibende Ich sich zunehmend auffächern und versprengen würde im Spannungsfeld verschiedener Adressierungen und unterschiedlicher Modi der Selbst-Veräußerung/Vergewisserung. Was sich noch einmal auf der Ebene der Selbstdokumentation insofern abbildet, als Tilly H. einen einzelnen Brief von Ottokar Hanzel aus dem Dezember 1907 in ihrem Tagebuch aus den Jahren 1901 bis 1904 aufbewahrt. (Ottokar Hanzel an Mathilde Hübner, 2. 12. 1907, NL I/50)

In den ersten Monaten des Jahres 1907, als Tilly H. ihren Ausschluß vom Studium an der Technischen Hochschule vergeblich bekämpft, in denen sie als junge Lehrerin aushilfsweise in verschiedenen Volksschulen unterrichtet und sich selbst auf die wichtige Prüfung zur Bürgerschullehrerin vorbereitet, schweigt sie in ihrem Tagebuch und beginnt gleichzeitig mit der Abfassung einer politischen Schrift. „Von der Hohen Schule der Frauen" ist der Titel. Darin konzipiert sie eine staatliche Hochschule für Frauen, entwickelt Lehrpläne, plant Verwaltung und Durchführung einer derartigen Institution. In dem gleichen Konzeptheft und ebenfalls undatiert verfaßt sie Aphoristisches zum Verhältnis von Frauen und Politik, kritisiert den Ausschluß der Frauen vom Wahlrecht, fordert die aktive Teilnahme von Frauen und Müttern an der Politik, setzt sich kritisch mit den bestehenden Ehegesetzen auseinander, entwirft einen Brief an den Minister, in welchem sie die Reform des Volksschulwesens fordert.

Der erste datierte Aufsatz des Konzepthefts stammt vom 6. 6. 1907 und ist damit nur wenige Tage nach der Absolvierung der Prüfung für die Bürgerschulen eingetragen. Unter dem Titel „Das Weib braucht Klarheit" prangert Tilly H. in teilweise höchst emotionaler

Weise den politischen Ausschluß der Frauen aus dem Parlament, die bürgerliche Doppelmoral des Verbots des vorehelichen Geschlechtsverkehrs und die Verurteilung lediger Mütter an und plädiert für eine von den Männern unabhängige, eine „weibliche" Sittlichkeit. Dem Konzeptheft beigelegt finden sich auch zwanzig gebundene Seiten, die mit dem Titel „Aus Reden, die ich nicht gehalten habe. … Zur Reinigung der Gesellschaft" überschrieben sind, in denen Tilly H. in durchaus eugenischer Perspektive über die gesellschaftliche Verantwortung gegenüber der Nachkommenschaft reflektiert.

Am 4. Juli lehnt die Technische Hochschule Tilly H.s Ansuchen um Aufnahme ab. Am 19. Juli stirbt Tilly H.s Vater in Drosendorf. In dem retrospektiven, einen längeren Zeitraum zusammenfassenden Tagebucheintrag im September 1907 wird deutlich, daß zu diesen Verletzungen eine schwere Enttäuschung in der Beziehung mit Ottokar Hanzel hinzukommt, die die Enttäuschung über seine Schwierigkeiten, sein Studium zu beenden, noch übersteigt. Das abschlägige Schreiben der Technischen Hochschule kommt, während Tilly H. sich in Drosendorf aufhält, über die Schwester in Wien in Ottokars Hände, der es Tilly bei seinen Besuchen – vielleicht um sie in der Situation des Verlustes des Vaters zu schonen – vorenthält. Sie selbst erfährt, zu spät, wie sie schreibt, von dem ihr vorenthaltenen Recht auf das Studium, sie fühlt sich von Ottokar hintergangen, schreibt in ihr Tagebuch haßerfüllte Polemiken gegen den österreichischen Staat. In ihr Konzeptheft mit den politischen Schriften schreibt sie, wahrscheinlich im Sommer oder im Herbst 1907, zwei weitere Aufsätze: „Über die Notwendigkeit der Veränderungen in der bürgerlichen Gesellschaft" und „Der heutige Staat – unser Feind. – Von einer Frau".

Für die Edierung ergab sich aus der Verschiebung vom auto/biographischen Schreiben hin zur konzeptiven, politischen Schrift die Konsequenz, die angedeutete Veränderung der Schreibpraxis, auch die Streuung der Schreiborte sichtbar zu machen und andererseits die schriftliche Verarbeitung der angedeuteten Brüche durch das tagebuchschreibende „Ich" möglichst umfassend darzustellen. Wir edieren das Tagebuch des Jahres 1907 daher vollständig und ohne Streichungen und nehmen auch die Einträge des von Tilly H. und Ottokar Hanzel geteilten Brieftagebuches nahezu vollständig auf. Für die Edierung von Auszügen aus den umfangreichen politischen Schriften ist anzumerken, daß die meisten dieser Texte undatiert sind und daher nur in einer gewissen Unschärfe in die systematische Chronologie unserer Edition einordenbar sind. Wir haben uns schließlich für drei Aufsätze entschieden, von denen nur einer, der im Kontext des Konzepthefts gewissermaßen in der Mitte stehende Text „Das Weib braucht Klarheit", mit „6. 6. 1907" datiert ist. (Mathilde Hübner, Konzeptheft, ‚Von der Hohen Schule …', NL IIIC/4) Den Text, der das Schreibheft mit den politischen Schriften einleitet – „Von der Hohen Schule der Frauen" –, stellen wir dem Krisenjahr 1907 voran. Schließlich nehmen wir den Text „Der heutige Staat – unser Feind. – Von einer Frau" (Mathilde Hübner, Konzeptheft, ‚Von der Hohen Schule …', NL IIIC/4) auf, der uns als zentraler und vielleicht auch radikalster politischer Entwurf des Krisenjahrs 1907 erscheint und den wir mit wenigen Kürzungen edieren.

Dokumente 1907/08

Mathilde Hübner, Konzeptheft ‚Von der Hohen Schule der Frauen' [und andere Texte, 1907, 1908], S. 1–8v. (NL IIIC/4):

Von der „Hohen Schule der Frauen" Entwurf:
1. Einl. Ausgehend von den Notwendigkeiten des heut. Lebens, dem Ausblick in die Zukunft, ergibt sich als nächste und wichtigste Bedingung eine neue Einrichtung, welche dem weibl. Individuum (aller Klassen) zur Rückkehr – womöglich (~~und Ausbildung~~) zur ureigentümlichen körperlichen und seelischen Beschaffenheit und durchgreifender, d.h. den vorhandenen Anlagen gemäßer Ausbildung ~~seiner~~ dieser Beschaffenheit, verhilft.
2. Diese Einrichtung, besser gesagt, die Gesamtheit der geplanten Einrichtungen muß zwei Bedingungen im vornherein zu entsprechen vermögen: 1. Die Erziehung des ~~Weibes~~ weibl. Ind. zur Frau, zur verständnisvollen Mutter und zur Gattin. ~~2. die~~ zu erreichen. 2. Jenen, welche aus ernsten Gründen auf die Mutterschaft verzichten zu müssen glauben, jene Ausbildung zu erteilen, die ihren Fähigkeiten entsprechend solchen den Unterhalt ~~bieten~~ sichert.
3. Von der Notwendigkeit einer solchen Einrichtung: a) In Bezug auf die unmittelbare Gegenwart. (Die Frau als ~~Entscheidende in~~ Hüterin der Ehe) Was geschieht heute für die Ausbildung der Frau im Vergleich zu der des Mannes? (Die ~~U~~nzulänglichk. unserer Ehebestimmungen).*
   Das /heutige/ Frauenstudium, kann es dem von uns verfolgten Zwecke auch nur zum geringsten Teile ~~gen~~ entsprechen? ~~c~~ b) Was ist von dem Bestehenden für die nächste Zukunft zu erwarten. c) Von den unmittelbaren Forderungen, respektive~~n~~ Rechten unserer Kinder.
4. Von der **Hohen Schule**[2] selbst. a) Die **Hohe Schule** muß eine Einrichtung des Staates sein; – – – denn u.s.w. 2. Sie besteht aus einer Gesammth. von Lehrkursen, Vereinen, Lehranstalten und ähnlichen Zweckmäßigkeiten und ist 3.) allen weibl. Wesen von einem festzusetzenden Alter an allgemein geöffnet, jedoch mit der Be-

---

* Die hier in Klammern eingefügten Ergänzungen sind im Original als Fußnoten dargestellt.
2 Die Idee zur Einführung von Frauenhochschulen in Österreich wurde in erster Linie von männlichen Professoren befördert, die nicht vor einer gemischtgeschlechtlichen Hörerschaft unterrichten wollten. Vgl. dazu: Irene Bandhauer-Schöffmann, Frauenbewegung und Studentinnen. Zum Engagement der österreichischen Frauenvereine für das Frauenstudium. In: Waltraud Heindl/Marina Tichy (Hg.), „Durch Erkenntnis zu Freiheit und Glück ..." Frauen an der Universität Wien (ab 1897). Wien 1990, 72ff. Sowohl die Aktivitäten des 1895 gegründeten *Vereins zur Abhaltung akademischer Vorträge für Damen* wie auch die Initiative des *Athenäum*, des *Vereins zur Abhaltung von wissenschaftlichen Lehrkursen für Frauen und Mädchen*, der im Jahr 1900 die *Damenakademie* ablöste, wurden von der radikalen Frauenbewegung da-

schränkung, daß einzelne Fachgruppen nur nach Erreichung eines gewissen Alters zu belegen seien. 4. Ihre innere Ordnung ist folgende: Sie zerfällt in einen allgemeinen Teil od. die Pflichtschule: Das ist a) ein Exkurs von Vorträgen über Naturgeschichte, Beziehung der beiden Geschlechter, ~~und~~ Mutter und Kinderschutz, ~~mit~~ Kleinkinderpflege und Krankenpflege ~~b. Engeren Haushaltsführung~~ (Überstunden!) Wer überhaupt Glied der **Hohen Schule** sein will, muß, sobald er die nötigen Kenntnisse (th. u. praktisch.) nicht nachzuweisen imstande ist, diesen allgemeinen Teil besuchen, woonach [sic] ihm, vielleicht auch schon gleichzeitig, die übrigen Fächer, also die theoretisch praktischen* eröffnet sind. I.** Diese Gruppe besteht aus einzelnen **Kursen** resp. Bildungsschulen und ordnet sich nach de~~m~~r späteren Verwendung ihrer Hörerinnen a) In die Haushaltungsschule mit den Abteilungen: Küchen- und Hausverwaltung, Nähen, Zuschneiden und /praktisches/ Handarbeiten. b) in ~~ein~~ die Schule für **Bureau** und **Comptoir**arbeiten. c) in die Sprechschule, welche 1.) den praktischen Gebr. einer Sprache vermittelt 2.) die betreffende Literarischen [sic] und gramm. Kenntnisse vermittelt. d) ~~in die philosophisch~~ in die Kunstschule Musik, Malerei, Bildhauerei. e) in die philosophisch juridische Fachgruppe. Dieselbe enthält: Vorlesungen über: 1. Gegenwärtig kulturelle und politische Zustände. 2. mathematisch-naturwissenschaftl., histor. geographische 4. [sic] und besteht aus den ~~beiden~~ Fachschulen a) 1.) Haushalt, Küchenverw., und 2.) Nähen, Zuschneid. etc. b) Ausb. zu **Bureau** und **Comptoir**arbeiten. c) /Fachgruppe für Hygiene. Turnen, Krankenpflege, allgem. Hyg./ und der ~~eigentlichen~~ Hochschule für Frauen mit folgenden Fakultäten: a) philosophisch-litterarisch, b) (philosophisch(-math. c) philosophisch-histor. geogr. d) [philosophisch]-natur … phys. [sic] ~~philoso.~~ II. Die medizin. Fakultät. und III. die jurid. Fakultät. – a.) Kultur d. Gegenwart und polit. Leben bezügl. seines Einflusses auf die Lebensbed. Vorträge und Versammlungen. b.) Gesetzeskunde und Kritik der Gesetze

---

hingehend kritisiert, daß es sich dabei um ein rein schöngeistiges Bildungsangebot, nicht aber um eine Berufsperspektive für Frauen handle, das letztlich eine Abwehrstrategie gegenüber dem Frauenstudium darstellen würde. Vgl. zum Athenäum: Günter Fellner, Athenäum. Die Geschichte einer Frauenhochschule in Wien. In: Zeitgeschichte 3/1986, 99–116. In Deutschland bestanden im 19. Jahrhundert, als noch kaum von einer staatlichen Institutionalisierung des höheren Mädchenschulwesens die Rede war, ebenfalls von der Frauenbewegung mitgetragene Frauenhochschulen, etwa von 1850 bis 1852 die Hamburger Hochschule für das weibliche Geschlecht, die allerdings primär auf eine Praxisanwendung des angebotenen Wissens im Kindergarten fokussierte und an der die Dozentin Malwida von Meysenburg unterrichtete. Vgl.: Elke Kleinau, Ein (hochschul-)praktischer Versuch. Die „Hochschule für das weibliche Geschlecht" in Hamburg. In: Elke Kleinau/Claudia Opitz (Hg.), Geschichte der Mädchen- und Frauenbildung. Bd. 2: Vom Vormärz bis zur Gegenwart. Frankfurt/M./New York 1996 66–85; Ute Gerhard, Unerhört. Die Geschichte der deutschen Frauenbewegung. Reinbek bei Hamburg 1990, 68.

* Nachträglich umgereiht in: „praktisch theoretischen"
** Von „Diese Gruppe …" bis „… späteren" ist der Text am Seitenrand mit einer Klammer markiert.

mit Versammlg. zur jeweiligen Stellungnahme. (ohne Ämterrecht, allgemein zugänglich.) anfragbar; Stellungnahmen! IV. die Fakultät der bildenden Künste

5. Von den Aufnahmsbedingungen und den Studiengeldern. – 1. Malerei,ˣ⁾ 2. Bildnerei,ˣ⁾ 3. Musik.ˣ⁾

ˣ⁾ Aufnahme beschränkt; Vorbildungs- und Meisterkurse. Die Fachgruppen Malerei und Bildnerei unthalten [sic] einen Spezialkurs für gewerbetechnische Fertigkeiten.* – – –

V. An die

5. **Von der Verwaltung.** Die Verwaltung steht unter der Leitung eines Rektors und einer Frau, welche Vorstand des ständigen Frauenrates der **Hohen Schule** ist und von demselben gewählt wird. Der Rektor hat die selben Bezüge wie ein jetz. Universitätsrektor und die mit ihm die Verwaltung leitende Frau keine. – Der ständige Frauenrat hat selbst die Verwaltung zu führen und seine in den jeweil. Sitzungen empor besprochenen Vorschläge sind vom Rektor und dessen Stellvertreterin an die obwaltenden Behörden (nach gew. Einsicht und Begutachtung) zu senden. – (Im übrigen ähnl. wie heut [sic]) An der Hochschule

6. Von den Lehrern. Dieselbe [sic] sind ordentliche Hochschulprofessoren, werden entweder gleichzeitig an der Hochschul [sic] der Männer tätig sein, oder ihre gesamte Tätigkeit der **Hohen Schule** widmen. Sie werden vom Frauenrat m vorgeschlagen und vom Minister bestätigt. Es ist selbstverständlich, daß in den Fachgruppen auch Frauen zugezogen werden müssen, welchen der Rang von Mittelschullehrern entspräche [sic]. – – –

7. Von den Hörerinnen, beziehungsw. Mitgliedern der **Hohen Schule**. 1. Außerord. Mitglied sind alle jene /Frauen und Mütter/, welche das 17. Lebensjahr erreicht und den allgemeinen Teil der Hohen Schule** besuchen. Für denselben ist keinerlei Kolleg. zu entrichten, weil er ebenso notwendig ist wie die Ausbildung der wehrhaften Männer. – Hörer I. Kategorie sind alle jene, welche den juridet einer der Fakultäten angehören, sie haben ein den Kollegieng. der heut. Studierenden völlig gleiches Hon Kollegiengeld zu zahlen.*** Und es herrschen bezügl. der ang. Einrichtungen dieselben Normen wie an unseren Universitäten. – – –

8. **Von den Aufnahmebedingungen.** a.) in den allgemeinen Teil, keinerlei Vorbildung als die der allgem. Volksschule. b.) in die Fachgruppen: Nachweis der Kenntnisse des allgem. Teiles od. des gleichzeitigen Besuches desselben. Mithin sind die Fachgruppen den Frauen u. Mädchen auch vom 17. J. an offen. c. An in die Fakultäten

---

* Durch Absatz als Anmerkung zu 1., 2. und 3. dargestellt
** Am Seitenrand korrigiert zu: „Fachgruppen"
*** „… sie haben .." bis „zu zahlen." am Seitenrand mit einer Klammer markiert und mit der Anmerkung „kürzer" versehen

mit Ausnahme der juridisch kulturellen a.) Für die ~~philosophisch~~ – philosophisch. und zwar für ~~die (moderne Philosophie)~~ alle sprachlichen Fäher [sic] das Zeugnis einer Realschule /od. eines Mädchengymnasiums/, für die mathematisch – physikal. das Zeugnis einer Realschule; Geograhie [sic] und Geschichte [vier od. 1.] – b) für d. mediz. Fakultät das Zeugnis d. Gymnasiums. – c) Kunstfakult. Aufnahme* – d) der jurid. Fakultät gehören sämtl. ord. Hörer an und haben an derselben das Kolleg über Gesetzekunde und Volkswirtschaft als Pflichtkolleg zu hören.* **

Tilde Mell an Mathilde Hübner, 11. 1. 1907 (NL I/2b):

[An] Fräulein Tilly Hübner,
XII., Schönbrunnerstr. 289.

11./I. 1907. Liebste, ließest Du mich auch auf einen Brief warten, so gabst /Du/ doch durch ihn mehr, als ich erwartete. Deinen Dank verdiene ich nicht. Ein guter Mensch bin ich noch lange nicht und es wird mir schwer, oft nur gut sein zu wollen. Vom Übersetzen des Wollens in die Tat schon gar nicht zu reden. Im Augenblick bin ich zufrieden mit dem, was mir das Leben gab und gibt, ich vergesse sogar manchmal zu warten, bis dann ein Wort, das auf ihn, seine Verhältnisse, seine Heimat Beziehungen hat oder haben könnte, das Warten wieder mit der alten Stärke über die Schwelle ~~d~~meines Bewußtseins reißt. – Ich hab' Dich eigentlich so viel zu fragen und vergaß es egoistischer Weise jedesmal über dem Bericht meines Jammers. Deine Zeilen haben aber alles wieder aufgerührt. Wann gedenkt Ihr zu heiraten? Was ist das mit dem Rekurs im Ministerium? Du schriebst mir nie davon, ich weiß also nichts. Bitte, sag' mir wie und was. Es hängt wohl mit Deiner Matura zusammen? Und darf ich gleich die Bitte dran knüpfen, „wart' nicht bis zum Mittwoch!"? Ich sehne mich nach Deinen Worten, weil sie wie weiche Hände streicheln und damit besänftigen. Und ich brauch' ein bissel Zärtlichkeit; denn ich löse mich so schnell in Tränen auf, daß ich mich /vor/ dem Dunkel, dem Alleinsein und der Musik fürchte und – mich danach sehne. Alle Menschen bemerken, daß ich stiller geworden bin und ernster und meine Kinder sind stolz auf jedes Lächeln, das sie mir abringen. Und doch kann ich manchmal noch lustig sein – nur schüttelt dann etwas in meinem Innern verwundert den Kopf und sagt: „Kannst Du das doch noch?" Es hält auch nicht an. Ins Pädagogium gehe ich ganz

---

* Am Seitenrand an dieser Stelle eingefügt: = „Zeichenkurs", ein Pfeil ordnet den Punkt „c) Kunstfakult." nachträglich hinter Punkt „d) der jurid. Fakultät" an das Ende des Textes, wo keine weiteren Ausführungen gemacht werden.

** An den Schluß dieser Textpassage setzt die Autorin ein Sternchen, das möglicherweise auf eine verlorengegangene Anmerkung verweist.

ordentlich, weil's mir Freude macht. Ich hab' immer Vormittag bis 12 und nachmittag bis 1/2 4 und dann geh' ich gleich fort in die Schule, d. h. Pädagogium. Frei ~~ich~~ hab' ich fast nie und will's auch gar nicht. Du sollst auch gar nicht kommen. Ich kann doch nicht sprechen, auch zu Dir nicht. Nur mit der Feder in der Hand. Nun bist Du wieder zum Schelten gezwungen?! Verzeih mir's! Tilde.

Mathilde Hübner, Brieftagebuch ‚Wir' 1905–1908 (NL IIIC/4):

28. I. 067 […] Du hast heute von der Freiheit geredet. Du lächelst noch über das Kind, von dem du wähnst, es wolle eine törichte Forderung als Inbegriff der Freiheit aufstellen. Ich verwehre mich dagegen. Es gibt zweierlei: 1. Wir beide haben keine Rechte aufeinander, und dann hat jedes volle Verantwortungslosigkeit. od. 2. Wir haben Rechte aufeinander dann tritt die Beschränkung ein. Aber was jenseits der Beschränkung liegt, das ist …* Nein siehst Du, beides ist grundfalsch. Unser Recht und unsere Pflichten sind in der Liebe eingeschlossen, sie halten nur die Wage [sic], wenn die Liebe hält. – Und darum werde ich erst fragen, ob meine Liebe unverletzt bleibt, wenn ich eine Freiheit nehme! Zu der gleichen! Aber ich will ruhen und die Sehnsucht trägt mich um Zeiten voraus! – Ich schmiege mich zu Dir, sollst die Augen schließen. Du darfst nicht, wir dürfen nicht. – Einst werden wir Welten bauen!

K. k. niederösterreichischer Landesschulrat an Mathilde Hübner, 27. 2. 1907 (NL I/50):

K. k. niederösterr. Landesschulrat. Z. 1383/3 – I.
Maturitätszeugnis. 3 Beilagen.
Wien, am 27. Februar 1907.
An Fräulein Mathilde Hübner in Wien. XII/I, Schönbrunnerstraße 289
In Erledigung Ihrer unmittelbar an das k. k. Ministerium für Kultus und Unterricht gerichteten Eingaben wird Ihnen zufolge Erlasses des genannten Ministeriums vom 14. Februar 1907, Z. 48298** ex 1906 eröffnet, daß Ihrem Ansuchen um Ausstellung eines Realschulmaturitätszeugnisses nach dem Wortlaute des § 22 der h. o. Verordnung vom 7. April 1899, Z. 9452, keine Folge gegeben werden kann. Gleichzeitig wird jedoch die Direktion der Staatsrealschule im V. Wiener Gemeindebezirke beauftragt, Ihnen gegen Einziehung des seinerzeit ausgefolgten Zeugnisses ein neues gleichlautendes Zeugnis, in welchem aber keinerlei Streichungen vorgenommen erscheinen,

---

*   „Es gibt zweierlei … Beschränkung liegt, das ist …" durchgestrichen
** Die Zahl ist mit Bleistift unterstrichen, am Rande ist ebenfalls mit Bleistift „4 St" notiert.

auszufolgen. Rücksichtlich der Erlangung von Dispensen bei einer weiteren eventuell abzulegenden Prüfung, bleibt es Ihnen unbenommen, ein besonderes Ansuchen anher zu richten. Vom k. k. n. ö. Landesschulrate: [..]*

Mathilde Hübner, Tagebuch 1905–1910 (NL IIIC/4):

22. Mai 1907. Ich habe lange pausiert. Seit Februar ging ich an die genauere Vorbereitung für die Bürgerschulprüfung. (d. h. ich stud. Pädagogik.) Seit 28. I. 07 in der Dadlergasse. Dieser Dienst ist angenehmer und doch ist mir manches sehr peinlich. Am 6. III. eingereicht f. d. Prüfug [sic]. 17. III. Jahrgangsversammlung. – Nur 14 glaube ich waren anwesend. Viel Betrübendes. H. wird nicht im Juni fertig, muß Verlängerung erbitten. Mein Vertrauen ist erschüttert, denn ich kann uns beiden diesen Leichtsinn nicht verzeihen. Ich kann ihm nicht alelein Schuld beimessen. Aber ich glaube nicht mehr fest. Und dieses Nicht Glauben [sic] können raubt mir furchtbar viel Kraft. – Ich schüttle mich selber vor Entsetzen. Aber ich kann nicht mehr trauen, wenn nicht mir, nicht uns [sic], wenn der Leichtsinn, oder die Sorglosigkeit so weit gehen konnten. Wir wollen oder wollten doch beide daran arbeiten, unsere Vereinigung tzu [sic] beschleunigen. Ich kann es nicht fassen, ich fange immer wieder von vorne an. Ich kann und will es nicht begreifen. Es ist, als zerisse ich mir die festeste Stütze. Mein Stolz erhebt sich im Aufruhr gegen mich selbst und ihn. Ich möchte mich zur Erde werfen und schreien. – – – Er hat keine Ahnung, was mein Körper unter diesem Zusammensein leidet. Ich kann nicht anders, ich werde hysterisch, denn Anfälle wie die letzten sind nichts anderes mehr. – Unter Küssen sagst Du mir: Du leidest. Aber wir beide tun nichts, diese Leiden zu kürzen. Meine Erregung hat einen Höhepunkt erreicht, ich bin nicht imstande, weiter zu schreiben. Du, Mann, den ich liebe mit einer unsäglichen Stärke, sage, wie konntest Du das tun? Wie konnten wir uns selbstvergessend uns selber schaden! – Ich halte das nicht aus! Nein; mir benimmt es den Verstand.[3]

1. ~~J~~uni [sic] 07 Die oben niedergesch. Worte sind in einer furchtbaren Aufregung entstanden. Ich lese sie jetzt und staune. – 27. Mai Zeugnis f. Bürgerschulen erhalten. – Sonst nichts Bedeutendes [Babel]. – – –

---

*   Unterschrift unleserlich
3   Tilly H.s Verzweiflung ist vermutlich im Kontext des immer wieder sich aufschiebenden Studienabschlusses von Ottokar Hanzel zu verstehen. Vgl. dazu auch das Kapitel „Frau Hübner/Passagen" (CD-ROM), Kommentar 10.

K. K. Prüfungs-Kommission für allgemeine Volks- und Bürgerschulen in Wien.

Zahl 55
19 07

Lehrbefähigungs-Zeugnis für Bürgerschulen.

Fräulein *Hübner Mathilde* geboren zu *Ober-Hallabrunn in Nied.-* am *27. Mai* 1884, *Katholischer* Konfession, hat sich im Monate *Mai* 1907 vor der unterzeichneten Prüfungs-Kommission der Lehrbefähigungsprüfung für Bürgerschulen unterzogen, und zwar aus

Pädagogik, Mathematik, Freihandzeichnen, Schönschreiben und geometrischem Zeichnen,

Aus den der Anmeldung beigeschlossenen Belegen ergibt sich:

a) Zurückgelegte Studien und abgelegte Prüfungen: *K. K. Lehrerinnenbildungsanst. in Wien mit Reifzeugnis, mit Auszeichnung v. 4. Juli 1903. Lehrbefähigungszeugn. mit Auszeichnung für Turnen an B.- u. Ust. und oberen Mädchenschulen, d. dto Wien 20 Juni 1905. Lehrbefähigungszeugn. für allg. Volksch. Wien, 30. Nov 1905*

b) Ort und Dauer bereits geleisteter Schuldienste: *provis. Lehrerin, seit 15. Sept. 1903 bis gegenwärtig teils an Privatschulen mit Öffentlichkeitsrecht, teils an der Übungsch. der K. K. Lehrerinnenbildungsanst., teils an öffentl. allgem. Volksschulen in Wien.*

Lehrbefähigungszeugnis für Bürgerschulen, Mathilde Hübner, 27. 5. 1907 /(NL I/50)

Tilde Mell an Mathilde Hübner, [Stempel: Wien, 5. 6. 1907] (NL I/2b):

[An] Fräulein Tilly Hübner,
XII., Schönbrunnerstraße 289.

Liebste Tilly, Dein gerechter Vorwurf hat mich ganz unglücklich gemacht – aber ich konnte mich nicht entschließen, Dir zu schreiben. Ich habe so viel erlebt und so viel zu arbeiten gehabt, daß ich zu nichts kam. Ich wollte zu Deiner mündlichen [sic] kommen, fand aber nicht die Zeit. Meine Schülerin machte französische Staatsprüfung mit Auszeichnung, was mich das aber an Zeit und Arbeit kostete, kann ich Dir gar nicht sagen. Über Deinen Erfolg freute ich mich natürlich sehr, aber ich hab' auch nie daran gezweifelt. Ich küsse Dich also gratulierend! Zeit zum Spazierengehen habe ich nahezu gar nicht – da wir derart eingeladen werden, daß wir kaum einen Abend zu Hause sind. Ich sehne mich nach den Ferien und dem Ausschweigen können. Ich schreib' Dir bald mehr und auch einen Spaziergehtag. Für heute Gruß und Kuß Tilde.

Mathilde Hübner, Konzeptheft ‚Von der Hohen Schule der Frauen' [und andere Texte, 1907, 1908], S. 19–27 (NL IIIC/4):

<u>Das Weib braucht Klarheit.</u> 6. Juni 07.

Unsere Zeit hat die verschiedenartigsten Urteile über das Weib hervorgebracht. Ich will keines derselben zum Ausgangspunkt ~~meiner~~ nehmen, ebenso wenig erscheinen mir die verschiedenen Theorien über Wert ~~und~~oder [Unwert] des Weibes im folgenden beachtenswert. Ich will Tatsachen aneinanderreihen, und zwar in ~~E~~einwandfreier Weise und an diese Tatsachenreihe meine Forderungen schließen. ~~Jedes~~ Das Weib besitzt die nämlichen natürlichen Rechte wie der Mann. Unter natürlichen Rechten verstehe ich jene, welche der Mensch infolge der ihm innewohnenden Grundtriebe besitzt. d. h: Selbsterhaltung, Fortpflanzung. Mithin hat das Weib das Recht, sich der zur ~~s~~Selbsterhaltung nötigen Mittel zu bedienen, ferner das Recht, seine~~n~~m Geschlechtstrieb ~~zu fo~~ bejahen und Kinder zu ~~zeugen haben~~ zeugen. Vor allem will ich noch einen Einwurf tun: Ich bin durchaus nicht der Meinung, man müsse Männern und Weibern völlig gleiche~~s~~ Befugnisse einräumen, sondern, den Männern etwas weniger und den Frauen überhaupt erst einige Machtvollkommenheiten! Mehr werde ich kaum erleben. […] Ich behaupte: die Mehrzahl der heutigen ~~Frauen~~ und Mädchen* weiß nicht 1. ~~wie~~ in welchem Verhältnis die Frauenwelt zur [sic] Manne steht. ~~2.~~ noch weniger aber 2. wie~~as der~~ sie im

---

* Nachträglich durch Numerierung korrigiert auf „Mädchen und ~~Frauen~~"

Staate vorstellen. Die Mädchen werden „gebildet". Aber was den Frauen heute an Bildung zu teil wird ist größtenteils Verbildung. […] Wäre es denn so schrecklich, wenn man dem jungen Mädchen sagte, was Prostitution, Syphilis [sic], … sei. Ich glaube, daß viele, gerade wenn sie früh davon erführen, sich mit ihremn ganz eigenartigen Gefühlen dagegen stemmen, diese Übel in ihrer Wurzel zu fassen und zu vermindern zu gedenken würden. Allerdings kämen sie dabei nicht auf zu einer besonderen Verehrung des Mannes noch des Männerstaates. Vielleicht aber gingen ihnen die Augen auf, daß sie im Staates [sic] heute Null bedeuten, scheinbar wenigstens. Und zumn [sic] einem in beträchtlichen Punkten wirklich. Wenn unser neuer Reichsrat zusammentritt, so wird er eben gerade eine Hälfte des Reiches vertreten. Die Männer. Daß der Arbeiter, wenn er für sich seine Partei stimmt, auch indirekt für seine Familie wirkt, ist unbestritten, aber nicht genug. – Wenn im Parlamente nur zu Zeiten ein paar treffliche Mütter wären, sie hätten nie ein Gesetz durchgehen lassen, welches ihren Kleinen de Zucker und Brot abzwickt. – Gesetzt, ein Mädchen aus dem Mittelstande, welches möglichst unerzogen, also im [Rousseauschen] Sinne trefflich erzogen, wäre, wollte seine und seiner künftigen Nachkommen Rechte in dem obigen Sinne genommen beanspruchen. Es müßte seinen sich vorerst mit sehr versteckten und auch sehr häufigen Krankheiten beschäftigen, es müßte seinen Bräutigam, in welchem es nicht das männliche Wesen, sondern den Gatten und (hoffentlich erst) künftigen Vater erblickt, offen um solche Dinge, ja um seine eigene Peson [sic] befragen. Aber vielen Mädchen wird diese Beichte des Mannes erst nach der Hochzeit zuteil. Pfui! Schaut dem Übel ins Antlitz und es wird zurückweichen müssen! Nicht die [..spen] schauen, sucht nach Klarheit, rufet sie. Sie ist besser als alles andere. Es müßte auch seine Ehe unbedingt für völlig ungültig erklären, wenn es in diesem Sinne hintergangen wurde. Es hat auch gar nicht die Pflicht, das Kind aus dieser Vereinigung zu gebären, sondern es muß bei nachzuweisender Krankheit seines Gatten das Kin ganz allein vom guten Willen des Weibes abhängen, ob das Kind ausreifen dürfe. […] Habe ich etwas Unbilliges verlangt? Ich folgere nur aus natürlichen Rechten. Mich kümmert nicht das Gesetz der Männer, ich suche meines. Aber ich finde es nicht. Es gibt für mich noch keines. An So spricht das Weib und eine entsetzlicher Abscheu vor seinen ungetreuen Führern erfaßt es. – Ja, ja, Hunde seid ihr! – Aber nein ruhig! Du willst Klarheit. […] Und da tut Eines vor allem Not. Mit den Vorurteilen und Kleinlichkeiten brechen. Nicht die ehemals gute Freundin bekritteln, weil sie Mutter wurde außer der Ehe. Vielmehr djene Zustände vererkennen lernen, welche die Eheschließung ihr sehr hemmen. Und vor allem tut mir den unehlichen [sic] Kindern nicht Unrecht. Die dürfen doch sonoch weniger wie ihr armen nicht sehenden Frauen verurteilt werden. Das Eine, das nottut, Glück schaffen für die Nachkommen. Aber nicht sie selber schaffen im Unglück! – Wartet nicht auf den Schutz und die Hilfe der Männer. Schaffet euch Eure Sitte, d. h. seid sittlich für die Nachkommen und kommt den Männern entgegen, stolz und klug.

Mathilde Hübner, Tagebuch 1905–1910 (NL IIIC/4):

Mittw. 26. Juni 07. Ausflüge, Bemühungen, das Faulsein zu lernen, dem ich entwöhnt. Bei Hofrat Cuber gewesen. Vorigen Mittwoch eingereicht, um ordentliche Hörerin werden zu können. – Lektüre: Schopenhauer, Vierfache Wurzel. Selbst geschrieben über die Frauenfrage. Aber je mehr ich mich damit beschäftige, desto ungeheurer wird die Erregung, so daß diese mir eigentlich alles daran verdirbt. – – – Bei Ina[4] gewesen Anfang Juni. Mama u. Mimi in Drosendorf[5] [Bebioud] unterrichte ich jetzt in darstellender Geometrie. – – –

Mathilde Hübner, Konzeptheft ‚Von der Hohen Schule der Frauen' [und andere Texte 1907, 1908], S. 38–41r (NL IIIC/4):

Der heutige Staat – unser Feind. –
– Von einer Frau. –

Immer ist der Bedrückte Gegner des Bedrückers, er ist es wegen seiner Machtlosigkeit oftmals nur im Geheimen, aber gerade diese Gegnerschaft ist die empfindlichste, reizbarste. – Wenig gehört dazu, die Stellung der Frau in ~~unserem~~ diesem Staate kennen zu lernen. Sie hat nämlich so gut wie keine Stellung, sie gehört ~~unter~~ im Besonderen als weibliches Wesen zu den rechts- und schutzlosen Personen. Die Zahl der bekräftigenden Beispiele geht ins Abertausendfache. Und wäre auch ihre Zahl nicht so groß, nicht so unabsehbar, würde der Umstand zur Bekräftigung genügen, daß die Gesetze ~~mehr~~ dieses Staates von Männern ~~gesch~~ aufgestellt und hartnäckigst verfochten werden und zweitens, daß eben /in/ diesen Gesetzen das sich zur wehrsetzen (politisches

---

4   Vermutlich Ina Langer, Jahrgangskollegin aus der *k. k. Lehrerinnen-Bildungsanstalt* und langjährige enge Freundin von Tilly H. In einem kurzen Lebensbericht anläßlich des 50jährigen Maturajubiläums nimmt Ina Langer-Kampmüller 1953 explizit auf ihre Freundschaft mit Tilly H. Bezug: „Die regelmäßigen Zusammenkünfte mit den mir so lieben Kolleginnen, langjährige Freundschaften mit einigen wertvollen Menschen, besonders mit Mathilde Hübner-Hanzel und ihrem vielseitig gebildeten Mann gaben mancherlei Anregungen. Tilly hat sich auch stets um meine Mutter gekümmert und mir in der Krankheit meines Mannes sehr geholfen." („Vor 50 Jahren war Matura" NL III/D/1, 74) Die Enkelin von Tilly H. erinnert sich in einem Interview 1994 an die besonders herzliche Beziehung der Freundinnen noch im hohen Alter (Interview G. Sramek, 11. 4. 1994). Auch in politischen Fragen kooperierten die beiden Frauen über Jahrzehnte hinweg. So war Ina Langer, verheiratete Kampmüller, Mitunterzeichnerin einer von Tilly H. initiierten „Denkschrift betreffend Vorschläge zur inneren und äußeren Befriedung Österreichs" aus dem Jahr 1946, die an diverse Ministerien, den Bundespräsidenten und den Staatskanzler Renner gesendet wurde. Vgl. NL I/42/Denkschrift 1946
5   Drosendorf im Waldviertel, Ferienort der Familie Hübner.

Vereinigung) den Frauen untersagt ist. – Nehmen wir ~~eine~~ die Familie zum Vergleiche, so sind die Frauen die Kinder des Staates, welche die merkwürdige Eigenschaft haben, nie mündig zu werden. Ich will nun beweisen, daß der Staat systematisch unser Unterdrücker und Betrüger ist. – 1. ~~Entzieht er~~ [..] vorenthält den Frauen die Klarheit über ihre „Stellung" er erhält sie in fortwährender Unmündigkeit, denn was er für die Aufklärung der Frauen im Volke tut ist gleich Null. – Eben ~~2.~~ aus dieser Unmündigkeit entspringt die vom Staate stets betonte und durchgeführte Bevormundung des Weibes, als deren himmelschreiendes Beispiel unser heut. Ehegesetz paradiert. – ~~2.~~ Wüßten die Frauen, welche gemeinen großkapitalistischen Interessen den Staat fortwährend bestimmen, wüßten sie, daß wegen der Schonung eines Teiles der Besitzenden Millionen darben, dann müßte der Staat bald umsatteln. – Unwissenheit /der Schwachen/, du bestes Mittel des Bedrückers! – Nun ist die die [sic] Frau, das naive Kind im Staate, mit denselben ~~köstlichen und~~ starken Trieben ausgestattet wie der Mann. Sie muß sich erhalten. Sie arbeitet und nun sehen wir die ganze Gemeinheit des Staates, welche jeder [..] Kritik spottet: Frauenarbeit wird schlechter bezahlt; denn das Weib ist von Natur feiner gebaut als der Mann, ~~(wofür es natürlich)~~ muß so gebaut sein, weil seinem Schoße die Entwicklung des künftigen Menschen ~~anheim~~ bestimmt ist. – Und ~~nun~~ es arbeitet die Frau, der Staat sieht zu, er weiß, sie kann nicht so viel schaffen als der Mann, weil …, er weiß, daß er an ihrer Gesundheit sündigt, ~~er weiß, er~~ er duldet, daß sie in Fabriken und für Heimarbeit und überall elend bezahlt wird, aber sie kommt doch immer wieder, denn sie hat Kinder und die ~~müssen~~ kann sie nicht verhungern sehen, sie kann nicht, weil sie Mutter ist. Das versteht ihr Männer /im Staate/ alle nicht, ~~aber ihr~~ ihr solltet es aber verstehen, denn jeden von euch ~~trug~~ gebar ~~eine~~ die Mutter. Und das gekrümmte in Schmerzen euer Dasein bingende [sic] Weib duldet weiter. – So glaubt ihr und freut euch der Gemeinheit, wir haben sie zu dem gemacht was sie /jetzt/ ist: Arbeitstier, Genuß- und Gebärapparat. – – –
Wie ich sie hasse, alle diese scheußlichen Bedrückungen des Staates. – Wie ich jene verachte, die sich in ihm wohl fühlen. – ~~Aber~~ Niemand hilft uns, wenn wir uns nicht selber aufraffen. Und wir werden uns nicht scheren, ob der Staat polit. Vereinigungen duldet, wir werden uns die Klarheit holen, die uns gebührt, wir werden jenen Gesetze [sic] hohnlachen, die zu unserer Bevormungdung da sind. ~~In mn~~ diesem Staate sollen wir Kinder gebären. ~~w~~Wenn wir nicht ehelich mit dem Manne vereint, kann sie jener uns wieder nehmen.* – die [sic] schon in unserem Leibe fast verhungernt sind, die tausend Mühen, die tausend Sorgen, die ganze Hingabe eines Mutterherzens tritt da der Staat mit Füßen. – Lieber keine Kinder, als diesem Staate sie ~~schenken~~ geben müssen zu neuer Sklaverei! Und dies ist's, was ~~unser~~ dieser Staat ~~be~~ schon erfährt. Die Zahl der Eheschl. wächst, die der Geburten geht zurück. Alles ist noch wider uns.

---

* „~~w~~Wenn wir nicht ehelich … wieder nehmen." durchgestrichen

Darum ist unsere Arbeit heimlich, aber bald wird sie so groß sein, daß man ihre Erfolge nicht mehr übersehen kann. Dieser Staat wird ~~von~~ noch vor unserern [sic] Stärke zittern! – Jetzt ist er /spielt/ heuchlerisch den Ahnungslosen, ~~daß~~ aber nicht mehr lange. Wir hassen Dich, wir, die wir die Mütter aller Zukunft sind! – – –

Ottokar Hanzel, Brieftagebuch ‚Wir' 1905–1908 (NL IIIC/4):

<u>Juni 1907.</u> Tilly, ich bin müde. Denken und schreiben fällt mir schwer. Ich kann nur fühlen. Das unsagbare, Dich, Deine Liebe, unsere Zukunft u. das Erlebte. Es pocht u. glüht, es drängt u. wünscht. … Komme, Geliebte. Heute nehme ich wieder dieses Buch u. lese da u. dort nach u. will wieder in Träumerei versinken. Wie so oftmals. Tilly, mein Weib, wir müssen reden. Wir haben dieses Buch in letzter Zeit zu sehr vernachlässigt u. das müssen wir gutmachen. Wir haben zuviel geschwiegen. Tilly, Kameradin, reich mir Deine Hand, schau mir ins Gesicht u. sage mir, ob wir die Prüfung – die schwere Prüfung, die uns /jetzt/ auferlegt ist – bisher gut überstanden haben. […] Wünsche haben gestürmt u. getobt, aber sie mußten unters Joch. Nur Du kannst sie befreien u. unsere Liebe muß dabei jauchzen können. Gute Nacht!

K. k. Technische Hochschule in Wien an Mathilde Hübner, 4. 7. 1907*((NL I/50):

K. k. Technische Hochschule in Wien Z. 2289 ex 1906/7. Wien am 4. Juli 1907.
Die Beilage Ihres Gesuches um Aufnahme als ordentliche Hörerin dieser Hochschule folgt mit dem Beifügen zurück, daß an der k. k. Technischen Hochschule in Wien nach den Bestimmungen des Organischen Statutes derselben, das im § 30 sogar die Zulassung weiblicher Gäste ausschließt, bloß die Aufnahme männlicher Hörer vorgesehen ist. Überdies können gemäß § 7 des Organischen Statutes als ordentliche Hörer nur diejenigen aufgenommen werden, welche ein Zeugnis der Reife zum Besuche einer Technischen Hochschule oder einer Universität erworben haben. Der Rektor: [..]**

---

* Das Dokument ist mit Schreibmaschine geschrieben, die technisch bedingte Doppel-s-Schreibung wurde korrigiert.
** Unterschrift unleserlich

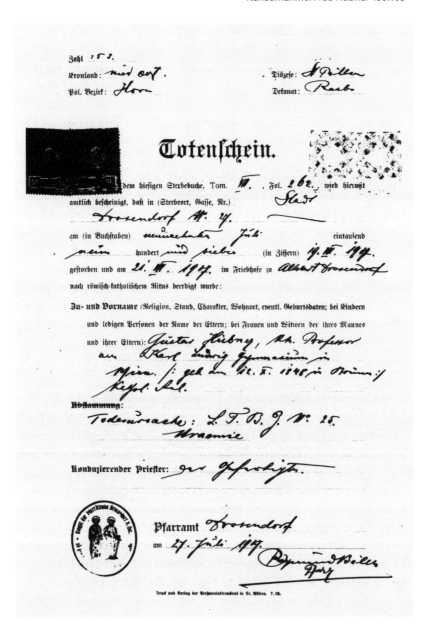

Totenschein Gustav Hübner, 27. 7. 1907 (NL I/28)

Ottokar Hanzel an Mathilde Hübner, 27./28. 7. 1907 (NL I/3):

An Fräulein <u>Tilly Hübner,</u>
<u>Drosendorf</u> Thaya. NÖ

Wien, 27./VII. 07. Welch ein kluges u. tapferes Mädchen Deine Schwester Alla ist, konnte ich bei unserer heutigen Unterredung mündlich wahrnehmen. <u>Sie steht ganz auf Deiner Seite.</u> Ihre Ansichten über die jetzige Lage, über die Zukunft – auch über die Vergangenheit hat sie gesprochen – kann man fast durchwegs gutheissen. Nächsten Mittwoch werden wir uns abermals besprechen. Sie wird ihre Mitteilungen ergänzen u. ich soll Dir alles mündlich berichten. Aber nur Dir. (Es wird sich empfehlen, wenn Du meinen Namen u. den Lenis mit verschiedenen Rathschlägen ~~nicht~~ nicht in Verbindung bringst, sobald Du mit Deinen Schwestern sprichst. ...) Alla ist gegen Deine Herreise, weil /einstweilen/ alles besorgt ist. – – – ½ 11 abends. Geliebte! Was dürfte ich tun, wenn ich jetzt unter Deine Decke schlüpfen könnte? Ein „kleiner", „schlimmer" „Böserich" sein? Oder gar ein „nichtsnutziger"? Das bin ich nämlich alles – in Deinem Briefe. Ich wollte, ich wäre es auch außerhalb. Wie gerne möchte ich die „Böseriche" anhören, wenn ich sie verdiente. Ich will davon träumen bis Freitag. Der „Böserich" ist bei Dir. Hanzel.

28. VII. 07. Vormittags. Ich erhielt soeben 2 Briefe, der eine verspätete sich also. Um das Sachliche abzutun. Die Prager Sache ruht bis Antwort kommt. Am 1. Aug. ist der Zins ~~bis~~ zu bezahlen. Die Kündigung ~~hat~~ könnte bis zum 12. Aug. hinausgeschoben werden, wenn jetzt kein Entschluß fallen sollte. Der Hausherr begnügt sich mit einer mündl. Kündigung, was also u[..] einfach zu erledigen ist. Etwaige Gänge nimmt Leni aufsich [sic]. Bezüglich der neuen Wohnung, ~~wie sie~~ hat Alla einen recht guten Plan, den ich mit Dir (u. einstweilen nur mit Dir) ~~besp~~ mündlich besprechen werde. Das erfordert keineswegs Deine Anwesenheit hier. In der Sparkasse liegen jetzt 3000 K. (etwas darüber) zu 3 3/4 %. Wenn Du weiter bedenkst, daß am 1. die hiesige Wohnung zu zahlen ist, daß das [Sterbequartal] u. die Pension Deiner Mutter erst nach 1 Monat flüssig sein dürften, während welcher Zeit Ihr auf das Geld vom Wohlfahrtsverein! (von dem Du /gleich/ den Zins schicken könntest, damit wir hier nichts beheben brauchen) angewiesen seid ... so wirst Du mit mir übereinstimmen, daß die 2 Obligationen erst nach Erhalt des [Sterbequartals] gekauft werden sollen. Aber dann auf jeden Fall. Ich habe Dir gestern geschrieben, daß ich den 1. abends fahren möchte ... daß Du entscheiden sollst, wie wir die paar Tage verbringen sollen. (ob ich überhaupt nicht nach Drosendorf ~~soll~~ u. vielleicht in Zissersdorf wohnen soll ... Deiner Schw. Alla habe ich bereits gesagt, daß ich nach Drosendorf kommen werde. Also?) Ich habe Luftveränderung dringend nötig u. die paar Tage Erholung in Deinen Armen! werden mich eher gesund machen als

sämtliche Kuren. Erwäge dies alles, ferner daß Alla gegen Deine Herreise ist u. lasse mich Deine Entscheidung gleich wissen. – – – Geliebte! Das Phantasiegebilde ist ein wunderschönes Blendwerk. Ich habe mich daran gefreut ... Schon zu Weihnachten, stets um Dich, bei Dir, in Deinen Armen, Deine Liebkosungen, Deine Hingabe, Dich besitzen dürfen – schon zu Weihnachen – in Freiheit lieben ... Mein Athem [sic] geht schwer, in mir zittert u. [findet] alles, Verstand komm mir zuhilfe. (Deine Schwestern versorgt, nicht auf Dich angewiesen, ich mit halbwegs gesicherter Zukunft ... Dann. Erst dann!) – Mein Herz pocht von dem Deinen. Sie ag. Si erzählen sich von der Zukunft. Laut u. prächtig. – Geliebte, komm, reich mir die Gaben Deiner Liebe, Du machst mich glückseelig [sic]. Überlaß mir Deinen Leib zur Liebkosung, zur Anbetung. ... Ich kann nicht weiter, das Begehren meines Körpers lähmt mich. – Geliebte, ich lasse Dich keinen Augenblick einsam, fühle es auch. Dein Gatte u. Geliebter.

Wenn trübe Gedanken kommen wollen, so beschäftige Dich mit Kant ... Vielleicht wären die Pillen, in den gewissen Platten eingefüllt, besser zu nehmen. Fr. Noltsch, mit der Deine Schwester gesprochen hat, glaubt, daß das Gehalt der Substit. an Bürgerschulen durch Zulagen größer ist ... Du mögest ihr schreiben: Mizzi Noltsch, XV. Lohmgasse 1. – Was ist geschehen, daß Du zornig bist? Sei ruhig. Ich umarme Dich u. küsse Dich immerzu. Meine Gattin!

Ottokar Hanzel an Mathilde Hübner, 29. 7. 1907 (NL I/3):

> An Fräulein <u>Tilly Hübner</u>
> <u>Drosendorf</u>/Thaya

Wien, 29. Juli 1907 Geliebte! Die paar Zeilen, die Du am 27. Nachmittags schriebst, sind mir auch jetzt noch völlig unverständlich. <u>Was</u> hat Dich in so üble Laune gebracht? Dieses <u>Was</u> beunruhigte mich. Da war es gut, daß ich mich ganz Deinen übrigen Worten hingeben konnte. – Du schreibst, daß ich Freitag d. 2. Aug. bei jedem Wetter bis Zissersdorf fahren soll. Ich bin ganz damit einverstanden. Du hast aber den Zeitpunkt anzugeben vergessen u. ich weiß jetzt nicht, ob Du mit meinem Plane, Donnerstag abends nach Hötzelsd. u. Freitag Früh mit der ersten Post nach Zissersd. zu fahren, einverstanden bist. Ja, bei jedem Wetter. – Aber ich flehe um helle Sonne u. um warme Luft. Dann – jetzt schmiege Dich ganz an mich, damit meine Augen, Lippen u. mein Körper in Liebkosungen Dich zäh fühlen lassen können, und ich wie jetzt zuflüstern werde – dann – schliese [sic] Deine Augen, Geliebte – ich sehne mich nach Gaaden im Walde[6], nach Deiner [..]benden prächtigen Nacktheit, die für /mich/

---

6 Ausflugsgegend im Süden von Wien, in der Tilly H. und Ottokar Hanzel in der Phase ihrer ersten Ver-

alle Schönheit, deren die Natur fähig ist, in Einem u. ganz einschließt. In Dir, Geliebte, bewundere ich die ganze Schönheit der Natur. Laß mich, zu Deinen Füßen liegend, Dir huldigen. … Ich komme zu Dir hinauf, meine Göttin. Liebe ist mein Glaube u. Liebkosungen sind meine Gebete. … Freitag! Oft u. oft sah ich Dich, sah ich uns beide im Walde liegend. … Oftmals habe ich es gefühlt u. erlebt, aber ich kann es nicht schildern. Ich küsse mein Weib. Hanzel.

Ich habe noch zu schaffen bis zu meiner Abfahrt u. das ist gut; denn ich will die Zeit nicht fühlen, die mich von Dir trennt. Ich würde wohl wünschen, daß Du hirher [sic] also kämst, ansonsten ist kein Grund dazu vorhanden (außer meinem Wunsch). Also werde ich erst Freitag toll. Nämlich aus Freude u. Wonne. Heute fühlte ich mich abermals besser, der gestrige Spaziergang mit Leni (Grinzing – Cobenzl – Grinzing) hat mir sehr wohlgetan. Mit Deinem Barfußgehen bin ich – nochmals wiederholt – <u>sehr</u> einverstanden, vorausgesetzt, daß es in einem längerem Rock u. nicht in Deinen Schwimmhosen geschieht. Letzteres u. weit mehr ist Dir jedoch in meiner Gegenwart – bei Ausschluß jeder Öffentlichkeit – mit Freuden gewährt. Es wird mich sogar?! glücklich machen. – Wäre ich ein großer Poet, so würde ich der [buh..enen] Milch (etc.) ein Loblied singen, so daß Du sie schon aus Begeisterung tränkest. „Sei weiter recht brav", hätte ich bald in Anbetracht meines dichterischen Nichtkönnens hinzugesetzt. Aber das wäre gar zu offene „Bemutterung." Und von <u>Dir</u> wie von der „versteckten" und „scherzhaften" muß ich mich hüten, weil ich ansonsten bei der ersten Lektüre (meiner Briefe) Deine Sanftmut allzusehr in Anspruch nähme. Ich aber will, daß meine Briefe soviel als möglich meine Gegenwart ersetzen, Dich also erfreuen … (Fortzusetzen geht über meine Unbescheidenheit.) ~~(Du drohtest mir nämlich, wieder)~~ Du schriebst /nämlich/, daß ich selbst in einer Hütte auf dem Himalaya keinen Frieden fände, wenn ich ein Weib (Dich) mitnähme. Diese Worte enthalten 1.) eine Drohung 2.) ein Geständnis. ad 1. Nur zu, wenn ich Dich nur habe. ad 2. Wird zur Kenntnis genommen u. gut gemerkt. – Geliebte, wie geht es Dir heute? Die bösen Schmerzen will ich [s..]küssen u. die quälenden Träume verjagen. Denk daran, daß mich jede Nacht zu Dir bringt. Harre noch wacker aus bis Freitag. Da wird ~~Dich~~ der „dumme" Hänzel [sic] /Dich/ umarmen u. in den Wald tragen, Dich küssen, die ganze Schönheit der Welt enthüllen … Ich kann nicht. Dein Gatte.
Ich wollt, ich wäre weniger dumm. Geduld.

---

liebtheit scheinbar unvergeßliche Stunden verbrachten. Sie wählten die Pfarre Gaaden im Walde im Jahr 1910 als Hochzeitskirche, vgl. Trauschein (Kopie) NL IIIC/4. In Erinnerung an ihren Hochzeitstag spendete Tilly H. der Pfarre Gaaden bis in die sechziger Jahre jährlich einen kleinen Betrag. Vgl. Dankesschreiben der Pfarre Gaaden, 29. 7. 1968, NLI/20

Mathilde Hübner an Ottokar Hanzel [Briefentwurf], 10. 8. 1907* (NL I/3):

Drosend., 10. VIII. 07. Du Geliebter! Ich weiß nie recht, womit ich in meinen Briefen beginnen soll. Am liebsten schriebe ich ja nicht, sondern hätte die Hände um Deinen Nacken geschlungen, meine Lippen auf Deinem Munde und zwischen Küssen würde ich versuchen, Dir zu sagen wie sehr ich Dein Weib bin, und wie ich es wünsche immer zu bleiben. Es schien, als liebte ich Dich mehr? Das kam, weil ich mir vorgenommen hatte, die kleinen unauffälligen Dienste Dir alle selbst zu machen und ich tat es so gut ich eben in meinem Glücke darauf achten konnte. Und was mich traf oder unangenehm berührt, habe ich solange gedacht, bis es mir selbstverständlich war, dann konnte ich über mich lächeln, daß ich es nicht gleich begriffen hatte. Deshalb, glaube ich, hat es geschienen. – Aber ich kann Dich nicht mehr mehr lieben als bisher, Du hast mich vollauf in geistigem u. körp. Besitz und weiter kann ich ja nicht, weil ich nichs [sic] mehr habe. Nur wünschen kann ich, daß beides noch besser werde, damit Du all das Glück besitzest, welches ich für Dich will. – Abends gehe ich mit Mama meistens spazieren, das ist langsam genug; wir sprechen wenig und oft werde ich zweimal gefragt, weil ich eben Dich küßte … Heute früh war ich wieder einmal baden. Die Pillen nehme ich pünktlich. Aber nun tut es mir herzlich leid, daß Du meine Briefe immer erst am 2. Tag erhältst – Aber ich will diesen Brief nicht senden! –
– –

Ottokar Hanzel an Mathilde Hübner, 10. 8. 1907** (NL I/3):

An Fräulein <u>Tilly Hübner</u>
Drosendorf/Thaya Nieder.Öst.

10./VIII. 07. Liebes Fräulein! Die Karten, die in der Nähe zu haben sind, sind alle gräulich bemalt u. übersichtslos. Diese Karte ist noch die beste. Aus ihr ist zu entnehmen, daß Drosendorf landschaftlich viel schöner ist u.s.f. Die Elbe können Sie auf der Karte nicht sehen. Sie ist auch in der Wirklichkeit recht klein. Ein Elbebad ist wohl vorhanden, da aber die Fabriken die Abwässer in den Fluß leiteten, werde ich es kaum benützen. – Heute nachmittags um 4h. erhielt ich Ihren Brief (vom 9. VIII.) Das Buch wird bestellt. I.H.D. Alles weitere später. Der ergebene Hanzel. Empfehlungen u. Grüße

---

* Der Brief wurde vermutlich nicht abgeschickt. Er ist ohne Kuvert bei den Briefen von Ottokar Hanzel aufbewahrt.
** Diese Karte wurde mit dem Brief von selbem Tag im Kuvert gesandt.

Ottokar Hanzel an Mathilde Hübner, 10. 8. 1907 (NL I/3):

An Fräulein <u>Tilly Hübner</u>,
<u>Drosendorf</u> a.d. Thaya Nieder-Öst.

Königinhof[7], 10./VIII. 07. Abends. Mein Weib! Die beiliegende Karte wollte ich anfangs, wie Du aus dem Texte ersiehst, unverhüllt abschicken. Die doofen doofen [sic] Klatschsucht hielt mich davon ab. – Mir tut leid, daß ich hier nicht kalt baden kann. Ich muß mich mit d einem warmen begnügen. (Heute nach dem Nachmittagsunterr. benützte ich das Bad, das in der Fabrik für die Beamten eingerichtet ist. Recht hübsch.) Dein Bericht ist rührend. Es freut mich riesig, daß Du auch an dem Rechnen Interesse hast. Gleichzeitig schreibe ich an meine Mutter wegen der Prato.[8] Die Widmung werde ich später nachtragen od. sie einstweilen brieflich schicken. – Du würdest Dich wohl hüten, mich auf die Bratpfanne zu legen. Ich wüßte einen viel herrlicheren Platz … Frau definit. Bürgerschullehrerin 2. Klasse habe ich also bald zu sagen. Das ist mir zu lange. Tilly, Weib, Geliebte u. Gattin sind viel kürzer und … Die Brief [sic] kann ich versperren, deshalb … Die 4 Briefe, die ich bisher erhielt, trage ich in der Brusttasche u. lese sie oft u. oft. Jetzt werde ich mich ins Bett legen, die Briefe lesen u. Dich leise rufen. Dein Gatte.

11. August (Sonntag) Da Briefe heute nachmittags nicht ausgetragen werden, fürchte ich, daß weder Du noch ich Nachricht erhalten werden. Ich werde es in Zukunft so einteilen, daß ich schon Samstag früh den Brief aufgebe. – Mit meinem Schüler habe ich bereits die Spur II u. Spur <u>I</u>, Neigungs [sic] dem Bild ab … durchgenommen. Wir sind bei dem Punkte angelangt, wo in seinem Kopfe die Verwirrung beginnt. Deshalb wiederhole ich <u>heute</u> (nur Nachmittags ist Unterricht). Nachmittags mache ich einen längeren Spaziergang. Ich werde mich in den Wald legen und … Davon morgen. Wir küssen uns. Hanzel.

---

7 Ottokar Hanzel hielt sich für einige Zeit in Königinhof (Dvůr Králové) an der Elbe im heutigen Tschechien auf, um als Privatlehrer Geld zu verdienen.

8 Katharina Prato, Süddeutsche Küche. Graz 1858. Das Buch der 1818 in Graz geborenen und vielfach ausgezeichneten Autorin prägte die Formel „Man nehme" und zählt zu den Kochbuch-Bestsellern des deutschen Sprachraumes. Die Autorin, die der Grazer bürgerlichen Gesellschaft angehörte, engagierte sich auch bei der Gründung der Vereine *Grazer Volksküche* und *Frauenheim*. Vgl. Erika Thümmel, Von Kuheutern, Wildschweinsköpfen und Kalbsohren. Die „schriftstellernde Kochkünstlerin" Katharina Prato und ihre „Süddeutsche Küche". In: Carmen Unterholzer, Ilse Wieser (Hg.), Über den Dächern von Graz ist Liesl wahrhaftig. Eine Stadtgeschichte der Grazer Frauen. Wien 1996

Ottokar Hanzel an Mathilde Hübner, 11. 8. 1907 (NL I/3):

An Fräulein <u>Tilly Hübner,</u>
<u>Drosendorf</u> Thaya Nieder-Öst.

Königinhof, 11./VIII. 07. Abends Geliebte! Heute nachmittag wollte ich in den Wald. Allein d. h. Dich hätte ich mitgetragen, mit Dir wäre ich in der Einsamkeit gewesen, beim Walde u. der Sonne zu Gaste … Es ist anders gekommen. Hr. Nettel bot mir seinen Wagen zu einem weiteren Ausfluge an. Da ich nicht a~~bschla~~lehnen konnte, so mußte ich mir die Gesellschaft der beiden Söhne u. noch 2er Herren + Chemiker einer hiesigen Fabrik, gefallen lassen. Die Chemiker hielt ich, wie alle Bekannten von Nettel, für Juden. Diese Gesellschaft, wo ich allein sein wollte! ~~Ich war traurig u. dachte an~~ Die Sehnsucht u. die Liebe richteten mich auf. Ich vergaß meine Umgebung … In Deinen Augen, Geliebte, leuchtet es so wunderbar. Deine Augen … sie geben alles. Und [F..n] kommt immer näher … Nicht, tapfer sein. – Ich bin's. Nacht, bring mir die Geliebte. Hanzel

Tilde Mell an Mathilde Hübner, 14. 8. 1907 (NL I/2b):

Fräulein Tilly Hübner,
Drosendorf a. d. Thaya, Nieder-Österreich.

Wien, 14./VIII. 1907. Liebste, denk' nur, heute habe ich fast ein unbehagliches Gefühl, wenn ich denke, daß Du auch heute an mich schreibst und unsere Briefe sich kreuzen, ohne das [sic] eine von der anderen weiß, was sie schreibt. Ich war jetzt immer so froh, zwei Tage nach meinem Brief schon eine Antwort darauf zu haben und ich wünschte, daß es immer so bliebe. Willst Du mir diesen Wunsch erfüllen? – Ich teile vollkommen Deine Meinung über das Weib. Ich finde unsere Bestimmung so herrlich, daß es immer mein heißester Wunsch sein wird, diese Bestimmung zu erfüllen. Aber schau, wir, wenigstens ich, sind noch in einer Zeit erzogen, in der alles über die Zeugung und das Werden verschleiert wurde, nicht nur mit Worten, auch mit Mienen, geheimnisvollem Lächeln, oft verächtlich, vielfach bespöttelt, aber immer die Neugier reizend, weil es den Anschein des Verbotenen weckte. Und ganz losmachen kann man sich von solchen Eindrücken nicht. Wir sind nicht wahr, nicht ehrlich und das ist uns anerzogen. Immer wird von der Liebe als dem geistigen Verhältnis <u>gesprochen</u> und die wie viel größere Rolle spielt die immer scheu und als – ja, als unanständig be~~t~~zeichnete körperliche Liebe. Als ob nicht beides zusammen erst die wirkliche, echte Liebe geben könnte! Aber unsere Sinne werden so erzogen, daß jeder geschlechtliche Reiz uns wie eine Sünde vorkommt. Und wie süß ist es, dem Geliebten die Hand zu lassen, von Zeit zu Zeit einen leisen Druck zu spüren – gibt es etwas Unschuldigeres? Und doch wird schon das als unanständig, ungehörig, unpassend bezeichnet. Daß wir schließlich dahin gelangen, einen Kuß als eine Todsünde und gar eine Umarmung als Verbrechen anzusehen, liegt doch auf der Hand. Ich für meinen Teil will gar nicht der sinnlichen Liebe den ersten Platz einräumen, aber es bringt mich auf, wenn ich sehe, wie fest man uns die Augen zuhält, damit wir nichts sehen, und wie dann ein unbewachter Verkehr genügt, um die Schleier so zu zerfetzen, daß uns nur Ekel bleibt. Schenkt mir der liebe Gott einmal Töchter, so erziehe ich sie anders, das weiß ich. – Dickens sagt einmal irgendwo: Warum verabscheuen wir eigentlich den Tod? Er gehört doch mit zum Leben, deshalb sollten wir ihn lieben. Das ist doch hübsch, gelt? – Ich gehe Samstags auf einige Tage fort, schreibe, bitte, aber doch her, da ich kaum länger als eine Woche ausbleibe.

[am Seitenrand eingefügt] Ich küsse Dich vielmals als Deine Tildi.

Josefine von Noé an Mathilde Hübner, 14. 8. 1907 (NL I/2a):

[An] Fräulein Mathilde Hübner
Drosendorf a. d. Thaya. N.Ö.

Micheldorf, 14. VIII. 1907. Liebe Hübner! Es ist nicht Deine Karte, welche mich nun endlich bestimmt, Dir einen Brief zu schreiben, (ich werde Dir schon später erklären, warum sie es nicht ist) sondern meine eigene unbewußte Taktlosigkeit, die ich beging, als ich Dir die scherzhaft sein sollende Karte[9] zu einer Zeit schickte, da Du so Schweres erlebtest. Ich bitte Dich deswegen um Entschuldigung, ich erfuhr erst zu spät davon. Da nun meine erste Pflicht getan ist, will ich Deine Karte beantworten. Du schienst also im Ernst zu glauben, daß ich unnahbar sei. Aufrichtig gesagt, ich weiß gar nicht, was du damit meinst. Ich ließe mir schon jemanden nahen, wenn es nur die Verhältnisse gestatten wollten. Wenn ich wie vergangenes Schuljahr in Favoriten, Du in Meidling tätig bist und Du überdies die freie Zeit mit allem Möglichen besetzt hast, wie sollen wir da Gelegenheit haben, uns zu nahen, beziehungsweise ich Gelegenheit, unnahbar zu sein? Mir tut es auch leid, daß nicht zwischen uns ein intimeres Verhältnis entstehen konnte, da ich glaube, daß wir trotz unseres ganz verschiedenen Wesens

---

9 Fini von Noé schrieb Tilly H. mehrfach scherzhafte Briefe und Karten, vgl. z. B. das Schreiben vom 20. 8. 05 im Kapitel „Frau Hübner/Passagen" (CD-ROM). Die hier erwähnte Karte ist allerdings im Nachlaß nicht erhalten.

viel Anregung aneinander gehabt hätten. Wenn ich daran denke, wie ich, die ich mich leicht in Jahrgangszeit körperlich und geistig anderen überlegen fühlte, Dir gegenüber ein angenehmes Gefühl der Unterordnung empfand, nicht im Klassenzimmer, wo eine größere räumliche Entfernung zwischen uns lag, sondern wenn ich mich am Gang lustwandelnd in Dich einhängte! Wenn Dein Blick mich traf, der so warm auf mir ruhen konnte u. doch auch etwas Schulmeisterliches, zur Ruhe Zwingendes und zur Besonnenheit Dringendes an sich hatte, was bei meinen damals hochgehenden Wogen des Lebensgefühles ganz angebracht war, da hätte ich am liebsten ganz mich von Dir leiten lassen, obwohl es mich anderseits wieder drängte, Dir zu widersprechen und Dich zu reizen. Mein Stolz verbot es mir halt, mich ohne Kampf Dir zu ergeben, obwohl ich instinktiv Deine Überlegenheit fühlte, wie ich für persönlich groß geltendes Mädchen ja schon körperlich Dir gegenüber verlor. Hätten wir vielleicht denselben Schulweg gehabt oder hättest Du nach der Jahrgangszeit wie ich die pädagogischen Vorlesungen unsres lieben Dr. Rupp besucht und wir sie, nebeneinandersitzend, angehört u. verarbeitet, wir wären einander vielleicht viel näher gekommen oder hätten doch großen Vorteil aus unserm Meinungsaustausch gezogen. Besonders Rupps Vorlesungen hätte ich geeignet gehalten, uns ein Prüfstein zu werden, ob wir uns was sein könnten. Die hohen Ideen, die da zur Sprache kommen mußten, dargelegt von einem solchen Charakter wie Rupps, bei dem man ja auch zwischen seinen unbeholfenen Worten lesen kann, geben soviele Anregung [sic] zu Gesprächen, die für beide Teile, die sie führen, wieder belehrend sind. Ich mußte leider größtenteils diese Anregung entbehren, genoß also hauptsächlich im Stillen. Und kann trotzdem mit großem Dank sagen, daß ich mir vieles aufbewahrt habe. Wie schade, daß wir nicht gemeinsam von diesen Erinnerungen zehren können, das wäre gleich ein Annäherungspunkt! Indessen wirst Du mich für eine Schwärmerin halten u. das leider mit Recht. Leider sage ich, weil die Stärke, mit der ich noch immer alles empfinde, Freude wie Leid, Haß wie Liebe, im Leben viel Ungelegenheiten schafft u. zu verkehrten o. eigentlich besser gesagt, übertriebenen Handlungen verleitet, die man später bedauert. Übers Ziel schießen! Das ist nun einmal ein Hauptfehler von mir, im Arbeiten wie im Nichtstun. Letzteres ist bei mir nun der Fall, ich kann mir auch kaum mehr vorstellen, wie man eigentlich studiert. Siehst Du! Und das ist auch ein Grund, der uns vielleicht fern gehalten hätte, auch wenn wir körperlich nahe gewesen wären! Du so fleißig, so ausdauernd, so lernbegierig, daß Du die Bürgerschulprüfung schon hinter Dir hast, indes ich nicht einmal angefangen habe mich darauf vorzubereiten, ja nicht einmal sehe, wie ich es anpacken soll. Was? Studieren und wie?, ist mir noch ganz unklar. Kommt es überhaupt zu meiner Bürgerschulprüfung, so bist Du sicher indes Frau Doktor u. wirst wohl dann schwerlich mehr mit der Aufforderung an mich herantreten, etwas von mir hören zu lassen. Gleich u gleich gesellt sich gern! Wirst Du denken u. danach Deinen Umgang wählen. Nun also zur Erklärung, warum

Deine Karte allein (ohne meine unbewußte Taktlosigkeit) nicht ausgereicht [sic] hätte, mir diese Epistel zu erpressen. Könntest nicht auch Du die erste sein, die einen Brief schreibt, fühltest du Dich <u>so</u>, <u>so</u> erhaben, daß Du fürchtest, Deine Würde dadurch zu verletzen? Und dann versteht man keinen Spaß mehr? Schließlich ist's ja die Wahrheit, wenn ich Dich gelehrt nenne, mir gegenüber bist Du es sicherlich. Und eine Leuchte warst Du ja schon nach Popelkas Ausspruch. Also so was wird man doch nicht übel nehmen! Übrigens nennst Du meine Worte ohnedies nur „papierene" Wände (mit dem wenig schmeichelhaften Zusatz „von Schwulst"), die zwischen uns errichtet sind, also reiße sie nieder, da Du es ja zu wollen scheinst, dazu hättest Du ja meinen Brief nicht erst abwarten müssen. Ich wollte Dir durch meine letzte Auseinandersetzung nur zeigen, daß ich aus deiner Karte nicht die Nötigung fühlte*, meinerseits mit einem Briefwechsel zu beginnen, den ja auch Du hättest anfangen können, wenn nicht mein Herz durch das schreckliche Ereignis, das Euer Haus ereilte, im vorhinein zu großer Teilnahme erregt gewesen wäre, in welcher Stimmung ich Dir eine größere Freude gemacht hätte, als es mir mit der Abfassung dieses Briefes wahrscheinlich gelang, obwohl es der Zweck dieses Briefes war. Ich gab Dir Vertrauen, wie Du es verlangst, habe darum ein wenig gern Deine Kollegin Fini von Noé

Josefine von Noé an Mathilde Hübner, 2. 9. 1907 (NL I/2a):

> [An] Fräulein Tilly Hübner
> Drosendorf a. d. Thaja [sic] N.Ö.
> Abs.: Jos. v. Noé,
> Micheldorf im Kremstal

Micheldorf, 2. Sept. 1907 Liebe Tilly Hübner! Ich weiß nicht, ob Du Dir trotz Deiner dahin zielenden Aufforderung am Schlusse Deines Briefes wieder ein Schreiben von mir erwartetest. Vielleicht ist es aber gut, wenn ich dir ein paar Zeilen sende, obgleich wir uns ja das Wichtigste so ziemlich gesagt haben. Es klingt anmaßend von mir, aber ich spreche ja auch Gott sei Dank wie ein Blinder von der Farbe, wenn ich mir vorstelle, daß in einer so traurigen Zeit, wie Deine jetzige sein muß, jedes von Herzen kommende Wort wohltuend empfunden wird. Und ein solches möchte ich gern zu Dir sprechen. Also, liebe Hübner, ich bin mit dem Briefe, den Du mir schriebst, durchaus nicht unzufrieden, wie Du vermutetest. Wie könnte ich auch, da ich doch das große Opfer anerkennen muß, das Du mir brachtest, indem Du Deine schweren, ernsten auf ganz anderen Dingen weilenden Gedanken auf unsere Bezie-

---

* „fühlte" korrigiert auf „gefühlt hätte"

hungen lenktest! Jede Ablenkung ist ja vielleicht eine Wohltat, aber wer würde sich gleich dazu aufraffen? Also, ich hatte gar keinen Grund zur Unzufriedenheit mit Deinem Brief. Auch konnte ich gar nicht erwarten, daß Du mir gleich auf einmal die Türen Deines Herzens aufreißen würdest, mir von Deinen Plänen für das nächste Schuljahr, geschweige denn von zarten Herzensbeziehungen reden wirst, von denen ein vages Gerücht mein Ohr streifte. Sollte es möglich sein, daß Ihr, Du u. Nittner, beide verlobt seid, beide ein Geheimnis aus Eurer Verlobung macht? Ich weiß nicht, ob ich es täte, wenn es so wäre. Ich glaube nicht. Denn ich sehe keinen Grund dazu. Aber es gibt natürlich verschiedene Verhältnisse, die einen dazu zwingen können. Wie dem auch sei, wenn das Gerücht auf Wahrheit beruht, bist Du glücklich zu preisen, daß Deine Seele schon einen Halt gefunden hatte, ehe Dir Dein erster entzogen wurde. Und dann, welche mannigfachen Anregungen eröffnen sich einer Braut! Ich weiß das von meiner Schwester her, die nun schon ein halbes Jahr sich glücklich im Hafen der Ehe befindet. Allerdings wirst Du auch als Braut studieren, nicht? Ich glaube nämlich gehört zu haben, daß Dir bewilligt wurde auf der Technik zu studieren. Ein männliches Studium, zu dem viel Ausdauer gehört! Daß Du in dieser Hinsicht über mir stehst, ist unzweifelhaft, und darum kannst Du auch meinen halb scherz-, halb ernsthaften Ausdrücke, mit denen ich diesen Abstand doch richtig bezeichne, nicht unnütze Worte nennen. Es ist mir immer ein Bedürfnis, jedes Verhältnis klar vor mir zu sehen. Durch solche Reden schaffe ich mir Klarheit. Warst Du einer anderen Ansicht, so konntest Du mich ja ruhig belehren, ich hätte Dir gern zugehört u. vielleicht dadurch die meinige berichtigt. Aber das sind nun leider Worte, die zu spät kommen. Wer weiß, wann wir uns das nächstemal sprechen? Doch hoffe ich wenigstens brieflich von nun an in Fühlung mit Dir zu bleiben, vielleicht gelingt die Annäherung doch, die Du als unmöglich bezeichnetest bei der unsteten Fini v. Noé bis 11. IX. Micheldorf, Ober-Österreich, dann Wien, III., Rasumofskyg. 2.

[am Rande der 1. Seite eingefügt] Ist Deine Wiener Adresse: XII., Schönbrunnerstr. 289?

Mathilde Hübner, Tagebuch 1905–1910 (NL IIIC/4):

21. September 1907. Tag und Nacht gleiche Zeit. In Drosendorf ging in der 1. Woche alles gut. Samstag/Sonntag nachts erkrankte Papa. Er hatte einen Anfall von Urämie, den letzten … Freitag, den 19. Juli starb er. Mir ist es heute noch wie im Traume, ich kann es noch nicht glauben. Mama blieb bis 18. d. M. in Drosendorf. Es waren trübe Ferien. – Wieder in der Ruckergasse, aber als provisorische Lehrerin. – – –* An mei-

---

* Nach „Lehrerin. – – –" bleibt eine halbe Seite unbeschrieben. Der Eintrag fährt auf der nächsten Seite des Heftes brieflich fort: „An meinen Mann …"

nen Mann – in traurigen Tagen. Mittwoch abends erfuhr ich von der abschl. Antwort der Technik. Alla wußte nicht mehr, ob das Papier vorhanden sei bei ihr od. ob Du es mit~~bracht~~nahmst. Ich empfand ein unbeschreibliches Gefühl, Empörung, Schmerz – … ich glaube es war alles, was der Mensch an Haß empfinden kann, dabei. – Ich weinte, ich wußte nicht: wenn Du mich schonen wolltest e im Juli, als Du das 2. Mal nach Dr. kamst, hättest Du sprechen können. Es ist kostbare Zeit verloren gegangen! – Und sie ~~beh~~ vorenthielten mir mein gutes Recht. Du aber, Du wußtest ja, daß ich jedenfalls mich erregen würde. Du hebst die Sache auf, und als ich allein heimkehrte in ein Haus, das mir nicht mehr Heim ist, weil ich so vieles darin mißbillige, als ich so recht alle Mühen und Sorgen auf mir fühlte, da mußte ich es erfahren. Ich schlief zwei Nächte nicht, Du bist Mann. [sic] Ich bin ein lebhaft empfindender Mensch, ein stolzes Weib. Ich wundere mich, daß ich in diesen Nächten nicht schwer krank wurde. Ich weiß es jetzt, als Weib bedeute ich eine Null im österr. Staate … Diesem Staate bin ich nichts als – Gebärapparat. Ich hasse ihn aus meinem ganzen Herzen und werde ihn hassen bis zum letzten Atemzuge. Ich hatte das Empfinden, sofort ersticken zu müssen … aber alle Worte sind schwach. Und diesem Staate sollen dann die Kinder untertan sein, die ich in Schmerzen gebären, mit Liebe aufziehen soll. Kann ich überhaupt wollen, daß mein Leib in die Dienste des Staates komme, mein Sohn einst vielleicht beim Militär … Meine Tochter in den Schranken seiner veralte~~te~~ten Gesetze. – Hinaus, hinaus aus diesem Staate – zu Wilden, zu Tieren ist besser als hier. – Ich lasse mich nicht betrügen, nein ich werde kämpfen bis zum Äußersten. Du schreibst, ich solle mich nicht ärgern. Ärgern? Nein, Ottokar Hanzel, ich bin nicht der Mensch, der /leicht/ mürbe wird, aber in diesen Tagen sehne ich mich nach dem Frieden, von dem Du sprachst. – Ich kann nicht im Dreck leben, ich muß atmen können, ich muß Sonne haben. – Und nun wirst Du kommen und mich finden. In meinem Gesicht den Zug der Verachtung, des Hasses. Kein Glaube an die Echtheit ~~unserer~~ (der öffentlichen) Bestrebungen, – dem Staate mißtrauend in allem ohne den Willen, /meine Kinder ihm geben zu müssen/, ja mit dem heißen Wunsche, meine Kinder seinen Einschränkungen entziehen zu können. – Du bist alles, was ich habe, sagte ich einst, und Du sprachst ebenso. Da hast Du nicht mehr viel, Ottokar Hanzel! – Gar nicht mehr viel. – Du ahnst nicht, was man mir tut, Du ahnst aber gar nicht, was Dir damit geschah! Ich lebe um Deinetwillen. Willst Du und wirst Du damit zufrieden sein können?

Tilde Mell an Mathilde Hübner, 2. 10. 1907 (NL I/2b):

[An] Fräulein Tilly Hübner,
XII., Schönbrunnerstraße 289.

Wien, 2./X. 1907. Liebste, den ganzen Tag verläßt mich die Mahnung an den Mittwoch nicht und jetzt um 10h komme ich erst zum Schreiben. Dein letzter Brief interessiert mich sehr und wir besprachen Deinen Fall bei Tische ausführlich. Meine beiden ältesten Brüder, fixe Juristen, erklärten mir, daß Dein Zeugnis darum nicht staatsgiltig wäre, weil unser Staat eben die Zulassung zur Technik nur Männern bewillige. Du schriebst mir ja auch einmal, daß die Zulassungsklausel bei Deinem Zeugnis unausgefüllt geblieben sei – damit ist ja alles gesagt und alle sagen, daß Du Dir gar keine Mühen machen sollst; denn für das Studium der Frauen an der Technik ist gar kein Mensch. Ich hab' in der letzten Zeit an einer Menge Beispiele gesehen, wie gering man uns noch immer einschätzt, wie wenig Wert man aller Frauenarbeit auf geistigem Gebiete beimißt, wie sehr man unsere geringere Hirnmasse betont und so weiter mit Grazie. Daß man aber bei einem Mädel Lärm schlägt, wenn einmal ein Befriedigend erscheint und beim Buben glücklich ist, wenn er nur Genügend nach Hause bringt, ~~wenn~~ daß das unausgezeichnete Bestehen einer Prüfung beim Mädel tagelange Verstimmtheit nach sich zieht, während ein knappes Durchrutschen beim Buben bejubelt wird – hab' ich an mir erlebt. Ich bin die Letzte, die darüber klagt, weil ich viel zu sehr zu den Frauen gehöre, die ihr Herzblut gäben dafür, ihre natürliche Bestimmung zu erfüllen, aber es tut mir weh, wenn ich sehe, daß man mich zu denen wirft, die sich davon befreit haben und ihr Glück, das ja wohl das Höhere ist, in geistiger Arbeit, der Wissenschaft oder der Kunst finden. Ich bin eben das Weibchen und ihr seid das moderne Weib. Und ich fühl' mich ganz wohl bei dem Bewußtsein. Warum soll ich mehr sein wollen als <u>meine</u> Natur zuläßt? Ich glaub', ich hab' ein bissel unklar geschrieben, aber Du bist ja nachsichtig, gelt? Tildi.

Mathilde Hübner an das Ministerium für Kultus und Unterricht, 11. 10. 1907 (NL I/50):

Hohes k. k. Ministerium für Kultus und Unterricht in Wien! Die ergebenst Unterzeichnete bittet um Ausstellung einer ergänzenden Beglaubigung zu ihrem Maturitätszeugnisse und begründet ihr Ansuchen mit Folgendem: In ihrem Zeugnisse wurde die Klausel, daß dasselbe ein Zeugnis der Reife zum Besuche einer technischen Hochschule sei, gestrichen, weil die österreichischen Techniken derzeit nur männliche Hörer aufnehmen. Wie ersichtlich, wurde der Streichung weder ein Erlaß noch seine anderweitige Erklärung angefügt. Vom Rektorate der k. k. technischen Hochschule in Wien wurde der Unterzeichneten bekannt gegeben, daß sie, wenn auch die organischen Statuten dieser Hochschule die Aufnahme weiblicher Hörer zuließen, sie wegen der vorgenommenen Streichung nicht aufgenommen würde. Da die Unterzeichnete ihre Studien an einer ausländischen Hochschule absolvieren will, bittet sie das hohe Ministerium, entweder im Zeugnisse selbst oder in einem besonderen Dokumente auszudrücken, daß das vorliegende Zeugnis gleichwertig mit einem Zeugnisse der Reife zum Besuche einer technischen Hochschule sei, daß aber die Streichung stattgefunden habe, weil die technischen Hochschulen Österreichs derzeit keine weiblichen Hörer aufnehmen. Die Unterzeichnete hofft, daß durch die Ausstellung dieser Erklärung ihrer Aufnahme an einer ausländischen Hochschule keine Hindernisse mehr im Wege stehen, und erlaubt sich deshalb die Bitte um genehmigende Erledigung dieses Gesuches. Wien, am 11. Okt. 1907 Mathilde Hübner.

[am Rande neben „Wie ersichtlich"] Beilage 1

Mathilde Hübner, Tagebuch 1905–1910 (NL IIIC/4):

16. Oktober 1907 ist mir nichts geblieben als ein großer Abscheu vor dem Theaterstück Staat. – Bei Hohenegg[10] war nichts zu erreichen; weil er voreingenommen. Cuber[11] bedauerte mein Nichtdurchdringen. Endlich erhielt ich bei Hofrat Huemer[12] die Auskunft, daß ich eine meinen Zeugnisklecks erklärende Ausstellung vom Minist. haben könne. Ich habe schon eingereicht. In der Ruckergasse war ich überflüssig. Laufe jetzt noch unbeschäftigt herum. Meine Lunge macht mir Sorgen. – Darum heute zur Dr. Sinnreich. – Vergangen. Sonntg. in der Baunzen [sic]. Zwei Universitätskurse. Stöhr[13] … und Reitler „Hygiene des Frauenlebens". – – –

---

10 Vermutlich Ober-Baurat Karl Hochenegg, Rektor der k. k. Technischen Hochschule, Professor für Elektrotechnik, Inspektor des gewerblichen Bildungswesens. Vgl. Niederösterr. Amtskalender für das Jahr 1907, 607
11 Vermutlich Hofrat Emanuel Czuber, Dekan der allgemeinen Abteilung der k. k. Technischen Hochschule, Professor für Mathematik, Mitglied der Prüfungskommission der behördlich zu autorisierenden Versicherungs-Techniker. Vgl. Niederösterr. Amtskalender für das Jahr 1907, 607
12 Vermutlich Hofrat Johann Huemer, Mitglied des österreichischen archäologischen Instituts, Redaktionsmitglied der Zeitschrift für das österreichische Gymnasium; in außerordentlicher Verwendung des k. k. Ministeriums für Kultus und Unterricht. Vgl. Niederösterr. Amtskalender für das Jahr 1907, 134
13 Es wäre möglich, daß Tilly H. die Kurse am *Athenäum*, der 1900 gegründeten Frauenhochschule in Wien, besuchte, wo H. Adolf Stöhr etwa Kollegs zu den Themen „Die modernen philosophischen Weltbilder" oder „Psychologie" abhielt. Vgl. Fellner, Athenäum, 110

Ministerium für Kultus und Unterricht an Mathilde Hübner, 19. 10. 1907 (NL I/50):

Ministerium für Kultus und Unterricht. Z. 42.019. Wien am 19. Oktober 1907.

Auf Ihr Ansuchen vom 12. Oktober 1907 wird Ihnen behufs allfälliger Inskription an einer ausländischen Hochschule bestätigt, daß Ihr an der k. k. Staatsrealschule im V. Bezirk Wiens erworbenes Maturitätszeugnis Nr. 13, vom 18. Oktober 1906, einem Zeugnis der Reife zum Besuche der technischen Hochschule zwar gleichkommt, die darauf bezügliche Klausel jedoch entfallen ist, weil in den im Reichsrate vertretenen Königreichen und Ländern Frauen der Zutritt zu den technischen Studien gesetzlich nicht eingeräumt ist. Das erwähnte Maturitätszeugnis folgt im Anschlusse zurück. Für den Minister für Kultus und Unterricht: [..]*
An Ihre Wohlgeboren, das Fräulein Mathilde Hübner, in Wien.

Tilde Mell an Mathilde Hübner, 1. 11. 1907 (NL I/2b):

[An] Fräulein Tilly Hübner,
XII., Schönbrunnerstr. 289.

Wien, 1./XI. 1907. Liebste Tilly, Deine Karte nahm mir einen Berges Last vom Herzen. Nur der Umzug![14] Dachte ich voll Vergnügen. Ich hatte mir schon alles Mögliche vorgestellt und ausgemalt – wie Du mich verächtlich fändest und deshalb nicht mehr schriebest, mich einfach bei Seite legtest, wie man einen Menschen abtut, in dem man endlich die Leerheit und Hohlheit findet, über die so lange Redegewandtheit getäuscht hat. Bin ich froh, daß das nicht so ist! Hast Du meine letzten Briefe alle bekommen? Gelt, Du sagst mir rechtzeitig Deine neue Adresse, damit ich nicht umsonst schreibe? Du musterst aus – viel alte Dinge wohl auch und wohl auch Briefe. Du, ich hätte eine sehr große Bitte. Ich möchte so gerne einmal alle Briefe wieder lesen, die wir gewechselt haben. Hast Du die meinen noch? Ich habe jedes Zettelchen noch, das Du mir schicktest. Ein großer Pack! Es sind doch auch schon vier Jahre, daß wir uns schreiben. Sieh, meine linke Schreibtischlade enthält das alles – viel Gleichgültiges und Nichtssagendes, viel Schwerwiegendes und Trauriges, manches Wort, das mich jubeln, und manches, das mich weinen machte. Wenn ich die Lade öffne, da liegt das alles, friedlich und stumm, Papier und nichts weiter, oft schon ein gelblicher Schein an den Rändern, in zierlichen Päckchen, mit leuchtend gelbem Band gebun-

---

* Unterschrift unleserlich
14 Bezieht sich vermutlich auf den mit der erhofften Heirat geplanten Umzug in eine neue Wohnung.

den – so wenig und doch so inhaltsschwer in vielen Zeilen. An so ganz stillen Sonntagabenden im Winter, wennn alles so stumm ist um mich her, dann kram' ich gern in all dem herum. So oft find' ich etwas, das ich nicht mehr verstehe, Antworten auf Fragen, die ich nicht mehr weiß, Trost auf Plagen, deren ich mich nicht mehr erinnere – wie kurz lebe ich erst und wie viel habe ich schon erlebt! Und es scheint, als sollte ich auch schon wieder in einen Liebesroman verwickelt werden, an dem ich wieder nicht mit dem Herzen beteiligt sein soll. Ich werd' über kurz oder lang einen zweiten Korb austeilen – vielleicht wird mir's jetzt schon leichter werden. Das weiß ich, daß ich der Gelegenheit aus dem Wege gehen werde – Schreiben ist doch schließlich leichter als Reden. – Findest Du wohl bald nach dem Umzug ein paar Minuten Zeit für mich? Ich sehne mich schon danach. Für heute küsse ich Dich. Tildi.

Tilde Mell an Mathilde Hübner, 8. 11. 1907 (NL I/2b):

[An] Fräulein Tilly Hübner,
XII., Schönbrunnerstr. 289.
Abs.: Tildi Mell, II., Wittelsbachstr. 5.

8./XI. 1907. Liebe, liebe Tilly, wie froh war ich, als ich Deinen Brief Donnerstag fand. Sein Inhalt machte mich freilich wieder betrübt. Du liebe Arme! Ich weiß, wie drückend pekuniäre Sorgen sind, weil ich es schon sah an Papa und Mama /sah/. [sic] Doppelt leid tust Du mir, da sich Deine Heirat dadurch hinausschiebt. Wenn ich Dir nur helfen könnte! Das Einzige ist ja aber wohl, daß ich Dich bitte, mir alles zu schreiben, was Dich drückt, ich hab' Dich doch viel zu lieb, um das als Belästigung zu empfinden. Wenn Du einmal Mittwoch vor 1/2 4 zu mir kämest, fändest Du mich sicher, nachher bin ich vielleicht nicht zu Hause, da ich die paar freien Stunden gewöhnlich benütze, um auszugehen und Besuche zu machen. Und wenn Du mir die Briefe brächtest! Nicht einen werfe ich weg, bestimmt nicht! – Gestern gab ich den zweiten Korb her, einem jungen Mann mit allerhand verdrehten Ideen, der zwei Monate jünger als ich ist und der neben der Frau auch nur noch ein paar Freundinnen nötig hätte. Ich sagte meinen Eltern und Geschwistern gar nichts, weil ich nicht will, daß ihm unser Haus versperrt würde, ich kann ihm ja aus dem Wege gehen. Wenn das so fortgeht, geb' ich jeden Monat einen Korb her – niedlich! Ich komme mir so abscheulich vor, aber der zweite fiel mir gar nicht schwer. Beim ersten hab' ich geweint, beim zweiten mitleidig gelächelt. Was sich der bloß gedacht hat! Jünger wie ich und ganz unfertig ist er. Nun aber genug. Ich muß morgen um 1/2 6 heraus und es ist gleich elf. Ich küsse Dich innig. Tildi.

Mathilde Hübner, Tagebuch 1905–1910 (NL IIIC/4):

12. 12. 07. Donnerstag. Ich glaube, es gibt manche Stunden für den Menschen, da er aus Liebe die Klarheit scheut. Er fürchtet sich. Und so habe ich mich gefürchtet. Ich verlange, sein Weib zu sein. Und er selber läßt mich warten. Und bis ich diesen Satz sicher hinschreiben konnte, brauchte es diesen Herbst. – Die Prüfung hätte er machen können (Februar) und er arbeitet ohne Einteitung [sic], also versäumt er zuviel. Aber die Tatsache, wiewohl sie so betrübend ist, soll mich nicht niederdrücken. Ich wollte ihn erringen. Und ich will unter den scheußlichen Verhältnissen bei der Kommune Wien aushalten. Im März, April sind die nächsten Termine, im August entscheidet sichs [sic]. Also drauf los. – Am wehesten tat mir sein Verhalten gegen mich. Ich brauche Klarheit, ich verlange sie. Aber sie wurde mir nicht. Ich haolte sie mir selber. – Und ihm sageich [sic] nur: Ich mache mir keine Zukunft. Er selbst schob den Zeitpunkt unserer Vereinigung hinaus; denn die Prüfung im Junitermin läßt kein Einreichen um eine Stelle mehr zu, so denke ich wenigstens, und damit ist unsere Heirat auf das Jahr 1908 9 verschoben. – Ich will warten; d. h. nein, ich will kein Warten in mir tragen, sondern bloß den Willen, ihn zu heiraten, falls er kommt und spricht: Jetzt. – Ich bin so betrübt manchmal, daß ich nicht imstande bin, zu sprechen. Du, warum tust Du mir dies. – Wir sind jetzt nicht täglich beisammen. Und es ist besser so. – Ich bin in den letzten Jahren bedeutend selbststständiger geworden und ich werde es immer mehr. Ein starkes Unabhängigkeitsgefühl vom Manne keimt langsam, aber stetig empor. – Liebe wird uns als Gatten einen, die Charaktere werden einander fesseln durchs Leben. Und doch werde ich Ich sein! – Wienstraße [Tröthann]; N= 97. Malfattigasse 1; 61 Kinder, disziplinlos. Eine fürchterliche Arbeit. – – –

[eingelegt: ein gepreßtes Rosenblütenblatt]

Sonntag vor Weihnachten 1907. Wir werden kein Weihnachten haben. – Ich bin darüber trübe und würde es noch mehr sein, wenn wir Weihnachten feiern sollten. – Ich fühlte heute, als könnte ich keinen Höhepunkt des Lebens überhaupt mehr haben. Meine Liebe kommt mir vor, wie ein wundervolles Bild. Das unbeweglich vor mir steht. Ottok. wird nicht fertig im Februar. Wir können also im besten Falle im nächsten Herbst heiraten. Ich mache mir keine Zukunft mehr. Mir ist, als hätte ich kein langes Leben vor mir, als wäre ich schon zu Ende mit allem. Und doch geht die Plage ja erst an. – Manchmal finde ich mich recht kläglich, daß ichso [sic] unverzagt und müde bin. „Ich darf nicht mich kränken", ich habe versprochen mein möglichstes zu tun. Um nicht traurig zu sein. – Und er kränkte sich, weil es ihm <u>schien</u>, ich hätte die Meinung, er sei nicht begabt genug. Was mich peinigt, das sind die Unvollkommenheiten, die ich an uns beiden zu finden wähne. Ich bin einsam geworden in den letzten Wochen. Hanze [sic] hätte aufrichtig sein sollen. Nicht mich warten und warten lassen. Und – ich weiß nicht, hatte er den Mut nicht, mir dies zu sagen, oder glaubte er selbst noch ans Fertigwerden. – Aber das ist ja nicht möglich, da er um Verlängerung des Termins einreichte. – Du! Aber ich versprach doch, nicht ~~mich~~ zu grübeln. – – – Mama ist zuckerkrank und hat eine böse Wunde am Fuße. Ich habe immer Ahnungen und dabei oft die grausamsten und sorglosesten Gedanken. – In der Schule habe ich viel Arbeit. – Frau Prof. Filek[15] gibt mir Schriften zu erledigen.[16] – Ich muß Geldverdienen [sic], das ist unser aller Laster. – Maschine, lauf weiter! – – –

[eingelegt: eine gepreßte kleine (gelbe?) Blume]

Mathilde Hübner, Konzeptheft ‚Von der Hohen Schule der Frauen' [und andere Texte 1907, 1908], S. 41v–43* (NL IIIC/4):

5. Jänner 08. Vor einem Jahre war es hell im mir, vor zwei däuchte mir meine Zukunft ein großer leuchtender Weg zu sein. Um 2 Jahre bin ich älter, innerlich aber um viel mehr. Ich blicke in das Leben hinein, immer sehe ich nur einen Ausschnitt aus dem großen Gemälde: Menschheit. Manche Teile des Bildes mag ich nicht sehen, darum, weil die Darstellung des Elends in mir stets aufrecht, stets gleich stark bleibt. Ich kann nicht Glanz und sinnlose Pracht sehen, mich jammert es dabei der Tausenden. Ich mag auch Glanz und Reichtum nicht. Ich will nur eines, vor mir selber aufrecht stehen ~~den~~ können, fest, niemals wankend. ~~Wie~~ Als ich noch halb Kind war, erfüllte mich ein tolles Sehnen nach Ruhm. Ich war verliebt in gewisse ~~Anschauungen~~ Vorstellungen über meine Zukunft. Ich phantasierte. – Ich habe vom Leben gesehen, wie es ist, und bald fragte ich mich, wie ist es möglich, daß soviel Elend sein könne und doch die Menschen weiter leben können und wollen. Ist es nicht ein sonderbares Gaukelspiel, das mit ihnen getrieben wird, wenn sich ihre Lebensbedingungen auf das notwendigste beschränken, daß trotzdem ihr Wunsch zu leben nicht aufhört, ja noch heißer wird? Und ich bewundere diesen Trieb und erschauerte gleichwohl vor seinen Folgen. Endlich sagte ich mir, daß der Mensch, welcher einmal die Entscheidung:

---

15   Enna von Filek, Lehrerin und Mitglied Vereinsvorstand des *Allgemeinen Österreichischen Frauenvereins*, verheiratet mit Prof. Egid von Filek, nach Auguste Fickerts Tod 1910 Rückzug aus dem *Allgemeinen österreichischen Frauenverein* aus familiären Gründen. Die Einführung von Tilly H. bei Auguste Fickert, der Präsidentin des *Allgemeinen österreichischen Frauenvereins*, erfolgte 1908 über Enna von Filek. (Vgl. Kommentar 9)

16   Möglicherweise bezahlte Schreibarbeiten für den *Allgemeinen Österreichischen Frauenverein*.

*   Das Konzeptheft „Von der Hohen Schule der Frauen" enthält außer diesem datierten und retrospektiven Text noch zwei weitere datierte Einträge, die allerdings beide politisch-konzeptiven Charakter haben.

„tue ich mit, tue ich nicht mit" hinter sich hat, nur leben könne, wenn er von ~~dem~~ der Macht des Lebenstriebes überzeugt sei, wenn er Freude schaffen wolle und Elend bannen. Das sagte ich vom Menschen, eigentlich nur von mir. Und ich bin nicht einmal /bloß/ vor der Entscheidung zwischen Dasein und dessen Verneinung gestanden. Es kam scheinbar öfters dieser Kampf, aber ich dachte und denke nicht daran, meine Kraft zu zerstören, ich bin nur trübe gworden [sic], weil Freude schaffen so schwer und das Elend zu sehen für mich es erleben heißt, und seitdem lache ich selten. – Ich höre oder muß hören die verschiedensten Meinungen, bald über die Gesamtheit, bald über ~~dieses und jenes~~ das männl. und d. weibl. Geschlecht, ich sehe, /höre/ Frauen über Weiber verächtlich urteilen. Männer über Männer. Diese Wörter verdichten sich in meinem Hören zu einem unfruchtbaren Klumpen. Der drückt auf meine Eitelkeit und mein Gerechtigkeitsgefühl, welches trotz der Eitelkeit „welch Wunder", doch noch vorhanden ist. Und ich stehe vor dem Abgrund der Meinungslosigkeit, über welchen eine famose Brücke in jenes Reich führt, das ~~a~~Abertausende bevölkern: das Reich, in dem die Zeit totgeschlagen wird. – Nein, o nein, dorthin nicht, <u>ich</u> kann nicht, denn mir ist es gegeben, das Elend immerdar mitansehen, mitfühlen zu müssen, und ich habe so wenig Lust zu lachen! Ich bleibe herüben und will mich selber behalten wie ich bin. Freude schaffen und still mitweinen. – – – Über* den Ursprung meiner Mißstimmung. Unter Mißstimmung meine~~rs Persönlichkeit~~ Ich verstehe ich den Zustand, welcher erstens durch ein Elendsgefühl, zweitens durch einen kürzer oder länger dauernden Zeit~~abschnitt~~raum der Unbestimmtheit der Willensrichtung gekennzeichnet ist. – Es erscheint so, als wäre ~~die~~ Bestimmung des Willens~~ver~~ verschwunden, als würde das Gefühl des Elends nicht gestatten, i~~h~~rgend eine Entschließung (die dem [sic] Ausführung vorangehende Überlegung) zu fassen. In dem Augenblicke, in welchem die Bestimmung der Willensrichtung vor sich gegangen ist, schwindet das Elendsgefühl (zwar nicht völlig, aber es tritt so in den Hintergrund, daß ein neues, frohes Gefühl Raum gewinnt, das Gefühl der überwundenen Willenshemmung: daraus geht hervor, daß** das Gefühlsvermögen, sowohl als d~~as~~er Wille an dem Zustande der Mißstimmung beteiligt sind und ihre Zusammenhangsform /in einem best. Zeitabschnitt/ mag vielleicht die Mißstimmung selber sein, oder Ursache derselben. – … Warum war ich z.B. heute in einem Zustand quälendster Mißstimmung? Folgende Pflichtgedanken durchkreuzten mein Hirn im Laufe des Nachmittags:

    1. du sollst korrigieren,
    2. du sollst Strümpfe stopfen,
    3. du mußt deinen Unterrock ausbessern,

---

* „Über den Ursprung …" beginnt auf einer neuen Seite, das Schreibmittel wechselt von Tinte zu Bleistift.
** An dieser Stelle wurde eine Doppelseite aus dem Heft herausgerissen. Die Klammer, die nach „schwindet das Elendsgefühl" geöffnet wird, wird nicht wieder geschlossen.

     4. du mußt Tilde Mell schreiben,
     5. du sollst für Direktor [Wastl] die Biogr.daten zusammenstellen
     6. du mußt in Kurzem die [F..gen] ordnen.
     7. du mußt den Bogen für Berta ausbessern.
     8. Wie verbreitest du die Hefte? [Nitter], etc.
     9. die Malfvorlagen für Frl. [Paschke].
     10. Morgen sollst Du die Vorlagen sortieren.
     11. Vorbereitung für morgen?
     12. [Stiefert]rechnung.
     13. Meine Strümpfe merken!

Wollen!
du möchtest: Mayreder lesen[17],
         Hut herrichten,
         Violin spielen,
         1. Nummer lesen.[18]
         Mama um Vokabeln fragen,

Tatsächlich geschah:
1. daß ich V. spielte, 2. Französisch las, 3. meine Briefe ordnete, 4. mich vorbereitete; 5. den Hut herrichtete, 6 die Zeitung durchflog, 7. Jausnete [sic], 8 Hefte korrigierte, 9. die Haare bürstete wegen des Zucker[pr.chs], 10. meine Bürste wusch, 11. mich selber wusch. Hieraus* ergibt sich, daß aus dem unstreibesieglichen Zwiespalt zwischen Wollen und Sollen ein Neuer entstand, nämlich Tun, welches nicht gewollt und gesollt war, aber auch dieses Tun nur zum Teil. Das übrige Tun war Befriedigung teils des Wollens, teils des Sollens. – – –

---

17 Rosa Mayreder, geb. Obermayer (1858–1938), Schriftstellerin, Philosophin und Feministin. *Zur Kritik der Weiblichkeit* (1905), *Geschlecht und Kultur* (1927). Mitbegründerin des *Allgemeinen Österreichischen Frauenvereins* (1899), gemeinsam mit Marie Lang und Auguste Fickert Herausgeberin der *Dokumente der Frauen* (1899). Zu Rosa Mayreder vgl. u. a.: Rosa Mayreder, Zur Kritik der Weiblichkeit. Essays, zusammengestellt und eingeleitet von Hanna Schnedl. München 1982; Hanna Bubenicek, Rosa Mayreder oder Wider die Tyrannei der Norm. Wien 1986; Rosa Mayreder, Tagebücher 1873–1939, hg. und eingeleitet von Harriet Anderson. Frankfurt/Main 1988; dies., Aufbruch in das Jahrhundert der Frau? Rosa Mayreder und der Feminismus in Wien um 1900. Wien 1989; Kubes-Hofmann, „Etwas an der Männlichkeit ist nicht in Ordnung", 124–137; Jane Elizabeth Sokolosky, Rosa Mayreder. The theory in her fiction. Washington 1997

18 Vermutlich erste Nummer der Zeitschrift *Neues Frauenleben*, Jänner 1908. Inhalt dieser Nummer u. a.: Der Mann und die Frauenbewegung (Dr. Egid v. Filek); Mutterschaft und Beruf (Henriette Fürth).

* Ab „Hieraus" ist das Schreibmittel wieder Tinte.

Tilde Mell an Mathilde Hübner, 24. 1. 1908 (NL I/2b):

[An] Fräulein Tilly Hübner,
XII., Schönbrunnerstraße 289.

Wien, 24./I. 1908. Liebste, ich danke Dir für Deinen Brief. Aber was Du mir vorschlägst, will ich alles nicht. Ob ich Lehrerin hier oder woanders bin, ändert an meinem Überdruß daran gar nichts. Ich bin ja auch nicht eingeschlossen, ich komme genug hinaus, erhalte reichlich Anregungen von allen Seiten, schon durch meine beiden Künstlergeschwister. Ach, veracht' mich oder verlach' mich, mir ist's jetzt alles eins. Ich möchte Freiheit, Freiheit! Nicht gebunden sein an die Stunde, an den Stundenplan, nicht wissen, jetzt mußt Du und wenn Du hundertmal nicht willst; tun können, was mir durch den Kopf schießt, ohne Rücksicht auf Amt und Zeit, Herrin meiner Zeit und meines Ichs sein, frei schalten können mit mir und dem, was mein ist, nicht bei jedem Schritt fragen müssen: wird's wohl recht und gut sein? – Siehst Du, das möcht' ich: keine Pflichten. Mir kommt vor, als zöge ich schon viel zu lange an dem Karren der Pflicht, ich will nicht mehr mittun. Gott, was hilft's denn? Ich weiß ja, daß ich muß und ich füg' mich ja mit guter Manier hinein. Kein Mensch ahnt, daß ich meinen Beruf satt habe bis zum Überdruß, daß ich mit beiden Händen nach einer Befreiung griffe, gleichgiltig, von wo und von wem sie käme. Und Du sprichst von Öffentlichkeit! Ich gehöre nicht zu denen, die so wirken können. Da täuschst Du Dich sehr in mir. Ich hätte Angst davor. Ich will bloß Ruhe und Frieden, Einsamkeit und Stille, vier Wände, in denen ich irgendwo meinen armen Kopf hinlegen kann und ausruhen, schlafen, schlafen und wieder schlafen. Ich will kein tatenreiches Leben, keine Abwechslung, bloß Stille und Ruhe. Vier Bretter und zwei Brettchen! In mir schreit etwas unausgesetzt und schmerzhaft nach Erlösung und der liebe Gott hilft nicht! O, ich hasse ihn! Nichts Schlechtes hab' ich getan mein Leben lang, ich hab' gestrebt nach dem Gutsein und an mir gearbeitet und für nichts? Soll das bloß andern zu gut [sic] kommen, daß ich gut bin? Soll mir der Verzicht h die Freude sein? Nein, das auszuhalten bin ich nicht willens. Alles in mir rebelliert dagegen. ich bin kein Arbeitstier, ich will auch meinen Teil am Genuß haben und krieg' ich ihn nicht und muß ich noch lange zusehen, dann werf' ich mein vergebliches Leben weg, wie ich einen Handschuh auszieh. Mir liegt nichts daran. Ich wär' ebenso schnell vergessen und ersetzt wie andere. – Also da steht's auf dem Papier und wenn Du nun kämst, fändest Du ein ruhiges, gleichmäßiges, gleichmütiges Geschöhpf hier die Feder führend. Mir ist's aber doch bitter Ernst. Ein reicher Mann hülfe mir über alles. Ich glaub' an nichts mehr und hoffe auf nichts mehr. Sag' mir, daß ich frivol bin und ich werde bejahend nicken. Man wird's! Tilde.

[Am oberen Rand der ersten Briefseite] Für welchen Tag willst Du die Konzertkarte?

Mathilde Hübner, Tagebuch 1905–1910 (NL IIIC/4):

25. März 08.* Ich war in den Monaten Jänner und Dez. unglücklich, denn die Verschiebung von H. Prüfung machte mich überreizt und fügte zu dem vollen Maße des Trüben den Überfluß. Ich setzte ihm als letzte Frist Ende Februar, um mit den Arbeiten fertig zu sein. Er hat diese Frist nicht eingehalten und sie schon bis heute überschritten. Ich fange an, für den Junitermin zu fürchten. Ich will ja nicht Termine wissen, um meiner Heirat willen, sondern ich will wissen, daßer [sic] vor der Gesellschaft etwas vorstellt. Ich kann nicht sagen, daß ich mich schäme, aber es ist mir seinetwegen und auch natürl. meinetwegen äußerst peinlich, daß immer noch nichts Fixes erreicht ist. – Heute will ich ihm sagen, daß ich keineswegs wünsche, daß er seine Arbeit vollkommen mache. Er muß sich nicht verausgaben, sondern den Stoff, dessen weitere Ausführung er er [sic] sich geregelt [sic] halt, einfach vorbehalten. – Aber nur ehrlich sein gegen mich. Ich ertrage das nicht, dieses nicht reden wollen und sich drücken lassen durch das Unausgesprochene. – – – In unser gemeinschaftliches Tagebuch schreibe ich gar nicht ein. – Ich besuche die Enquete zur Bekämpfung der Geschlechtskrankheiten[19] und sonst noch einzelne Vorträge. [(Forel.[20])] Fritz Hoffmann leiht mir Bücher. Die von Prof. Süß habe ich noch. – Der Lehrkörper in der Bürgerschule[21] ist sehr angenehm. – – – [***]

---

* In diesen Eintrag ist mit Bleistift eine „Inventar" betitelte Liste von Einrichtungsgegenständen eingetragen. Diese Liste ist – mit derselben Tinte wie der umgebende Eintrag – durchgestrichen.

19 Die Enquete über die Ursachen der Verbreitung der Geschlechtskrankheiten und die Bekämpfung dieser Erkrankungen, veranstaltet von der Gesellschaft zur Bekämpfung der Geschlechtskrankheiten, wurde im Februar im *Neuen Frauenleben* angekündigt. Vgl. Neues Frauenleben 2/1908, 46. Rosa Mayreders dort gehaltener Vortrag „Über die sexuelle Aufklärung der weiblichen Jugend" wurde zwei Monate später ebendort abgedruckt. Vgl. Neues Frauenleben 4/1908, 91–97. Zu einem ausführlichen Bericht über die Enquete vgl. Neues Frauenleben, 4/1908, 109–111. Tilly H. nimmt in einem Briefentwurf an einen der Referenten zur zentralen Frage der Enquete, Abolitionismus oder Reglementarismus, Stellung. Ob dieser Brief abgeschickt wurde, wissen wir nicht. Vgl. NL IIC/3 (Von der Hohen Schule der Frauen)

20 Vermutlich: August Forel (1848–1931), Schweizer Psychiater. Veröffentlichungen u. a.: Das Gedächtnis und seine Abnormitäten (1885), Zur staatlichen Regulierung der Prostitution (1891), Die Errichtung von Trinkerasylen (1892), Die sexuelle Frage (1905, 1931[16])

21 Tilly H. ist seit März erstmals aushilfsweise an einer Bürgerschule tätig, in der Embelgasse im 5. Bezirk. Vgl. NL I/50

Tilde Mell an Mathilde Hübner, 27. 3. 1908 (NL I/2b):

> [An] Fräulein Tilly Hübner,
> XII., Schönbrunnerstr. 289.
> [Abs.] [Stempel] Tildi Mell. Wien, II/2.
> Wittelsbacherstr. 5

27./III. 1908. Da sitz' ich nun, liebste Tilly, mit Deinen beiden Briefen vor der Nase und möcht' am liebsten am Federstiel kauen – voll Nachdenklichkeit darüber, was ich Dir schreiben soll.

31. 3. 1908. Ich wurde Freitag abgerufen und hatte seither noch keine Gelegenheit, weiter zu schreiben. Da aber der Anfang auch heute noch paßt, laß ich ihn stehen. Ich danke Dir auch sehr für die Zusendung der Zeitschrift, die ich aber nicht las. Ich kann nicht so etwas lesen, in dem nur die Frau herrscht, die Frau Ziel und Zweck ist, alles sich um ihr Wohl und Wehe dreht. Sei mir nicht bös deshalb. Ich für meine Person brauche den Mann und liebe ihn mit allen seinen Fehlern und Tugenden. Mich stößt etwas so absolut feminines ab und überdies mangelt mir die Lust, einer Frauenrechtlerin auch ~~nicht~~ nur entfernt ähnlich zu sehen. Vielleicht tue ich Deiner Zeitschrift ja bitter Unrecht, aber ich bring's nicht über mich, hineinzuschauen. Ich war mir all die Zeit her sehr klar bewußt, daß ich gegen Dich eine Unterlassungssünde nach der andern beging, aber so oft ich auch versuchte zu schreiben, so oft tat ich's nicht. Ich habe manches erlebt und viel miterlebt, aber von letzterem blieb mir nur ein bitterer Geschmack: das Bewußtsein, daß meine Schwester Mary nicht das geringste Vertrauen zu mir hat. Max meint zwar, das sei nur natürlich, er habe auch mehr Vertrauen zu uns Schwestern als zu den Brüdern, aber mich kränkt's doch. Merken lasse ich mir natürlich nichts, ich frag' nur eben auch nichts mehr und geb' nicht mehr Antwort als nötig. Aufdrängen will ich mich nicht und sie scheint Teilnahme so aufzufassen. Ich sehne mich nach wie vor nach jemandem, an den ich mich anschmiegen könnte, der mich schützte und liebte. Aber ich hab' seit meinem Geburtstag nicht mehr geweint, und damals nur in der Nacht und seit mehreren Wochen zeige ich immer ein heiteres Gesicht. Manchmal wird's mir schwer, aber es geht, und ich sehe, daß es den andern auch lieber ist. Vielleicht tritt bei mir das Stadium der Abgeklärtheit des Alters schon mit der Großjährigkeit ein. Sorg' Dich nur nicht um mich, ich erlebe nichts übermäßig Schönes, aber auch nichts Trauriges; der Trott geht so weiter und ich begnüge mich an einem schönen Buch, an einer Arbeit und an der Zuneigung meiner Schüler. Ich bin sehr oft körperlich müd, schlaftrunken und vergähnt, da ruh' ich dann traumlos und deshalb besser wie früher. Man kann ja mit dem Verzichten nie früh genug anfangen. Trotz allem bleibe ich Deine Tilde.

Veränderungen[22]

Tilde Mell möchte einer „Frauenrechtlerin" nicht ähnlich sehen. Daß sie Texte, in denen „die Frau Ziel und Zweck ist" ablehnt, macht sie, nachdem ihr Tilly H. ein Exemplar einer nicht näher bezeichneten Frauenzeitschrift geschickt hat, vehement und wortreich deutlich. (Tilde Mell an Mathilde Hübner, 31. 3. 1908, NL I/2b) Auch wenn sie es vermeidet, ihre Freundin als „Frauenrechtlerin" anzusprechen, so enthalten ihre Briefe doch Verweise darauf, daß Tilly H. sich nun im Kontext der Frauenbewegung bewegt. Ausbruchswünsche aus einem als Unglück erfahrenen Alltag scheinen beide jungen Frauen gehegt zu haben. Tilde Mell, „müde vom Nicht-Leben" (Tilde Mell an Mathilde Hübner, 6. 2. 1908, NL I/2b), zeichnet in ihren Briefen ausführlich und präzise die sie beschränkenden Grenzen nach, beschwört den verbotenen Genuß ebenso wie den Tod als Fluchtort. Tilly H. klagt im Tagebuch, „keinen Höhepunkt", „keine Zukunft" für sich mehr zu sehen, der unglücklichen Freundin jedoch legt sie nahe, in der „Öffentlichkeit" aktiv zu werden. Hat sie selbst diesen Weg bereits beschritten? Will sie, daß Tilde Mell mit ihr gemeinsam den Aufbruch in die Politik wagt? Tilly H.s Tagebuch enthält kein direktes Indiz dafür.

Die nicht näher beschriebene Zeitschrift, die Tilly H. an Tilde Mell sendet, ist mit großer Wahrscheinlichkeit das von Auguste Fickert herausgegebene ‚Neue Frauenleben', als dessen Leserin wir Tilly H. angesichts der Themen, mit denen sie sich beschäftigte, schon früher identifizieren zu können glauben. Dies, sowie verstreute Hinweise im Nachlaß führten uns in die Bibliothek der Stadt Wien, wo der Nachlaß von Auguste Fickert liegt, der Präsidentin des ‚Allgemeinen Österreichischen Frauenvereins', der in Österreich die Ziele der radikalen Frauenbewegung vertrat. In der Korrespondenz zwischen der in Tilly H.s Tagebuch im Dezember 1907 erwähnten Enna von Filek mit Auguste Fickert fanden wir schließlich den Hinweis, daß Tilly H. 1908 auf höchster Ebene Eingang in die Zirkel der radikalen Frauenbewegung gefunden hat. Filek, Schriftführerin des ‚Allgemeinen Österreichischen Frauenvereins', schlägt „Frau Hübner" als ihre Nachfolgerin vor und führt sie damit in den Vorstand ein. Am 25. 3. 1908 schreibt sie an die Vereinspräsidentin:

„Soll ich am Dienstag Frau Hübner mitbringen und den Ausschußmitgliedern vorstellen? Wenn Sie nicht der Gegenansicht sind, bitte ich sehr darum, denn das ist doch auch ‚officiell', daß die Leitung sie vor der Wahl kennen lernt. Darf ich Ihnen sagen, wie ich mir den Ausschuß für das kommende Jahr vorstelle. Frau Fickert, Goldscheid, [Regen.] Präsidentinnen, Gerber, Kassierin, Hübner, Schreier, Schriftführerinnen, Filek Sekretairinn [sic]."[23]

---

22 Der Abschnitt „Veränderungen" ist textgleich mit dem Kommentar „Frau Hübner" im Kapitel „Frau Hübner/Passagen" (CD-ROM).

23 Enna von Filek an Auguste Fickert, 25. 3. 1908. Wiener Stadt- und Landesbibliothek, Hs., I.N. 70391

Im darauffolgenden Jahr finden wir „Mathilde Hübner" erstmals als Schriftführerin des ‚Allgemeinen Österreichischen Frauenvereins' erwähnt.[24] Aus der Rezipientin frauenbewegter Aktivitäten ist eine Mit-Akteurin geworden.

Die Distanz, die im Laufe dieser Entwicklung zwischen den beiden so unterschiedlichen Brieffreundinnen eintritt, klingt bereits an, wenn Tilly H. im Jänner 1908 „Tilde Mell schreiben" unter der Kategorie der Pflicht notiert. Tilde Mell drückt die Entfernung der Freundin im März 1908 mit einer Bildpostkarte aus, auf der eine einsame Schispur in die Leere verschwindet. Die einzigen Figuren im Bild sind tief verschneite Bäume, die an Salzsäulen gemahnen:

„Liebste Tilly, aus dem Schweigen heraus einen herzlichen Glückwunsch, der alles enthält, was ein Mensch braucht, um glücklich zu sein. Ich küsse Dich in Gedanken zärtlich als Deine Tilde." (Tilde Mell an Mathilde Hübner, 13. 3. 1908, NL I/2b)

Der Glückwunsch galt vermutlich Tilly H.s Ernennung zur provisorischen Bürgerschullehrerin im Jänner 1908 (Bezirksschulrat Wien an Mathilde Hübner, 23. 1. 1908, NL I/50) – auch diese Verspätung ein Hinweis, wie wenig sie Tilde Mell, die von ihr „mehr Karten als Briefe" (Tilde Mell an Mathilde Hübner, 30. 1. 1908, NL I/2b) erhielt, nun von ihrem Leben mitteilte. Sie scheint ihre Freundin nun öfter auf Antwort warten zu lassen, denn auch im darauffolgenden Monat beklagt sich Tilde Mell über ihr Schweigen. Tildes Briefe, deren Frequenz und Umfang in dieser Zeit entgegen ihren Entschuldigungen gegenüber Tilly H. wegen Schreibversäumnissen noch kaum abnehmen, spiegeln mit ihren Klagen bereits das Verschwinden der Brieffreundin aus dem regelmäßigen schriftlichen Austausch über Alltag, Sehnsüchte und Lebenspläne. Ein Jahr später wird dann die Frequenz von Tilde Mells Briefen drastisch zurückgehen und die Trennung der Wege der Freundinnen besiegeln.

Aus der Briefschreiberin Tilly H., so legen die Dokumente nahe, ist eine Schreiberin im öffentlichen Raum geworden. Statt mit Tilde Mell über Liebesfragen zu korrespondieren, erledigt sie nun Schreibarbeiten für den Verein der ‚Frauenrechtlerinnen'. Ihr Tagebuch allerdings gibt diese ihre Aktivitäten im ‚Allgemeinen Österreichischen Frauenverein' nirgends explizit wieder. Sie trägt zwar manchmal Überlegungen zur gesellschaftlichen und politischen Situation von Frauen ein, Hinweise auf ihr aktives Engagement für deren Veränderung aber fehlen. Auch die Frauen, mit denen sie nun zu tun hat, scheinen nicht auf – weder als Vorbilder, noch als emotionale Bezugspunkte oder Konfliktpartnerinnen. Sie spielen keine Rolle in dem Text, der über Jahre obsessiv um die Beziehung der Schreiberin zu einer Person kreist: zu ihrem Lehrer und Liebhaber Ottokar Hanzel. Dies verweist auf die Frage nach der Funktion des Tagebuchs im Feld von Tilly H.s Schreibpraktiken. Ließen wir es als exklusive Quelle für diese Jahre sprechen, so entstünde ein Bild der jungen Frau, das sie

---

24 Der Allgemeine Österreichische Frauenverein. In: Neues Frauenleben 10/1909, 263

weitgehend auf ihren Liebeskummer und den Kampf mit und in dieser Beziehung beschränkt. Die so andere Tilly H., die überlegte und zugleich zurückhaltende Persönlichkeit, das „moderne Weib", als das sie Tilde Mell anspricht (Tilde Mell an Mathilde Hübner, 2. 10. 1907, NL I/2b), die Kämpferin, die in den Schreiben zur Durchsetzung ihres Studiums zutage tritt, und schließlich die Schriftführerin in einem radikalen Frauenverein wären unsichtbar geblieben. Und so ist das Tagebuch zwar der Ort jener Gefühle, die den ZeitgenossInnen verborgen werden müssen, doch gerade darum ist es keineswegs die Quelle, die den späteren Forscherinnen ein ‚ganzes' Bild seiner Schreiberin enthüllt. Deren Begrenzung läßt sich nicht zuletzt am Vergleich zu jenen Niederschriften zeigen, die Tilly H. nun herstellt. Während das Protokoll einer Vereinssitzung von den geführten Gesprächen fast immer nur das enthält, was der Öffentlichkeit zugänglich gemacht werden soll, ist der privilegierte Gegenstand des Tagebuchs das, was nicht öffentlich werden soll. Gerade die öffentliche Persönlichkeit bleibt darum im Tagebuch das Geheimnis, das nicht preisgegeben wird.

„Auf der Suche nach verlorenen Idealen"
Aufzeichnungen und Korrespondenzen im Krieg
(1940, 1941, 1945)

„Ich bin in diesen Tagen so mit Arbeit zugedeckt. Das Einzige, was ich mir vergönne, ein wenig Bach am Abend und etwas Carrel vor dem Einschlafen. Dazwischen, d.h. zwischen Arbeit und Schlaf liegt ein ständiger Kampf und die Suche nach verlorenen Idealen." (Mathilde Hanzel an Ruthilt Lemche, 28./31. 10. 1940, NL IIIA/4)

Mit diesen wenigen Worten gibt die inzwischen 56jährige Tilly H. ihrer in Dänemark verheirateten Tochter Ruthilt Lemche[1] im Herbst 1940 einen kleinen Einblick in ihre persönliche Befindlichkeit. Die kurzen Sätze stechen aus den regelmäßigen Berichten über alltägliche Verrichtungen und das Befinden der einzelnen Familienmitglieder heraus. Die Bedeutung dieser Selbstbeschreibung zeigt sich auch daran, daß Tilly H. ihrem wenige Tage zuvor begonnenen Tagebuch – in einem vermutlich nachträglichen Benennungsakt – eben diesen Titel gab: „Auf der Suche nach verlorenen Idealen" (Mathilde Hanzel, Tagebuch 1940-1954, NL II/10, 1). Der Charakter der autobiographischen Selbstthematisierung wird durch diese zweite Verwendung der Wortgruppe noch verstärkt. Während in der Rede vom Verlust die Zeitdimension angesprochen ist und die „Ideale" vergangene Ziele wie Identitäten assoziieren lassen, thematisiert die „Suche" sowohl den Vergangenheits- wie den Selbstbezug. Es geht, so läßt sich interpretieren, um Bruch und Kontinuität zwischen vergangenen und gegenwärtigen Werten und Selbstsichten. Und nicht zuletzt der Akt, nach vermutlich vielen Jahren neuerlich mit dem Tagebuchschreiben zu beginnen[2], läßt einen lebensgeschichtlichen Umbruch, vielleicht auch eine Krise vermuten. Die sowohl in der Rede von den verlorenen Idealen wie in der Wiederaufnahme des schriftlichen Selbstbezugs anklingenden Veränderungen und Brüche sind Thema des folgenden Kapitels.

Damit verbunden ist zunächst einmal eine Reihe von biographischen Fragen nach möglichen Vorgeschichten. Auf welche vergangenen Aktivitäten und Einstellungen könnte hier angespielt werden, wo liegen die Einschnitte, welche Gegenwart steht diesen Vergangenheiten gegenüber? Es liegt nahe, die Frage mit Bezug auf die politischen Ereignisse zu refor-

---

[1] Tilly H.s ältere Tochter Ruthilt ist seit 1935 mit Karsten Lemche, einem Beamten im dänischen Handelsministerium, verheiratet und lebt seither in Dänemark.
[2] Im Archiv sind für die Zeit zwischen dem Eintrag in das Tagebuch 1905 bis 1910 kurz nach der Heirat 1910 und dem mit 1940 beginnenden Tagebuch weder Tagebücher noch tagebuchartige Notizen erhalten. Dies schließt freilich nicht gänzlich aus, daß es auch für die Zwischenzeit solche Aufzeichnungen gab.

mulieren. Was bedeuten ‚Anschluß', Nationalsozialismus und Krieg für eine Frauenrechtlerin und Pazifistin, als die wir Tilly H. in ihren jungen Jahren kennengelernt haben? Wenn es im folgenden auch um diese Frage gehen soll, so darf sie doch nicht umstandslos mit den in den oben zitierten Sätzen angedeuteten Bruch-Erfahrungen in eins gesetzt werden. Vielmehr gilt es, gerade auch die Differenzen zwischen der aus unserem Forschungsinteresse sprechenden Frage nach der Dis/Kontinuität von politischen Haltungen und den in den Quellen sichtbar werdenden Kontinuitätsentwürfen von Tilly H. zu suchen.

Spiegelungen

Im Frühjahr 1937 besuchte eine junge dänische Studentin – eine Freundin von Tilly H.s in Dänemark verheirateter Tochter Ruthilt – die Familie Hanzel. In ihrer Autobiographie beschreibt die später in Dänemark als Bibelübersetzerin bekannt gewordene Anna Sophie Seidelin ihre österreichische Gastfamilie: die jüngere Tochter Dietgart, die eine Lehre als Silberschmiedin machte, den „verschmitzten" Ottokar Hanzel, der vom Ersten Weltkrieg nur erzählte, wie er mit seiner Mannschaft Gemüse angebaut und Schweine und Hühner gezüchtet habe, und schließlich Tilly H., die sie „furchterregend überlegt" fand:

> „Frau Hanzel […] war Direktorin einer Mädchenschule und besaß alles, was man sich von einem Menschen in einer solchen Stellung erwartet – neigte ein bißchen zum Ernsthaften. Sie war Frauenrechtlerin, aber anders als die dänischen, die ich kannte, nicht aggressiv und direkt, sondern furchterregend überlegt. Es hieß wohl doch etwas anderes, hier, in einem katholischen (und deutschen) Land, Frauenrechtlerin zu sein. Ihre Überzeugung gründete auf Analysen und aus philosophisch-pädagogischen Theorien gewonnenen logischen Schlüssen. Meine ideologische Grundlage fand sie etwas dürftig, und sie schlug mir die Lektüre einiger Bücher einer österreichischen Dame, deren Namen ich vergessen habe, vor."[3]

Anna Sophie Seidelin schildert eine Frau, die die Handgriffe beim Bodenaufwischen zählte und mit der Uhr stoppte, um den Wert der Hausarbeit zu demonstrieren, die auf dem Nachtkästchen Kants ‚Kritik der reinen Vernunft' liegen hatte und sich, ebenso wie ihr Mann, „wahrscheinlich aus intellektuellen Gründen" von der Kirche abgewandt hatte.[4] Über Tagespolitik sprach Tilly H. mit der jungen Dänin kaum – sie riet ihr vielmehr, wie Seidelin berichtet, dieses Thema möglichst zu vermeiden.[5] Wenn damit das Bild einer Frau

---

3   Anna Sophie Seidelin, De unge år. (Die jungen Jahre.) Kopenhagen 1997, 270f. Übersetzung dieses Zitates und aller folgenden Stellen aus diesem Buch von Lise Smidth.
4   Seidelin, De unge år, 270f.
5   Seidelin, De unge år, 272f.

entstehen könnte, die sich in den Jahren der ständestaatlichen Diktatur neben ihrem Beruf vornehmlich auf häusliche Tätigkeiten und Lektüre beschränkte, so sind darin einige charakteristische Verzerrungen enthalten. Tatsächlich war Tilly H. seit 1934 pensioniert.[6] Daß sie auch drei Jahre später noch zuallererst über ihren Berufstitel charakterisiert wird, läßt auf ihre ungebrochene Identifikation mit ihrer Berufsarbeit schließen. Doch entgegen der politischen Zurückhaltung, die sie ihrem Gast auferlegt hat, war sie gerade in diesen Jahren vielfältig politisch aktiv.

Spätestens ab 1930 war Tilly H., die sich 1914 aus Familienrücksichten aus ihren Vorstandsfunktionen im ‚Allgemeinen Österreichischen Frauenverein' zurückgezogen hatte[7], wieder in politischen Kontexten aktiv. Ihre zweite politische Karriere war im wesentlichen mit der Frage des Friedens verbunden – einem Thema also, dem sie sich bereits zu Beginn des Ersten Weltkrieges zugewandt hatte, als sie im Dezember 1914 gemeinsam mit anderen Vertreterinnen der radikalen österreichischen Frauenbewegung einen an Frauen in allen kriegführenden Ländern adressierten offenen Brief für den Frieden unterzeichnet hatte. Die Netzwerke, die hinter dieser frühen Initiative gegen den Krieg standen, scheinen auch für ihr politisches Engagement in den dreißiger Jahren von Bedeutung gewesen zu sein.[8] Sie engagierte sich nun in der aus Friedensinitiativen während des Weltkrieges hervorgegangenen ‚Internationalen Frauenliga für Frieden und Freiheit'.[9] Im Mai 1931 hielt Tilly H. das Eröffnungsreferat bei einer von der ‚Internationalen Frauenliga' gemeinsam mit anderen Friedensvereinen veranstalteten Konferenz über Erziehung. Tilly H. und Marianne Zycha, die einander bereits aus dem ‚Allgemeinen österreichischen Frauenverein' kannten[10], schlugen zwei Arbeitsprojekte vor: eine Petition zur Einführung von Friedenserziehung an österreichischen Schulen und ein Memorandum an Lehrer und Lehrerinnen in neutralen Ländern, in dem die durch die Friedensverträge von 1918 verursachten Probleme dargestellt und eine Revision dieser Verträge als Bedingung für Frieden gefordert werden sollte.[11] Damit sind zugleich jene beiden Themen benannt, um die Tilly H.s Aktivitäten in den folgenden Jahren kreisen sollten. So beschäftigte sie sich etwa 1933 mit einem offenen Brief zur Förderung der Friedenserziehung an Lehrer und Lehrerinnen auf der ganzen Welt.[12] Im darauffolgenden Jahr unterzeichnete sie gemeinsam mit Rosa Mayreder, der Gründerin und Ehrenpräsiden-

---

6 Vgl. das Kapitel „Auto/Biographien"
7 Vgl. das Kapitel „Frau Hübner/Passagen" (CD-ROM), Kommentar 15
8 Vgl. das Kapitel „Frau Hübner/Passagen" (CD-ROM), Kommentar 17
9 Zur *Internationalen Frauenliga für Frieden und Freiheit* vgl. Linda K. Schott, Reconstructing Women's Thoughts. The Women's International League for Peace and Freedom before World War II. Stanford/California 1997; vgl. auch: Gertrude Bussey/Margaret Tims, Women's International League for Peace and Freedom 1915–1965. A Record of Fifty Years' Work. London 1965
10 Vgl. das Kapitel „Frau Hübner/Passagen" (CD-ROM), Kommentar 12
11 Internationale Frauenliga für Frieden und Freiheit (IFFF), Protokoll der Erzieherkonferenz vom 12. 5. 1931, NL I/39
12 Sonderarchiv Moskau: IFFF 523–1–3, 135f.; vgl. IFFF, Erziehungsausschuß, NL I/39

tin der ‚Internationalen Frauenliga' in Österreich, einen Brief an Arthur Henderson, den Präsidenten der Internationalen Abrüstungskonferenz des Völkerbundes in Genf.[13] Dieser Brief, der auch von Tilly H.s zumindest informell bedeutender Stellung in der ‚Internationalen Frauenliga' zeugt, betraf ein Thema, dem sie die ganzen dreißiger Jahre über große Bedeutung zumaß: die Revision der Friedensverträge. Ihr politisches Bewußtsein war in diesen Jahren von zwei zum Teil widersprüchlichen Positionen bestimmt. Zum einen basierten viele ihrer Aktivitäten auf der durch ihren Beruf geprägten Vorstellung, daß Friede durch die Erziehung der jüngeren Generation erreicht werden könne. Zum anderen aber war sie überzeugt, daß ökonomische und politische Gerechtigkeit auf allen Ebenen eine Voraussetzung für Frieden war. In diesem Zusammenhang verurteilte sie die Pariser Vorortverträge explizit, weil sie den Anschluß Österreichs an das Deutsche Reich verboten. Damit befand sie sich – insbesondere nach der nationalsozialistischen Machtergreifung in Deutschland 1933 – in einer ambivalenten Position zwischen Organisationen der Friedensbewegung, die sich nach 1933 durchwegs von der ‚Anschluß'-Forderung distanzierten, und dem heterogenen Lager der ‚Anschluß'-Befürworter, das ab Anfang der dreißiger Jahre zunehmend von der NSDAP dominiert wurde.

Als Tilly H. gemeinsam mit Rosa Mayreder an Mr. Henderson schrieb, war auch Österreich keine Demokratie mehr. Die christlichsoziale Regierung hatte 1933 das Parlament aufgelöst und regierte seither autoritär. Politische Aktivitäten außerhalb der offiziellen austrofaschistischen Organisationen unterlagen nach dem sukzessiven Verbot aller politischen Parteien massiven Einschränkungen. Aktivisten und Aktivistinnen für den Frieden mußten sich auf kulturelle Fragen beschränken, um den Bestand ihrer Organisationen nicht zu gefährden – dies war wohl einer der Gründe, warum Fragen der (Friedens-)Erziehung im österreichischen Zweig der ‚Internationalen Frauenliga' so große Bedeutung gewannen. Seit Anfang 1936 konzentrierte sich Tilly H. gemeinsam mit Marianne Zycha auf diese Frage. Das Erziehungskomitee der Wiener Gruppe der ‚Internationalen Frauenliga', in dem Tilly H. eine leitende Position innehatte, rief verschiedene Frauen-, Lehrer- und Elternvereine auf, eine Plattform zur Verbesserung der Mädchenerziehung zu bilden. Damit sollte auf eine Entscheidung der Regierung reagiert werden, für Buben vormilitärische Erziehung als obligatorisches Fach in die Lehrpläne aufzunehmen. Tilly H. und Marianne Zycha forderten nun in Antwort darauf die Einführung eines Faches Friedenserziehung für Mädchen. Im Zentrum des Unterrichts sollten Volkswirtschaft und internationale Ökonomie stehen. Eine Reihe von Frauen- und Friedensorganisationen folgte dem Aufruf, und in gemeinsamer Arbeit wurde ein Lehrplanentwurf erstellt, der bereits im Mai 1936 dem Unterrichtsministerium überreicht wurde.[14]

---

13 Vgl. dazu im Kapitel „Über die Notwendigkeit der Veränderungen in der bürgerlichen Gesellschaft" den Abschnitt „Brief an Mister Henderson" (Dokument und Kommentar)
14 Vgl. im Kapitel „Über die Notwendigkeit der Veränderungen in der bürgerlichen Gesellschaft" den Abschnitt „Frauenforderungen für den Mädchenunterricht" (Dokumente und Kommentar)

Wenig später beteiligte Tilly H. sich auch an prominenter Stelle an einer international koordinierten Unterschriftenaktion, dem „People's Mandate for disarmament, peaceful settlement of conflicts, and international economic treaties", an dem sich Organisationen in 22 Ländern beteiligten und 14 Millionen Unterschriften sammelten. Tilly H.s Unterschrift war eine der wenigen, die auf allen in Österreich verteilten Unterschriftenlisten aufgedruckt war.[15] Dies deutet darauf hin, daß ihr Name zunehmend im Zusammenhang mit Friedensaktivitäten bekannt wurde. Tilly H. wurde eine Multifunktionärin für den Frieden. Sie war nicht nur Vorstandsmitglied der Wiener Gruppe der ‚Internationalen Frauenliga',[16] sondern auch die Vorsitzende des Friedenskomitees des ‚Bundes Österreichischer Frauenvereine', der auch im ‚Internationalen Frauenbund' vertretenen Dachorganisation der Frauenvereine in Österreich.[17]

Anfang 1938 war aus der früheren Schuldirektorin Tilly H. eine vielbeschäftigte Friedensaktivistin geworden, die mit Frauen zusammenarbeitete, die sie zum Teil bereits in der radikalen Frauenbewegung vor dem Ersten Weltkrieg kennengelernt hatte. Ihre letzte Aktivität vor der Annexion Österreichs durch das nationalsozialistische Deutschland – durch die allen Frauen- und Friedensaktivitäten ein Ende gesetzt wurde – machte diese persönlichen und politischen Verbindungen bei einem traurigen Anlaß nochmals deutlich. Gemeinsam mit Marianne Zycha organisierte sie eine Trauerfeier. Rosa Mayreder, eine der zentralen Persönlichkeiten der Frauenbewegung vor 1914 wie auch der Frauenfriedensbewegung nach 1918 und vermutlich jene „österreichische Dame", deren Bücher Tilly H. der dänischen Studentin empfohlen hatte, war im Jänner 1938 verstorben.[18]

Über den Bericht Anna Sophie Seidelins ist auch eine Episode aus den ‚Anschluß'-Tagen dokumentiert, die Tilly H.s politische Ambivalenzen gut zum Ausdruck bringt. Von Tilly H.s Tochter Ruthilt Lemche habe Seidelin erfahren, daß ihre ehemalige Gastgeberin ein Hakenkreuz auf ein Leintuch genäht habe, um die vorbeimarschierenden deutschen Soldaten zu grüßen. Sie zitiert die Freundin Ruthilt:

„Denn meine Eltern hatten eine Vereinigung mit Deutschland nach dem Ende des Krieges [...] gewünscht. Jetzt kamen die deutschen Soldaten, und sie waren ja keine Fremden. Und da es keine andere deutsche Fahne gibt, als die mit dem Hakenkreuz ..."[19]

---

15 In Österreich wurden 70.000 Unterschriften gesammelt. Vgl. IFFF/TB, NL I/39; vgl. auch: Bussey/Tims, Women's International League, 145–147
16 IFFF-Protokolle (1937), NL I/39
17 L. C. Dreyfus-Barney an Mathilde Hanzel, 22. 6. 1937, IFFF-Korrespondenz, NL I/39
18 IFFF-Korrespondenz (1938), NL I/39
19 Seidelin, De unge år, 287

Die Zustimmung zum ‚Anschluß', aber auch das Erschrecken über die Bedingungen der Durchführung sind spürbar in einem Brief, den Tilly H. am 4. Mai 1938 an Anna Sophie Seidelin schrieb:

„Liebe Ann' Sophie, zum Glück hielten Sie sich zu Hause auf, als die große Reichsvereinigung stattfand. Das Zusammenwachsen ist ein sehr zeitraubender Prozeß. Die Schaffung der Voraussetzungen für ein fruchtbares Zusammenleben fordert einen großen und ehrlichen Einsatz, es fordert Menschen, die bewußt an einem Blick für das Ganze bis in die unendlich ferne Zukunft festhalten können. [...] Oft fühlt man sich gequält, besonders eine alte Lehrerin wie ich, die ich mir eingebildet habe, mit meiner Lebensarbeit der Menschlichkeit den Weg geebnet zu haben. [...]"[20]

Vieles bleibt unklar an diesen wenigen Zeilen. Der in der Klage über die Langsamkeit des „Zusammenwachsens" anklingenden Zustimmung zu diesem Prozeß steht die verschlüsselte Rede von der Unmenschlichkeit gegenüber, die freilich weder Opfer noch Täter nennt. Es mögen Rücksichten von Tilly H.s Seite gegenüber der jungen Dänin dabei eine Rolle gespielt haben, vielleicht auch allgemeinere Bedenken über die Wahrnehmung der Veränderungen im eigenen Land im Spiegel einer fernen Öffentlichkeit. Doch die Äußerung, mit der Tilly H. andeutet, die unmittelbar nach dem ‚Anschluß' einsetzenden diskriminierenden Maßnahmen gegen Juden und Jüdinnen wahrgenommen zu haben, gibt zugleich über ihre antisemitische Haltung Auskunft:

„Die ganze Welt wäre gewiß friedlicher und könnte entspannter leben, wenn dieses entwurzelte Volk endlich ein Heimatland bekommen könnte. [...] Mehr werde ich aber heute darüber nicht schreiben."[21]

Drückt der explizite Beschluß, das Thema nicht weiterzuführen, auch Unsicherheit in der Beurteilung aus, so werden doch einige Voraussetzungen ihres Denkens darüber deutlich. Entsprach die Vorstellung, daß politische Konflikte dadurch zu lösen wären, daß jedes „Volk" ein „Heimatland" habe, daß also das Zusammenfallen von ethnisch-kultureller Homogenität und territorialer Souveränität der politische Idealzustand sei, einem – nicht nur unter Rechten – weitverbreiteten Credo ihrer Zeit, so ist doch bemerkenswert, daß sie angesichts der Verfolgung von Juden und Jüdinnen eben diese Menschen als jene bezeichnete, die Frieden und Entspannung störten. Unmittelbaren Ausdruck findet dies im antisemitischen Terminus „entwurzeltes Volk".

---

20   Mathilde Hanzel an Anna Sophie Seidelin, 4. 5. 1938, zit. n. Seidelin, De unge år, 288, Rückübersetzung der dänischen Übersetzung
21   Ebd.

In dem von Anna Sophie Seidelin in Ausschnitten zitierten Brief sind mehrere Fragen dieses Kapitels angelegt. Tilly H.s Haltung zu ‚Anschluß' und Nationalsozialismus wird angedeutet, mit der Thematisierung der Miß/Erfolge ihrer Erziehungsarbeit klingt die auto/biographische Frage nach Bruch und Kontinuität an. Die offene Verwendung des antisemitischen Stereotyps schließlich stellt etwas Neues in Tilly H.s Dokumenten dar – nach antisemitischen Bemerkungen, die die Siebzehnjährige im Tagebuch über ihr unsympathische Urlaubsgäste am gemeinsamen Ferienort gemacht hatte (Mathilde Hübner, Tagebuch, 27. 7. 1901, NL IIIC/4), sind von Tilly H. Aussagen dieser Art nicht mehr zu finden. Sie hatte sich vielmehr über viele Jahre in der radikalen Frauenbewegung und der Friedensbewegung und damit in Umgebungen bewegt, wo antisemitische Vorurteile zwar auch nicht auszuschließen, aber doch weniger zu erwarten waren als in vielen anderen Teilen des Bildungsbürgertums.

In dem in Seidelins Buch abgedruckten Brieffragment von Tilly H. sind vielschichtige Bedeutungen ihrer politischen Orientierung angesprochen. Gerade deshalb werden damit mehr Fragen aufgemacht als beantwortet. Die fragmentarische Zitierung von oft nur halben Sätzen macht es darüber hinaus schwierig, das Schreiben zu interpretieren. Und schließlich ist das Dokument auch sprachlich zweifach durch Übersetzungen gebrochen. Um differenziertere Antworten zu erhalten, gilt es also, auch andere Dokumente zu Rate zu ziehen.

(Ohne) Zensur. Korrespondenzen

Auf der Suche nach Texten, die sowohl Tilly H.s politische Einschätzungen und Stellungnahmen während des Nationalsozialismus wie auch ihre Selbstthematisierungen in dieser Zeit sichtbar machen könnten, bietet sich nun zum einen jenes Dokument an, das diesem Kapitel den Titel gibt – Tilly H.s 1940 begonnenes Tagebuch „Auf der Suche nach verlorenen Idealen". Es ist allerdings nicht nur durch diesen späten Beginn nur bedingt zur Untersuchung der hier aufgeworfenen Fragen geeignet. Auch der Charakter des Dokuments ist bei genauerer Betrachtung schwierig einzuordnen. So beginnt es zwar im Oktober 1940 mit der recht eindeutig auf ein geplantes Tagebuch verweisenden Überschrift: „Bemerkungen zum Tage". Und auch die Wahl eines 300 Seiten starken, fest gebundenen Heftes deutet auf ein größeres Projekt. Doch nach dem eine kontinuierliche Schreibpraxis dokumentierenden Anfang finden sich erst im Frühjahr 1941 wieder drei Einträge. Und danach schreibt Tilly H. erst im April 1945 wieder in das graue Heft ein. Von da an allerdings folgen dann fast jeden Tag Berichte über die schwierigen Bedingungen des Überlebens in den Monaten während und nach dem Kriegsende. Mit der langsamen Normalisierung der Verhältnisse im darauffolgenden Jahr werden die Einträge wieder seltener, setzen sich aber bis in die fünfziger Jahre – zum Schluß allerdings nur mehr in Form von zusammenfassenden Jahresberichten – fort. Einer der letzten im Dezember 1954 in das Journal eingetragenen Sätze setzt den Aufzeichnungen ein bewußtes Ende:

„Warum ich diese kurzen Berichte nicht fortsetzte? Alles ist in den Briefen an Ruthilt enthalten, die ich ja doch immer wieder schreibe, weil Vater nie genug Zeit dazu fand. –" (Mathilde Hanzel, Tagebuch, 27. 12. 1954, NL II/10, 174)

Damit ist auf jenen anderen Dokumentenkorpus verwiesen, der Auskunft über Tilly H.s Selbst- und Weltsichten in diesen Jahren geben kann: die regelmäßigen Briefe an ihre ältere Tochter Ruthilt Lemche in Dänemark. Die beiden Töchter der Familie Hanzel waren nach dem Ersten Weltkrieg im Rahmen einer Hilfsaktion während einer Tuberkuloseerkrankung ihrer Mutter für längere Zeit in Dänemark.[22] In der Folge hatten sich durch mehrere Besuche enge Beziehungen zur dänischen Gastfamilie der Kinder entwickelt. Aus diesem Kontext entstand die Verbindung zwischen Ruthilt Hanzel und Karsten Lemche. Die beiden heirateten 1935 und ließen sich in Dänemark nieder. Tilly H.s Briefwechsel mit ihrer Tochter, der nach deren Heirat begonnen und über viele Jahrzehnte fortgesetzt wurde, bildet neben dem Briefwechsel mit Ottokar Hanzel während des Ersten Weltkrieges die umfangreichste Korrespondenz im Nachlaß. Die beiden Konvolute enthalten nicht nur die Briefe an Tilly H., sondern auch die Schreiben von ihrer Hand. Abgesehen von einer Reihe von Briefkopien oder -konzepten (vor allem von Briefen an Behörden) und vereinzelten Briefen an andere Familienmitglieder, die ebenfalls dem Nachlaß angefügt wurden, sind die zahlreichen Briefe an Ottokar Hanzel und an Ruthilt Lemche die einzigen von Tilly H. geschriebenen Briefe im Archiv. Sie besitzen daher einen besonderen Stellenwert. Für die späten dreißiger und die frühen vierziger Jahre sind wöchentliche Schreiben an Ruthilt Lemche vorhanden, die ein dichtes Bild ergeben. Vor allem das familiäre Alltagsleben von Tilly und Ottokar Hanzel sowie der jüngeren Tochter Dietgart, die im Jänner 1940 den Architekten Friedrich (Fritz) Pangratz heiratete (Heiratsanzeige, NL IIIC/6), sind ausführlich dokumentiert.

Zwischen dem Briefwechsel mit Ruthilt Lemche und dem Tagebuch „Auf der Suche nach verlorenen Idealen" bestehen Zusammenhänge wie auch signifikante Differenzen. So verweist nicht nur der abschließende Satz des Tagebuchs auf die regelmäßigen Berichte an die Tochter, der Beginn der durchgehenden Aufzeichnungen im Tagebuch enthält auch eine briefähnliche Anredeformel:

„13. **April** 1945. Die Ereignisse der letzten beiden Wochen suche ich – so wie sie von mir gesehen u. erlebt wurden – in Worte zu fassen, für Euch, meine Kinder und Enkel. –" (Mathilde Hanzel, Tagebuch, 13. 4. 1945, NL II/10, 125)

---

22 Zur dänischen Hilfsaktion für österreichische Kinder vgl. Eva Menasse, „Wann i Dänisch hör', wiar' i wurlat." In: Profil 37/1994. In diesem Bericht anläßlich des 75jährigen Jubiläums dieser Aktion finden sich auch Ausschnitte aus einem Interview mit Ruthilt Hanzel.

Der auf diese Adressierung folgende Bericht erstreckt sich – wenn auch für die ersten Tage nur sehr kursorisch – über eine Zeitspanne von fast drei Wochen, deren Beginn fast auf den Tag mit dem Datum des letzten Schreibens nach Dänemark zusammenfällt (Mathilde Hanzel an Ruthilt Lemche, 23. 3. 1945, NL IIIA/4). Danach erlaubten die Kriegsverhältnisse keinen Postverkehr mehr. Nach der Abfassung dieser Rückschau, für die sie zwei Tage benötigte, setzte Tilly H. im gleichen Stil mit täglichen Aufzeichnungen fort. Sie sind den wöchentlichen Briefen an Ruthilt Lemche in Stil und Inhalt ähnlich. Auch das läßt vermuten, daß sie sich an die Tochter in Dänemark, wohl aber auch an die in Straß evakuierte Tochter Dietgart Pangratz richteten. Daß dieser Brief in Form eines Tagebuches seinen Bestimmungsort erreichte, belegt nicht nur die Tatsache, daß dieses Dokument aus dem Nachlaß von Ruthilt Lemche in die ‚Sammlung Frauennachlässe' gekommen ist. Auch eine Bleistiftnotiz im vorderen Umschlag dokumentiert in nicht identifizierbarer Handschrift die Lektüre eines Kindes oder Enkelkindes: „Großmutti Aufzeichnungen bes. 1945 April". (Mathilde Hanzel, Tagebuch 1940–1954, NL II/10)

Kollektive Adressierungen und Hinzufügungen in den Schreiben zwischen Ruthilt Lemche und Tilly H. machen den offenen Charakter auch des Briefwechsels zwischen Wien und Ellinorsvej in Dänemark deutlich. „Liebste Ruthilt!" (Mathilde Hanzel an Ruthilt Lemche, 28. 10. 1940, NL IIIA/4) schreibt Tilly H. oft, aber auch „Liebe Ruthilt, lieber Karsten!" (Mathilde Hanzel an Ruthilt Lemche, 14. 12. 1939, NL IIIA/6) oder nach der Geburt der Kinder Einar und Gunvor zuerst „Liebste Drei!" (Mathilde Hanzel an Ruthilt Lemche, 28. 10. 1940, NL IIIA/4) und dann „Liebe Vier im Norden!".[23] Auch in Wien machen die Briefe aus Dänemark die Runde. So schreibt Tilly H. im Oktober 1940 an Ruthilt Lemche:

„Während der Woche wartete ich auf Nachricht von Euch. Gestern waren die ‚Kinder' … bei mir und Dietgart berichtete von Deinem Brief, der Samstag eingelangt war. – Wenn ich heute vormittags zu ihr hinübergehe, um zu helfen, will ich ihn lesen. –" (Mathilde Hanzel an Ruthilt Lemche, 28. 10. 1940, NL IIIA/4)[24]

Die Mitlesenden fügten Tilly H.s Briefen manchmal kleine Notizen an. So finden sich bisweilen Grußworte von Dietgart oder Fritz Pangratz, häufiger schrieb Ottokar Hanzel einige Zeilen dazu, etwa eine Antwort auf eine direkte Frage Ruthilts, manchmal aber auch nur: „Da gleich Postschluß in Eile: alles Gute. Großvater" (Mathilde Hanzel an Ruthilt Lemche, 28. 10. 1940, NL IIIA/4) Tagebuch wie Briefe waren im familiären Kreis öffentlich, mehr

---

23 Der Sohn Einar Lemche wurde im November 1939 geboren, die Tochter Gunvor Lemche im April 1942. Ein weiterer Sohn, Viggo Lemche, wurde nach dem Krieg geboren.
24 Von der Enge und Unausweichlichkeit, die diese gemeinsame Lektüre und die damit verbundenen Vorlesungen der Briefe im Familienkreis produzierten, schreibt Dietgart Pangratz später in einem Brief an ihre Schwester. Vgl. Dietgart Pangratz an Ruthilt Lemche, 14. 12. 1954, NL II/17

Orte der diskursiven Herstellung einer gemeinsamen Geschichte denn der einsamen Selbstreflexion oder des intimen Austausches. Nicht zuletzt diese Korrespondenz zwischen Briefwechsel und Tagebuch läßt ihre gemeinsame Lektüre sinnvoll erscheinen.

Die auffälligsten Differenzen zwischen Tilly H.s Aufzeichnungen im Tagebuch und den Briefen an ihre Tochter ergeben sich mit Blick auf das Verhältnis von Nähe und Distanz. Dies betrifft zum einen die zeitliche Nähe – da die Briefe zwischen Wien und Ellinorsvej einen regelmäßigen Austausch bilden, versuchen die Briefschreiberinnen auch in verschiedenster Weise aufeinander Einfluß zu nehmen: heitere Szenen sollen die Laune am jeweils anderen Ort heben, Ratschläge und Bitten werden ausgesprochen. Familiäre Ereignisse werden auch über die große Entfernung intensiv miterlebt. So besucht Tilly H., als Ruthilt Lemche schwanger ist, einen Vortrag über die Entwicklung des Kindes im Mutterleib und schildert im nächsten Brief ihrer Tochter ausführlich das Gelernte. (Mathilde Hanzel an Ruthilt Lemche, 27. 4. 1939, NL IIIA/3) Als dann Dietgart Pangratz vor ihrer Niederkunft mit dem ersten Kind steht, berät Ruthilt die in Wien lebende jüngere Schwester, und die Mutter dankt ihrer älteren Tochter, daß sie „so viele Seiten" geschrieben habe, um Dietgart „Zuversicht und die richtige Einstellung" zu vermitteln. (Mathilde Hanzel an Ruthilt Lemche, 28./31. 10. 1940, NL IIIA/4) Im Tagebuch hingegen ist die Ungewißheit über den Zeitpunkt des Wiedersehens in der größeren Distanz der Berichte zu verspüren – aufgezeichnet wird hier mit großer Akribie, was als historisch relevant erscheint: Essenspläne, Kalorienzuteilungen, Bombenschäden, Todesfälle. Ganz andere Auswirkungen hat die räumliche und politische Differenz der beiden Absendeorte, die nach dem Kriegsbeginn deutlich fühlbar wird. Tilly H. bezieht ab Herbst 1939 „den Zensor" in ihre Briefe ein:

„Ich will mich bemühen, sehr deutlich zu schreiben, damit es der Zensor leicht habe. Denn seine Geduld wird auf eine harte Probe gestellt – vorausgesetzt, daß es derselbe ist, der auch Deine Briefe mit all dem ‚Kleinkindergewurstle' lesen muß. – So sehr wir uns durch einen Tagebuchbericht über Einar und seine Mutti freuen, so muß doch auch an die Außenstehenden gedacht werden, die amtlich alles lesen müssen – und seufzen, nicht wahr?" (Mathilde Hanzel an Ruthilt Lemche, 14. 12. 1939, NL IIIA/6)

Nach dieser Warnung werden politische Anmerkungen in den Briefen vorsichtiger, enden mit einer positiven Wendung oder sind durch Literaturzitate verklausuliert. Wo dies nicht mehr gelingt, vertraut Tilly H. auf die Imagination wie die geistige Nähe der Tochter:

„Dir brauche ich nicht darüber zu schreiben, was ich dachte und fühlte, Du weißt es!" (Mathilde Hanzel an Ruthilt Lemche, 13. 5. 1940, NL IIIA/6)

Zwischen Tagebuch und Briefen werden Unterschiede sichtbar. So etwa, als Tilly H. im April 1940 über Lehrpläne und Bildung nach dem Krieg nachdenkt. Während sie im Tagebuch in stolpernden Worten düsterste Prognosen entwirft – „… die Möglichkeit […], sich verständigen zu müssen, ist ddoch [sic] die äußerst grausame Art der Kriegführung, die den Massenmord ins Ungemeßne steigert, […] fast nicht erreichbar" (Mathilde Hanzel, Tagebuch, 20. 4. 1941, NL II/10, 2) –, findet sich wenige Tage darauf im Brief an Ruthilt nur ein vorsichtiger Hinweis auf ihre diesbezüglichen Gedanken:

> „Nach dem Kriege werden wir sehr viel Menschen mit guter Bildung brauchen, damit der soziale Aufbau gefestigt und erweitert werde und die Kriegswunden – soweit dies möglich – ausheilt." (Mathilde Hanzel an Ruthilt Lemche, 24. 4. 1941, NL IIIA/4)

In Fällen wie diesem können inhaltliche Korrespondenzen zwischen Briefwechsel und Tagebuch die wegen der Zensur verschlüsselten Botschaften in den Briefen entziffern helfen. Zugleich bieten die Alltagsbeschreibungen in den Briefen nach Dänemark für die manchmal zusammenhanglos erscheinenden politischen Einschätzungen und Bekenntnisse, die das Tagebuch in seinem ersten Teil enthält, einen aufschlußreichen Kontext. Damit ist nun zugleich das editorische Verfahren für die diesem Kapitel angefügten Dokumente angesprochen. Den inhaltlichen Leitfaden bilden die Tagebucheinträge, die für die Jahre 1940 und 1941 zur Gänze in diesem Kapitel ediert werden. Ihnen sollen jeweils korrespondierende Briefe an Ruthilt Lemche gegenübergestellt werden, die Hinweise auf Anlässe der angestellten Überlegungen ebenso sichtbar machen sollen wie die Notwendigkeit ihrer Verbergung. Den umfangreichsten Teil des Tagebuches bilden die Einträge von April bis Dezember 1945. Hier wurden für die Edition sowohl ganze Einträge wie auch innerhalb der Aufzeichnungen eines Tages gekürzt. Ausgewählt wurden vor allem solche Stellen, die Tilly H.s politische Haltung wie ihre Strategien der schriftlichen Selbstvergewisserung in der Zeit einer existentiellen Krise besonders deutlich machen können. Bevor dies jedoch geschehen kann, gilt es, anhand der Briefe von 1938 bis 1940 noch die Frage nach Tilly H.s politischer Einstellung in dieser Zeit aufzuwerfen, um einen Hintergrund für ihre Reflexionen in den darauffolgenden Jahren zu gewinnen.

Datierungen und Verortungen

Tilly H.s Zustimmung zum ‚Anschluß' Österreichs an Deutschland ist nicht nur über den Umweg von Anna Sophie Seidelins Auto/Biographie dokumentiert. Zwar sind gerade jene Briefe, die sie im Frühjahr 1938 an ihre Tochter sandte, im Archiv nicht erhalten, aber auch in späteren Schreiben an Ruthilt Lemche wird die positive Haltung zu diesem Ereignis immer wieder deutlich. Die Ambivalenzen, in die sie diese Zustimmung immer wieder brachte, macht die in einem Geburtstagsbrief an die Tochter gewählte Datierung deutlich:

„Liebe, liebe Ruthilt! Es ist ein Prachtmorgen, Dein Geburtstag, Tag des Anschlusses und – nicht zu vergessen – Josephs des Zweiten 200. Geburtstag. Nicht viele Jahre mehr, und es jährt sich auch der Tag der bürgerlichen Revolution zum 100. Male!" (Mathilde Hanzel an Ruthilt Lemche, 13. 3. 1941, NL IIIA/4)

Der aufgeklärte, volksnahe Monarch und die – gescheiterte – bürgerliche Revolution, die beiden politischen Referenzen passen nicht nur gut zusammen, sie entsprechen bei einer liberal gesinnten Angehörigen des Bildungsbürgertums durchaus den Erwartungen. Komplizierter ist es mit dem ‚Anschluß'. Auch das Prinzip der nationalen Souveränität fügt sich in den Kontext von Aufklärung und bürgerlichen Freiheiten. Doch der ‚Anschluß' Österreichs an Deutschland ist zum Zeitpunkt dieses Briefes untrennbar mit der rassistischen und menschenverachtenden Innen- und Außenpolitik des Nationalsozialismus verbunden. Und wenn hier auch keiner theoretisch weithin verabschiedeten Trennung zwischen einem ‚guten' emanzipatorischen Nationalismus und einem ‚schlechten' aggressiven Nationalismus das Wort geredet werden soll,[25] so zählt es doch zur besonderen Tragik vieler liberaler und auch linker österreichischer Intellektueller, gehofft zu haben, das ‚Gute' der nationalen Vereinigung vom Übel des ‚Anschlusses' an das nationalsozialistische Deutschland trennen zu können.[26] Tilly H.s zumindest partielle Zustimmung zur expansiven nationalsozialistischen Außenpolitik kommt in zwei weiteren Datierungen zum Ausdruck, die beide ihr großes Interesse an der Frage der deutschen Minderheit in der Tschechoslowakei bezeugen – sowohl das Münchner Abkommen, bei dem die Abtrennung der Sudetengebiete von der Tschechoslowakei vereinbart wurde, als auch den deutschen Einmarsch in Prag nur ein halbes Jahr später markierte sie als bedeutsame, gar „welthistorische" Ereignisse (Mathilde Hanzel an Ruthilt Lemche, 30. 9. 1938 und 14./15. 3. 1939, NL IIIA/3). Hintergrund der hier durchscheinenden Begeisterung könnten die familiären Bindungen sein, die Tilly H. – ebenso wie ihr Mann – zur deutschen Minderheit in der Tschechoslowakei hatte.[27] Die Nationalitätenfrage als Basis ihres Denkens kommt auch in einem Bild vor, mit dem Tilly H. der Tochter und dem Schwiegersohn die Vielzahl ihrer Interessen und Beschäftigungen vorführt:

„Übrigens ist mein Tisch heute mit einem Allerhand bedeckt, das Euch beide sicher lachen macht. Denn auf der 30 Pfennig-Nationalitätenkarte der Tschechoslowakei [sic] als Unterlage

---

25 Für eine grundlegende Absage an die politische Ideologie des Nationalismus vgl. z. B. Eric J. Hobsbawm, Nationen und Nationalismus. Mythos und Realität seit 1780. Frankfurt/Main/New York 1991
26 Paradigmatisch ist hier die Stellungnahme des Sozialdemokraten Karl Renner, der den ‚Anschluß' als „wahrhafte Genugtuung für die Demütigungen von […] Saint Germain und Versailles" empfand und den „Wiederzusammenschluß der deutschen Nation" „freudigen Herzens" begrüßte. Zit. nach Helmut Konrad, Die Arbeiterbewegung und die österreichische Nation. In: ders./Wolfgang Neugebauer (Hg.), Arbeiterbewegung – Faschismus – Nationalbewußtsein. Wien u. a. 1983, 367–379, hier: 377
27 Vgl. das Kapitel „Von der Hohen Schule der Frauen"

liegen das kleine Knaur Lexikon, die französ. Geschichte, das gewisse Buch, die letzte N⁰ der Warte, Vaertings ‚Lehrer u. Schüler', sowie zwei Aufsätze über ihre Werke, ‚111 Eintopfgerichte des Küchenchefs Franz Ruhm', ein Dictionair [sic] und ‚Das Rätsel der Cheopspyramide' etc. etc." (Mathilde Hanzel an Ruthilt Lemche, 20. 10. 1938, NL IIIA/3)

Die „Eintopfgerichte" von Franz Ruhm[28] verweisen nicht nur auf Tilly H.s Arbeit als Hausfrau, sondern lassen auch die Vermutung zu, daß sie sich dieser Aufgabe in möglichst zeitsparender Weise zu entledigen suchte. Ebenfalls durch die Nennung von Autorin und Titel hervorgehoben ist Mathilde Vaertings „Lehrer und Schüler"[29], das nicht nur Tilly H.s fortgesetztes Interesse an Erziehungsfragen belegt, sondern auch auf eine ganze Reihe von Beschäftigungen verweist, denen sie nun nachging. Gemeinsam mit einigen Frauen hatte sie eine Vortrags- und Diskussionsrunde gebildet, in der Texte von Immanuel Kant, Friedrich Nietzsche und eben von Mathilde Vaerting besprochen wurden. (Mathilde Hanzel an Ruthilt Lemche, 30. 9. 1938, 11. 11. 1938, 21. 2. 1939, 27. 4. 1939, 30. 5. 1939, NL IIIA/3) Die heute weitgehend unbekannte deutsche Theoretikerin Mathilde Vaerting – wie Tilly H. 1884 geboren – war bis zu ihrer Entlassung durch die Nationalsozialisten im Juni 1933 Professorin für Pädagogik in Jena. Sie hat eine ganze Reihe von Büchern verfaßt, die sowohl durch ihre These von der Gleichberechtigung der Geschlechter[30] wie durch ihre Forderung nach einer die Autonomie der Kinder fördernden Erziehung[31] Anstoß erregten. Aufgrund ihrer machtsoziologischen und staatstheoretischen Arbeiten[32] galt sie als „Sozialistin".[33] Tilly H. hielt große Stücke auf sie. So berichtete sie nicht nur ihrer Tochter Ruthilt ausführlich über ihre Lektüre (Mathilde Hanzel an Ruthilt Lemche, 21. 2. 1939, NL IIIA/3), sie hatte offenbar auch bereits während der dreißiger Jahre brieflichen Kontakt zu Mathilde Vaerting.[34] Der in den Briefen nach Dänemark immer wieder auftauchende Diskussionskreis läßt vermu-

---

28 Franz Ruhm, 111 Eintopfgerichte. Mit der lustigen Bilderserie „Die Abenteuer des Kochkünstlers Blasius Topf". Illustriert von Ferdinand Kóra-Korber, Reime von Heino Seitler. Wien 1936. Zur kulinarischen Chronologie der österreichischen Zeitgeschichte, wie sie sich in den Kochbuchpublikationen von F. Ruhm von 1933 bis 1961 darstellt, vgl. Monika Bernold, Eat up TV. In: Götterspeisen. Katalog zur Ausstellung „Götterspeisen. Vom Mythos zum Big Mäc", hg. v. Historischen Museum der Stadt Wien. Wien 1997, 104–120, hier: 119f
29 Mathilde Vaerting, Lehrer und Schüler. Ihr gegenseitiges Verhalten als Grundlage der Charakterbildung. Leipzig 1931
30 Vgl. Mathilde Vaerting, Neubegründung der Psychologie von Mann und Weib. Karlsruhe 1921
31 Vgl. Vaerting, Lehrer und Schüler
32 Vgl. Mathilde Vaerting, Soziologie und Psychologie der Macht. Berlin 1928
33 Für eine biographische Skizze vgl. Margret Kraul/Sonngrit Fürter, Mathilde Vaerting (1884–1977). Gebrochene Karriere und Rückzug ins Private. In: Ariadne. Almanach des Archivs der deutschen Frauenbewegung 11/1990: Schnittstellen und Schmerzgrenzen. Die „alte" und die „neue" Frauenbewegung im Nationalsozialismus, 30–34
34 1946 nahm sie „nach langer Zeit" wieder mit Vaerting Kontakt auf und berichtete ihr über die erneute Arbeit zur Durchsetzung der „Frauenforderungen für den Mädchenunterricht". (Mathilde Hanzel an Mathilde Vaerting, 30. 12. 1946, NL I/42, Denkschriften 1946)

ten, daß Tilly H. nach dem Verbot der organisatorischen Strukturen, in denen sie politisch aktiv gewesen war, sich nicht nur bemühte, private Kontakte in diesem Umfeld zu wahren[35], sondern auch versuchte, die intellektuelle Auseinandersetzung mit jenen Fragen, die sie schon zuvor beschäftigt hatten, im kleineren Kreise weiterzuführen. Zugleich nutzte sie die neuen Verhältnisse, um durchzuführen, was sie schon in ihrer Jugend angestrebt hatte: sie begann zu studieren.[36] Die Wahl des Studienfaches war wiederum von persönlichen wie pragmatischen Gesichtspunkten bestimmt: sie studierte Dänisch, um sich mit dem Kulturkreis, mit dem ihre beiden Töchter bekannt geworden waren und mit dem Ruthilt Lemche nun engstens verbunden war, auseinandersetzen zu können.

Durch völlige Unbestimmtheit fällt ein anderes Objekt in Tilly H.s Aufzählung auf – das „gewisse Buch". Da zu dieser Zeit nur Briefkontakt zwischen Mutter und Tochter bestand, muß damit etwas bezeichnet sein, das für Ruthilt Lemche eindeutig erkennbar war. Angesichts der vielen Erwähnungen von Büchern in diesem Briefwechsel erscheint der Verweis schwierig aufzulösen. Die Ambivalenz zwischen kommunikativer Eindeutigkeit und Unbestimmtheit läßt Assoziationen von einem in der NS-Zeit verbotenen Buch bis hin zu Hitlers ‚Mein Kampf' zu. Möglicherweise ist damit aber auch auf ein Buch verwiesen, dessen – verschieden abgekürzter – Titel mehrfach in ihren Briefen auftauchte und das ganz offenbar einen hohen Identifikationswert für Tilly H. hatte. Sie habe einem Gast das „Österreich-Buch" geliehen, heißt es im selben Brief, in dem sich auch die Schreibtischbeschreibung findet, und dieser habe „das Einstampfen der Hefte" sehr bedauert. Und auch dem britischen Premierminister Chamberlain wollte sie am liebsten ein Exemplar senden (Mathilde Hanzel an Ruthilt Lemche, 20. 10. 1938, NL IIIA/3). Eine Reihe von Menschen in ihrer Umgebung sollen damit beschenkt werden, was sich als schwierig erweist:

„Mit dem Österreich-Büchlein erging es mir so: Zum ersten Mal kauft ich's bei Matzner, schenkte es gleich an die Kinder Madingers, dann lief ich am 4. od. 5. in die Buchhandlungen, weil ich es vor dem Nachmittag am Sa, d. 11. Nov. […] durchaus haben wollte. Nirgends – aber Ina freute sich, daß sie es überhaupt bekommen soll. Montag teleph. Deuticke, er habe die Bücher (Voegelin u. Mell) erhalten. Also fuhr ich Dienstag, als ich Fr. Wettst. besuchte, hin und – ließ das Büchlein gleich bei ihr als kl. Trost in dieser … Nun mußte ich und Ihr (Ann' So-

---

35 Die mehrfach vorkommende Frau Wettst. (z. B. Mathilde Hanzel an Ruthilt Lemche, 30. 5. 1939, NL IIIA/3) ist vermutlich Marie von Wettstein, mit der sie in den dreißiger Jahren in friedenspolitischen Fragen kooperiert hat, Frau „M. Hoh." (Mathilde Hanzel an Ruthilt Lemche, 21. 2. 1939, NL IIIA/3, 16. 10. 1940, NL IIIA/4) kann eventuell als Kürzel für den Namen der Vorsitzenden des *Bundes Österreichischer Frauenvereine*, Marie Hoheisel, stehen.

36 In ihrem Meldungsbuch als Gasthörerin der philosophischen Fakultät finden sich Eintragungen im Mai und Nov. 1943 und im April 1944 (Dokumente Tilly, NL I/28). Für den Sommer 1943 ist eine Befreiungsurkunde vom studentischen Kriegseinsatz der Deutschen Studentenschaft dokumentiert (NL I/50).

phie) warten, bis die Neuauflage gedruckt ..." (Mathilde Hanzel an Ruthilt Lemche, 18. 11. 1938, NL IIIA/3)

Beide in diesem Zitat erwähnten Autoren haben ein Buch geschrieben, das sich auf Österreich bezieht – allerdings ist Erich Voegelins empirisch-theoretische Arbeit „Der autoritäre Staat"[37] mit fast 300 Seiten kaum als „Büchlein" zu bezeichnen. Zudem erwähnt Tilly H. im selben Brief, daß sie „Die politischen Religionen"[38] schon zu lesen begonnen habe, was darauf verweist, daß es dieses 1938 erschienene Buch von Voegelin war, das sie in der Buchhandlung Deuticke erhalten hat. Auf Max Mell als Autor des „Österreich-Büchleins" verweist auch eine Bemerkung wenige Tage zuvor: sie wolle „das kleine Büchlein ‚Stimme Österreichs'" „an Ann' Sophie senden". (Mathilde Hanzel an Ruthilt Lemche, 11. 11. 1938, NL IIIA/3) Da Anna Sophie Seidelin wenige Tage später als eine Empfängerin des „Österreich-Büchleins" genannt wird, läßt sich mit großer Wahrscheinlichkeit annehmen, daß das von Tilly H. so eifrig verschenkte Buch die von Max Mell herausgegebene Textsammlung „Stimme Österreichs"[39] war.

Der in „vaterländischen" Kreisen hoch angesehene katholische Schriftsteller Max Mell[40], Bruder von Tilly H.s Jugendfreundin Mathilde Mell, hatte sich nicht nur als Vorsitzender des nationalsozialistischen ‚Bundes der deutschen Schriftsteller Österreichs' als Befürworter des ‚Anschlusses' Österreichs an Deutschland ausgewiesen; in dem von diesem Verein herausgegebenen „Bekenntnisbuch österreichischer Dichter" (Wien 1938) hatte er sich mit einer Ergebenheitsadresse an Hitler auch explizit zum Nationalsozialismus bekannt.[41] Der im Frühjahr 1938 von ihm herausgegebene Sammelband „Stimme Österreichs" hatte denn auch zum Ziel, die „Zusammengehörigkeit des österreichischen Stammes mit den anderen deut-

---

37 Erich Voegelin, Der autoritäre Staat. Ein Versuch über das österreichische Staatsproblem. Wien 1936
38 Erich Voegelin, Die politischen Religionen. Wien 1938
39 Max Mell (Hg.), Stimme Österreichs. Zeugnisse aus drei Jahrhunderten. München 1938
40 Max Mell (1882–1971), österreichischer Schriftsteller. Erzählungen und Novellen, geprägt von heimatverbundener und christlicher Grundhaltung. Nach 1918 Bearbeitung religiöser und historischer Stoffe in mundartlich gefärbten Legendenspielen (*Das Apostelspiel*, 1924). 1933 unterzeichnete Max Mell den Aufruf der Deutschen Akademie der Dichtung zum Austritt Deutschlands aus dem Völkerbund sowie eine Unterstützungserklärung für Hitler. Als Vorsitzender des ‚Bundes der Deutschen Schriftsteller Österreichs' trat er seit 1936 für den ‚Anschluß' Österreichs an Deutschland ein. Insbesondere sein *Spiel von den deutschen Ahnen* (1935) trug ihm den Vorwurf der Annäherung an eine völkische Ideologie ein. Mell, der sich während des Krieges zurückzog und sich ausschließlich der Schriftstellerei widmete, erhielt 1954 den Österreichischen Staatspreis. Vgl. Walter Killy/Rudolf Vierhaus (Hg.), Deutsche Biographische Enzyklopädie Bd. 7. München 1998, 53; vgl. auch Klaus Amann, Der Anschluß österreichischer Schriftsteller an das Dritte Reich. Frankfurt/Main 1988, 156
41 Er wandte sich mit den Worten „Gewaltiger Mann, wie können wir Dir danken?" an Adolf Hitler. Vgl. Bekenntnisbuch österreichischer Dichter, Wien 1938, 89, zit. n. Amann, Der Anschluß österreichischer Schriftsteller, 163

schen Stämmen"⁴² zu bekräftigen. Die gesamte Programmatik der Textzusammenstellung zielte auf Transformation der nationalen Identität – beginnend mit den wortlosen Haydn-noten, zu denen nun nicht mehr das Kaiserlied, sondern „Deutschland, Deutschland …" gesungen wurde, und dem zum Bonmot gewordenen Grillparzerwort vom Österreicher, der sich seinen Teil denkt und die anderen reden läßt, besteht der Großteil des schmalen Bandes aus kurzen Texten von so unterschiedlichen Personen wie dem Tiroler Freiheitshelden Andreas Hofer, Kaiserin Maria Theresia, Peter Rosegger, Franz Stelzhamer, Ferdinand Raimund und Marie von Ebner-Eschenbach – aus Texten, die in der einen oder anderen Weise österreichische Identität darstellen. Den Schluß und zugleich die Erläuterung der Veranstaltung bildet ein Ausschnitt aus Josef Weinhebers „Hymnus auf die Heimkehr", mit dem dieser im Frühjahr 1938 den ‚Anschluß' gefeiert hatte. Der von Mell gewählte Ausschnitt stellt zum einen die zum Großteil schon verstorbenen AutorInnen der verwendeten Texte in den Dienst der neuen Zusammengehörigkeit – „… wie die Toten nun all, /(…) /weit aus der Dunkelheit her/ mitzufeiern den Tag/ rühmend versammelt stehn;"⁴³ –, zum anderen wird die Differenz, die im einleitenden Zitat aus Grillparzers „König Ottokars Glück und Ende" zwischen Deutschen und Österreichern aufgemacht worden war, nun in einer holprigen Liebesmetapher geschlossen:

„Hüben und Drüben nicht,/ nicht mehr Süden und Nord:/ Wie nur Liebenden, in/seligem Ausgleich, schenkt/ Gott ein Lebendes neu:/ Hauses Hoffnung und Heil …"⁴⁴

Das Ziel von Mells Buch, den ‚Anschluß' literarisch zu unterstützen, ist offensichtlich. Zugleich allerdings fehlt darin jeder Bezug zum Nationalsozialismus, ja auch das Wort Deutschland kommt kaum vor. Vielleicht war es diese Ambivalenz, die es so bald vom Markt verschwinden ließ – ob es, wie in einem Schreiben von Tilly H. nahegelegt wird, tatsächlich eingestampft wurde (Mathilde Hanzel an Ruthilt Lemche, 20. 10. 1938, NL IIIA/3), muß hier offenbleiben. Wie sehr Tilly H. mit Mells Programm des „Zusammenwachsens" mitlebte, belegt eine an Ruthilt und Karsten Lemche gerichtete Bemerkung:

„In dem ganz gewaltigen Kraftaufwand, mit dem jetzt die Umgestaltung in Österreich vor sich geht, können die Ereignisse, die Euren Zeitungen letzthin Stoff gaben, nicht ganz richtig eingeschätzt werden. Ungestüm denkt nicht an Zukunft. Dem ‚old fellow' Chamberlain hätte ich auch gerne ein Österreich-Buch gesendet …" (Mathilde Hanzel an Ruthilt Lemche, 20. 10. 1938, NL IIIA/3)

---

42 Mell, Stimme Österreichs (Einleitung Max Mell), 4
43 Josef Weinheber, „Österreich kehrt heim ins Deutsche Reich". In: Mell, Stimme Österreichs, 74f.
44 Ebd.

Der Glaube an ein Nationalitätenprinzip, das in den ineinandergreifenden nationalsozialistischen Strategien der rassistischen Vertreibung und der territorialen Expansion seine Realisierung finden könnte, bildet also nicht nur auf metaphorischer Ebene die „Unterlage" von Tilly H.s Denken. Zu dem „Kraftaufwand" der „Umgestaltung" war sie auch bereit beizutragen. So arbeitete sie nicht nur intensiv an ihrem eigenen Ahnenpaß (Mathilde Hanzel an Ruthilt Lemche, 30. 1. 1939, NL IIIA/3), ohne jemals dessen antisemitische Intention zu kritisieren, sie beteiligte sich auch als ehrenamtliche Helferin bei der Volkszählung im Frühjahr 1939 (Mathilde Hanzel an Ruthilt Lemche, 27. 4. 1939, NL IIIA/3). Einen ersten, aber keineswegs grundlegenden Bruch bedeutete das Novemberpogrom 1938, nach dem Tilly H. „schwer ums Herz" wurde (Mathilde Hanzel an Ruthilt Lemche, 11. 11. 1938, NL IIIA/3). Distanznahmen – allerdings in sehr verschlüsselter Form – finden sich erst lange nach Kriegsbeginn. Während sie auch ihr Bedauern über den deutschen Einmarsch in Dänemark noch äußerst undeutlich ausdrückte (Mathilde Hanzel an Ruthilt Lemche, 20. 4. 1940, NL IIIA/6), findet sich kurz darauf anläßlich der Okkupation von Holland und Belgien die erste – in Zitaten verschlüsselte – Kritik am Krieg. Angelehnt an Zitate von Kant, Ebner-Eschenbach und einem unbekannten Major des Ersten Weltkrieges kommt sie zum Schluß, „daß die Überwindung des Krieges das einzig menschenwürdige Ziel […] ist". (Mathilde Hanzel an Ruthilt Lemche, 13. 5. 1940, NL IIIA/6)

Doch damit ist nun – das macht auch die Verschlüsselung deutlich – eine Zeit angesprochen, in der aufgrund der Zensurmaßnahmen in den Briefen nach Dänemark keine klaren Aussagen mehr zu erwarten sind. Hier gewinnt der Vergleich zwischen der Korrespondenz und dem im Herbst 1940 beginnenden Tagebuch an Bedeutung.

Dokumente 1: Oktober 1940

Mathilde Hanzel an Ruthilt Lemche, 23. u. 24. 10. 1940 (NL IIIA/4):

23. Okt. 1940. Wien. 22 1/2h Liebste Ruthilt! Ja, siehst Du, wie einfach wäre das, wenn Du alles gehört hättest, was ich in der vergangenen Woche mit Dir gesprochen! Wie oft ich mir die Stellen aus „Einars[45] Brief" ins Gedächtnis rief und wie gerne ich wüßte, ob seine kl. Nase wieder in Ordnung. Die Tage gehen furchtbar schnell und sind mit soviel Tätigkeiten ausgefüllt; ja, wie kommt man da zum schreiben? Nun sitze ich im Bett und habe herrliche Ruhe, denn Väterchen ist bei einer Maturantinnenrunde und so ist alles ganz still, bloß die Standuhr tickt. Auf meinem Schreibtisch liegen eine Menge Bücher, zu denen ich nicht komme, auf dem Klavier ein Stoß Noten, die ich nur selten aufschlage, denn jetzt nimmt Haus u. y meine Zeit. Es ist ja jetzt nichts einfach. Z.B. braucht Dietl hohe Schuhe; die Notwendigkeit muß der Arzt bestätigen, die Kartenstelle gibt den Bezugsschein, aber wo und ob man sie in einem Geschäft kriegt /notabene diese N<u>o</u>/, ist fraglich./Mindestens heißt es Geduld haben, von neuem Geduld!/* Oder Du hast einen Bezugsschein für Stoff für ein Umstandskleid ausgestellt erhalten, Du kommst in das Geschäft, es stellt sich heraus, daß die Qualität – (sie wird durch Ziffern bezeichnet) richtig wäre, wenn nicht das Richtige durchgestrichen u. amtlich eine andere Ziffer drübergeschrieben worden wäre. Also mußt Du mit dem Schein ins /nahe/ K.-Wirtschaftsamt und muß die Abänderung amtlich durchführen lassen. Nun, siehst Du, an all dem ist nichts Schlimmes, aber Zeit kostet es und Wege und Bemühungen. – Trotzdem – muß man zugeben, daß ohne straffe Ordnung und genaue Einhaltung derselben eben [viele] wichtigen Dinge nicht geleistet werden könnten.– Da Hilfskräfte für den Haushalt schwer zu haben sind, arbeitet unsre Waschfrau jetzt 2x wöchentlich bei Dietl und außerdem helfe ich ihr so oft als nur möglich. Ich will sie nicht gerne mehr allein lassen, weil zwischen dem 28. X. und 10. XI. die kritische Tage liegen. Läßt das y so lange auf sich warten als Einar, müssen wir noch weit mehr Geduld haben! Heute hat Allatante[46] die Ausstattung für den Wiegenkorb genäht und Dietl beugte sich beim Proben über den Korb und sagte: „Ich freu' mich schon so!" – Einen neuen kleinen Koffer haben wir für die Kleinchensachen bestimmt und fest vollgepackt. Fritz[47] fand, daß die käuflichen Wiegen geringe Standfestigkeiten haben, und konstruiert daher gegrätschte Beine mit Teetischrädern an den Korb. Du kannst Dir seinen Eifer vorstellen! (Er ist

---

45 Einar Lemche, der 1939 geborene Sohn von Ruthilt und Karsten Lemche.
*   am Seitenende angemerkt
46 Tilly H.s Schwester Karola („Alla") Hübner, verehelichte Teubel.
47 Dietgarts Mann Fritz Pangratz.

in viele Geschäfte gegangen, bis er die Räder erhielt!) – Er ist so außerordentlich geschickt, kommt auf eine Unmenge guter Einfälle, daß wir uns immer wieder freuen!
24. Okt. 1940. 21h. Es liegt ein langer Arbeitstag hinter mir. Früh einige Kleinigkeiten für Dietl; dann Kuchen für die Nachmittagsgäste backen, etwas nähen; dann kam der Koks und ich mußte in den Keller u. außerdem Maria[48] helfen, die in der Küche Schmutz wegputzte – dann zu Dietgart, wo Tante Böbi[49] friedlich Tücherränder einkniff. Wegen etwas Schnupfens besorgte ich nachm. das Einkaufen für Dietgart. Vorher waren die Gäste, Karla[50], Rosek[51], Böbi gekommen; sie haben es aber nicht übel genommen, daß ich mich für eine Stunde entschuldigte. Von Dietl wieder heim, wo noch der Besuch da. Nachher einiges bügeln. – Klavierüben nach dem Abendessen, da morgen früh meine kl. Meisterin kommt. – Nun endlich bei Deinem Brief. Wenn Ihr eines von den netten Bildchen von Euch u. Einar in Vorrat habt, so sendet bitte eines an Tante Mimi[52]. Ich darf ihr keines senden und will auch keines hergeben! Sie schrieb sehr freundlich u. fragte nach dem Enkel in Dänemark! – Fr. Dr. Ilse Biet hat Sonntag vor 14 Tagen den 2. Buben geboren. Ihr Mann war eben auf Urlaub gekommen. – Lore kommt im April dran. Sie hat es wegen ihrer Mutter nicht leicht. (Auch ist Ämil. im Reich.) – Bitte, schreibe, ob die Sonntagsnummern kommen!– Ich freue mich sehr, daß soviel Interesse für deutsche Angelegenheiten in Deinem Bekanntenkreis wach ist u. daß Du erläutern und vermitteln kannst. – – Es ist nun schon über 2 Jahre her, daß ich Dich sah u. Karsten und Einar habe ich nur in Bildern gesehen und helfen konnte ich Dir in diesem allerschwersten Jahr fast gar nicht. – Für den Fall, <u>daß man endlich wieder Päckchen senden kann</u>, schreibt, bitte, was Einar zum Jahrestag (23. Nov.) am besten brauchen könnte. Bleibt gesund, trotz Kälte u. Frost und seid umarmt von Großmutti.
Wir alle (auch alle Tanten u. Onkel) sind wohlauf. Tante Olga /Hübner/ ist auch wieder in Wien. Lies Jikeli[53] studiert in München. Onkel Hans[54] will anfang November über Wien nach München fahren. Die letzten Wochen war wunderschönes Herbstwetter. Ich bin voll Zuversicht. Alles gute Euch allen Großvater.*

---

48 Maria (Nachname unbekannt) war vermutlich die Haushaltshilfe der Familie Hanzel.
49 Kosename für Tilly H.s Schwester Berta Hübner
50 Vermutlich Ottokar Hanzels Schwester Karoline
51 Dir. Rosek kommt häufig im Zusammenhang mit Berta Hübner vor, er ist vermutlich mit ihr befreundet.
52 Tilly H.s Schwester Maria, mit Hanns Jikeli in Hermannstadt/Sibiu in Rumänien verheiratet
53 Lieselotte Jikeli, Tochter von Maria und Hanns Jikeli
54 Vermutlich: Hanns Jikeli
*   „Wir alle … Großvater" in Ottokar Hanzels Schrift

Mathilde Hanzel, Tagebuch 1940–1954 (NL II/10, 1):

Auf der Suche nach verlorenen Idealen*

Bemerkungen zum Tage: 24. Okt. 40. Die Schilderung von Mißständen (in Ämtern z. B.) bringt mich auf die Frage: Wie kann ich zur Reinhaltung einer großen Idee beitragen, und wie (und ob) ist es überhaupt möglich, die Umsetzung in die Wirklichkeit in ungeschändeter Form zu erlangen. – Ich finde keine andere Lösung, als durch entsprechende Erziehung neuer Menschen. Ist es doch, als ob allem, was guter Wille erdenken, was Erfindergeist schaffen kann, ein satanischer Schatten beiwohnte, der schließlich die Helle der Idee verdeckt, und ihre Verkehrung und ihren Mißbrauch ermöglicht. Das einzige Hindernis für dieses Geschehen ist – der verantwortungsbewußte Mensch. Wenn „man" doch bedenken wollte, daß die Verantwortung vor der Nation nicht zu trennen ist von der vor der Welt!

Schatten

Der erste Eintrag in Tilly H.s Tagebuch ist vom Zweifel getragen und verweist schon dadurch auf einen Bruch. Die Autorin findet dafür das Bild des „satanischen Schattens", der den „Ideen" ihre Homogenität nimmt, sie zu gespaltenen Gebilden macht, die nicht mehr eindeutig zu bewerten sind. Der vermutliche Anlaß dieser geradezu dramatischen Darstellung erscheint, liest man den Brief an Ruthilt vom selben Tage, reichlich unspektakulär: Tilly H. hatte sich wenige Tage zuvor über schlecht organisierte Abläufe bei der Zuteilung rationierter Waren geärgert. In der unmittelbaren zeitlichen Umgebung läßt sich überdies kein größeres politisches Ereignis ausmachen, das den Meinungsumschwung bewirkt haben könnte. Dieses mögliche Mißverhältnis zwischen Anstoß und Wirkung ist allerdings nicht so ungewöhnlich, wie es scheint: Susanne zur Nieden hat bei ihrer Auseinandersetzung mit Frauentagebüchern im Zweiten Weltkrieg festgestellt, daß Frauen häufig dann zu schreiben begonnen haben, wenn der Krieg für sie fühlbar wurde[55] – wenn der „Alltag" zum „Ausnahmezustand" wurde. Nicht ein politischer Umbruch, so ließe sich ihre These zuspitzen, motiviert die (Wieder-)Aufnahme der selbstreflexiven Praxis des Tagebuchschreibens, son-

---

* Der Titel ist zentriert auf eine eigene Seite geschrieben, der darauffolgende erste Eintrag beginnt auf der nächsten Seite, die mit der Seitenzahl 1 versehen ist. „Auf der Suche nach verlorenen Idealen" wie auch der Titel des ersten Eintrags „Bemerkungen zum Tage:" sind mit Bleistift, der darauffolgende Eintrag ist hingegen mit blauer Tinte geschrieben.

55 Susanne zur Nieden, Alltag im Ausnahmezustand. Frauentagebücher im zerstörten Deutschland 1943–1945. Berlin 1993, 74

dern die Veränderung des individuellen Alltags. Zur Nieden setzt den Beginn dieser Erfahrungen und die damit verbundene verstärkt auftretende Tagebuchpraxis allerdings erst mit 1943 an. Es gilt also im Fall von Tilly H. nach einem Ereignis zu suchen, das ihre Wahrnehmung von Veränderungen intensiviert haben könnte. Und tatsächlich hängt ihre Ungehaltenheit ja damit zusammen, daß sie etwas tut, das ihre alltägliche Routine durchbricht: sie besorgt Umstandskleidung für ihre hochschwangere Tochter Dietgart Pangratz. Damit ist zugleich eine persönliche Umbruchssituation angesprochen: Tilly H. wird Großmutter. Sie hat zwar schon einen im Herbst 1939 geborenen Enkelsohn in Dänemark, doch diese Veränderung war für sie nur vermittelt erfahrbar, da sie wegen des Kriegsausbruches weder zur Niederkunft ihrer Tochter nach Dänemark reisen noch die Familie später besuchen konnte. (Mathilde Hanzel an das Auswärtige Amt Berlin, 12. 2. 1942, NL I/42, 1) Doch die Familien Pangratz und Hanzel leben in täglicher Verbindung miteinander, und Tilly H. ist nun unmittelbar in das Geschehen eingebunden. Nach der Geburt ihres Enkelsohns Ewald am 9. 11. 1940 (Mathilde Hanzel, Tagebuch, 14. 11. 1945, NL II/10, 119) steht sie ihrer Tochter Dietgart nahezu täglich durch Besorgungen, Beaufsichtigung des Säuglings und Hilfe im Haushalt bei. Wohl auch diese intensive Beschäftigung mag sie davon abgehalten haben, das offenbar geplante Journal nach dem ersten Eintrag weiterzuführen. Als sie allerdings nach fast einem halben Jahr ihr Tagebuch wieder aufnimmt, ist es nicht zuletzt das durch die Auseinandersetzung mit der Situation ihrer Tochter aktualisierte Thema der Mutterschaft, das sie beschäftigt.

Dokumente 2: April/Mai 1941

Mathilde Hanzel, Tagebuch 1940–1954 (NL II/10, 2–6):

20. 4. 41. Nirgends noch Anzeichen für die Besserung der Lehrpläne weder d. Knaben, schon gar nicht der Mädchen, obwohl der Einzelne und auch engere Kreise das Unhaltbare bestätigen. Weg zur Wiederherstellung u. Besserung der Mädchenbildg? Das Ende d. Krieges wird wohl sehr herbeigesehnt, von Millionen von Menschen d. beteiligten u. weniger beteiligten Staaten, aber es ist noch nicht abzusehen, wann es eintritt. Vor allem ist eine Schwierigkeit fast unübersteiglich: die Möglichkeit /u. Notwendigkeit/, sich verständigen zu müssen, ist ddoch [sic] die äußerst grausame Art der Kriegführung, die den Massenmord ins Ungemeßne steigert, ~~ist~~ fast nicht erreichbar /bzw. schwer einzugestehen/ und dabei doch Voraussetz. für die Neuordnung. – Obwohl wir wissen, daß uns vieles nicht gesagt wird, ist es doch kaum verständlich, daß die neutralen und doch so sehr in Mitleidenschaft gezogenen Staaten nicht mehr als bisher für die Annäherung d. Streitenden tun od. tun können? Es scheint, als ob ihre Einflußnahme nicht gewünscht werde u. als ob die Staaten einen totalen Sieg wollten. Wie sieht nun dieser totale Sieg aus? Ist er überhaupt erreichbar, wenn die Opfer dafür so bedeutend? Hab[..]en unsre breiten Volksschichten auch nur <u>ein</u> Bild von dem Aufwand, den dieser Krieg erfordert? Kolonien, Freiheit der Meere und aller Meeresstraßen? Hegemonie Deutschlands in Europa … werden errungen, was aber dafür gegeben? Das Leben und die Gesundheit von vielen Zehntausenden erwachsenen Männern, deren Begabung u. Arbeitseinsatz für die weiteren Räume dringend nötig gewesen. Die Kosten d. Kriegsmaterials als Steuergelder verschlungen vom Krieg, Eisen auf d. Meeresboden in Millionen Zentnern, der Arbeitseinsatz in d. Rüstung- u. durch sie bedingten Industrie fehlt auf allen sonst der Gesundheit dienenden Gebieten; die Ersparungen gehen in die Fiskuskasse und die Altersversorgung der breiten oberen Jahrgänge sowie die Last der Kriegsopferhinterbliebenen u. deren Kinder liegt auf den wenigen Jahrgängen, die am Schlusse wieder in die geordnete Wirtschaft der Nation treten. Alle werden viel zu arbeiten haben, ohne dabei Wohlstand erreichen zu können, denn die Gesamtverarmung für mindestens vier Generationsdauer [sic] scheint sicher. Aus dem wenigen Angeführten ist leicht einzusehen, daß ~~die~~ der richtige Arbeitseinsatz Hauptziel sein muß. D. i. die vorhandenen Kräfte müssen bestens ausgebildet und ihre Einsatzmöglichkeit vorbereitet sein. ~~Die Aufgabe~~ d. Mädchenerziehg. kann daher nicht früh genug damit beginnen, den Geist d. weibl. Jugend auf die ganze Größe der Aufgabe hinzuweisen und jedem Mädchen, das Eignung zeigt, außer fraulichen Tätigkeiten auch andren Arbeitseinsatz voll leisten können, die Bildung hiefür zu ermöglichen. Zwar wird eingewandt werden, daß viele dieser Ausgebildeten den Beruf nicht ausfüllen werden, da ihnen die fraulichen Pflichten

näher liegen u. sie h[..]eiraten. Gewiß wird dies oft der Fall sein. Trotzdem: Heirat ist keine Versorgung, schon gar nicht nach den neuen Gesetzen; außerdem ist der Mangel an Männern sehr groß und es muß Ehrenpflicht jedes Mädchens werden, am Selbständigwerden zu arbeiten und es zu erreichen. Eine sehr große Anzahl der heimkehrenden jungen Soldaten muß erst das Studium vollenden und das Defizit an Kulturwerken aufholen, das ihnen durch d. lange Kriegsdauer erwuchs. Weder dem Bruder noch andren männlichen Verwandten soll d. Mädchens Unterhalt zur Last fallen. Selbständigkeit zu erreichen, ist Hauptsache. Die Lage Deutschlands wird aber erfordern, daß neben dem Arbeitseinsatz in. d. öffentl. Leben d. Frau ihre Familienpflichten erfüllt.

Mathilde Hanzel an Ruthilt Lemche, 24. 4. 1941 (NL IIIA/4):

Hanzel, Wien, 107. Zeillerg. 63/X/7. an Lemche, Charlottenlund, Dänemark
24. April 1941 Liebe Drei im Norden! Ruthilts Ostersonntagbrief langte schon Freitag ein und wir haben uns an ihm eine Oster<u>nach</u>freude geholt, durch die getreuen kleinen Schilderungen aus Eurem Tag. Die Mundharmonika f. Einar, das ist eine gute Idee. Eine Trompete hätte Euch und Far[56] zur Verzweiflung gebracht. so gibt sie wenigstens erträgliche Töne u. Abwechslung. Also ein Gachpinkel ist der Kleine. Gutes, markiges Wort. Da er schon früh mit dem Trotzen beginnt, hört er wohl auch früher auf und lernt den Wert der nicht im Trotz verbrachten Zeit. Ewald schreit weder vor noch nach dem Bad, sondern ist selig, daß er plantschen kann, freut sich beim Ankleiden, weil es fort geht, heult nicht beim Heimkommen, da er schon weiß, daß er herausgenommen und umgekleidet wird. Heute Nacht war ich wieder drüben, damit Dietgart nicht aufstehen müsse; aber es war bloß um 4h eine kleine Unruhe da und um ca. 1/4 7h erwachte Ewald und begann seine Turnübungen und Selbstgespräche. – Es ist aber nicht immer eine so gute Nacht. – Ich käme ja so gerne, wie Ihr es plant, Ende Juni und möchte auch einen der Schulungskurse mitmachen, es interessiert mich ja so viel an Dänemark u. seiner Volksbildung, die ja durchschnittlich sehr hoch [ist] und ich möchte sehr dafür arbeiten, daß die Art der Bildungsvermittl. u. ihre Möglichkeiten weiteren /Kreisen/ ~~ge~~bekannter würden u. Nachahmung bzw. Benützung fänden. Nach dem Kriege werden wir sehr viele Menschen mit guter Bildung brauchen, damit der soziale Aufbau gefestigt und erweitert werden und die Kriegswunden – soweit dies möglich – ausgeheilt. Das ist alles ein langer, schwieriger Arbeitsprozeß, und das hiebei zu überblickende u. zu bearbeitende Gebiet riesig groß. Eines ist mir jetzt schon ganz gewiß: Die Herabminderung der Mädchenbildung, wie

---

56 „Far", dänisch für „Vater" – Karsten Lemches Vater

sie in den jüngsten Lehrplänen erfolgte, muß – sie war augenscheinlich auf Friedensverhältnisse abgepaßt – muß fallen u. einem andren Gesichtspunkte Platz machen. Da Ihr den österr. u. reichsdeutschen Bevölkerungsbaum in Erinnerung habt, ist es klar, daß mehrere Mädchenjahrgänge keine im Alter dazupassenden Männer finden werden, der Krieg tut ein Übriges. Es muß also, da ~~sogar~~ heute /wie früher/ ~~noch~~ Heirat /noch/ keine Versorgung darstellt, den Mädchen die Möglichkeit zum Selbständigwerden in viel größerem Ausmaße eingeräumt werden. Sie sollen nicht den Brüdern, die aus dem Felde kommend vielfach erst ihre Berufsausbildg. vollenden oder eine neue Existenz finden müssen, zur Last fallen, sie sollen überdies dem großen Bedarf an Arbeitskräften entsprechend vorbereitet sein. Was daher jetzt schon gleich hierzu zu tun wäre, ist klar. – – Über Karstens Buch freue ich mich sehr. Bekomme ich ein Exemplar? Wäre eine deutsche Übersetzung nicht auch anzustreben. Karsten hat doch schon einmal eine Geschichte Dänemarks in 400 Worten zuwege gebracht, nun wird es wahrscheinlich ein Vademecum d. Versicherungswesens, somit auch eine kl. Volkswirtschaftslehre sein! – Ich warte also noch die Nachrichten über Ausländerkurse in Kop.[57] ab. Ich bin aber auch gefaßt, daß mir kein Durchlaßschein bewilligt wird und will es nicht schwer nehmen, daß Sommerplanung daher nicht möglich. Für Dietl bemühen wir uns weiterhin in der Nähe Wiens etwas Passendes zu finden, damit Fritz, der jetzt noch viel weiter westlich ist, bei einem allfälligen Urlaub auch seinen Eltern nahe ist. Väterchen fährt in den ersten Julitagen nach W.[indisch-]Garsten, wo er noch besser aufgehoben sein würde als im Vorjahr, u. zwar in der gleichen Pension wie Onkel B.[58] u. Frau. –

Mama ist zu Dietgart …

Laß gut sein, liebe Tochter zu den Falten in unseren Gesichtern habt Ihr, Du u. Dietgart, am wenigsten beigetragen. Ihr beide ward liebe u. im allg. gut lenksame Kinder, die uns viel Freude besonders in den grauen Tagen nach dem Weltkriege bereitet haben. Daneben waren die Sorgen um Eure Gesundheit (wegen der Empfindlichkeit gegen Verkühlungen infolge des Wachstumes) gewiß nicht schwer. Und wenn Du jetzt über mangelnde Kräfte klagst … Auch diese Zeit wird vorübergehen. Ich war zwischen 20. u. 30 Werkstudent u. begann erst dann meine eigentliche Berufsarbeit. Ich hatte Zeiten, wo ich arbeitsmüde war u. wurde wieder voll leistungsfähig u. ausdauernd. Vielleicht durch kluge Bemühung der Ruhezeiten. Euch alles Gute u. herzliche Grüße an Alle Großvater* [am umseitigen Seitenrand fortgesetzt:] Kommt Else nach Wien und wann? Hat Euch Elvira schon besucht? Bruder B. ist übersiedelt und wohnt jetzt Wien, IX/66. Hörlg. 9 (er ist endlich von den 84 Stufen befreit).

---

57 Vermutlich: Kopenhagen
58 Vermutlich Ottokar Hanzels Bruder Bohuslav Hanzel
*   „Mama ist zu Dietgart … Großvater", sowie die umseitige Anfügung in Ottokar Hanzels Schrift

Mathilde Hanzel, Tagebuch 1940–1954 (NL II/10, 6–7):

9. V. 41. Die Vereinigung von Mutterschaft und Beruf, die seinerzeit u. immer wieder Hauptfrage ist, kann aber jetzt endlich mit Hilfe des Pflichtjahres und unter Eingebung einer Versicherung viel leichter verwirklicht werden als früher. Die Frage ist nun die, ob u. wie die einfache Arbeiterin dieses Vorteils teilhaft werden kann, da diese Einrichtg. Kosten verurs. ob die Übernahme in Kinderkrippen u. s. w. ermöglicht oder individuelle, also Heimbelassung u. Pflege angehen wird. Die Mittelstandsfrau kann diese Einrichtung viel besser nützen, wenn überhaupt Mädchen vorhanden; (schwache Geburtsjahrg.) Vor allem ist also zu verlangen, daß die Frauen ihre ureigensten Belange selbst regeln und ihre Meinung eingeholt, bzw. ihre Mitarbeit er‐ möglicht werde.*

15. V. 1941. Wir Frauen sind vollständige Narren, da wir angesichts dieser Welt, noch immer Kinder haben u. großziehen wollen … Die Männer aber sind Verbrecher, trotz ihrer Kraft u. Einsicht? nicht eine bessere Lage der Menschheit als die, immer wieder von Kriegen überrannt zu werden, hervorgebracht zu haben. Ihre einzige Entschuldig. bzw. der Milderungsgrund /für sie/ ist, daß sie von Narren geboren wurden. Ich bin aber trotzdem lieber ein armer leidender Narr als ein wenig entschuldbarer Verbrecher. –**

Fortsetzungen, Wiederholungen

Fünf Monate nach dem Entschluß, ein Tagebuch zu führen, setzt Tilly H. ihr Journal fort. Der Anlaß dazu ist nicht mit Sicherheit auszumachen, doch der Stil ist bekannt: wie häufig schon in jenem Tagebuch, das sie in den Jahren vor ihrer Heirat geführt hat, folgt ihr Eintrag dem Duktus der politischen Rede. Es scheint, als ob sie einem unsichtbaren Publikum ihre Überzeugungen darlegen, für potentielle Leser und Leserinnen die besten Argumente für eine Verbesserung der Mädchenerziehung entwickeln würde. Wie schon fast 40 Jahre früher, als sie ihr „pädagogisches Luftschloß" in Briefen an Ottokar Hanzel und im Tagebuch entworfen hatte[59], beschäftigt sich Tilly H. in ihren privaten Aufzeichnungen wie auch in ihrem Brief an die Tochter in Dänemark mit den Möglichkeiten der Verbesserung der Mädchenbildung. In noch viel konkreterer Weise knüpft sie mit diesen Überlegungen an ihre politischen Aktivitäten der dreißiger Jahre an, die um zwei Fragen gekreist waren:

---

* Gesamter Eintrag in Lateinschrift
** Gesamter Eintrag in Lateinschrift
59 Vgl. das Kapitel „Von der Hohen Schule der Frauen"

die Verhinderung des Krieges und die allgemeine Veränderung der Mädchenerziehung, insbesondere aber der Schullehrpläne für Mädchen. Die Ablehnung des Krieges wird dabei – auch dies übrigens in Fortführung von Positionen, die Tilly H. bereits in ihrer Friedensarbeit in den dreißiger Jahren vertreten hatte – nicht so sehr mit moralischen, sondern vielmehr mit ökonomischen Argumenten begründet. Dies gilt auch für die Frage der Mädchenbildung, die zudem nun – wenn etwa vom „Arbeitseinsatz" oder der „Ehrenpflicht" die Rede ist – in Begriffen diskutiert wird, die sich auch in nationalsozialistische Kontexte einfügen ließen. Dies läßt sich auf zweierlei Weise interpretieren. Zum einen kommt darin wohl die absolute Priorität des Themas zum Ausdruck: Tilly H. war, so scheint es, bereit, ihre Forderung nach einer besseren Ausbildung für Mädchen in jeder politischen Umgebung zu erheben – selbst angesichts des Nationalsozialismus wurde sie ihr nicht zum Nebenwiderspruch, dessen Auflösung eine grundlegende Änderung der politischen Verhältnisse vorauszugehen hätte. Zum anderen wird am darauffolgenden Eintrag vom 9. 5. 1941 sichtbar, daß Tilly H. durchaus in Begriffen der Kontinuität zwischen jenen frauenpolitischen Forderungen, die sie im Kontext der Frauenbewegung erhoben hatte, und der nationalsozialistischen Sozialpolitik dachte, wenn sie die Forderung nach der Möglichkeit zur „Vereinigung von Mutterschaft und Beruf" mit der Einführung des Pflichtjahres, durch das Mädchen zur Absolvierung eines Arbeitsjahres in einer hauswirtschaftlichen Tätigkeit verpflichtet wurden,[60] in Verbindung bringen konnte. Tilly H.s zumindest partielle Zustimmung zum Nationalsozialismus ist demzufolge nicht nur mit ihrer deutschnationalen Haltung verbunden, sondern bezog sich auch auf bestimmte sozialpolitische Interventionen des Regimes. Mehr noch als jene Briefstellen, die ihre Begeisterung für den ‚Anschluß' belegen, machen diese Zeilen in ihrem Tagebuch deutlich, daß die Erfahrungen von Bruch, die Tilly H. in der Rede von den „verlorenen Idealen" thematisiert, nicht mit der Zerstörung frauen- und friedenspolitischer Kontexte durch den Nationalsozialismus in eins zu setzen ist.

Auf der gegenüberliegenden Seite des Eintrages zum Pflichtjahr findet sich die dezidierteste Stellungnahme gegen den Krieg im gesamten Tagebuch. Der Gegensatz zwischen den beiden Seiten des Journals könnte größer nicht sein – hier der Versuch, bestimmte Maßnahmen nationalsozialistischer Politik in die Tradition der Frauenbewegung zu stellen, dort eine sehr grundsätzliche Ablehnung der Kriegspolitik, die unmittelbar mit weiblicher Identität verbunden wird. Die beiden Einträge, die in ihrer Kombination in besonderer Deutlichkeit Tilly H.s politische Ambivalenzen aufzeigen, sind gleichwohl auch durch Gemeinsamkeiten gekennzeichnet. Das ist zum einen die geradezu auffällige Vermeidung des Wortes „Nationalsozialismus", das in den gesamten Aufzeichnungen der Kriegsjahre nicht

---

60 Zu den diesbezüglichen Bestimmungen vgl. Gisela Miller, Erziehung durch den Reichsarbeitsdienst für die weibliche Jugend (RADwJ). Ein Beitrag zur Aufklärung nationalsozialistischer Erziehungsideologie. In: Manfred Heinemann (Hg.), Erziehung und Schulung im Dritten Reich. Teil 2: Hochschule und Erwachsenenbildung. Stuttgart 1980, 170–173

vorkommt – so als hätten ‚Anschluß', Pflichtjahr und Krieg nichts mit diesem politischen System zu tun. Zum anderen sind die beiden Tagebuchseiten durch das Thema der Mutterschaft verbunden. Und die Frage der Mutterschaft – für Tilly H. fast ebensolang ein Thema wie jene der Mädchenerziehung[61] – könnte auch einen Anlaß für die Aufzeichnungen im April und im Mai 1941 bilden. Einen Tag, bevor sie ihre grundlegende Ablehnung des Krieges aus mütterlicher Perspektive ins Tagebuch eingetragen hatte, hatte sie einen Muttertagsbrief an ihre Tochter Ruthilt Lemche geschrieben, an dessen Ende sie die schwierige Situation von Müttern ansprach:

„Wie so oft ist mir in den letzten Tagen das Schicksal der Mütter so recht fühlbar geworden und wird es noch mehr im Bewußtsein dessen, daß meine beiden Töchter nun auch Mütter sind. Möge nie eine Zeit kommen, die Dich im Innersten aufwühlend, mit diesem Geschick zu hadern zwingt. Sei umarmt und innig geküßt von Deiner Mutter." (Mathilde Hanzel an Ruthilt Lemche, 14. 5. 1941, NL IIIA/4)

Die Zeilen lassen an Tilly H.s eigene schwierige Situation als junge Mutter während des Ersten Weltkrieges denken, die sie vielleicht nun mit den Bedingungen, unter denen ihre Töchter Mütter waren, verglich. Der Anstoß zu diesen Überlegungen könnte sowohl in einem öffentlichen wie in einem privaten Datum liegen. Da sind zum einen die offiziellen Muttertagsfeiern, die in der Zeit des Nationalsozialismus von einer breiten Flut von Thematisierungen der Mutterschaft in den Medien begleitet waren[62] – Tilly H. könnte also, wie schon in ihren Aufzeichnungen als junge Frau, die öffentliche Debatte zum Anlaß eigener Überlegungen genommen haben. Zum anderen aber berichtet sie Ruthilt von der Geburtstagstorte, die sie gerade für deren Schwester Dietgart gebacken hatte – es ist also vielleicht auch das Schicksal ihrer jüngeren Tochter, die gerade ihren Geburtstag feierte und als junge Mutter um ihren Mann an der Front bangen mußte, das sie an ihre eigenen Ängste in den Jahren der kriegsbedingten Trennung von ihrem Mann erinnerte. Ebenso mochte sie die langjährige Getrenntheit von der älteren Tochter Ruthilt, die sie aufgrund der Reisebeschränkungen zwischen Dänemark und dem Deutschen Reich nicht besuchen konnte, an ihre eigene Trennungserfahrung während des Ersten Weltkrieges erinnern. Nach der vehementen Stellungnahme gegen den Krieg vom 15. Mai 1941 gibt es in Tilly H.s Tagebuch über mehrere Jahre keinen Eintrag mehr. Erst 1945 schrieb sie – nun mit wesentlich größerer Kontinuität – ihre Erfahrungen und Gedanken in das Buch ein.

---

61 Vgl. z. B. das Kapitel „Frau Hübner/Passagen" (CD-ROM), Kommentar 5
62 Vgl. Irmgard Weyrather, Muttertag und Mutterkreuz. Der Kult um die „deutsche Mutter" im Nationalsozialismus. Frankfurt/Main 1993

Dokumente 3: 1945

Mathilde Hanzel an Ruthilt Lemche, 10. 3. 1945 (NL IIIA/4):

Mathilde Hanzel, Straß i. Straßertal No 30, N.Donau an Lemche, Elinorsvej 43, Charlottenlund, Dänemark.

10. III. 1945. Liebste Ruthilt! Endlich habe ich das Blatt wiedergefunden, auf welchem Fritz bei seinem Urlaub im Nov. 44 mir für Dich ein Zitat aus Rodin aufschrieb. Ich versprach, es Dir zu senden, weil es so gut f. die Sache Steffensen-Rilke paßt. Vor allem wolltet Ihr ja wissen, wir haben Nachricht von Fritz vom 20. II. an seine Mutter. Es besteht also Postverbindung, aber selten. – Dietgart hat während dieser ersten Woche ihres Wiederhierseins sehr viel gearbeitet, alles entstaubt, alles neu eingeordnet, praktisch und rein, wir haben also eine Art Vorosterzeit gemacht und sie schlief trotz aller Arbeit oder vielmehr durch die Ermüdung gut, fast ohne Mittel, sie ist glücklich, die Kinder zu haben und betreibt alle ihre Angelegenheiten mit weit größerer Entschiedenheit und Energie als zuvor. – Unsere kl. Aushilfe wurde vom Arbeitsamt belassen, weil Dietgart ja doch noch nicht – noch lange nicht, – alles machen darf u. kann.– Wir sind große Künstler; konnten wir doch aus den Mengen der letzten 4 Wochen vor dem 4. III. die abgelaufene Woche fast zur Gänze bestreiten; das Brot wird durch Kartoffeln u. Bohnen ersetzt und Zucker sparsamst verwendet. Seid nicht bange, es geht hier alles in Ruhe und Geduld, gegenseitiger Hilfsbereitschaft und Rücksichtnahme (denkt an die vielen Flüchtlinge!) Letzten Montag erhielt ich eine Postkarte an Dich, aufgegeben am 15. II., zurück mit dem Zettel, sie sei nicht am Schalter eingeliefert worden (Prü Berlin) Da ich „Avion"-Marke drauf hatte, wars ein Versehen der Prüfungsstelle, der Zettel galt sicher einem anderen Schriftstück; das Postfräulein riet, sofort wieder aufzugeben, da alles in Ordnung sei. Es war aber der Inhalt überholt. Ich hatte folgendes mitgeteilt: Freund S. G. sei auf Kurs in Oldenburg. Inzwischen schon in Aurich, Ostfriesland. Daß Dietgart zu knappe Kost habe, was jetzt eingeholt wird. Sie wog beim Austritt aus dem Sanatorium nur mehr 58 kg.– Von den Literaturwünschen konnte noch keiner erfüllt werden. – Nun das Zitat aus dem Kapitel über Farben.

„Gewiß lieber Freund. Eine solche Klassifizierung besäße zunächst den Vorzug, geistvoll zu sein, und dann wäre sie jedenfalls richtiger, als die Einteilung in Koloristen und Zeichner. Bei der Kompliziertheit der Kunst jedoch, oder vielmehr der schöpferischen Seelen, denen die Kunst eine Sprache ist, läuft jede Einteilung Gefahr, eitel und nichtig zu sein. Rembrandt ist oft ein erhabener Dichter und Raffael of ein ins volle Menschenleben hineingreifender Realist. Bemühen wir uns, die Meister zu verstehen, sie zu lieben, uns an ihrem Genie zu berauschen, aber hüten wir uns, sie wie irgendeine

Ware mit Aufschriften zu versehen." Dies, auf Wunsch Deiner Mutter aus „Rodin: Die Kunst"⁶³ abgeschrieben. Deine Karte habe ich, knapp vor der Urlaubsfahrt, erhalten. Vielen Dank. Von mir ist zunächst noch immer Schweigen zu erwarten, da meine karge freie Zeit jetzt vor allem Dietgart gehört. Ziehe keine weitgehenden Vergleiche zwischen Dietgart und Deinem Zustand; insbesonders nicht Dietgart gegenüber. Es ist nur zum Teil derselbe. Herzliche Grüße, auch an Karsten und alle anderen von Fritz.*

Ferner schrieb ich, daß wir von Jikelis keine Nachricht haben. Nur 4 Familien verließen die Stadt und Du weißt, das asiatische Tier schließt seinen Käfig gut. – Küsse die Kinder, schrieb ich, für die liebe Meinung, daß es für Dich schönste Freude wäre, wenn Großmutti käme. Es ist nun 3 Jahre her, daß ich mich für die Reise zu Euch rüstete. Am 2. III. hatte ich den Durchlaßschein Nord in Händen; schönstes Geschenk. Die Tanten Olga u. Berta wohnen nun bei Frau Feigl in der Schönbrunnerstr. 269. Bitte, schreibe an Böbi ein paar liebe Worte. Sie eilte von hier weg Samstg. früh, 3./III., aber Herr Dir. Rosek verschied schon, bevor sie ihn aufsuchen konnte … Wieder ein Stück Alt-Wien mit vielen Erinnerungen f. uns. Tte Alla und Mann⁶⁴ wohnen nun Schwenkgasse 5, bei Exzellenz Ka [..] Sie konnten wemigstens einige Kasten aus ihrer Wohnung abseilen und hinbringen lassen … Nicht zagen, tapfer sein! Ich muß zur Post. Eure Großmutti. Viel Grüße von Dietl und Vater an Euch u. alle Freunde.

Mathilde Hanzel an Ruthilt Lemche, 23. 3. 1945 (NL IIIA/4):

Mathilde Hanzel, Straß i. Straßertal No. 30 Nied. Donau. Kreis Krems an Ruthilt Lemche, geb. Hanzel, Ellinorsvej 43 Charlottenlund, Dänemark Ausland Dänemark

23./III. 1945. Liebste Ruthilt! Meiner Karte v. 16. III., in welcher ich Deinen Brief v. 12. II. bestätigte, lasse ich diese nachfolgen, weil ich noch nicht die Muße zu dem Briefe fand, den ich Dir schreiben will. Vor allem wollt Ihr ja wissen, wie es so steht. Wir hier in Straß⁶⁵ sind gesund und erwarten heute abends wieder Väterchen für 2–3 Tage. Letztesmal konnte er bis Dienstg. beiben. Er fährt immer so früh nach Wien, daß er noch vor dem fast täglichen Alarm dort eintrifft. In dieser Woche waren wie-

---

63 Auguste Rodin, Die Kunst. Gespräche des Meisters, gesammelt von Paul Gsell. München 1920
* „,Gewiß lieber Freund …' … von Fritz." in der Handschrift von Fritz Pangratz
64 Gustav Teubel
65 Tilly H. und ihre Tochter Dietgart Pangratz sowie deren Kinder Ewald und Reinhilt waren in dem kleinen Ort Straß im Straßertal (Niederösterreich) evakuiert.

der starke Angriffe und die Schäden hier groß. – Es ist schon eine Frage, wie Väterchen zum Bahnhof kommt. Letzes Mal nahm ihn ein Taxi mit, das zufällig Leute unter dem Bogen der Vorortelinie absteigen ließ u. umkehrte. – Von Fritz erhielten wir am 21. d. M. eine v. 9. datierte Zuschrift, er fahre weiter und hofft, es werde alles glatt u. gut gehen. – Wir hoffen also auf – trotz allem, was uns ins Herz schneidet ....[Storms!] ... Paket vom 9. II. kam noch nicht, das Buch an Dietgart wurde lt. Poststempel am 20. I. abgesandt und kam – wie ich schon schrieb – am 12. II. gut an. Es ist wunderschön und ich sinne, ob das alles so bleiben wird, wenn ... Küsse die Kleinen und grüße alle, voran Karsten, Far u. Gitte[66], aber auch die Schwäger; [..] und d. Freunde. Innigst umarmt Dich Deine Mutter.

[am Seitenrand:] Dietgart arbeitet sehr viel. Osterreinig. Anbauen in Gemüse-, Vor- u. [..]garten!!! Die innigsten Grüße Dietgart*

Mathilde Hanzel, Tagebuch 1940–1954 (NL II/10, 9-86, 125–127):

13. **April** 1945. Die Ereignisse der letzten beiden Wochen suche ich – so wie sie von mir gesehen u. erlebt wurden – in Worte zu fassen, für Euch, meine Kinder und Enkel. – Am 28. **März** erreichten mich zwei Nachrichten Vaters aus Wien, daß durch den Angriff am 21. viel Schaden in der Wohnung entstanden u. er selbst am 24. an hohem Fieber, mit Schüttelfrost beginnend, erkrankt sei. Noch klangen die Briefe hoffnungsvoll u. sprechen von baldiger Genesung nach wenigen Ruhetagen. Mich erfaßte eine ungeheure Angst: die Ereignisse in Westungarn ließen ein baldiges Herannahen der Feindfront befürchten – wenn jetzt Vater noch der Pflege in der Wohnung u. durch die mühsamen Wege in der Stadt – er hatte noch einen Schulweg am Freitg., dem 23., zu Fuß zurückgelegt – etwa an Lungenentzündg. erkrankte, wie konnte ich ihn rechtzeitig nach Straß bringen? Am 28. hatten wir noch sein Kommen für möglich gehalten. Dietgart u. ich blieben lange auf. Besprachen noch verschiedene Möglichkeiten. Nach unruhigem Schlaf erwachte ich um 1/2 3h und schlief nicht mehr recht ein. Die Kinder bes[ah] ich noch in den Bettchen, es war mir – als müßte es für lange Zeit sein – Dietgart küßte ich und sprach: „Du mußt wissen, daß ich meine Kinder mehr geliebt habe als mein Leben ..." Die alte Maria bat ich um Fürsorge für die Meinen. Dann zur Bahn. Ein furchtbar überfüllter Zug. In Wien mußte ich den ganzen Weg nach Hause zu Fuß zurücklegen und sah die entsetzlichen Zerstörungen an Häusern, in den Straßen, allein in der Jörgerstraße 5 große Trichter, so tief, daß der

---

66 Gitte Lemche, Karsten Lemches Schwester
*   „Die innigsten Grüße Dietgart" in der Handschrift von Dietgart Pangratz

Alsbach unten rauschend zu hören war. Zu Hause empfing mich dann Mama Hilda.[67] Sie hatte eine unbeschreibliche Mühe mit dem Wegen gehabt, die dadurch nötig geworden waren, daß der Arzt bei Vater Typhusverdacht ausgesprochen u. ihn spitalsbedürftig erklärt hatte. – Ich glaubte keinen Augenblick an Typhus. Aber ich fand Vater furchtbar verändert. Das Fieber war am Vortag (**Mittwoch**) fast den ganzen Tag auf 39°9 gestanden. Er war unbeschreiblich müde und sah ganz verfallen aus. Noch vormittags, nach der Anstrengung des Rasierens, stieg d. Temperatur auf 40°, Puls zählte ich 108. – Ich hatte Wein mitgenommen. Eine kl. Menge **Chaudeau** tat ihm wohl. Im unruhigen Schlummer sprach er leise: „Die linke Seite ist nicht in Ordnung." – Bruder B.[68] kam uns berichten, das Sanitätsauto würde noch im Laufe des Tages kommen. Ich war trotz des schweren Schreckens wie erlöst in dem Gefühl, Vater endlich nur beistehen zu können. Das Krankenhaus, welches ihn aufnehmen sollte, war überfüllt, so daß ein Platz im Penzinger ~~Kranken~~ Spital für ihn aufzutreiben war. Nach kurzer Fahrt waren wir drüben. Die Ärztin, Fr. D.̲ Burkhart, untersuchte gleich noch im Vorhaus, ob Vater gebadet werden mußte. Es war dies eine Maßnahme, die wegen der zahlreichen Flecktyphusfälle nötig. Vater wurde, trotzdem ich bat, in das Typhuszimmer gebracht und lag dort bis zum 7. **April**. Inzwischen gab es alle Tage Alarm. Die Wege in das Spital, begünstigt durch gutes Wetter, waren darum weder leicht noch ungefährlich und so befestigte ich an der Innenseite meiner Jacke einen großen Fleck (mit Tintenschrift beschrieben,) was ich sei und wer im Falle meines Ablebens benachrichtigt werden möge. Am 30. vorm. u. nachm. war ich bei Vater. D.̲ Burkhart sagte mir ganz glücklich: „Es geht ihm sehr gut, er hat nur mehr 37°2, augenscheinlich hat er keinen Typhus!" – Trotzdem mußten die Untersuchungen auf Typhus gemacht werden und daran können einige erst in der 2. Krankheitswoche vorgenommen werden. Ich fürchtete gleich, daß die Kriegsereignisse uns überkommen würden, ehe Vater aus dem Spital genommen werden konnte! –

14. IV. 45. Ehe ich fortsetze: Früh suchte ich Marie, die sich um Fleisch angestellt hatte, blieb aber auch nicht länger dort, da gar nicht geöffnet wurde. Wassertragen aus dem Hause Lorenzgasse 5 – 7, denn seit dem Angriff am 21. fließt hier im Hause kein Wasser. Hierauf Versuch, etwas einzukaufen, da auf Vaters Karten noch viele Punkte uneingelöst waren. „Erstand" Zucker, schw. Mehl u. Teigwaren auf Karten nach längerem Warten auf d. Hauptstraße. – – Samstg. 21. März war Stromstörung, so daß ich bis Gersthof lief. Von dort endlich Wagen 41 zu [Boschak]. Kaum hatte ich ihnen allen Sachverhalt erzählt, gab es schon Voralarm, den wir im [Sühn]haus verbrachten. Ich wollte noch zu D.̲ **Hauschka**, verabschiedete mich von ihnen, /und riet, über Straß

---

67 Vermutlich die Mutter von Fritz Pangratz
68 Vermutlich: Ottokar Hanzels Bruder Bohuslav Hanzel

u. J[..]g zu reisen /* nachdem noch B. ein Telegramm f. Dietl aufzugeben versprachen … Zu Fuß in d. Krankenkasse, von dort zu D.ʳ **Hauschka**, der eben weggegangen war. (Lederergasse 2.) Ich traf ihn an, als er eben zurück in d. Kasse wollte, um noch zu arbeiten. Er tröstete mich sehr, indem er meinte, die Krisis sei schon vorbei und Ottokar werde bald hergestellt sein. Wegen eines Erholungsaufenthaltes solle ich dann zu ihm kommen. Er hatte keine Ahnung, wie rasch uns die Kriegswoge zudecken würde. /Vollalarm bei der Rückfahrt in Gersthof abgewartet./** Nachm. zu Vater u. zu den Tanten. Traf Alla nicht, [Lenis] nicht, und Olga in N⁰ 269 welche mir das zerstörte Heim zeigte. Ecke und Westwand des Sterbezimmers unsrer **Mama** fehlten seit 17. Okt. Es regnete den ganzen Winter Nässe u. Schnee herein. Alle Gegenstände sahen desolat aus. Berta war inzwischen den ganzen nachmittg. Bei Mama Hilde gesessen. Ich kam spät und todmüd heim, doch glücklich über die Besserung im Befinden Ottokars./Die Russen sind schon an der Reichsgrenze bei Steinamanger!/ [***]

So. 22./IV. Das Vordringen d. Feindtruppen von Westen u. Osten zeigt deutlich, daß die Abspaltung des südl. Reichsteiles vom nördlichen im Gang ist. Das Reich wird gestückelt und es bleibt nur mehr d. innere Reich d. Deutschen da, solange solche leben, die ihres deutschen Wesens bewußt sind. Vor Beginn des Krieges, als ich zu Besuch bei v. Wettstein[69] war, äußerte sie die Befürchtung, Hitler werde Krieg beginnen. Ich antwortete drauf, daß er damit alles, das ganze eben gewordene Reich, aufs Spiel setze, und ich daher dies nicht annehmen könne. – Ebenso habe ich im Jahr 1938 immer den Vettern aus Augsburg, der [sic] von der guten Ausrüstung d. Heeres u. d. Westwalls erzählte, gesagt: „Du, wenn da irgendwie u. – wo Krieg ausbricht u. wir sind darin verwickelt, so fallen alle über uns her u. der Krieg geht über die ganze Erde." – [***]

Sa. 28. IV. Mein Spiegelbild zeigt deutlich tiefe Schatten an den Schläfen u. an den Jochbeinen. Die Abmagerung schreitet weiter. Bis zu welchem Grad wird sie gehen? Bis man kraftlos liegen bleibt? – – Endlich eine Proklamation bezüglich der Wiederherstellung Österreichs nach der Verfassung von 1920!!! Diese Proklamation wird helfen, unnützen Widerstand in den früheren Bundesländern zu vermeiden! – Wann werden unsre Soldaten heimkommen? Mir ist so furchtbar bange um Fritz. –

---

*   am Rande eingefügt
** am Seitenende angemerkt
69 Es könnte sich hierbei um jenen Besuch handeln, bei dem sie Marie von Wettstein das „Österreich-Büchlein" schenkte.

Dienstg. I. V. 45. 1. Mai 1945.* /Reis & Gemüsesuppe, Erbsen, Kaffee, Kuchen/** Es ist etwas viel in diesen letzten Tagen! Bildung einer provisorischen Regierung unter Dr Renner. Das ist der erste erfreuliche Schritt! Und Bürgermeister ist vorläufig General Körner. Ich kenne beide und wünsche nur, ihre Kräfte mögen noch lange reichen! – (d. Opernensemble beginnt i~~m~~n d. Volksoper zu spielen und d. Burgtheater im Ronnacher. Gegenwärtig laufen in Wien fast nur russische Filme!) Die erste große (natürlich geschlossene!!!) Veranstaltung d. Philharmoniker fand am 2~~6~~7. im Konzerthaus statt und wurde wiederholt … Musik kann vieles wirken – – – Aus den Fahnen und Fähnlein trennte ich die weiße Scheibe und d. schwarzen Balken und richtete wieder die alte Babenbergerflagge. Hier im Hause ist fast nur rot geflaggt und sogar mit Sowjetemblemen, wie wohl vereinzelt. – Gestern fuhr ich mit Vater über d. 10er Linie und dann gingen wir z. Fuß von d. Johnstr. zu seiner Schule, zu den Tanten und wieder zur Johnstraße. Gerade in dem schönsten Teil d. Schönbrunnerstraße und im oberen Teil d. Winkelmannstr. sowie im Marktviertel sind die Verwüstungen sehr groß. – In d. Schule trafen wir d. Direktor, Prof. Kohl u. **Maly**. Letzterem wurde sein bombeschädigtes [sic] Häuschen b. Wasserturm zuerst v. Russen u. dann von Dieben völlig ausgeplündert. Seine Frau lebt bei Verwandten in [Wugbechtel], von wo er zahlreiche Gewalttakte gegen Frauen ~~erzählte~~ berichtete! – Beim Fortgehen trafen wir Prof. Puchtinger. Er hatte gehört, daß **Mussolini**, der an d. schweizer Grenze verhaftet worden war, hingerichtet, und Hitler und Goebbels nicht mehr am Leben seien. – Die österr. Regierung hat in ihrer Proklamation alle österr. Soldaten ihres Eides entbunden erklärt, sie aufgefordert, die Waffen, wenn möglich, niederzulegen und die deutschen Soldaten, in Ruhe u. Ordnung Österreich zu verlassen! Was wird sich da draußen in Straß tun? Werden die Gefangenen noch da sein. Werden sie nicht Gewalttakte begehen? Vielleicht sorge ich mich zuviel? – Ich las vor der großen Stepparbeit an d. Wäsche fast täglich im Faust. Ich schlage d. Buch auf und suche ein **Motto** f. d. Tag! Vor ein paar Tagen fand ich Homunkulus' Stimme: „Dieweil ich bin, muß ich auch tätig sein." (Zeile 6888) Und so bin ich es! – Morgen beginnt erster Postverkehr. Die Marken werden mit „Österreich" überstempelt. Nur nach den alten 21 Bezirken ist vorerst zu schreiben möglich. – Hingegen langte der Zahlungsauftrag f. Mariens **Krankenkasse** am 28. **d. v. M.** ein. Gestern gaben wir d. Kuvert z. Überweisung an Schulwart **Markus**. – Es muß in dieser Welt alles bezahlt werden! Wir bezahlen, da der größte Teil d. Wr. Häuser aus Ziegeln besteht, die tschechische Arbeiterinnen formten – ich weiß es, da ich ihre Kinder in der Schule beim Wasserturm hatte, daß

---

* Das Datum ist in diesem Tagebuch durchgängig am Seitenrand eingetragen, was hier nicht extra vermerkt wurde. Im Falle dieses Eintrags findet es sich sowohl im Textkorpus als auch am Seitenrand.

** Ein Vermerk über die Speisen der Hauptmahlzeit findet sich ab nun nahezu am Beginn jedes Tageseintrags am Rand eingefügt.

eine solche **Mutter** 7-8000 Ziegel wöchentlich schlug, wovon d. Kinder mit Stolz berichteten – nun den damals vorenthaltenen Lohn: Nach der Volkszählung von 1934 sind von den 1,834.190 Bewohnern Wiens 349.133 nicht in Wien geboren, in Nied.Öst. 236.524, etc.. in d. Tschechoslowakei aber waren geboren 292.880, in Polen 52.986 etc. Wien hat aber nicht nur diese aus d. Tschecheslow. stammenden Einw., darunter waren ja auch Sudetendeutsche! Sondern die Eltern einer ~~noch~~ sehr großen Anzahl schon hier Geborener stammen aus d. Tschechoslowakei. /Jo, jo, jo, mei' Vata is a Behm, hab'n bei der Torberliner ein [..] g'sagen [sic]/* – Beim stundenlangen Anstellen um Brot konnte man fast lauter „tschechisches" Deutsch hören … Kein Wunder, wenn die Russen hier mit fast jedem Zweiten od. Dritten auf d. Straße sprechen können, außerdem können viele durch die langen Jahre d. Gefangenschaft russisch u. sprechen es noch heute ganz gut. – Übrigens haben im Weltkrieg die Tschechen vom Zaren Wien verlangt mit der Begründung, daß sie hier zahlreich schon ansässig wären. – Das Volksheim eröffnete s. Haus mit einem Vortrag d. ehemal. Direktors Ruthilts über Grillparzer. Dies besagt genug. Wie jetzt in allen Weltgegenden, außer Japans, ist der Jude obenan!** – Aber es wurde zuviel getötet zwischen deutschen Menschen u. Juden, ich glaube, daß nie mehr ein richtiges Vertrauen ~~mehr~~ aufkommen kann! – Restitution d. arisierten Betriebe! Aufhebung der Nürnberger Gesetze! Damit befaßt sich bereits die Regierung. Ich fürchte, es ist nur eine Regierung von Hampelmännern f. d. intern. Judentum! – Es kommt auch nicht z. Krieg zw. Amerika u. d. Sowjetunion, sondern die Welt wird einen ungeheuerlichen Betrug erleben, mit dem verdeckt werden wird, daß die Sowjets ja einen gleichen Kapitalismus haben wie d. **U.S.A.** – Ich denke an Nietzsche und d. Zarathustra – Kapitel von der Überwindg. d. Ekels … Unsre Brotration beträgt seit 2 Wochen nur 1 schwaches Halbkilo pro Kopf u. Woche. Also nicht einmal 7 dkg im Tag. Das ist fast nur halb soviel als sie in Polen festgesetzt war. (13 dkg!) Die Russen eilen auf Schleswig zu. Nun werden auch die Nordarmeen abgeschnitten und die Dänen werden sehen!! Natürlich werden sie auch Rache nehmen wollen für die 5 Jahre lange Besetzungszeit! – Abends kam Heiner.⁷⁰ Die Arbeit in d. Fabrik soll möglichst bald aufgenommen werden – f. d. Russen! – (Schreibmaschinen, Scheren, Arbeitsmäntel wurden gestohlen.) Unsere Sender sind gestört. Wir können also nichts hören. Himmler bot Kapitulation an. – Aber nicht d. Russen! [..] steckt d. Verlauf d. Verhandlungen. Die Franz. – Jos. – Bahn verkehrt bis Klosterneuburg – [Kierling] f. Arbeiter, die einen entsprechenden Ausweis haben.

---

* am Seitenende angemerkt
** Fußnote am Seitenende eingefügt, enthält keinen Text, nur einen Tintenfleck
70 Vermutlich der Vater von Fritz Pangratz.

2. Mai. [...] Die Bildung unsrer 2. Österr. Republik hat – nach Gerüchten – einen Formfehler, weil die andren beiden Mächte nicht entsprechend informiert worden sein sollen! – Wir werden sehen. Die heutige Zeitung ist wieder ganz tief unter dem **Niveau**, auf dem sich Parteien einigen können! – Ich steppte Ottokars Hausrock und erinnerte mich sehr an die fast endlosen Flickstunden der Jahre 1916 – 26. Kapitel Gauß[71] verschönte den trüben Nachmittag. Vormittag holten wir aus d. Römergasse[72] eine Holztasse etc. und Heizmaterial aus d. Keller. Es ist leider nicht mehr sehr viel vorhanden! – Ich suchte mir den Zarathustra heraus und nun schlage ich auf, wie ich den Faust aufschlage, um ein Trostwort, einen ~~Richt~~ Weiser für den Tag! – Wie können wir Frauen in unsrer mühevollen Arbeit erleichtert werden, wie könnten wir Zeit finden für geistige Betätigung, wenn die Männer den Wohlstand d. Volkes und ihr Blut, das unser Blut ist, in Kriegen vergeuden und die Mühe von Jahrhunderten zerstören! – Vor dem Einschlafen pflogen wir Erinnerungen aus d. Jahre 1906, als ich d. Realschulmatura ablegte! – [***]

7. **Mai**!!!!! Abends hieß es: Alles beflaggen, der Krieg ist aus! Nachts hatte ich einen sonderbaren Traum von Zwillingen.

8. **Mai** 45. /Grießs. u. Reis m. Zugabe/ Wir haben nicht geflaggt! Der Krieg gegen uns Deutsche ob wir nun in Österreich oder sonst wo leben, ist noch lange nicht aus und wir müssen dies erkennen und wissen und darnach tun. – Unbändig sei unser Wille z. leben! [...] Vetter Gusti sandte uns als Antwort auf unsre Anfrage vom 2. **Mai**, die er am 7. erhielt!, gestern durch ein Frl. Kollegin von Ria einen lieben Brief u. ein Paket mit Grütze und [**Dextropur**]. – Ich suchte abends alle vorhandenen, jetzt möglichen Grützerezepte aus d. Frauenwerk[73] und nun müssen wird sehen, wie wir uns durchfretten. Aus E[...]mangel nehme u. vertrage (!) ich den alten f. Ewald (od. Dietl?) bestimmt gewesenen Lebertran. – Angestellte u. Arbeiter, die sich an ihren Dienstplatz begeben wollten, wurden abgehalten und gezwungen, beim Ab[..]montieren u. Transport von **Maschinen** zu helfen. Bis 10. **d. M.** wollen d. Russen alle ihnen wünschenswerten Maschinen abtransportiert haben! (**Siemens-**[**Schuckert**]. **Siemens-Halske**, [**Garvens**], **Gräf u. Stift** ......) Während d. Nacht u. auch unter Tags gab es Schießerei im Nordwesten; Fr. B. behauptet, nachts Feuerschein gesehen zu haben! – – Aus

---

71 Vermutlich: Carl Friedrich Gauß, 1777–1855, Mathematiker und Astronom
72 In der Römergasse war die Wohnung von Dietgart und Fritz Pangratz.
73 Das *Deutsche Frauenwerk* war die Massenorganisation der *NSDAP* zur Einbindung jener Frauen, die nicht Parteimitglieder waren. Vgl. Susanna Dammer, Kinder, Küche, Kriegsarbeit – Die Schulung der Frauen durch die NS-Frauenschaft. In: Frauengruppe Faschismusforschung, Mutterkreuz und Arbeitsbuch. Zur Geschichte der Frauen in der Weimarer Republik und im Nationalsozialismus. Frankfurt/Main 1981, 215–245, hier: 219f.

den Resten des Bezugstoffes f d. Streckfeuteuils, (in welchem auf dem Marie in einer Kellernacht ruhte, bis sie durchbrach) schnitt ich 6 Streifen, die einen Kleiderschutz über die Armlehnen d. 2 Sessel u. d. Bank bilden werden. – O Kriegswelt der Männer! Wie lange werden wir Frauen noch zusehen müssen, wie unser Fleisch u. Blut geschlachtet, und d. Arbeit von Jahrhunderte langem Streben in Scherben geht – und dann /geduldig/ stopfen u. retten, was noch möglich? – [***]

16. V. 45. /Porreegemüse u. feine Grütze mit Mohn/ Gestern nachm. arbeitete ich im Garten: Gießen, Bohnen anpflanzen, dürre Äste absägen, damit die Wildnis etwas gemildert wird! Vom Müllhaufen brachte ich Erde mit heim, riß den verdorrten wilden Wein aus, der seine Wurzeln spiralig im Holzgebinde gedreht hatte, und nun will ich Schlingbohnen pflanzen und um die Terrasse ziehen. Den Vorhang zu befestigen wäre gewagtes Tun, da er Begehrlichen „ins Auge stechen" könnte! – Die Polsterung d. alten Fauteuils mußte repariert werden. Eine muühselige Arbeit, die ich heute früh vollendete! Herr B. erzählte gestern abends, daß zerstreute Gruppen im Kamptal u. in Hadersdorf Kämpfe geführt hätten – Wir alle, Heiner besonders, sind in äußerster Spannung, wir können ja noch nicht hinaus und bis wir können, ist vielleicht alles zu spät! – Aus d. Gespräch mit Herrn B. entnahm ich, daß der Hauptantreiber bei der Beschließung und der Anti-Nazi-Gesetze u. deren Ausübung d. Rote Kommando ist. (Hintermann Juda) Also legalisierter Bürgerkrieg gegen Schuldige u. Unschuldige, damit tiefgehende Schädigung d. Volkes, Störung d. Zusammengehörigkeitsgefühles, kurz, das Schlimmste, was man einem Volk tun kann. – Ich bin unbedingt dafür, daß gemeine Handlungsweise deutscher Menschen schwere Ahndung finde. Aber es müssen wirklich d. Schuldigen sein, die getroffen werden. – Wenn es noch für mich ein Gebet gäbe zu dem Unerforschlichen und Unfaßlichen, welchen sie Gott nennen, den Allmächtigen u. Allgütigen, dann wäre es dies: „Gib mir keine Macht, keine Macht d. Gewalt, damit ich sie nicht mißbrauchen kann. Nur Güte und was sie zu wirken vermag!" – Wir leben, abgesehen von dem von Vater mit eiserner Entbehrungsfähigkeit aufgesparten Zucker, von Grütze u. Bohnen, die uns geschenkt wurden. Unser Mehlvorrat ist lächerlich klein. – – Diese Woche beträgt d. Brotration wieder nur 500 g für 7 Tage!!! /es kam noch 500 g dazu!/ – Mit Ausnahme von etwa 1 1/2 Stunden nach d. Mittagessen, hungern wir fast den ganzen Tag! […] [***]

22. V. Bericht über gestern: 21. V. Pfingstmontg. Wegen Windes ging d. Kochen bei Heiner schlecht, aber um 1/2 12h waren doch Kaffee, Suppe u. eingebr. Erdäpfel fertig u. schmeckten, dem Hunger entsprechend, sehr gut. (Die eingebr. Kartoffel wurden aus Sparsamkeit so zubereitet, daß die Einbrenne mit den Gewürzen gekocht und die erst im gekochten Zustand geschälten Kartoffel hinzugegeben wurden.) – Marie wurde vorm. von Üblichkeit befallen. (Schwäche u. regennasse Füße vom Vortag!)

Nach Tisch konnte ich kurz schlafen mit dem 1. Heft Russisch ~~auf~~, in welchem ich rekapitulierte, in d. Händen. Dann, 1/2 2h, mit Heiner in den Garten. Wir arbeiteten unablässig. Heiner stach die härtesten Stellen um und ich überarbeitete ein Beet, holte Dünger, grub nochmals um; bis alles fein war, pflanzte ich 4 Reihen Buschbohnen. Die Gartenpforte ließen wir einstweilen wie sie ist – mit starken Drähten zugemacht. Es war kühles Wetter und so ging die Arbeit leichter als in der letzten Woche. Ottokar kam mich holen und half noch Schollen zerkleinern! Dann suchten wir zwei Gärtner auf; der eine nahm überhaupt keine Kranzbestellung an, ~~auf~~, der zweite bindet nur, wenn man ihm Reisig bringt!!! In den letzten zwei Tagen hatte ich d. Vorgefühl, Fritz müsse bald kommen! Die gänzlich nur f. Juden eingestellte Presse (Neues Österreich[74]!) bringt fast täglich ein~~e~~ Lob~~en~~hymne auf irgend einen Juden od. Jüdin, aber kein Wort, was geschieht, um unsre österr. Soldaten aus dem Norden des Reiches, Dänemark u. Norwegen in d. Heimat zu lassen, so daß sie weder an Hunger noch Entbehrungen zu Grunde gehen. Nietzsche: .... „sie erbrechen Galle und nennen es Zeitung." Darum ist d. Blatt auch wirklich zum Kotzen!!! /Suppe aus Trockengem. [..] Grieß. Grobe Grütze m. Gurken u. Paprika/ [...] [***]

Montg. 28. V. 45. / Suppe v. Trockengem. u. Reis; Erbsen mit Kartoffeln/ Nachts träumte ich von Dietgart und Fritz, sie waren beide da, wir alle in einer fremden Wohnung, wo wir nun um die Lagerstättenverteilung uns besprachen. [...] Abends, beim Ausfüllen der Meldezettel – für Ehefrauen wird kein eigener **Meldezettel** geschrieben, erinnerte sich Ottokar an meinen Festtag[75] ... Die kommun. Partei hielt in allen? Bezirken Wiens – ich weiß es von Hernals u. Währing – Dankesversammlungen f. die Lebensmittelzuschüsse ab, die vom 1. Juni bis z. Ernte gegeben werden sollen und so viel betragen, wie untenstehende Tabelle zeigt. Gipfel d. Würdelosigkeit! Wir werden genau aufschreiben, wieviel an Essen, bzw. Lebensmitteln, wir zwischen dem 9. **April** u. 1. Juni d. J. kaufen konnten, bzw. f nach Aufruf der Marken erhielten. Niemand wird behaupten können, daß man davon am Leben hätte bleiben können. [...]

7. Juni. **Nachgetragen am** 8. Juni 45. Welch glücklicher Tag! Mittags war Nachricht von Dietgart da. Sie blieb wegen d. Kinder u. wegen des Zuspruchs Tanias, der Ukrainerin, unversehrt u. unberaubt. Wir waren so froh, daß Worte nicht genügen, es auszudrücken. In einer Nachricht teilte Dietgart mit, daß Mama Hilda mit Asta u. den Kindern zu Schiff nach Linz ausgewichen sei.... Nun sucht Heiner in der Seitenstettner Gegend und wird sie nicht finden! – Die unangenehmste Arbeit in d. Römergasse,

---

74 Neues Österreich. Organ der demokratischen Einigung. 1. Jg. Wien 1945.
75 Tilly H. feierte am 28. 5. Geburtstag, in amtlichen Dokumenten ist der 27. 5. 1884 als ihr Geburtstag eingetragen. Vgl. das Kapitel „Auto/Biographien"

das Putzen d. Außenfenster, brachte ich am Vormittag gar nicht fertig, aber wir haben schon einen netten Vorhang in der Küche, den ich gestern 6. VI. vorbereitet. (aus den Resten das einstigen Türvorhangs, den Ruthilt mir schenkte. – Mittags schleppten wir d. Essen heim und ich unterschied mich gar nicht vom essentragenden Proletenweib von einst – nur kann ich Abends Bach u. Schubert spielen und lerne nebstbei d. 5. Sprache: Russisch. [***]

Dezember 1945
27. XII. 1945. In Wien! Vorgestern, Sonntg. holte uns u. alles Beiwerk Fritz mit einem Lastauto ab. In fünfstündiger, aufenthalts- u. umwegreicher Fahrt erreichten wir um 8 1/4 h die Wohnung und um 11h nachts waren alle Kisten etc. mit Hilfe d. Amtsrates **Müller** & seines Sohnes sowie Heiners u. Astas heraufgeschafft. Wir hatten erst am Stephanstg. Weihnachten d.h. Bescherung und arbeiteten seit Sonntg. fast ununterbrochen an d. Aufstellung u. Ordnung d. vielen, vielen Sachen. Wir, d. h. d. Kinder, warten auf die Entscheidg., ob sie d. Tausch die Wohnung d. Ing. Franz im 1. Stock erhalten können. Diese Sache zieht sich so in d. Länge, daß wir uns entschlossen, alle zusammenzuwohnen – bis eben die Entsch. fällt. Jetzt abends konnten wir miteinander reden, Ottokar u. ich und ich erfuhr vieles: z. B. **Eibl** liest nicht – D$^\underline{\text{r}}$ Letwendowski hat einen Lehrauftrag f. Elementarmathem. …

31. XII 1/4 11h abends. Ich war zu müde, um am 27. abds noch weiter zu schreiben. Die Tage gehen im Fluge. Noch ist eine Unmenge zu ordnen und zu einer geistigen Ruhepause, d. h. Muße für Sonntg. kann ich nicht kommen. ich hatte geplant, mit Marie in der Römergasse zu wohnen. Die Kinder klügelten aus, wie mein Bleiben, d. h. nächtigen hier, doch möglich wäre und so blieb ich, nicht ohne d. Empfinden, daß mir d. Ruhe für meine geplante Schrift f. d. Enkelinnen fehlt und dies mich drückt. Wir wohnen nicht, denn das hieße, seinen Gepflogenheiten folgen können, aber wir hausen so gut als möglich beinander, uns ertragend und berücksichtigend. Ich war Dienstag bei Berta, die seit dem 7. **Nov.** bettlägrig ist, da ein Schlaganfall ihren linken Arm lähmte. Sie ist tief betrübt über ihr Unglück und hat es sehr schwer mit der schwerhörigen Schwester[76], die nie einen Handgriff für andre zu tun gewohnt war … Heute waren die Kinder u. Enkel bei ihr und Dietgart meinte am Abend, sie möchte, wenn die Wohnungsfrage günstig gelöst würde, Tante Böbi zu sich nehmen. Ich ant~~wie~~ortete: „Nur ich zu mir!" denn zu all den vielen schwierigen Arbeiten d. Nachkriegszeit noch bei Kleinkindern eine Kranke, Gelähmte pflegen, das hat Dietgart wohl zu wenig eingeschätzt. Am 2. **d. n. M.** können wir endlich einen Brief an Ruthilt aufgeben. Die einschränkenden Bestimmungen hiebei sind so erniedrigend u.

---

76 Vermutlich: Olga Hübner

empörend, daß einem d. Lust zum Schreiben vergehen könnte. Aber wir werden trotzdem schreiben und das, was nicht gesagt werden darf, in Zitate hüllen – es schlägt eben 11h und die Kinder sind bei Mama Hilde drüben – „Unsre" Zeitungen sind noch immer greulich. Ich kann sie nicht lesen. Voll Heuchelei und so rückgratlos. Vorgestern war eine Äußerung d. Vizekanzlers Dr. Schärff wiedergegeben, wonach sich hier in Österreich mehr Besatzungstruppen befinden als in ih irgendeinem sonst von den Alliierten besetzten Gebiet. (1 1/2 Milliarden neuer Schillinge wurden diesen Truppen ausgefolgt.) Und da meinten wir, durch die neue Geld[..]sorte der Inflation entrinnen z. können. Betrogene Narren, die wir doch auf dieser Menschenbühne sind …. Was auch von Seiten d. Engländer u. Amerikaner geschieht und geschah, um den himmelschreienden Wandel dieser Aushungerung d. „befreiten" Stadt zu mildern, es reicht nicht hin und wird m. Erachtens auch nur getan, um die Einflußsphäre d. westl. Mächte zu stärken. Aber England u. Amerika haben sich entschieden, d. deutschen Menschen aufzuopfern, ihrer Macht zu liebe und nun sehen sie die Slaven [sic] ganz nahe an ihren Grenzen. <u>Diese Slaven</u> [sic] … die nie Europäer werden können, außer sie fressen uns /bzw. nehmen uns/ als Kulturdünger auf. Diese Funktion bleibt uns Deutschen noch zu erfüllen. Wir sind gänzlich verarmt und wirtschaftlich ruiniert, am Blute geschädigt u. geschändet wie kaum in Napoleons Zeit. (In d. Nähe von [**Schack**] – wo liegt der Ort? – sollen d. Russen neuerdings zu plündern beginnen!) Wie ist es doch wundersam, daß wir mit <u>fast allem</u> nach Straß übersiedelten Gute wieder glücklich hier sind, daß Fritz zurück kam und nun beginnen wird, sich selbständig z. machen. – .

Aufzeichnungen

Im April 1945 beginnt Tilly H. mit täglichen Aufzeichnungen, die sich von den vorhergegangenen Einträgen ins Tagebuch deutlich unterscheiden. Da ist zuallererst der tendenzielle Briefcharakter: was hier niedergelegt ist, richtet sich an die Kinder und Enkelkinder, ist also für jemanden geschrieben. Die schriftliche Bezugnahme auf die Nachfahren ist zugleich auch Thema dieser Aufzeichnungen: mehrfach erwähnt Tilly H. die „Anweisungen für meine Enkelinnen" (Tagebuch Mathilde Hanzel, 13. 6. 1945, 31. 12. 1945, 26. 1. 1946, NL II/10, 91, 125, 135), die sie gerne schreiben möchte. Der Charakter eines Dokuments für die Nachkommen steht allerdings in einem gewissen Spannungsverhältnis mit dem Inhalt der Einträge. Denn während bei dieser Schreibintention ein sehr genau überlegter Text und die Vermeidung von spontanen Äußerungen zu erwarten wäre, läßt sich die sonst so wohlüberlegt handelnde und schreibende Tilly H. nun zu schnellen Wertungen und emotionalen Urteilen hinreißen. Und damit ist gleich die zweite Differenz zum vorangehenden Text angesprochen: die spontane Aufzeichnung von Wahrnehmungen und Empfindungen, in der auf die Suche nach überzeugenden Argumenten wenig Bedacht genommen wird. Vielleicht war es genau die Aufarbeitung dieser Erfahrungen, die sie in der geplanten Schrift für die Enkelinnen vorhatte. Als dritte Differenz kann die genaue Protokollierung des Alltags von den täglichen Verrichtungen bis zum Speiseplan angesprochen werden, die in scharfem Kontrast zu dem von Alltagsbezügen abgehobenen Stil der vorangegangenen Einträge steht. Es läßt sich dies sowohl als Ausdruck eines Bewußtseins von historischer Bedeutung der Ereignisse und Lebensbedingungen interpretieren als auch als eine Form, in der Situation der Krise durch die Selbstvergewisserung des Schreibens eine Stärkung des Ichs wie das Gefühl der „Wirklichkeitsbeherrschung" herzustellen. Mit diesen Intentionen sucht Susanne zur Nieden unter anderem die auffälligen Zunahmen des Tagebuchschreibens in den letzten Kriegsmonaten zu erklären.[77]

Der Charakter des Alltagsberichtes verweist in Tilly H.s Fall nochmals auf den Briefwechsel mit Ruthilt Lemche, der ja schon in den früheren Jahren im Unterschied zum Tagebuch zu einem guten Teil aus detaillierten Mitteilungen über das alltägliche Leben der Familien Hanzel und Pangratz bestanden hatte. Diese inhaltliche Korrespondenz bestätigt, was schon das zeitliche Verhältnis von Briefwechsel und Tagebuchfrequenz vermuten ließ: daß die täglichen Aufzeichnungen im Journal an die Stelle des aufgrund des Zusammenbruchs des Postverkehrs abgebrochenen Briefwechsels treten. Wenn allerdings der Anstoß zu Tilly H.s intensiver Tagebuchpraxis im Jahr 1945 die Trennung von der Tochter in Dänemark nun auch auf schriftlicher Ebene gewesen sein mag, so geht ihre Funktion doch nicht darin auf. Es scheint vielmehr zu einem Ort geworden zu sein, an dem Tilly H. die tiefe Verunsicherung, in die sie in den letzten Kriegsmonaten geraten war, zu bewältigen suchte. Da war die schwere Erkrankung ihres Mannes Ottokar Hanzel, um dessen Leben sie bangte, und die Sorge um ferne Familienmitglieder wie Dietgart Pangratz und ihre Kinder in Straß, den Schwiegersohn Fritz Pangratz an der Front oder die Schwester Mimi Jikeli in Rumänien. Immer wieder kommt auch die Angst um das eigene Überleben zum Vorschein, wenn sie etwa von ihrer Abmagerung und vom Hunger schreibt. Existentieller aber noch scheint Tilly H. die Krise der politischen Verhältnisse bedroht zu haben. Dies kommt zum einen in Widersprüchen – etwa zwischen der wiederholten identifikatorischen Bezugnahme auf das Kollektivsubjekt „wir Deutsche" und der Freude über die Gründung einer provisorischen österreichischen Regierung (Mathilde Hanzel, Tagebuch, 1. 5. und 8. 5. 1945, NL II/10) – zum Ausdruck. Zum anderen wird Tilly H.s Orientierungslosigkeit wie auch ihre Bindung an nationalsozialistische Ideologeme in der zugleich verzweifelt und erschreckend anmutenden Suche nach Schuldigen sichtbar – ihre Feindbilder entsprechen jenen des zerbrechenden Regimes: mit „Juden", „Tschechen" und „Slaven" bezeichnet sie die Gruppen, von denen sie Bedrohung empfindet. Diesen antisemitischen und rassistischen Heterostereotypen sind verbunden mit Tilly H.s manifester Identifikation als „Deutsche", an der sie noch

---

77 Zur Nieden, Alltag im Ausnahmezustand, 74, 83

lange nach dem Kriegsende festhält. Noch im Frühjahr 1946 freut sie sich angesichts geringer Beflaggung zu den Jubiläumstagen der Befreiung, daß „die Wiener" „sich als deutsche Stadt bekannten" (Mathilde Hanzel, Tagebuch, 25. 5. 1946, NL II/10). Die Beharrlichkeit, mit der Tilly H. an ihrer deutschnationalen Haltung auch nach der Katastrophe, die Nationalsozialismus und Zweiter Weltkrieg für so viele Menschen bedeuteten, festhält, macht deutlich, daß hier eine sehr tiefgehende Konstante ihres politischen Denkens zum Ausdruck kommt – daß also auch die Begeisterung für den ‚Anschluß' im Jahr 1938 nicht bloß ein kurzfristiges Mitschwimmen im Strom der politischen Entwicklung bedeutet hatte, sondern von ihr als Erreichung eines „Ideals" erlebt wurde.

Die nationalistischen und rassistischen Überzeugungen der Frauenrechtlerin und Pazifistin Tilly H., die in der Krise der letzten Kriegsmonate so deutlich zum Vorschein kommen, haben uns als Leserinnen ihrer Aufzeichnungen in besonderer Weise provoziert. Die editorische Auswahl für diesen Abschnitt, der im Unterschied zu den Einträgen der Jahre 1940 und 1941 gekürzt wurde, zielte daher auf die Hervorhebung dieser Stellen. Im Gesamttext ist mehr vom Alltag des Überlebens, von Bombenschäden und Todesfällen und vom Kampf um Lebensmittel und Wohnraum die Rede. Es wäre also zum Beispiel auch möglich gewesen, durch andere Kürzungsstrategien eher den Bericht einer Pazifistin über die schrecklichen Folgen des Krieges sichtbar zu machen. Wenn wir das nicht getan haben, so ging es uns weder um eine auch nur irgendwie affirmativ zu lesende Wiedergabe der antisemitischen Stellen noch um eine Bloßstellung von Tilly H. als Rassistin. Vielmehr ging es uns darum, die offensichtliche Vereinbarkeit von so unterschiedlichen Positionen in einer Person deutlich zu machen. Denn nur wenn solche Widersprüche und Ambivalenzen sichtbar werden, kann, so meinen wir, die Frage nach Brüchen und Kontinuitäten von Identität gestellt werden.

„Über die Notwendigkeit der Veränderungen
in der bürgerlichen Gesellschaft"

Der Titel dieses Kapitels ist von Tilly H. geborgt. Vermutlich 1907 – in einer Zeit großer Verzweiflung und Empörung über das ihr vorenthaltene Recht auf ein Studium – hatte sie unter diesem Titel einen Aufsatz entworfen, in dem sie die „Frauen des Mittelstandes" aufforderte, durch „eine gewaltige Revolution" die politischen Verhältnisse zu ändern. (Mathilde Hübner, Konzeptheft ‚Von der Hohen Schule der Frauen' [und andere Texte, 1907, 1908], NL IIIC/4)[1] Den damit verbundenen Anspruch auf politische Einmischung und Veränderung hielt Tilly H., die bis ins hohe Alter nicht aufhörte, gesellschaftliche Entwicklungen zu verfolgen und zu kommentieren, ihr Leben lang aufrecht. Er schien uns daher auch eine geeignete Überschrift für ein Kapitel abzugeben, in dem es vor allem um Tilly H.s politische Interventionen geht. Im folgenden stellen wir in vier Abschnitten öffentliche politische Stellungnahmen von Tilly H. vor, die sowohl unterschiedliche Tätigkeitsfelder wie auch bestimmte Lebensabschnitte repräsentieren. Von den anderen in diesem Band edierten Dokumenten heben sich die Texte dieses Kapitels dadurch ab, daß sie entweder publiziert wurden oder aber in einer anderen Weise an die Öffentlichkeit adressiert waren. Im Unterschied zu jenen vielen unpublizierten Aufsätzen und Redeentwürfen, die Tilly H. vor allem in der Zeit vor ihrer Verheiratung verfaßt hat, zeigen diese Texte Tilly H. damit als jemanden, die in der Öffentlichkeit wirkte. Die Auseinandersetzung mit den verschiedenen Autorisierungen dieser Texte offenbart allerdings auch die Ambivalenzen, die Tilly H.s öffentliches Auftreten begleiteten. So ist in einem Fall nicht gänzlich sicherzustellen, ob tatsächlich sie die Verfasserin ist, in anderen Fällen agierte sie im Rahmen eines Teams, oder sie ließ ihren Text zumindest noch von anderen mitunterzeichnen. Im ersten Abschnitt dieses Kapitels stellen wir den 1910 unter dem Namen Beate Hanzel publizierten Text „Die Not des Mittelstandes" vor, der die ökonomische Lage junger Beamtenfamilien thematisiert. Die nächsten beiden Abschnitte – „Brief an Mr. Henderson" und „Frauenforderungen für den Mädchenunterricht" – gelten jenen beiden politischen Anliegen, mit denen sich Tilly H. in den dreißiger Jahren vor allem beschäftigt hat – der Friedens- und der Bildungspolitik. Der letzte Abschnitt schließlich ist einer nach dem Zweiten Weltkrieg unter dem Titel „Mütter in der UNO" in mehreren Sprachen publizierten Broschüre gewidmet, die nicht nur Tilly H.s kontinuierliches politisches Engagement zeigt, sondern auch viele Themen nochmals anspricht, mit denen sie sich im Laufe ihres Lebens beschäftigt hat. Alle hier edierten Texte werden am Anfang jedes Abschnittes durch einen Kommentar vorgestellt – es geht hier je-

---

1 Vgl. das Kapitel „Frau Hübner/Passagen" (CD-ROM), Kommentar 8

doch nicht so sehr um eine ausführliche Interpretation oder um eine umfassende biographische Einordnung, sondern vor allem um den Verweis auf die wichtigsten politischen Kontexte dieser Dokumente.

Beate Hanzel: Die Not des Mittelstandes (1910)

Der Leitartikel der Februarnummer 1910 des ‚Neuen Frauenleben'² trug den Titel „Die Not des Mittelstandes". Von der Autorin dieses so prominent positionierten Textes findet sich in der Frauenzeitschrift weder davor noch danach ein Artikel. Sie zeichnete mit „Beate Hanzel, Wien". Eine Reihe von Indizien weisen auf Tilly H. als Verfasserin. Da ist zuallererst der Name selbst: Tilly H. war auf die Namen Mathilde Maria Beata getauft – und ab ihrer Verheiratung am 2. März 1910 lautete ihr Familienname Hanzel. Beate Hanzel ist damit nicht einmal ein Pseudonym im eigentlichen Sinn, sondern eine mögliche Form ihres Namens – eine Form allerdings, für die sonst keinerlei Verwendungen dokumentiert sind. Tilly H.s Enkeltochter Gunvor Sramek konnte auf unsere Nachfrage zwar nicht bestätigen, daß ihre Großmutter die Autorin dieses Artikels war – und im Nachlaß sind auch keinerlei Manuskripte oder Aufzeichnungen dazu erhalten –, sie erzählte uns aber, daß die Schwestern Hübner bisweilen gerne Verwechslungsspiele trieben: So soll etwa Tilly H.s Schwester Alla an deren Stelle vor der Hochzeit gebeichtet haben, damit Tilly H. nicht Dinge beichten müsse, die sie nicht als Sünde betrachtete. Diese seltsame Mischung zwischen unbedingter Aufrichtigkeit und Versteckspiel könnte auch bei der Wahl des ‚richtigen' Namens Beate Hanzel als Pseudonym eine Rolle gespielt haben.

Beate Hanzel gibt in ihrem Text einen möglichen Grund für die Verschleierung ihrer Identität an: die politische Gängelung, unter der insbesondere Lehrer und Lehrerinnen zu leiden hatten:

> „Erlässe schwebten herab', aus denen die Beamten- und Lehrerschaft nur zu deutlich herausfühlen konnte […], daß eine rege politische Tätigkeit ‚oben' gar nicht gern gesehen sei. […] Wie es in diesem Punkte mit der Lehrerschaft steht, ist zur Genüge in die Öffentlichkeit gedrungen."

Tilly H. mochte solche Erlässe durchaus schon zu fühlen bekommen haben – sie hatte durch ihren Kampf um ein Studium an der Technischen Hochschule³ ohne Zweifel eine gewisse Bekanntheit als politisch aktives Mitglied der Gesellschaft erlangt. Und auch ihre Vor-

---

2 Vgl. das Kapitel „Frau Hübner/Passagen" (CD-ROM), Kommentar 4
3 Vgl. das Kapitel „Von der Hohen Schule der Frauen"

standsmitgliedschaft im ‚Allgemeinen Österreichischen Frauenverein'4, der im politischen Spektrum links von der Mitte stand und für radikale Positionen bekannt war, könnte Anlaß zu Maßregelungen oder doch zumindest zu Bemerkungen gewesen sein. Dazu kommt, daß Tilly H.s berufliche Position im Frühjahr 1910 vermutlich nicht einfach war: trotz eines seit 1904 in Wien gültigen Zölibatsgesetzes für Lehrerinnen heiratete sie im März 1910.5 Zwar traf das Gesetz auf sie nicht zu, da sie bereits vor seiner Erlassung im Schuldienst gestanden hatte, doch es ist angesichts einer solchen Gesetzeslage anzunehmen, daß es Frauen, die diese Ausnahme für sich beanspruchten, nicht leicht gemacht wurde.

Tilly H.s persönliche Situation zum Erscheinungszeitpunkt dieses Textes läßt noch aus einem anderen Grund vermuten, daß sie die Autorin ist: viele der im Text anklagend beschriebenen Bedingungen und Unwägbarkeiten klingen wie Beschreibungen ihrer eigenen Lebenssituation. Tilly H. lebte mit ihrer Mutter und ihren Schwestern in einer Familie, die mit der kärglichen Witwen- und Waisenpension eines verstorbenen Gymnasiallehrers zurechtkommen mußte – ihre und ihrer Schwester Berta Berufstätigkeit hatten also ohne Zweifel auch mit finanziellen Notwendigkeiten zu tun. Und Tilly H. war seit mehreren Jahren mit einem angehenden Lehrer liiert, den sie nicht heiraten konnte, da das junge Paar über keinerlei finanzielle Reserven verfügte – die „sexuelle Not", die in dem Artikel angesprochen ist, war immer wieder Thema in Tilly H.s Tagebuch in diesen Jahren. Ebensosehr traf für sie und ihren Mann zu, was im Text von der „Not des Mittelstandes" eindringlich geschildert ist: nur mit zwei Gehältern konnten junge mittellose Paare aus ihrer sozialen Schicht ein Auslangen finden. Zu den impliziten Verweisen auf Tilly H.s Lebenssituation zählt schließlich auch die Konzentration auf Lehrer und Lehrerinnen – wiewohl der Text dem „Mittelstand" gilt, sind die konkreten Beispiele, die die Autorin bringt, fast alle aus dieser Berufsgruppe. Das Wissen um die spezifische soziale Situation der Französischlehrerinnen etwa deutet sehr stark auf eine Lehrerin als Autorin.

Schließlich gibt es auch auf der textlichen Ebene einige Bezüge, die auf Tilly H. als Autorin des im ‚Neuen Frauenleben' publizierten – und einige Monate später in der von Adele Gerber herausgegebenen ‚Postanstaltsbeamtin' nachgedruckten6 – Artikels hinweisen. Dazu zählt die so auffällige Bezugnahme auf Prostitution und Zölibat in einem vor allem ökonomischen Fragen gewidmeten Text, die an Tilly H.s ausführliche Reflexionen zu diesen Themen in ihrem Tagebuch wie in ihren Konzeptheften erinnert.7 Vor allem aber ist es die Thematisierung der Ökonomie selbst, die an die Tagebuchschreiberin Tilly H. erinnert. „Wer dem Mittelstande angehört und dabei Frau ist, wird sich heimlich oder offen gesagt

---

4 Vgl. das Kapitel „Frau Hübner/Passagen" (CD-ROM), Kommentar 9
5 Vgl. das Kapitel „Frau Hübner/Passagen" (CD-ROM), Kommentar 12; zur Frage der Verehelichungsverbote für Lehrerinnen vgl. Maria Oppitz, Gehalt und Zölibat. Die Lage der Pflichtschullehrerinnen in Österreich nach dem Reichsvolksschulgesetz (1869) bis zum ersten Weltkrieg. Dipl.arb. Wien 1993
6 Beate Hanzel, Die Not des Mittelstandes. In: Die Postanstaltsbeamtin 4/1910, 38–40
7 Vgl. z. B. das Kapitel „Frau Hübner/Passagen" (CD-ROM), Kommentar 5

haben, daß die moralischen und finanziellen Verhältnisse desselben sehr bedauernswert sind" (Mathilde Hübner, Konzeptheft ‚Von der Hohen Schule der Frauen' [und andere Texte, 1907, 1908], NL IIIC/4), hatte etwa drei Jahre zuvor Tilly H. in einem Konzeptheft festgehalten. Der Text, der das „fortwährende Anwachsen" der „Existenzschwierigkeiten" des „Mittelstandes" zum Thema hat, zählt zu den wenigen frühen Texten, in denen Tilly H. explizit eine politische Beteiligung von Frauen forderte. Die Frage der Ökonomie, wie sie Gegenstand des Artikels über die „Not des Mittelstandes" im ‚Neuen Frauenleben' ist, zählte zu den wiederkehrenden Themen in Tilly H.s politischem Denken. Das gilt nicht nur für ihre jungen Jahre – vielmehr rückte die „Wirtschaft" als zentraler Motor politischer Entwicklungen immer mehr ins Zentrum ihrer Argumentation. Deutlich wird dies unter anderem an den weiter unten abgedruckten Texten zu den „Frauenforderungen für den Mädchenunterricht", in denen die Überzeugung zum Ausdruck kommt, daß eine profunde Einsicht in wirtschaftliche Zusammenhänge zu den wichtigsten Voraussetzungen der politischen Bildung zähle.

Beate Hanzel (Wien), Die Not des Mittelstandes (In: Neues Frauenleben 2/1910, 41–44):

Die Not des Mittelstandes.
Von Beate Hanzel – Wien.

Die vorliegenden Zeilen beschäftigen sich hauptsächlich mit der Lage des Mittelstandes in Wien. Das hievon Gesagte gilt aber mit geringen Abänderungen auch für die Provinzen. Bei der Zählung vom Jahre 1900 wurden in Wien in der Kategorie der in Hof-, Staats- und anderen öffentlichen Diensten Tätigen 10.000 Selbständige und 27.126 Angestellte angegeben; in der Kategorie „sonstige freie Berufe" 6252 Selbständige und 9669 Angestellte. Diese beträchtlichen Zahlen, welche erst zwei Berufsklassen des Mittelstandes einschließen, lassen zur Genüge erkennen, daß die Gesamtheit eine sehr umfangreiche Schichte der Bevölkerung Wiens ausmacht.

Die Beschränktheit der Geldmittel einerseits und die Notwendigkeit, standesgemäß zu leben, andererseits bilden einen für die Angehörigen des Mittelstandes immer peinlicher werdenden Widerspruch. Weitaus die meisten Offiziers-, Beamten- und Lehrerfamilien sind heute nicht mehr imstande, von ihrem Einkommen auch nur die notwendigsten Lebensbedürfnisse in ausreichendem Maße zu befriedigen, sie leben in beständiger finanzieller Not und die ewigen Geldsorgen haben noch zwei andere Mißstände – wenigstens teilweise – zur Folge: einerseits sexuelle Not, andererseits eine in manchen Berufsklassen geradezu einzig dastehende politisch-konfessionelle Bevormundung.

Zur Ausübung fast aller Berufe des Mittelstandes ist ein gewisses Ausmaß von Vorbildung nötig. Die meisten der öffentlichen Berufsarten sichern ein regelmäßiges Einkommen sowie den Anspruch auf Altersversorgung, Witwen- und Waisengelder. Der Zudrang zu den öffentlichen Ämtern steigt enorm und schon jetzt muß eine für die Vorrückungsverhältnisse höchst verhängnisvolle Überfüllung vieler Berufszweige konstatiert werden. Wir guten Österreicher haben eben fast gar keinen Unternehmungsgeist; uns lockt ein kleines sicheres Einkommen, ein versorgtes Alter weit mehr als die Summen, welche auf anderen Gebieten als der Beamtenlaufbahn, allerdings mit einem gewissen Risiko, zu erwerben wären. Die Versorgung des alten Beamten, Lehrers oder Offiziers ist dabei keineswegs eine glänzende. Die Pensionsgebühren, beziehungsweise die Witwen- und Waisengelder müssen bei unseren Teuerungsverhältnissen als gänzlich unzulänglich bezeichnet werden. Daher ist die Zahl der Pensionisten, welche nebstbei einen Erwerb haben oder suchen, sehr groß. Und doch ist die Lage derselben eine noch verhältnismäßig glückliche gegenüber jenen Personen, die in Privatdiensten oder in freien Berufen stehen und denen auch nach jahrzehntelangen Mühen kein Ausruhen gegönnt ist.# Dieser ganz beträchtliche Teil der Angehörigen des Mittelstandes entbehrt gegenwärtig noch völlig einer entsprechenden Altersversorgung und auch die neue Versicherung der Privatbeamten kann nur als ein mißglückter, unzureichender Versuch einer Änderung angesehen werden.

Außer den verhältnismäßig hohen direkten Steuern hat die ganze Bevölkerung und mit ihr auch der Mittelstand geradezu enorme Abgaben in Form von indirekten Steuern zu entrichten, in Form der schrecklichen Preiserhöhungen, welche bei sämtlichen Lebensmitteln und bei den sonstigen Bedarfsartikeln eingetreten sind. Gerade in den letzten Monaten wurden wiederholt übersichtliche Darstellungen der Preissteigerungen während der letzten Jahrzehnte aufgestellt (z.B. im Beiblatt der „Arbeiter-Zeitung" betitelt „Teure Zeiten"). Hier sollen bloß zum Zwecke des Vergleiches mit den darauffolgenden Tabellen die wichtigsten Artikel angeführt werden, deren Preiserhöhung uns besonders empfindlich trifft.

\# Besonders bemerkenswert ist, daß auch unter den öffentlich Angestellten noch eine kleine Kategorie von Personen existiert, für die keinerlei Altersversorgung besteht. Es sind die Lehrerinnen der französischen Sprache an den Bürgerschulen Wiens, denen bisher noch keine Versorgung irgendwelcher Art zugestanden wurde, obwohl ihr Beruf schon seit Jahrzehnten systemisiert ist.

		1890	1909
1 kg	Rindfleisch (hinteres)	K 1.40–1.60	K 1.90–2.40
1 „	Schweinefleisch	„ 1.20–1.40	„ 2.00–2.40
1 „	Mehl	„ 0.30	„ 0.44–0.52
1 „	Butter	„ 1.40–2.80	„ 3.00–4.00
1 „	Schweineschmalz	„ 1.30–1.52	„ 1.88–2.00
50 „	Kohle	„ 1.28–1.40	„ 1.96–2.00
1 „	Wohnung in den Vororten (Zimmer, Küche, Kabinett)	vierteljk. K 90	vierteljk. K 122

Das Einkommen einiger wichtiger Berufsklassen änderte sich in derselben Zeit wie folgt:

	Gehalt## eines Staatsbeamten der	1890	1909
XI.	Rangkl.	K 1200–1400–1600	K 1600–2200
X.	„	„ 1800–1900–2000	„ 2200–2800
IX.	„	„ 2200–2400–2600	„ 2800–3600
VIII.	„	„ 2800–3200–3600	„ 3600–4800

Gehalt eines (einer) Wiener		1890	1909
Bürgerschuldirektors		K 2800–3000	K 3000–3200–3400
Bürgerschuldirektorin		„ 2800–3000	„ 2000–3000–3200
Bürgerschullehres	II. Kl.	Diese Kategorie	„ 1600–1800
Bürgerschullehrerin		gab es damals nicht	„ 1600–1800
Volksschullehrers	I. Kl.	K 1600–1800	„ 1800–2000–2200
Volksschullehrerin		„ 1600–1800	„ 1800–2000
Volksschullehrerin	II. Kl	„ 1200–1400	„ 1400–1600

Aus dem Voranstehenden ist leicht zu ersehen, daß die Gehälter der Staatsbeamten zwar aufgebessert wurden, doch steht diese Aufbesserung in gar keinem Verhältnisse zu dem durch die allgemeine Teuerung bedingten Mehraufwande. Die Gehälter der Lehrer und Lehrerinnen erfuhren durch das Gesetz vom 25. Dezember 1904 ebenfalls eine Regulierung, von welcher man aber behaupten kann, daß die Lehrerschaft im Vergleiche zu früher geradezu geschädigt wurde. – Ich habe trotz eifrigen Suchens keinen einzigen Beruf ausfindig machen können, bei welchem das Einkommen mit der

---

Die Tabelle enthält für jede Kategorie nur den Grundgehalt. Quartiergelder und Funktionszulagen wurden nicht aufgenommen.

Teuerung perzentuell gleichen Schritt gehalten hätte. Es ist daher sehr leicht begreiflich, warum die Lebensführung des Mittelstandes immer schwieriger und schließlich zu einer Notlage wurde. Die Angehörigen des Mittelstandes sind ihrer immer ungünstiger werdenden finanziellen Lage umso mehr ausgeliefert, als die Gelegenheiten zu einem der Berufsart entsprechenden Nebenverdienst ziemlich beschränkt sind und sie nicht imstande sind, neue Lasten von sich abzuwälzen, wie es z.B. Kaufleute und Produzenten tun, die jede neue Steuer vom Konsumenten bezahlen lassen. Der Beamte oder Lehrer, der Arzt, dessen Familie zahlreich ist, kommt aus den Sorgen einfach nicht mehr heraus und die gequälte Hausfrau muß alle Künste im Sparen anwenden, um ihre Lieben vor dem Mangel an Nahrung zu bewahren. Ja, wenn der Mittelstand von seinem Einkommen bloß essen müßte! Aber da gibt es die schöne Pflicht, sich standesgemäß zu repräsentieren. Man muß standesgemäß sich kleiden und wohnen. Man muß die Kinder standesgemäß heranbilden lassen. Wir sind noch lange nicht so weit, daß man dort zu sparen anfinge, wo es in den Augen eines vernünftigen Menschen weniger nachteilig wäre, z.B. an der Kleidung. Wie viele bringen es nicht über sich, weniger gut angezogen zu gehen und verzichten lieber auf reichliche Nahrung! Es ist charakteristisch, daß in Wien im Jahre 1906 um 25.400 Rinder weniger geschlachtet wurden, als im Jahre 1900, trotzdem die Bevölkerung Wiens in dieser Zeit um 231.250 Einwohner zugenommen hat. In England zählt man auf einen Kopf der Bevölkerung jährlich 44 kg Rindfleisch, in Frankreich 33 kg, in der Schweiz 28 kg, in Östereich 10 kg.

Solche Mißverhältnisse darf man aber nicht allein der Teuerung zur Last legen, sie sind zu einem guten Teil durch die Verkehrtheiten der herkömmlichen Anschauungen verschuldet, von denen sich der so arg im „Spießer"tum liegende Mittelstand bisher noch immer nicht zu befreien wußte.

Eng verbunden mit der finanziellen ist die sexuelle Not des Mittelstandes. Fassen wir die Beamten der XI. und X. Rangsklasse oder die drei letzten Kategorien der Lehrerschaft ins Auge, so wird es klar, daß weder der Lehrer noch der Beamte heiraten kann, es wäre denn, daß seine Braut Vermögen oder ständigen Verdienst in die Ehe brächte. Im Jahre 1901 heirateten in Wien 1835 Beamte, Lehrer, Geistliche, darunter waren 1062 Bräute, die keinen Beruf angaben. 1905 hatten bei 2087 Eheschließungen (der Beamten, Lehrer und Geistlichen) nur 1191 Bräute keinen Beruf. Die Männer aus diesen Ständen ehelichten also nur in etwas mehr als der Hälfte der Fälle berufslose Mädchen. Nun sind aber die Berufe, die den Mädchen des Mittelstandes am nächsten liegen, die der Beamtin oder Lehrerin. Als solche aber sind ihre Aussichten auf Verheiratung um nichts gestiegen. Ihr Miterwerb würde es ermöglichen, daß die Männer ihres Standes auch mit kleinem Gehalt zu heiraten vermöchten. Aber das haben

Staat und Land und Gemeinde (Wien) einmütig unmöglich gemacht, indem zum Gesetz erhoben wurde, daß die Beamtin, beziehungsweise Lehrerin bei Eingehung einer Ehe ihr Amt niederzulegen habe.

Durch diese himmelschreiende Maßregel wird den Frauen dieser Stände die Möglichkeit, in ein legales Geschlechtsverhältnis zu treten, fast genommen. – Und fragt man: Ist vielleicht eine entsprechende Zahl neuer Berufsarten geschaffen worden, die dieser Maßregel nicht unterliegen oder erhält der männliche Angestellte vom Tage seiner Verheiratung an eine entsprechende Gehaltserhöhung? – Hievon ist natürlich keine Rede.

Niemand kann leugnen, daß die Eheschließungen erschweren soviel bedeutet wie die Prostitution und den unfreiwilligen Cölibat vermehren; zwei Erscheinungen, welche im ärgsten Widerspruche mit den Forderungen eines gesunden Sexuallebens stehen. Daher ist es eine beschämende Tatsache, ein Beweis für die Angekränkeltheit der Moral des Mittelstandes, daß diesen Gesetzen, welche die Eheschließungen in einem entsprechenden Alter fast unmöglich machen, kein stärkerer Widerstand entgegengesetzt wurde.

Ich gelange nun zum dritten Punkte: der politisch-konfessionellen Bevormundung des Mittelstandes. Fast scheint es, als ob das Recht der freien Meinungsäußerung noch immer ein Privilegium weniger Bevorzugter und – des Proletariats wäre. – Es sind zahlreiche Fälle vorgekommen, „Erlässe schwebten herab", aus denen die Beamten- und Lehrerschaft nur zu deutlich herausfühlen konnte (von Militärangehörigen kann hier gar nicht gesprochen werden!), daß eine rege politische Tätigkeit „oben" gar nicht gern gesehen sei. Die allzu Unvorsichtigen wurden gemaßregelt. Wie es in diesem Punkte mit der Lehrerschaft steht, ist zur Genüge in die Öffentlichkeit gedrungen. Ich begnüge mich damit, zu sagen, daß es den armen Lehrern und Lehrerinnen manchmal so dunkel im Kopfe und schwarz vor den Augen wird, daß sie nicht mehr wissen, in welchem Jahrhunderte sie leben. „Wes Brot ich esse, des Lied ich singe," das ist für den Mittelstand eine bittere Wahrheit, die ein schmerzliches Gefühl des Entwürdigtseins hervorruft.

Fehlt es nicht vor allem dem Mittelstand, von dem man es nach seiner Bildung erwarten sollte, an regem Interesse für alle öffentlichen Angelegenheiten? Der Mittelstand lebt zum größten Teil von öffentlichen Geldern. Sollte er sich da nicht das Wohl des Staates, beziehungsweise der Gemeinde sehr angelegen sein lassen? So aber sucht der Einzelne nur Versorgung und leistet dafür eine Arbeit, die ihn oft nicht im geringsten interessiert und oft in gar keinem Verhältnisse zum Lohne steht. – Viele Beamte sind überbürdet, hunderte werden an Stellen verwendet, an denen sie überflüssig sind und eine erkleckliche Zahl von Offizieren langweilt sich in den Garnisonen. Inzwischen liegen Staatsgründe und in ihnen verborgene Schätze brach. Es fehlt an dem unternehmenden Geist, der die Arbeitskräfte des Mittelstandes nutzbringend verwendete, es fehlt an Mut, die eigenen Lebensinteressen gegenüber denen der Machthaber, Regierungen, Großgrundbesitz und Großkapital zu wahren. Unter der Leitung geknechteter Lehrer, von Sorge und Arbeit zermürbter Väter und Mütter, wächst eine Jugend heran, der es an selbstbewußter Unternehmungslust im privaten, an starkem Rückgrat im öffentlichen Leben fehlt. Durch Unterernährung geschwächt, durch eine sorgenvolle Umgebung um die Freuden der Kindheit betrogen und damit in ihrer Widerstandsfähigkeit den Kämpfen des Lebens gegenüber beeinträchtigt, sinkt der Nachwuchs des Mittelstandes mehr und mehr der Deklassierung anheim – gerade jener Teil der Bevölkerung, welcher in gut regierten Staaten und in geordneten wirtschaftlichen Verhältnissen der Kulturträger sein sollte. Wie ist diesem Jammer abzuhelfen?

Nur durch Selbsthilfe, durch die Entwicklung und den Ausbau des Genossenschaftsgedankens. Darüber ein anderes Mal.

Rosa Mayreder und Mathilde Hanzel: Brief an Mr. Henderson (1934)

In einer der zahlreichen Mappen im Nachlaß, die Tilly H.s umfangreiche politische Tätigkeit in den dreißiger Jahren dokumentieren, findet sich aus dem Jahr 1934 ein Konzept für einen Brief an Arthur Henderson, den Präsidenten der internationalen Abrüstungskonferenz des Völkerbundes in Genf. Henderson wird darin nicht nur aufgefordert, durch eine weltweite Radioübertragung einer Sitzung das drohende Scheitern der seit 1932 tagenden Konferenz öffentlich zu machen, sondern er soll sich auch mit dem internationalen politischen Gewicht seines eigenen Landes – Großbritanniens – für die Einberufung einer internationalen Konferenz zur Schaffung neuer Grundlagen europäischer Zusammenarbeit anstelle der Friedensverträge von 1919 einsetzen. Der nicht gezeichnete Text in Tilly H.s Handschrift ist mit 7. 6. 1934 datiert und nur in einer Durchschrift vorhanden. Das Original des Exposés hat also offenbar jemand anderer erhalten. Und tatsächlich findet sich ein Durchschlag eines wortgleichen maschinschriftlichen Briefes mit der Datierung 10. 6. 1934. Hier fehlt die Adressierung an Arthur Henderson, dafür sind – ebenfalls mit Schreibmaschine – zwei Unterschriften angefügt: „Rosa Mayreder m. p." und „Mathilde Hanzel m. p." Ein Antwortbrief von Arthur Henderson vom 14. 6. 1934 macht deutlich, daß das Original dieses Schreibens auch abgeschickt wurde. Der kurze Briefwechsel zeigt Tilly H. als aktive Beobachterin internationalen Geschehens und als jemand, die in die frauen- und friedenspolitischen Netzwerke dieser Jahre gut eingebunden war: sie konnte offenbar innerhalb weniger Tage mit der Grande Dame der radikalen Frauenbewegung und Gründerin des österreichischen Zweiges der ‚Internationalen Frauenliga für Frieden und Freiheit' eine gemeinsame politische Stellungnahme vereinbaren. Die politischen Kontexte, in denen sie sich nun bewegte, und die Positionen, die sie darin einnahm, sollen im folgenden am Beispiel des Briefes an Mr. Henderson skizziert werden.

Wir wissen nicht, seit wann Tilly H. mit Rosa Mayreder, die sie bereits als junge Frau verehrt hatte[8], persönlich bekannt war. Spätestens seit Anfang der dreißiger Jahre gehörte sie jedenfalls der „Gruppe Mayreder" der ‚Internationalen Frauenliga für Frieden und Freiheit' (IFFF) an. Wie sie in Kontakt mit der Gruppe gekommen war, ist aus den Dokumenten nicht zu entnehmen – doch da im österreichischen Zweig der 1919 gegründeten Liga viele ehemalige Mitglieder des nach dem Ersten Weltkrieg nicht mehr aktiven ‚Allgemeinen österreichischen Frauenvereins' tätig waren[9], ist zu vermuten, daß sie entweder schon von der Gründung an Mitglied der ‚Frauenliga' war oder aber im Laufe der zwanziger Jahre über alte Verbindungen aus der Zeit des ‚Allgemeinen österreichischen Frauenvereins' dazustieß. Als Aktivistin der ‚Internationalen Frauenliga' trat Tilly H. erstmals im Frühjahr 1931 auf. Im Mai dieses Jahres berief sie nicht nur – gemeinsam mit Marianna Zycha – eine „Erzieherkonferenz" ein, auf der die beiden Frauen einen Arbeitsplan für eine Reihe von Maßnahmen zur (weltweiten) Förderung der Friedenserziehung vorlegten,[10] sondern sie engagierte sich auch im Rahmen einer Unterschriftensammlung für die geplante Abrüstungskonferenz des Völkerbundes.[11] Im Völkerbund war im Jänner 1931 die Einberufung einer solchen Konferenz für Februar 1932 beschlossen worden. Im Mai 1931 wurde der britische Staatssekretär des Äußeren, der Labour-Politiker Arthur Henderson, zum Präsidenten der Konferenz ernannt. Weltweit wurden 1931 zur Unterstützung der Konferenz auf Hendersons Aufruf hin Unterschriftensammlungen für die totale Abrüstung durchgeführt.[12] In

---

8 Vgl. das Kapitel „Frau Hübner/Passagen" (CD-ROM), Kommentar 7 und Kommentar 17
9 Deutlich wird das u. a. am Vorstand der „Gruppe Mayreder": Präsidentin war Rosa Mayreder – Mitbegründerin des *Allgemeinen Österreichischen Frauenvereins* – selbst, Vizepräsidentin Marianne Zycha, die 1910 in den Vorstand des *Allgemeinen Österreichischen Frauenvereins* eingetreten war, 2. Vizepräsidentin war Marie Goldscheid, ebenfalls ein früheres Vorstandsmitglied des *Allgemeinen Österreichischen Frauenvereins* und eine der Gratulantinnen zu Tilly H.s Hochzeit. Vgl. Sonderarchiv Moskau: Fasz. 523 (IFFF)-1-3, 79; vgl. auch das Kapitel „Frau Hübner/Passagen" (CD-ROM), Kommentar 12. Daß ein direkter Konnex zwischen den beiden Vereinen bestand, belegen auch verstreute Dokumente des *Allgemeinen Österreichischen Frauenvereins* im Bestand zur *Internationalen Frauenliga für Frieden und Freiheit* im Sonderarchiv in Moskau. Z. B.: Sonderarchiv Moskau: Zemská Banka an Allgemeiner Österreichischer Frauenverein, 9. 11. 1931, Fasz. 523 (IFFF)-2-7, 381
10 NL I/39/Erziehungsausschuß, Protokoll; vgl. Sonderarchiv Moskau: Fasz. 523 (IFFF)-1-7a, 61-63
11 In einem Arbeitspapier für die Unterschriftenaktion wird sie in einer Liste möglicher AktivistInnen der Kategorie „Schriftsteller, Journalisten, Redner" – darunter auch Namen wie Arthur Schnitzler, Alfred Polgar oder Rosa Mayreder – genannt. Vgl. Sonderarchiv Moskau: Unterschriftensammlung Abrüstungs-Aktion 1931, Fasz. 523 (IFFF)-1-8, 112
12 Vgl. Sonderarchiv Moskau: Einladung zur Massenversammlung am 18. 5. 1931, Fasz. 523 (IFFF)-1-7a, 4.

Österreich gelang es der ‚Internationalen Frauenliga für Frieden und Freiheit' gemeinsam mit der ‚Arbeitsgemeinschaft österreichischer Friedensvereine', den Präsidenten des Nationalrates Karl Renner sowie den christlichsozialen Nationalratsabgeordneten Karl Drexel zur Mitwirkung bei einer Massenversammlung für diese Unterschriftenaktion zu gewinnen.[13] Dritte Rednerin der am 18. Mai – dem sogenannten „Tag des guten Willens" – durchgeführten Veranstaltung unter dem Titel „Was verlangen wir von der Abrüstungskonferenz?" war Mathilde Hanzel, die für die ‚Arbeitsgemeinschaft österreichischer Friedensvereine' sprach.[14] Für die vermutlich zu den größten Veranstaltungen im Rahmen der Aktion zählende Versammlung wurden 10.000 Einladungen gedruckt, die Aktivistinnen der ‚Internationalen Frauenliga' von einem festlich geschmückten Auto aus in den Straßen Wiens verteilten.[15]

Der Inhalt des zwei Jahre später im Juni 1934 von Tilly H. gemeinsam mit Rosa Mayreder an Henderson gesandten Briefes ging über die allgemeine Forderung nach Abrüstung hinaus. Ihre zentrale politische Forderung nach einer Revision der Friedensverträge war ohne Zweifel ein heißes Eisen. Sie hatte allerdings in der ‚Internationalen Frauenliga für Frieden und Freiheit', der die beiden Österreicherinnen angehörten, Tradition. Schon die erste internationale Konferenz der ‚Frauenliga' 1919 in Zürich hatte gegen die Pariser Vororteverträge protestiert.[16] Der von Yella Hertzka und Rosa Mayreder geführte Zweig Österreich der ‚Frauenliga' brachte im Herbst 1920 ein eigenes Flugblatt heraus, in dem die Revision des Österreich betreffenden Vertrags von St. Germain gefordert wurde:

„Die Unerträglichkeit des Friedensvertrages von St. Germain, der dem verelendeten Deutschösterreich alle Lebensmöglichkeit genommen hat, erweist sich an jedem einzelnen Angehörigen unseres Staates von Tag zu Tag (…). Diese Erkenntnis (…) muß bei uns zum Träger einer drängenden, allgemeinen und weithin sichtbaren Volksbewegung werden (…). Nur wenn sie

---

Auf die Einladung ist die Aufforderung Hendersons aufgedruckt, Unterschriften für die Forderung nach der totalen Abrüstung zu sammeln. Darin heißt es unter anderem: „Bei der Abrüstungskonferenz im Februar 1932 werden die Regierungen das tun, was die Völker wollen." Geworben wurde für die Aktion auch mit einer Bildpostkarte, auf der Arthur Henderson vor Regalen mit Papierpaketen zu sehen ist, die als „einige der 12 Millionen Unterschriften" der Petition bezeichnet werden. Vgl. Sonderarchiv Moskau: Bildpostkarte „Petitions", Fasz. 523 (IFFF)-1-5, 59

13 Sonderarchiv Moskau: Arbeitsgemeinschaft Österreichischer Friedensvereine an Dr. Karl Drexel bzw. Dr. Karl Renner, 15. 5. 1931, Fasz. 523 (IFFF)-1-8, 61, 60
14 Sonderarchiv Moskau: Einladung zur Massenversammlung am 18. 5. 1931, Fasz. 523 (IFFF)-1-7a, 4; vgl. auch Fasz. 523 (IFFF)-1-4, 50f
15 Sonderarchiv Moskau: Tätigkeitsbericht IFFF, Gruppe Mayreder, Fasz. 523 (IFFF)-1-4, 51
16 NL I/39, Tätigkeitsberichte: 15 Jahre Frauenliga. Tätigkeit und Organisation der Internationalen Frauenliga für Frieden und Freiheit 1915–1930. Broschüre der IFFF, Gruppe Mayreder. Wien o. J. (1930); vgl. auch: Lida Gustava Heymann in Zusammenarbeit mit Dr. jur. Anita Augspurg, Erlebtes, Erschautes. Deutsche Frauen kämpfen für Freiheit, Recht und Frieden 1850–1940. Meisenheim/Glan 1977, 227

sich auf den Schrei des Volkes berufen kann, wird unsere Regierung in der Lage sein, wirkungsvoll die Forderung nach Revision des Vertrages zu stellen."[17]

Auch auf internationaler Ebene blieb die ‚Internationale Frauenliga' auf dieser Linie. Bei der 1922 in Den Haag durchgeführten „Konferenz für einen neuen Frieden" gingen die Frauen über die Revisionsforderung sogar noch hinaus: verlangt wurde nun eine Annullierung der Verträge und die Schaffung neuer Grundlagen der internationalen Zusammenarbeit durch einen Weltkongreß.[18] Um so bedeutungsvoller erscheint daher ein Flugblatt aus dem Jahr 1926, in dem die österreichische und die deutsche Sektion der ‚Internationalen Frauenliga' sich von jener Forderung distanzierten, die in Österreich untrennbar mit der Revision der Friedensverträge verbunden war – der Forderung nach dem Anschluß Österreichs an Deutschland. Die beiden zentralen Argumente für den Anschluß – die wirtschaftliche Schwäche des kleinen Landes Österreich und die gemeinsame kulturelle Identität der beiden Länder – wurden darin in ihrer Relevanz in Frage gestellt. Die wirtschaftliche Stärkung Österreichs wäre, so heißt es da, auch durch zwischenstaatliche Verträge zu erreichen. Auf kultureller Ebene hingegen drohe mit dem politischen Zusammenschluß ein großer Verlust deutscher Kultur durch die alles verschlingende „preußische Regierungstechnik":

> „Vor dem Kriege war München die geistige Heimat aller deutschen Kultur. Jetzt ist es Wien und kann es nur bleiben, wenn seine geistige, kulturelle und künstlerische Individualität erhalten bleibt. Kurz zusammengefaßt: Österreichs wirtschaftliche Interessen bedürfen des Zusammenschlusses nicht, das allgemeine deutsche Kulturinteresse verbietet ihn."[19]

Das als „Kundgebung der österreichischen und der deutschen Sektion der Internationalen Frauenliga für Frieden und Freiheit" überschriebene Flugblatt war seitens der Deutschen Sektion von Anita Augspurg und Lida Gustava Heymann unterzeichnet. Auf der österreichischen Seite deuten schon die Unterschriften an, daß mit dieser Aktion ein kontroverses Thema berührt wurde: Yella Hertzka und Olga Misar zeichneten nur namens der „politischen Gruppe" der „Österreichischen Sektion". Die Tätigkeitsberichte der „sozialen Gruppe" (Gruppe Mayreder) aus diesen Jahren zeigen denn auch eine ganz andere Ausrich-

---

17 Sonderarchiv Moskau: „Im Interesse aller!" (Flugblatt), Fasz. 523 (IFFF)-2-10, 12
18 Heymann/Augspurg, Erlebtes – Erschautes, 235f.
19 Sonderarchiv Moskau: Kundgebung der österreichischen und der deutschen Sektion der Internationalen Frauenliga für Frieden und Freiheit (Flugblatt), Fasz. 523 (IFFF)-2-7, 411. Ein im Flugblatt nicht sichtbar werdendes zusätzliches Argument bringen Lida Gustava Heymann und Anita Augspurg in ihren Memoiren: „Der in Süd- und Westdeutschland schon ohnehin sehr stark vorhandene katholisch klerikale Einfluß bedurfte wahrlich keiner Verstärkung durch den österreichischen Katholizismus." Vgl. Heymann/Augspurg, Erlebtes – Erschautes, 195

tung. So gründete Marianne Zycha 1926 eine IFFF-Jugendgruppe[20], die vor allem mit gemeinsamen Diskussionen auch jüngere Frauen in die ‚Internationale Frauenliga' einbinden sollte. Diese Gruppe befaßte sich unter anderem mit der Frage: „Wie erreichen wir den Anschluß an Deutschland mit friedlichen Mitteln?"[21]

Welche der beiden Positionen – Hertzkas und Misars Ablehnung des Anschlusses oder die Anschlußbefürwortung in der Gruppe Mayreder – im österreichischen Zweig der ‚Internationalen Frauenliga' stärker vertreten war, läßt sich nicht abschätzen. Auf internationaler Ebene hatte die erste Variante das größere Gewicht, da Yella Hertzka als einzige Österreicherin Mitglied im internationalen Exekutivkomitee der Liga war. Sie schlug im September 1933 vor, eine internationale Garantie für die österreichische Neutralität zu fordern.[22] Inwiefern die Zusammenlegung der beiden Wiener Gruppen der ‚Internationalen Frauenliga' – der Gruppe Mayreder und der (von Hertzka geführten) politischen Gruppe – im Herbst 1934[23] auch damit zusammenhing, daß die Ablehnung des Anschlusses an Deutschland die Mehrheit im Verein gewann, läßt sich hier nicht klären. Auffällig ist allerdings an dem Schreiben von Rosa Mayreder und Tilly H. an Arthur Henderson, daß die ‚Internationale Frauenliga für Frieden und Freiheit' im Text nicht erwähnt wird. Es ist daher anzunehmen, daß die beiden in eigenem Namen, nicht aber für ihre Organisation sprachen.

Tilly H. hielt an ihrer Forderung nach Revision der Friedensverträge – zu der sie, wie sich 1938 zeigen sollte, explizit auch den Anschluß an Deutschland zählte – fest. Das machte sie nicht nur bei der Erzieherkonferenz 1931 deutlich, als sie „die Schwierigkeiten" betonte, „die dem deutschen Erzieher in seiner Arbeit für Frieden und Völkerverständigung durch die Friedensdiktate" erwüchsen.[24] Auch 1936 noch, als die Bedrohungen, die vom nationalsozialistischen Deutschland und seinen außenpolitischen Forderungen nach Revision der Friedensverträge ausgingen, bereits für viele Menschen sehr deutlich waren, ließ sie ihre Unterschrift von einem Flugblatt des Österreichischen Komitees zur Vorbereitung des Weltfriedenskongresses in Genf 1936 streichen, da im Text des Flugblattes nicht zwischen „vertraglichen Verpflichtungen, die einvernehmlich und solchen, die durch Zwanganwendung zustande kamen", unterschieden werde. Der Brief, in dem sie sich von dieser Aktion distanzierte, macht auch ihre offenbar zunehmende Enttäuschung über die Völkerbundpolitiker deutlich. Zur Forderung nach „Stärkung des Völkerbundes" erklärt sie:

---

20 Sonderarchiv Moskau: Tätigkeitsbericht der sozialen Gruppe der IFFF 1926, Fasz. 523 (IFFF)-1-4, 35f
21 Sonderarchiv Moskau: Arbeitsbericht 1927 des Zweiges Österreich, Gruppe Mayreder. Jugendgruppe, Fasz. 523 (IFFF)-1-4, 38f
22 Sonderarchiv Moskau: Yella Hertzka an IFFF/Genf, 16. 9. 33, Fasz. 523 (IFFF)-1-3, 92
23 Vgl. NL I/39, IFFF-Tätigkeitsberichte 32-37
24 NL I/39, Erziehungsausschuß, Protokoll

„Den Punkt 3) kann ich deswegen nicht billigen, weil ich weiß, daß gleich mir Millionen von Menschen mit unverdorbenem Rechtsempfinden nichts sehnlicher erwarten, als daß die Mandatare, die den Völkerbund um jegliches Ansehen gebracht haben, von der Bildfläche verschwinden."[25]

Beigetragen zu dieser Ablehnung könnte auch Arthur Hendersons zwar umgehende, aber nichtssagende Antwort auf ihr Schreiben haben. Er dankte in einem durch die nachträglich eingesetzte Anrede als Schimmelbrief erkennbaren Schreiben für die ermutigende Zuschrift und bat um weitere öffentliche Unterstützung für die Konferenz. Auf die konkreten an ihn gerichteten Forderungen ging er in keiner Weise ein.[26] Die Anliegen der seit 1932 unter der Leitung von Arthur Henderson tagenden Abrüstungskonferenz waren spätestens mit dem Abschluß des deutsch-britischen Flottenabkommens 1935, das den Friedensvertrag von Versailles de facto außer Kraft setzte, gescheitert. Ein Dokument, das Tilly H.s Reaktion auf diese Entwicklung sichtbar macht, konnten wir nicht finden. Auffällig ist allerdings, daß sie sich in den folgenden Jahren eher innenpolitischen Themen widmete – so leitete sie eine Arbeitsgruppe „Existenzsicherung der weiblichen Jugend" und engagierte sich im Rahmen der „Frauenforderungen für den Mädchenunterricht" für die Verbesserung der Schullehrpläne für Mädchen.

Rosa Mayreder und Mathilde Hanzel an Arthur Henderson, 10. 6. 1934 (NL I/39, IFFF-Korrespondenz):

10. Juni 1934.

Sehr geehrter Herr Präsident!
Wir bewundern die Tatkraft und Ausdauer Ihrer Bemühungen und bitten Sie, die letzte Sitzung der Konferenz durch Radio in alle Welt übertragen zu lassen, gerade weil nur neuerliche Vertagung oder eine vorläufige Konvention verkündet wird, an deren Einhaltung nicht geglaubt wird.
In ganz Europa besitzt niemand die Autorität, die jenes Vertrauen begründet, das allein Sicherheit geben kann. Denn Sicherheit beruht nicht auf Rüstungen, sondern auf dem Beweis der Achtung vor dem Rechte des anderen.

Die fehlende Autorität muß dadurch geschaffen werden, daß eine große Nation wie die Ihre den Mut zur Wahrheit hat und erklärt: Wenn die Abrüstungskonferenz nicht

---

25 Schreiben Mathilde Hanzel an Unbekannt (vermutlich Rosa Mayreder), 24. 6. 1936, NL I/39, Korrespondenz
26 Arthur Henderson an Unbekannt (Mathilde Hanzel und Rosa Mayreder), 14. 6. 1934, NL I/39, Korrespondenz

das gewünschte Ergebnis zeitigt, dann müssen sofort die Vorarbeiten für eine Europäische Konferenz zwischen Gleichberechtigten unternommen werden, damit an Stelle der Verträge von 1919 die Grundlagen für Europäische Zusammenarbeit gesetzt werden. Denn die Verträge von 1919 sind es, welche im Abendland die Achtung der Nationen vor dem Recht und das Vertrauen zueinander zerstört haben.

Wir bitten Sie, diesem Gedanken vor aller Welt Ausdruck zu geben, und zweifeln nicht daran, daß die Wirkung die Erwartungen weitaus übertrifft.

In größter Hochachtung zeichnen
Rosa Mayreder m. p.
Mathilde Hanzel m. p.

Mathilde Hanzel u. a., Frauenforderungen für den Mädchenunterricht (1935–1937)

„Frauenforderungen für den Mädchenunterricht"[27] bezeichnet jenes Feld politischer Aktivitäten von Tilly H., das in ihrem Nachlaß am umfangreichsten und ausführlichsten dokumentiert ist. In mehreren Mappen des Nachlasses befindet sich eine Vielzahl unterschiedlichster Dokumente, die das zentrale bildungspolitische Projekt von Tilly H. aus den dreißiger Jahren sichtbar machen. Im Zentrum dieser Arbeiten stand die Forderung, der im Herbst 1935 eingeführten vormilitärischen Erziehung der Knaben eine Friedenserziehung der Mädchen an die Seite zu stellen, die auf eine Umgestaltung des Unterrichts im Sinne wirtschaftlichen Denkens ausgerichtet sein sollte. Die im Archiv dokumentierten Sitzungsprotokolle, Präsenzlisten, Konzepte und Tätigkeitsberichte, die umfangreiche Korrespondenz zwischen den zusammenarbeitenden Frauenorganisationen sowie die umfangreiche Korrespondenz mit Verlagen und Zeitschriften ermöglichen darüber hinaus detaillierte Einblicke in die Kommunikationsformen und alltäglichen Praxen der politischen Arbeit eines Teiles der bürgerlichen Frauenbewegung in den dreißiger Jahren.

Die ‚Frauenforderungen' waren ein Projekt des Erziehungsausschusses der ‚Internationalen Frauenliga für Frieden und Freiheit' (IFFF), einer Gruppierung, die ganz wesentlich von der Zusammenarbeit von zwei Frauen, Mathilde Hanzel und Marianne Zycha, getragen worden ist.[28] Dr. Marianne Zycha war Lehrerin und wurde 1910 in den Vorstand des ‚Allge-

---

27 NL I/40/Korrespondenz
28 Die dritte wesentliche Trägerin der Arbeit des Erziehungsausschusses war die Schuldirektorin Friederike (Frieda) Feichtinger.

meinen Österreichischen Frauenvereins' kooptiert.²⁹ Sie war 1911 Schriftführerin und zeichnete als solche bereits im Dezember 1911 gemeinsam mit Mathilde Hanzel als Vizepräsidentin des ‚Allgemeinen Österreichischen Frauenvereins' eine Petition an das Justizministerium, in der sie im Namen des Vereins für die Enthaftung von mehreren Jugendlichen aus der Arbeiterschicht eintraten, die nach Ausschreitungen am 17. und 18. September 1911 verhaftet worden waren. Als „Mütter", „Staatsbürgerinnen" und „Erzieherinnen" plädierten sie in der Petition für Bildungs- anstelle von Einsperrungsmaßnahmen.³⁰ 1914, als Tilly H. aus ihrer Funktion im ‚Allgemeinen Österreichischen Frauenverein' aufgrund beruflicher und privater Überlastung ausschied, wurde Marianne Zycha als Vorstandsmitglied bestätigt.³¹ Im Unterschied zu Tilly H. publizierte Marianne Zycha auch rege in diversen LehrerInnenzeitungen und in den Organen der Frauenbewegung, im ‚Neuen Frauenleben' und in der ‚Österreicherin'. 1926 wurde Marianne Zycha Vorsitzende der von ihr gegründeten Jugendgruppe der Gruppe Mayreder der ‚Internationalen Frauenliga für Frieden und Freiheit', die vermutlich eine Vorgängerorganisation zum Erziehungsausschuß gewesen ist. Ab Mitte der dreißiger Jahre war sie Präsidentin der Gruppe Wien der ‚Internationalen Frauenliga'.³²

Bei der Wiederaufnahme der Arbeit an der Umsetzung der ‚Frauenforderungen' nach 1945, die sich in der von Tilly H. verfaßten Denkschrift „Vorschläge zur inneren und äußeren Befriedung Österreichs" artikulierte,³³ waren es neben verschiedenen Jahrgangskolleginnen aus der Lehrerinnen-Bildungsanstalt (z. B. Ina Langer und Olga Lenk) die politischen Gefährtinnen Marianne Zycha und Friederike Feichtinger, die die von Tilly H. verfaßte Denkschrift 1946 mitunterzeichneten. In offensiver Bezugnahme auf die Kontinuität ihrer politischen Forderungen von 1936 forderten die Unterzeichnerinnen 1946 einen Friedenserziehungsplan und eine Zentralstelle für Europäische Erziehung in Wien, die in Zusammenarbeit mit den Pädagogischen Instituten auch eine Dauerausstellung und eine Bibliothek errichten sollte. Die Denkschrift wurde Unterrichtsminister Hurdes, dem Minister des Äußeren Gruber, Kardinal Erzbischof Innitzer, dem Bundespräsidenten Renner und dem Präsidenten der ‚Liga der Vereinten Nationen' Leithner überreicht.³⁴ Während die Namen der Akteurinnen und die friedens/erziehungspolitische Ausrichtung der Denkschrift 1946 die dort proklamierte Kontinuität zu 1936 bestätigen, ist demgegenüber die Abwendung von einer deklariert frauenspezifischen Bildungsforderung hin zu einem geschlechtsneutral konzipierten Friedenserziehungsplan als wesentliche Veränderung festzustellen.

---

29 Vereinsnachrichten. In: Neues Frauenleben 1/1911, 15
30 Petition des Allg. Österr. Frauenvereins an das K.K. hohe Justizministerium. In: Neues Frauenleben 12/1911, 327f.
31 Rundschau/Die 21. Generalversammlung des Allg. Österr. Frauenvereins. In: Neues Frauenleben 7/1914, 212f.
32 Tätigkeitsbericht IFFF 1937, NL I/39
33 Mathilde Hanzel, Denkschrift: Vorschläge zur inneren und äußeren Befriedung Österreichs, April 1946, NL I/42
34 Vgl. NL I/42/Korrespondenz

Die Konzentration von Tilly H.s Engagement auf die Frage der Mädchenbildung ab Mitte der dreißiger Jahre ist in ein vielfältiges Netz von sozialen, politischen und biographischen Bezügen einzutragen. Zum Zeitpunkt der Wiederaufnahme ihres politischen Engagements in der Frauenbewegung 1930 war Tilly H. Schuldirektorin in Wien, mit Auszeichnungen und Belobigungen dekoriert, und damit zu Beginn der dreißiger Jahre eine erfolgreiche und beruflich etablierte Frau. Ihre politische Arbeit konzentrierte sich auf das international orientierte friedenspolitische Engagement im Rahmen der ‚Internationalen Frauenliga'. Die Verlagerung ihres Arbeitsschwerpunktes hin zu der innenpolitischen Frage der Mädchenerziehung im Rahmen der ‚Internationalen Frauenliga' ab Ende 1935 korrespondierte zeitlich mit Rückschlägen von Forderungen hinsichtlich der internationalen Abrüstungskonferenz, aber auch mit zentralen Konflikten innerhalb der Frauenorganisation über die Frage des Anschlusses[35].

Der Beginn ihrer Initiative für eine Reform der Mädchenbildung korrespondierte zeitlich auch mit beruflichen und familiären Veränderungen bzw. Krisen. Die austrofaschistische Arbeitsmarktpolitik erzwang mittels ‚Abbaugesetz' 1934 die Zwangspensionierung der fünfzigjährigen Bürgerschuldirektorin Tilly H. Sie war 1935 fünfundzwanzig Jahre verheiratet und Mutter zweier erwachsener Töchter, in deren Karriere und Lebensplanung zu eben diesem Zeitpunkt wichtige Entscheidungen getroffen wurden, die explizite Generationskonflikte über die Frage der innerfamilialen Erziehungsideale/mittel aufbrechen ließen. Der Studienabbruch ihrer älteren Tochter Ruthilt[36] und deren Entscheidung nach Dänemark zu heiraten, trafen[37], wie ein Brief Tilly H.s an Ottokar Hanzel im Juli 1935 belegt, die pensionierte Schuldirektorin Tilly H. schwer. In dem Brief an ihren Ehemann deutet Tilly H. die Gründe ihrer Enttäuschung über den Studienabbruch Ruthilts an:

„… auch ich habe immer den Standpunkt verfochten, die Frauen müssen nur die Gelegenheit haben, dann würden sie ihre Fähigkeiten entwickeln. Aber eine Generation kann das nicht alles alleine leisten."[38]

Die jüngere Tochter Dietgart wiederum eröffnete 1936 in mehreren Briefen, die sie von einem Besuch bei der Schwester in Dänemark an Tilly H. schrieb, eine Phase der kritischen Auseinandersetzung mit den Erziehungsansprüchen ihrer Mutter.[39] – Tilly H. war 1935/36 beruflich und privat mit herausfordernden Veränderungen konfrontiert. Im November 1935 begann sie ihr intensives Engagement im Komitee der ‚Frauenforderungen für den Mädchenunterricht'.

---

35 Vgl. Kommentar zu „Rosa Mayreder und Mathilde Hanzel: Brief an Mr. Henderson" in diesem Kapitel
36 Ruthilt Hanzel studierte Nordische Sprachen und Deutsche Literatur an der Universität Wien, vgl. Meldungsbücher der Universität Wien Ruthilt Hanzel, NL IIIA/10.
37 Ruthilt Hanzel heiratete 1935 den Dänen Karsten Lemche.
38 Mathilde Hanzel an Ottokar Hanzel, 17. 7. 1935, NL I/14
39 Vgl. u. a. Dietgart Hanzel an Mathilde Hanzel, 9. 7. 1936, NL I/6

Die im folgenden edierten Dokumente aus dem Arbeitszusammenhang der ‚Frauenforderungen für den Mädchenunterricht' repräsentieren in gewisser Weise den Anfangs- und den Endpunkt dieser bildungspolitischen Initiative. Im November 1935 zeichnete Tilly H. für die Wiener Gruppe der ‚Internationalen Frauenliga' eine Rundfrage an diverse bürgerliche Frauenorganisationen[40], in der ein Aufruf zum gemeinsamen Vorgehen in der Mädchenbildung als Gegenperspektive zur vormilitärischen Erziehung der Knaben vorgeschlagen wird. Für die nachfolgenden beiden Jahre ist die Arbeit an der Erstellung einer Eingabe an verschiedene Ministerien im Archiv ebenso genauestens dokumentiert wie die damit verbundene Koordinationsarbeit und die darauffolgende Öffentlichkeitsarbeit, die mit der Publikation eines Artikels von Tilly H. zu den ‚Frauenforderungen' in dem ‚Pädagogischen Führer' ihren prominentesten Abschluß fand[41].

Von November 1935 bis Februar 1936 führte Tilly H. eine dichte Korrespondenz, um diverse Organisationen für die Mitarbeit an den ‚Frauenforderungen' zu gewinnen.[42] Die Strategie ihrer Werbung für die Initiative verlief dabei nach dem immergleichen Muster, nämlich auf das bereits zugesagte Engagement von dem jeweiligen Verein nahestehenden Organisationen oder Personen hinzuweisen.

Im Lehrerinnenheim in der Exnergasse trafen sich schließlich ab Februar 1936 in vier Arbeitssitzungen, jeweils um 18 Uhr, die Vertreterinnen der mitarbeitenden Frauenorganisationen zur Erstellung einer Eingabe an das Ministerium. (1. Arbeitssitzung 15. 1. 1936, 2. Arbeitssitzung 26. 2. 1936, 3. Arbeitssitzung 6. 5. 1936, 4. Arbeitssitzung 27. 5. 1936)[43] In einem Bericht in der ‚Volkspresse' vom 25. 1. 1936 über die 1. Arbeitssitzung wird deutlich, wer die Trägerinnen der Initiative gewesen sind: „Nach dem begründenden Referat der Frau Schulrat Hanzel eröffnete die Vorsitzende Frau Prof. Dr. Zycha die Wechselrede." Der Bericht erwähnt auch, daß das Frauenreferat der Vaterländischen Front entschuldigt gewesen sei, dieses war aber auch in den folgenden Sitzungen nicht vertreten. Zu jenen eingeladenen Organisationen, die sich ebenfalls nicht an den ‚Frauenforderungen' beteiligten, zählte auch die ‚Katholische Frauenorganisation'. Tilly H. schrieb im Jänner 1936 an Alma Motzko, die bis 1935 Präsidentin der ‚Katholischen Frauenorganisation' war, mit der Bitte um Teilnahme,

---

40 Vgl. Hanna Hacker, Staatsbürgerinnen. Ein Streifzug durch Protest- und Unterwerfungsstrategien in der Frauenbewegung und im weiblichen Alltag 1918–1938. In: Franz Kadrnoska (Hg.), Aufbruch und Untergang. Österreichische Kultur zwischen 1918 und 1938. Wien 1981, 225–246; Irene Schöffmann, Die bürgerliche Frauenbewegung im Austrofaschismus. Eine Studie zur Krise des Geschlechterverhältnisses am Beispiel des Bundes Österreichischer Frauenvereine und der Katholischen Frauenorganisation für die Erzdiözese Wien. (Diss.) Wien 1986
41 NL I/40/Korrespondenz, NL I/40/Arbeiten zu den Frauenforderungen, NL I/40/Zeitungsausschnitte und Broschüren
42 NL I/40/Korrespondenz
43 Präsenzlisten der Arbeitssitzungen des Erziehungsausschusses, NL I/40/Arbeiten zu den Frauenforderungen

doch, wie sich zeigen sollte, ohne Erfolg.[44] Tilly H. nahm auch Kontakt mit der Generaldirektion des ‚Österreichischen Roten Kreuzes' auf, hoffte auf positive Reaktion, zu einer Entsendung kam es aber nicht.[45]

Für den Mai 1936 ist die umfangreiche Korrespondenz von Tilly H. mit den Mitarbeiterinnen des Ausschusses in Form von schriftlicher Kritik, Anregungen, Verbesserungsvorschlägen und Einverständniserklärungen über den von ihr erstellten Entwurf des Konzepts zu den ‚Frauenforderungen' dokumentiert. In den vier Arbeitssitzungen wurden die vorgeschlagenen Stoffgebiete abgegrenzt, die Untersuchung über den Zusammenhang mit den Lehrplanforderungen und vorhandenen Lehrbüchern einzelnen Referentinnen zugewiesen, der Wortlaut der Eingabe festgelegt und das Ergebnis der vierzehn schriftlichen Beiträge übersichtlich zusammengestellt. Das erstellte Konvolut mit Exzerpten und Zusammenstellungen aus der Durchsicht verschiedener Lehrpläne und Lehrbücher wurde von Mitarbeiterinnen des Erziehungsausschusses, u. a. von Hedwig Mache, Marianne Zycha, Frieda Feichtinger und Lise Abels, verfaßt[46] und von Tilly H. zu einer Tabelle zusammengestellt.[47] Besonderes Gewicht wurde bei der Auswahl der Stoffgebiete immer wieder auf „die Unterweisung in die Grundlagen des Geldwesens" gelegt und auf die Vereinbarkeit der ‚Frauenforderungen' mit den 1935 neu eingesetzten Lehrplänen.

Eindrücklich belegen die erhaltenen Dokumente auch die materiellen und arbeitstechnischen Schwierigkeiten, die mit der Produktion der Eingabe, vor allem mit der Vervielfältigung der von Tilly H. erstellten Tabellen verbunden waren, und geben Auskunft darüber, wovon selten die Rede ist in Darstellungen der Frauenbewegungsgeschichte, nämlich über die technologischen und infrastrukturellen Grundlagen der politischen Arbeit.[48]

Die endgültige Fassung der ‚Frauenforderungen' erging am 7. Mai 1936 als Eingabe an das Bundesministerium für Unterricht und am 8. Juni 1936 an das Bundesministerium für Soziale Verwaltung. Im Nachlaß befindet sich nur die Abschrift der letzteren, die in diesem Kapitel auch ediert wird. Diese Eingabe ‚Frauenforderungen für den Mädchenunterricht'

---

44 Mathilde Hanzel an Alma Motzko, 28. 1. 1936, NL I/40/Korrespondenz. Motzko war im November 1935 von der Amtskirche zum Rücktritt gezwungen worden, zog sich daraufhin von der öffentlichen Arbeit zurück, bis sie im April 1937 die Landesleitung des Frauenreferates der *Vaterländischen Front* übernahm. Vgl. Irene Schöffmann, „… da es in Christus weder Mann noch Weib gibt." Eine historische Analyse des Geschlechterverhältnisses im Katholizismus am Beispiel der Katholischen Frauenorganisationen im Austrofaschismus. In: Wiener Historikerinnen (Hg.), Die ungeschriebene Geschichte. Historische Frauenforschung. Dokumentation des 5. Historikerinnentreffens. Wien 1984, 70–84
45 Tilly H. an die Generaldirektion des Roten Kreuzes, 6. 2. 1936, NL I/40/Korrespondenz
46 NL I/40/Arbeiten zu den Frauenforderungen
47 NL I/40/Arbeiten zu den Frauenforderungen
48 Vgl. diverse Sitzungsprotokolle 1937, NL I/40/Arbeiten zu den Frauenforderungen. In einem Arbeitsprotokoll von Februar 1937 etwa wird von der zeitaufwendigen Vervielfältigungsarbeit der ‚Frauenforderungen' durch Fräulein Novak und ein Fräulein B. Hübner berichtet – ob es sich dabei um Berta Hübner, die Schwester von Tilly H. handelte, kann vermutet, aber nicht eindeutig geklärt werden.

umfaßte zwei Seiten Text und die von Tilly H. zusammengestellten Tabellen zum Einbau der wünschenswerten Stoffgebiete in den Lehrplan. Die Namen der unterzeichnenden Organisationen zeigen die breite Basis an Unterstützung von bürgerlichen Frauenvereinen, darunter u. a. der ‚Erste Verein Österreichischer Lehrerinnen' (Reg.R. Prof. Rosina Kaplan), der ‚Bund Österreichischer Frauenvereine' (Dr. Grete Laube) und die ‚Österreichische Frauenschaft' (‚österreichische Frauenpartei') mit Dr. Rosa Feri, aber auch Einzelpersonen, wie Reg.Rat Heinrich Kolar[49] oder die Schuldirektorin Hildegard Meißner.

Im Sitzungsbericht vom 17. 11. 1936 von Frieda Feichtinger ist dokumentiert[50], daß Tilly H. dort über die Arbeit des Erziehungsausschusses von Mai bis November berichtete. Aus diesem Sitzungsprotokoll geht hervor, daß Tilly H. seit Sommer intensiv an der Öffentlichkeitsarbeit zu den ‚Frauenforderungen' arbeitete und sich um ihre internationale Verbreitung bemühte. (Im Sommer erging ein Bericht an die ‚Liga' in Genf, dieser erschien etwas gekürzt in der Septembernummer von ‚PAX', die Übersetzung der Stoffgebiete ins Englische (Zycha) und ins Französische (Feichtinger) wurde geplant, verschiedene Tageszeitungen druckten die eingesandten Berichte: die ‚Volkspresse' am 4. Juli 1936, das Abendblatt der ‚Neuen Freien Presse' 24. Juni 1936) Von seiten des Bundesministeriums für Soziale Verwaltung erhielten die Verfasserinnen der ‚Frauenforderungen', so wird im Bericht festgehalten, keine Antwort. Bereits seit Jänner 1937 korrespondierte Tilly H. mit Landesschulinspektor Simonic bezüglich einer angestrebten Veröffentlichung der ‚Frauenforderungen' in der Zeitschrift ‚Pädagogischer Führer', für die Simonic in der Funktion der Schriftleitung tätig war. Im Juliheft des ‚Pädagogischen Führers' erschien der Artikel, der ebenfalls zur Edition ausgewählt worden ist.

Im folgenden werden drei Dokumente aus dem Arbeitsfeld der ‚Frauenforderungen' ediert, in denen unterschiedliche Sprecherinnenpositionen von Tilly H. zum Ausdruck kommen, die die Breite ihres politischen Agierens deutlich machen. Einmal spricht Tilly H. als Funktionärin der ‚Internationalen Frauenliga' zu einer breiten Frauenöffentlichkeit, die sie für ein gemeinsames politisches Handeln zu motivieren sucht. (30. 11. 1935) Einmal spricht sie als Vertreterin des Erziehungsausschusses der ‚Frauenliga', gemeinsam mit neun anderen Frauenvereinen, zu verantwortlichen Ministerien des austrofaschistischen Systems. Tilly H. unterzeichnete dabei nicht nur die Denkschrift mit, sondern hatte mit hoher Wahrscheinlichkeit den Wortlaut des gemeinsam erarbeiteten Konsenses der Eingabe auch formuliert. (8. 6. 1936) Im letzten hier edierten Text schließlich spricht sie zu einer Fachöffentlichkeit retrospektiv über die ‚Frauenforderungen', gewissermaßen als Autorin und unter ihrem Berufstitel ohne direkte Bezugnahme auf ihre politische Funktion (1937).

---

49 Heinrich Kolar, Reg.Rat und Dozent am *Pädagogischen Institut Wien* war zwischen 1938 und 1945 vielbeschäftigter Lehrbuchautor.
50 NL I/40/Arbeiten zu den Frauenforderungen

Mathilde Hanzel, Entwurf zu einer Rundfrage an die Frauenorganisationen, 30.11.1935 (NL I/40):

Wien 30. Nov. [1935]

Entwurf zu einer Rundfrage an die Frauenorganisationen

Die Wiedereinführung der Wehrpflicht in Österreich, die durch eine einheitliche Organisierung der Freiwilligen Miliz Heimatschutz vorbereitet wird, verpflichtet jeden Staatsbürger, besonders aber uns Frauen, Überlegungen, die sich aus dieser Sachlage ergeben, gründlichst zu verarbeiten. Einige solcher Überlegungen seien hier aufgezeigt:

Rückblickend auf die Zeit seit 1918 müssen wir Österreicher zugeben, daß der uns durch den Vertrag von St. Germain auferlegte Zustand durch eigene Schuld noch härter tragbar wurde.

Die Frage, ob Österreich lebensfähig sei, wurde oft erwogen, bestritten und bejaht; jedenfalls blieb für einen sehr großen Teil der Bevölkerung die Frage brennend: Leben, aber wie?

Unsere Staatsschulden betragen derzeit 3698,5 Mill. Schillinge. Die starken Geburtenrückgänge aber, ~~die~~ die aus der Volkszählung 1934 ersichtlich sind, würden, wenn sie andauerten, in etwa 30 Jahren die Volkszahl beinahe auf die Hälfte sinken lassen, was deutlich auf Drosselung der Lebensmöglichkeiten und mangelnden Lebenswillen schließen läßt. Hieraus ergibt sich die Forderung, die Aufbaufähigkeiten durch Sicherungen und Hoffnung auf friedliche Fortentwicklung zu stärken.

Das Versprechen der Rüstungsbeschränkung als Einleitung der völligen Abrüstung wurde von den Staaten nicht erfüllt. Wenn Österreich nun trotz der beschränkten Mittel die allgemeine Wehrpflicht als notwendigen Selbstschutz einzuführen gedenkt, müssen im Budget starke Umstellungen vorgenommen werden. Auslandsschulden, um diese Pläne zu verwirklichen ergeben aber die Befürchtung, daß unsere Wehrmacht in Abhängigkeit und Verpflichtungen geraten könnte.

In den Schulen wird bereits an der vormilitärischen Erziehung der Knaben gearbeitet. ~~Gesetzt den Fall~~ Die Regierungen und die unsere in immer wiederkehrenden Äußerungen betonen ~~imme~~ ihre Friedenssehnsucht und die der Völker und weisen auf die Selbstvernichtung hin, die ein Krieg in verheerendster Weise hervorrufen würde. Die militärische Ausbildung der Jugend wird zufolge der Auffassung gefordert, daß ein gerüstetes Land dem Frieden diene. Demgegenüber müßten die Förderungen der Voraussetzungen des Friedens und der Liebe zum Frieden logischerweise um so größeren Raum einnehmen. – Minister Dr. Dobretsberger hat anläßlich der Friedenskundgebung der Katholischen Frauenorganisation am 17. November dieses Jahres die Unzufriedenheit die Wurzel kriegerischen Denkens, die von der Lebensnot genährt sei, genannt. Er bezeichnete den überspitzten Nationalismus und den Klassenkampf als Hindernisse des Friedens und sieht in der seelischen Beschaffenheit des Menschen in Bezug auf den Frieden einen wichtigen Faktor. Wir Frauen wollen nun die Förderung einer seelischen Rüstung zu Gunsten dieser seelischen Beschaffenheit anempfehlen und daraus folgernd die Vermittlung eines Wissens, das europäischer Zusammenarbeit und Stärkung und Erholung seiner Völker dient.

Neben Erziehung zur Hilfstätigkeit in der Familie und in der Gemeinschaft empfehlen wir in die Frauenerziehung insbesondere die Rüstung zum Frieden durch Vermittlung gründlicher Kenntnisse folgender Art einzubeziehen:
Kenntnisse der Lebensbedingungen des eigenen Volkes, Verflochtenheit der eigenen Wirtschaft mit der der Nachbarn und der Weltwirtschaft, Kenntnis über die Gliederung des Staatsbudgets, Erläuterungen über das Geldwesen und seine Auswirkungen, die Macht der kriegsschürenden Rüstungskonzerne, das Wissen um andere Kriegsursachen, vornehmlich jener der jüngsten Kriege, quellentreu Schilderungen der Rolle des weißen Menschen gegenüber den farbigen, Erfolge und Mißerfolge von Schiedsgerichten, das Wesen des Völkerbundes, Stellung der Frauen in den verschiedenen Ländern u.s.w.

Aus verantwortungsbewußtem Pflichtgefühl ergeben sich für uns Frauen diese Forderungen für den Unterricht der Mädchen. Wir hoffen auf ein gemeinsames Hinwirken aller Frauenorganisationen und bitten diese um Meinungsäußerungen.

Für den Ausschuß der Wiener Gruppe der
Internationalen Frauenliga für Frieden und Freiheit
Mathilde Hanzel

Marianne Zycha, Mathilde Hanzel, Frieda Feichtinger u. a. an das Bundesministerium für soziale Verwaltung, 8. 6. 1936 (NL I/40):

An das Bundesministerium für soziale Verwaltung <u>in Wien, I.,</u> Hanuschgasse.

Abschrift:

Betreff: Frauenforderungen für den Mädchenunterricht

Wien, am 8. Juni 1936

Verantwortungsbewußtsein gegenüber der Jugend und das ehrliche Bemühen, der Heimat zu dienen, haben die Unterzeichneten bewogen, die nachstehenden Frauenforderungen für den Mädchenunterricht zu unterstützen.

Anläßlich der Einführung der vormilitärischen Erziehung der Knaben hat sich der Erziehungsausschuß der Wiener Gruppe der Internationalen Frauenliga für Frieden und Freiheit an große Frauen- und Lehrerverbände gewendet und angeregt, es mögen im Unterrichte der Mädchen mehr als bisher bestimmte Wissensgebiete besondere Pflege bzw. Ausgestaltung finden. Als solche Wissensgebiete wurden genannt: Kenntnis der Lebensbedingungen des eigenen Volkes, Hauptdaten der Wirtschafts- und Bevölkerungsstatistik, Verflochtenheit der eigenen Wirtschaft mit jener der Nachbarn und der Weltwirtschaft, Gliederung des Staatsbudgets, Grundlagen unseres Geldwesens, das Wissen um Kriegsursachen, zwischenstaatliche Rechtsgrundlagen, Kolonialgeschichte in quellengetreuer Darstellung, Stellung der Frau in der Heimat und bei anderen Völkern. ...

Die Erwägungen, aus denen obige Forderungen entstanden sind: Die weltpolitischen Ereignisse der letzten Zeit drängen auf wirksamen Schutz für alle kleinen und nicht gerüsteten Staaten, dies gilt auch für Österreich.

Die militärische Vor- und Ausbildung der männlichen Jugend ist aber nur ein Teil möglicher Schutzmaßnahmen. In Anbetracht der Gestalt und Lage Österreichs, seiner unbefestigten Grenzen, der beschränkten Mittel des Staates, der Notwendigkeit, unser Kulturgut zu schützen, erscheint die vormilitärische Ausbildung der Knaben notwendig ergänzungsbedürftig durch eine besondere, in den Unterricht einzubauende Schulung der Mädchen. Diese Schulung soll durch Vermittlung von Kenntnissen und Einsichten aus den obengenannten Gebieten den Willen der Mädchen bestärken, mit allen Kräften an der Gesundung und dem Aufstieg des Staates mitzuarbeiten, und ~~dies~~ überdies in ihnen das Interesse und die Bereitschaft für die Möglichkeit innerer und äußerer Befriedung wecken.

Es entspricht der ethischen Einstellung der Jugend, die sittlichen Belange von den wirtschaftlichen nicht zu trennen.

Ihr gebührt daher klarer Einblick sowohl in die unabänderlichen, unser Schicksal zwangsläufig beeinflußenden Gegebenheiten, als auch in jene Verhältnisse, an deren Besserung sie später verständnisvoll mitarbeiten soll.

Wohldurchdachte Wirtschaftserziehung, zu der fast jeder Unterrichtsgegenstand beitragen kann, wird die Mädchen zu wertvollen Helferinnen des staatlichen Gemeinwesens heranbilden und gibt die Möglichkeit, auch zu den anderen oben genannten Wissensgebieten die Verbindung herzustellen.

Die Volkszählung 1934 hat z.B. gezeigt, daß drei Fünftel aller Frauen den Geldumsatz eines Haushaltes leiten; dies soll nicht ohne bewußte, zweckdienliche Einstellung für die Notwendigkeiten der Gesamtheit geschehen, wofür der Unterricht vorsorgen muß. Tatsachen aus der Wirtschafts- und Bevölkerungsstatistik müssen daher das Aufeinander-Angewiesensein der Wirtschafts- und Berufsgruppen und den Zusammenhang der eigenen Wirtschaft mit fremden Volkswirtschaften darlegen. Je gründlicher das Verständnis für die Lebensbedingungen im eigenen Staat entwickelt ist, desto leichter läßt sich gerechte Beurteilung einer fremden Volkswirtschaft und damit das Bestreben nach Annäherung und Ausgleich verschiedener Interessen erzielen. Die Unterrichtsgestaltung im Sinne der Lehrpläne erfordert keine Herausgabe neuer Lehrpläne, es genügen ergänzende Weisungen; so fehlen z.B. in den Lehrplänen sehr vieler und wichtiger Schulen die Erläuterungen über die Grundlagen unseres Geldwesens. Eine Rundfrage unter Gebildeten, die vor kurzer Zeit stattfand, hat arge Unkenntnisse über diesen bedeutenden Faktor der Wirtschaft erwiesen.

Daher bitten die Unterzeichneten, es mögen bezüglich jener Themen, die bisher noch nicht ausreichende Behandlung gefunden haben (wie z.B. das Geldwesen), die Veranstaltung von Kursen am Pädagogischen Institut der Stadt Wien, von Vorträgen in den Arbeitsgemeinschaften der Lehrer, sowie entsprechende Weisungen wegen der Lehrpläne erwirkt werden, ferner, daß anläßlich der Neugestaltung der Lehrervorbildung obige Forderungen Berücksichtigung finden mögen.

Die Pflege der erwähnten Wissensgebiete wird der weiblichen Jugend die unter den gegenwärtigen Verhältnissen notwendige Stärkung des Verantwortungsgefühles geben. Österreich aber würde hiemit, seiner Kulturmission entsprechend, anderen Staaten auf dem Wege zu gerechtem und darum dauerhaftem Frieden voranschreiten.

Der Aufruf des Erziehungsausschusses fand viel Beifall bei großen Frauenorganisationen, in Eltern- und Lehrerkreisen, aus Interesse an der Sache bildeten freiwillige Mitarbeiter ein Komitee, das in vier Sitzungen diese Eingabe vorbereitete. Die Originalbeiträge, vierzehn an der Zahl, können als zu umfangreich nicht beigeschlossen werden; sie zeigen die Möglichkeit der Durchführung und bringen wertvolle Anregung. Ihr Ergebnis ist in der beigeschlossenen Tabelle zusammengefaßt.

Die Unterzeichneten bitten, die vorliegende Arbeit einer geneigten Prüfung zu unterziehen.
Es zeichnen
für den Erziehungsausschuß der Liga: Dr. Marianne Zycha m.p., Mathilde Hanzel, Fr. Feichtinger

für den Ersten Verein österreichischer Lehrerinnen: Reg.R. Prof. Rosina Kaplan
für den Reichsverein der österreichischen Hauptschullehrerschaft: Barbara Sahulka
für den Verein „Mädchenmittelschule": Dr. Lise Abels m.p.
für den Bund Österreichischer Frauenvereine: Dr. Grete Laube
für die österreichische Frauenschaft: Dr. Rosa Feri m.p.
für den Verband der Akademikerinnen Österreichs: Dr. I. Knapitsch-Jaksche m.p.
für die Gesellschaft für Bevölkerungspolitik: Dr. Wilhelm Harke
für die Arbeitsgemeinschaft der österreichischen Friedensvereine: Hofrat A. M. Kemetter m.p.

Die Delegierten nachstehender Schulen: für das Mädchen Realgymnasium des Schulvereines für Beamtentöchter: Prof. Helene Vonderheid

ferner: Oberbaurat Ing. Robert Keller m.p., Direktorin Hildegard Meißner m.p., Reg.R. Dr. Heinrich Kolar.

Mathilde Hanzel, Frauenforderungen für den Mädchenunterricht (In: Pädagogischer Führer 7/1937, 539–541):

Frauenforderungen für den Mädchenunterricht
Von Direktorin Mathilde Hanzel, Wien*

Die Einführung der vormilitärischen Erziehung für die Knaben im Herbst 1935 bedeutet, daß die Behörden diese Vorbereitung für die spätere Militärdienstleistung im Frieden wie im Kriege nötig erachten.

Verschiedene Unterrichtsgegenstände sind in den Dienst dieser Disziplin gestellt und pflegen nunmehr Jahre hindurch nicht bloß die Vermittlung gewisser Kenntnisse, sondern auch die Bereitschaft zum Waffendienst.

Hier soll der Zusammenhang zwischen dieser Neueinführung und dem in der Überschrift Angedeuteten aufgezeigt werden.

Wenn die männliche Jugend vormilitärisch erzogen und hiedurch auf den Ernstfall – die Verteidigung des Vaterlandes – eingestellt wird, erheben sich zwei Fragen. Erstens: Was geschieht für jene Verteidigung des Vaterlandes, die fortlaufend zu leisten ist, und zwar hauptsächlich von Frauen? Zweitens: Wie kann die Jugend reif gemacht werden, an der Organisierung wahren Friedens zu arbeiten?

Abgesehen von jener Frauenleistung, die der Erneuerung des Volkes dient, erhalten die Frauen in ungezählten Mühen, Opfern und Verzichtleistungen die Gesundheit und damit die Arbeitskraft des Volkes. Diese in ihrer Bedeutung viel zu wenig anerkannte Leistung könnte durch die Vermittlung von Einsichten und die Pflege bestimmter Wissensgebiete noch gehoben werden, vor allem müßte in den jungen Mädchen die Erkenntnis für die Wichtigkeit dieser Leistung und die Bereitschaft hiezu geweckt werden. Wenn man bedenkt, daß laut Volkszählung 1934 drei Fünftel aller Frauen den Geldumsatz eines Haushaltes leiten, kann man ungefähr ermessen, welche Wichtigkeit für die Verteidigung des Volkswohles die Unterrichtsgestaltung im Sinne wirtschaftlichen Denkens hätte. Von der kleinsten Zelle im Staate, dem Familienhaushalt, führen viele Fäden in die Volks- und Weltwirtschaft, jede volkswirtschaftliche Bedrängnis oder Förderung macht sich da fühlbar. „Wohldurchdachte

---

* Am unteren Rand der ersten Seite des im Nachlaß erhaltenen Exemplars (I/40) ist in Mathilde Hanzels Handschrift die Aktenzahl der Eingabe ans Unterrichtsministerium vermerkt: „Min. f. Unterr. No 20.303/36 v. 12. VI. 36."

Wirtschaftserziehung, zu der fast jeder Unterrichtsgegenstand beitragen kann, wird die Mädchen zu wertvollen Helferinnen des staatlichen Gemeinwesens heranbilden … und von den Tatsachen der Wirtschaft aus ergeben sich Einblicke in das Wirken der den Frieden fördernden oder bedrohenden Kräfte. Es entspricht der ethischen Einstellung der Jugend, die sittlichen Belange von den wirtschaftlichen nicht zu trennen. Ihr gebührt daher klarer Einblick sowohl in die unabänderlichen, unser Schicksal zwangsläufig beeinflussenden Gegebenheiten als auch in jene Verhältnisse, an deren Besserung sie später verständnisvoll mitarbeiten soll …"# In dem Gedanken, daß der vormilitärischen Erziehung der Knaben die Wirtschaftserziehung der Mädchen an die Seite gestellt werden müsse, fanden sich Delegierte großer Frauen- und Lehrerverbände zu einer Arbeitsgemeinschaft, die in eingehenden Beratungen und Einzeluntersuchungen die Themen zusammenstellte, die der Wirtschaftserziehung der Mädchen dienen können. Genau wurde die Wahl der Stoffgebiete begründet, ferner aufgezeigt, wie ihr Einbau in den Unterricht erfolgen könne und welche Anknüpfungspunkte hiezu die neuen Lehrpläne geben. Außerdem war die Durchsicht sehr vieler Lehrbücher, ein Quellennachweis und die Zusammenfassung von Anregungen, die sich aus den Beratungen ergaben, nötig. Die vom Jänner bis Mai des Vorjahres geleistete Arbeit wurde schließlich als Denkschrift mit einem übersichtlichen Tabellenanhang den drei Ministerien für Unterricht, für Handel und Verkehr und für soziale Verwaltung eingesendet. Die Stoffgebiete waren folgende:

I. Lebensbedingungen des eigenen Volkes.
(Bodenausmaß und -beschaffenheit, Bevölkerung.)

Die Erwerbszweige: Urerzeugung (Land- und Forstwirtschaft, Bergbau …), verarbeitende Gewerbe und Industrien, Handel und Verkehr, sonstige Berufe (Erziehung, Bildung, Kunst, Körper- und Gesundheitspflege, öffentliche Verwaltung, Heerwesen, religiöser Dienst). Anteil der Frauenarbeit.

Die Deckung des Lebensbedarfes der österreichischen Bevölkerung: a) durch eigene Aufbringung in den hauptsächlichsten Wirtschaftszweigen: was? wieviel? Überschüsse: welche? wieviel? gehen wohin? b) durch Einfuhr: was? wieviel? woher? Eigene und fremde Zollschranken. Auswirkung dieser auf die Produktion und die Preisbildung.

\# Aus der Denkschrift „Frauenforderungen für den Mädchenunterricht".

Ausmaß und Ursachen der Arbeitslosigkeit. Materielle und geistige Folgen der Arbeitslosigkeit für den Betroffenen und für die Allgemeinheit. Hinweis auf Maßnahmen zur Eindämmung, Bekämpfung der Arbeitslosigkeit als Aufgabe für alle Staatsbürger. Ausbaufähige Wirtschaftszweige. Krieg und Volksgesundheit. Folgerungen für die Zukunft.

II. Bürgerkundliche Themen.

Der Staatshaushalt (auf Grund des jeweils beschlossenen Budgets), Einnahmen, Gliederung, Steuern, Monopole, Ausgaben, Kosten der verschiedenen Verwaltungsgebiete, Schuldendienst. Vergleich der Posten.

Grundlage unseres Geldwesens. Die Funktion des Geldes; daraus die Einsicht: woher stammt der Wert des Geldes? Wie vollzieht sich der Geldumlauf? Die Notenbank als Aktiengesellschaft und Bank der Banken. Die wichtigsten Paragraphen ihres Statuts, Auswirkung. Wirkung von Geldhortung, Wirkung von Kreditausweitung durch Notendruck. Wertbeständigkeit der Währung und ihre Erhaltung. Was ist der Zins? Das kanonische Zinsverbot. Entstehung von Schulden in der Privatwirtschaft und bei Staat. Andere Aktiengesellschaften, Kartelle, die Börse, Preisbildung. Krieg und Inflation. Wirtschaftliche Ursachen und wirtschaftliche Wirkungen von Kriegen. Andere Kriegsursachen. Die Rüstungsindustrie, ihre Geldgeber, ihre internationale Verbundenheit, ihr Interesse an Kriegen. Zwischenstaatliche Rechtsgrundlagen: Völkerbund, Schiedsgerichte, Internationaler Gerichtshof /im/ Haag. Internationale Verträge über Handel und Verkehr, Recht und Gericht, Schutz des menschlichen Lebens, Schutz von Tieren und Pflanzen ... Bedeutung solcher Verträge. Kolonialgeschichte in quellengetreuer Darstellung. Arbeitsverhältnisse in den Kolonien und in Übersee, Rückwirkung auf den europäischen Markt. Stellung der Frau in der Heimat, Sondergesetze für Frauen, gegen Frauen, Stellung der Frau bei den verschiedenen Völkern.

Es würde zu viel Raum beanspruchen, den Einbau der Stoffgebiete hier einzeln darzulegen; nur zwei Beispiele mögen herangezogen werden. Die österreichische Volkszählung vom Jahre 1934 brachte in ihrer Auswertung ungemein wertvolle Aufschlüsse; daher sollte jede Haupt- und Mittelschule ein Nachbild der im Naturhistorischen Museum ausgestellten Tafel des Bevölkerungsaufbaues haben; denn schon die aus der bloßen Betrachtung zu gewinnenden Einsichten (Kriegsverluste, Überalterung usw.) sind wichtig, wieviel mehr erst ihr Zusammenhalt mit der Verteilung der Bevölkerung auf die Erwerbszweige. – In den Lehrplänen sehr vieler und wichtiger Schulen fehlen Erläuterungen über das Geldwesen. „Eine Rundfrage unter Gebildeten, die vor kurzer Zeit stattfand, hat arge Unkenntnisse über diesen bedeutenden Faktor der Wirtschaft erwiesen"## Daß die Jugend entsprechend ihrem Auffassungsvermögen in Mathematik, Bürgerkunde, Geschichte und Geographie wenigstens das in den Stoffgebieten Umschriebene erfassen sollte, ist selbstverständlich für alle, denen wirtschaftliche Aufklärung der Bevölkerung unerläßlich erscheint. Es wurde daher in der Denkschrift um entsprechende Weisungen bezüglich der Lehrpläne, Errichtung von Kursen für die Lehrerschaft und Berücksichtigung dieser Forderung anläßlich der Neugestaltung der Lehrerbildung gebeten.

Das Erfassen ihrer eigenen Aufgabe und Stellung wie der unseres Volkes wird die Mädchen sehend, denkend und stark machen, reif, Trägerinnen des Gedankens zu sein, daß planvolles Gestalten unter sittlicher Wertordnung Menschheitsaufgabe ist.

Mathilde Hanzel-Hübner, Die Mütter in der UNO (1947)

Im August 1947 sandte Tilly H. eine von ihr selbst verfaßte Broschüre mit dem Titel „Die Mütter in der UNO" an einen Lehrerkollegen, dessen Aufsatz zu Friedensfragen im Rahmen eines Preisausschreibens ihr besonders gefallen hatte. Der kurze Text in der Broschüre ist ein glühendes Manifest für den Frieden. In ihrer Widmung an den Empfänger bringt Tilly H. die zweifache Zeitlogik ihres friedenspolitischen Engagements zum Ausdruck:

„Ich sende Ihnen […] eine kleine Arbeit, die ich seit langem glaube [sic] und beim Zustandekommen einer überparteilich arbeitenden Frauensektion innerhalb der Liga niederschrieb."[51]

Weniger als ein Jahr nach Ende des Krieges, im März 1946, wurde Tilly H. nicht nur erneut politisch aktiv, sie knüpfte auch Beziehungen aus der Zeit vor 1938 wieder an. Im Rahmen eines ‚Arbeitskomitees für Friedenserziehung' wurde eine „Denkschrift für innere und äußere Befriedung" erarbeitet, die inhaltlich an die 1936 formulierten ‚Frauenforderungen für den Mädchenunterricht'[52] anschloß. Tilly H. gewann nicht nur Jahrgangskolleginnen aus der Lehrerinnen-Bildungsanstalt wie Olga Lenk oder Ina Langer zur Unterzeichnung der Denkschrift, auch ehemalige Mitstreiterinnen rund um die ‚Frauenforderungen für den Mädchenunterricht' wie Barbara Sahulka und Friederike Feichtinger fanden sich im ‚Arbeitskomitee für Friedenserziehung' zusammen.[53] In einem Schreiben, das Barbara

---

Aus der genannten Denkschrift.
51 Mathilde Hanzel-Hübner, Die Mütter in der Uno. Wien 1947. Handschriftliche Widmung der Autorin an Heimold Helzmanovsky. Die Sendung ging als unzustellbar an Mathilde Hanzel-Hübner zurück, daher befindet sie sich im Nachlaß.
52 Vgl. den Abschnitt „Frauenforderungen für den Mädchenunterricht" in diesem Kapitel
53 Denkschrift „Vorschläge zur inneren und äußeren Befriedung Österreichs", NL I/42, Denkschrift

Sahulka und Mathilde Hanzel im Namen des Komitees an den Wiener Stadtschulrat richteten, ist diese Kontinuität explizit angesprochen:

> „Die Frauenforderungen für den Mädchenunterricht vom Jahre 1936 waren ein vollständiger Friedenserziehungsplan und sind mit ganz geringen Änderungen heute noch ebenso, ja mehr berechtigt als damals und sollten daher auch auf die Knabenbildung ausgedehnt werden ..."[54]

In der Broschüre „Die Mütter in der UNO" wird diese Kontinuität ebenfalls hergestellt – in dem an den Lehrerkollegen gesandten Exemplar ist der entsprechenden Textstelle handschriftlich noch das Zitat von Tilly H.s Veröffentlichung zu den ‚Frauenforderungen' im ‚Pädagogischen Führer' 7/1937 angefügt. Die Logik dieser Kontinuität über Nationalsozialismus und Krieg hinweg verbindet sich mit einer auffälligen Leerstelle in allen Texten, die Tilly H. nach 1945 verfaßt hat: sie spricht die Frage des Nationalsozialismus in keiner Weise an. Ein einziges Konzept für einen am 7. Mai 1948 gesendeten Radiovortrag beginnt mit den Worten „Drei Jahre nach der Niederringung der faschistischen Armeen ..." – die Einleitung ist allerdings handschriftlich abgeändert auf „Drei Jahre nach Beendigung des Krieges ..."[55] Drei Jahre zuvor hatte sie am 8. Mai in ihr Tagebuch geschrieben:

> „Der Krieg gegen uns Deutsche, ob wir nun in Österreich oder sonst wo leben, ist noch lange nicht aus und wir müssen dies erkennen und wissen und darnach tun. – Unbändig sei unser Wille z. leben!"[56]

Und in der Logik dieser Aussage steht denn auch der letztendlich gewählte Einleitungssatz für den unter dem Titel „Manifest der Mütter" verlesenen Radiovortrag:

> „Drei Jahre nach Beendigung der großen Kampfhandlungen ist die Welt noch weit vom wahren Frieden entfernt."[57]

Die Widersprüche, die sich auftun, wo Tilly H. versucht sich auf die nationalsozialistische Herrschaft in Österreich zwischen 1938 und 1945 zu beziehen, spiegeln ihre Unfähigkeit, diese Zeit einzuordnen. Das explizite Bemühen, an ein Davor anzuschließen, dokumentiert ihre Distanz gegenüber dem Nationalsozialismus, für den sich die sonst immer aktiv am

---

54 Barbara Sahulka und Mathilde Hanzel an den Stadtschulrat für Wien [undatierte Abschrift], NL I/42, Denkschriften 1946
55 Mathilde Hanzel, Entwurf für ein Manifest der Frauen Österreichs, geplant als Radiosendung an die Frauen und Mütter der Welt am Muttertag 1948, vorletzte Fassung. NL I/42, Mütter in der UNO
56 Mathilde Hanzel, Tagebuch, 8. 5. 1945, NL II/10, 50
57 Das „Manifest der Mütter". Mai-Botschaft an die Frauen und Mütter der Welt. 1948. NL I/42, Mütter in der UNO

Zeitgeschehen teilnehmende Tilly H. nicht politisch engagiert hatte, gegen den sie aber auch keinen Widerstand geleistet hatte. Doch zugleich drückt ihr Schweigen darüber auch eine Unfähigkeit zur Distanzierung aus, deren Ursachen wir in ihrer deutschnationalen Überzeugung nur vermuten können. Das Paradoxon, in dem sich ihr Denken in den Jahren nach 1945 bewegt, liegt, so scheint es, darin, verschweigen zu müssen, was sie in den vorangegangenen Jahren gedacht hat, um für sich Kontinuität herzustellen.[58]

Der unmittelbare Anlaß, den Tilly H. für die Niederschrift des Textes „Die Mütter in der UNO" erwähnt, verweist nicht nur auf Kontexte, in denen sie nun tätig wurde, sondern auch auf ein doppeltes Kontinuum ihrer politischen Haltung. Bei der „Liga", von der sie berichtet, handelt es sich um die ‚Österreichische Liga für die Vereinten Nationen' – wie in den dreißiger Jahren sucht Tilly H. also bewußt internationale Zusammenhänge auf und orientiert sich keinesfalls nur am Geschehen im eigenen Land. In Kontakt gekommen war sie mit dem Verein vermutlich über ihre Aktivitäten rund um die ‚Denkschrift zur inneren und äußeren Befriedung'. Der erste Tagebucheintrag nach dem Krieg, der sich wieder auf politische Aktivitäten bezieht, handelt von alten Netzwerken und neuen Anknüpfungspunkten:

„29. 4. 46. […] Die Denkschrift betreffend Vorschläge zur inneren und äußeren Befriedung Österr. wird von immer mehr Kolleginnen (Jahrgangskreis) und früheren Mitarbeitern: Sahulka, Feichtinger, Zycha? unterzeichnet, wurde zuerst (1./IV.) Dr. **Gassner**, Sektionschef im Unt.min. in Wien überreicht, der sie sogleich wärmstens empfahl und mir riet, den Vorsitzenden der österr. Liga f. d. vereinten Nationen Dr. Leithner damit zu befassen …"[59]

Die ein Jahr darauf folgende Gründung der Frauensektion der ‚Liga für die Vereinten Nationen' begrüßte Tilly H. lebhaft, da sie darin einen ersten Schritt hin zu einem größeren Einfluß von Frauen in der UNO sah.[60] Ebenso wie ihren friedenspolitischen Überzeugungen blieb Tilly H. also auch ihrer Forderung nach mehr Rechten und Einfluß für Frauen treu, ja sie sah darin sogar ein besonderes Erfordernis der Zeit:

„Ich bitte Sie herzlich, für die Verbreitung der Werbeschrift zu wirken, denn es ist dringender als jemals nötig, den Müttern der Welt Einfluß auf die Uno und ihre Sektionen zu verschaffen."[61]

---

58 Zur biographischen Dimension dieses Schweigens vgl. im Kapitel „Auto/Biographien" den Abschnitt „Prägnante Biographie"
59 Mathilde Hanzel, Tagebuch, 29. 4. 1946, NL II/10, 149
60 Mathilde Hanzel an Mrs. Cadbury, 1. 8. 1947, NL I/42, Internationale Friedensarbeit
61 Mathilde Hanzel an Mrs. Cadbury, 1. 8. 1947, NL I/42, Internationale Friedensarbeit

Die „Werbeschrift", von der hier die Rede ist, ist die Broschüre „Die Mütter in der UNO" und der Einfluß ‚der Mütter' auf die Weltorganisation war auch das zentrale Anliegen dieses Textes. Ist damit ein weiteres Kontinuum in Tilly H.s Denken angesprochen – die Auseinandersetzung mit der Figur der ‚Mutter', die schon in ihren Tagebucheinträgen und Konzepten zu Beginn des Jahrhunderts zu verfolgen ist,[62] so ist der Kontext, den sie nun wählt, doch neu. Hatten sie in ihren jungen Jahren medizinische und sozialpolitische Fragen wie ‚gesunde Nachkommenschaft' oder ‚uneheliche Mutterschaft' interessiert, so verband sie nun ein idealisiertes Bild der Mutterschaft mit der Idee des Friedens. Dies ist um so auffälliger, als ihre friedenspolitischen Vorschläge für die Mädchenerziehung in den dreißiger Jahren in keiner Weise an einem Konzept weiblicher Friedfertigkeit orientiert waren, sondern Tilly H. vielmehr gerade auf der Ausbildung von Wissen und Kompetenz in männlich konnotierten Feldern wie Wirtschaft und internationaler Politik bestand. Nun aber verband sie nicht nur zwei Themen, die sie beide seit langem beschäftigten, sie transformierte sie auch in einer spezifischen Weise. Besonders ins Auge fällt dies hinsichtlich der Art und Weise, wie Tilly H. nun über Mütter sprach. In dem Text „Die Mütter in der UNO" geht es nicht mehr so sehr um konkrete Personen in bestimmten Konfliktfeldern, sondern vielmehr um ‚die Mutter' als eine ideale Figur des Guten, die dem unerklärlich Schlechten der Welt als „neue Großmacht" gegenübergestellt wird. Oswald Spenglers Satz „Wir sind Raubtiere" setzt sie ihre Hoffnung auf die in die Nähe des Göttlichen gerückte „Mütterlichkeit" als Garant einer Wendung entgegen. Damit wird letztlich nicht nur ihr Konzept von Mutterschaft bzw. „Mütterlichkeit" aus seinen sozialen Kontexten gelöst, sondern auch die Frage von Krieg und Frieden von jenen ökonomischen und politischen Kontexten abgetrennt, in die Tilly H. sie immer zu stellen bemüht war.

Tilly H.s zentrales politisches Anliegen nach 1945 war die Stärkung des Einflusses von Frauen (die sie nun mit Müttern gleichsetzte) in internationalen Kontexten, insbesondere aber in den Vereinten Nationen. Sie engagierte sich für dieses Ziel in der ‚Österreichischen Liga für die Vereinten Nationen', doch wirkte sie dort nur als einfaches Mitglied mit.[63] Ihre politische Heimat suchte sie wieder, wie schon in den Jahrzehnten zuvor, in einem von Frauen getragenen Verein – in dem von Luise Hitschmann und Alma Motzko geleiteten Verein ‚Frauenarbeit-Frauenhilfe', in dem sie Leiterin der Abteilung Friedenserziehung wurde.[64] Der Verein ‚Frauenarbeit-Frauenhilfe' gab „Die Mütter in der UNO" als Broschüre heraus, und die beiden Präsidentinnen Hitschmann und Motzko stellten sich zudem mit ihrer Unterschrift hinter den Text. Tilly H.s politische Arbeit in den darauffolgenden Jahren war eng mit der Verteilung dieser auch ins Englische und ins Französische übersetzten Schrift verbunden. Zum einen versandte sie das achtseitige Heft an viele ihr aus der Frie-

---

62 Vgl. dazu das Kapitel „Frau Hübner/Passagen" (CD-ROM)
63 Mathilde Hanzel-Hübner an Elisabeth Hoerde, 23. 5. 1948, NL I/42, Internationale Friedensarbeit
64 Mathilde Hanzel-Hübner an Mela Deutsch-Brady, 18. 1. 1949, NL I/42, Briefe Friedensarbeit

densarbeit in den dreißiger Jahren bekannte Personen, mit denen sie auf diese Weise wieder Kontakt aufzunehmen suchte, zum anderen verwendete sie den ganzen Text oder Teile davon in den unterschiedlichsten Zusammenhängen – bei Vorträgen[65] ebenso wie für Radiosendungen[66], an denen sie mitwirkte. Eine gekürzte Fassung erschien auch in dem von Barbara Nordhaus-Lüdecke herausgegebenen Buch „Der Ruf der Mütter" – eine Umgebung, die Tilly H.s Wunsch nach internationaler Anbindung sicher am ehesten entsprach.[67] An dem montageartigen Einsatz von Textbestandteilen wird nicht zuletzt der pragmatische, zielorientierte Charakter dieses Textes sichtbar. Dem entsprachen nicht nur seine vielfachen Wiederverwertungen in unterschiedlichsten Kontexten, sondern auch die Bezüge zu früheren – großteils unveröffentlichten – Texten wie etwa dem Tagebuch der vierziger Jahre. Der Zeitlosigkeit, die sie damit ihren Gedanken zuschreibt, steht der Titel gegenüber, den Tilly H. für die Erstfassung der Schrift „Die Mütter in der UNO" wählt: „Nur eine Frage der Zeit …"

Mathilde Hanzel-Hübner, Die Mütter in der UNO. Wien 1947 [Broschüre, hg. vom Verein Frauenarbeit-Frauenhilfe – Vereinigung Österreichischer Frauen, Wien I, An der Hülben 1]:

Die Mütter in der UNO
Von Mathilde Hanzel-Hübner*

> Gott konnte nicht überall sein,
> darum schuf er Mütter.
> Grillparzer

Auf einem Bilde unseres großen Malers Egger-Lienz ist der Sämann dargestellt, wie er ernst und würdevoll der Heiligkeit seiner Arbeit bewußt, dahinschreitet. Hinter ihm, ungleichen Schrittes, dunkel und voll Tücke, geht Satan, um das Gute zu verderben, das der Sämann bereitet. Der Künstler gab Satan herkulische Gestalt. – Dieses Bild

---

65 So zum Beispiel der Vortrag „Mütter in der UNO" in der *Gesellschaft Österreichischer Kulturfreunde,* der in seiner Aussage zwar dem Text der gedruckten Broschüre entsprach, inhaltlich aber anders strukturiert war. Vgl. Mathilde Hanzel-Hübner an Elisabeth Hoerde, 23. 5. 1948, NL I/42, Internationale Friedensarbeit.

66 Das „Manifest der Mütter". Mai-Botschaft an die Frauen und Mütter der Welt. 1948. NL I/42, Mütter in der UNO. Vgl. „Ruf der Mütter" – eine Radiosendung, die sich in russischer Sprache an die „Mütter in der Sowjetunion" richtete. „Ruf der Mütter", NL I/42, Friedenskorrespondenz nach 1950

67 Vgl. zu diesem Buch im Kapitel „Auto/Biographien" den Abschnitt „Prägnante Biographie"

* In einer im Nachlaß (IIIB) befindlichen Kopie findet sich auf der Deckblatt-Innenseite eine Widmung in der Handschrift von Mathilde Hanzel-Hübner: „Meiner lieben, tapferen Tochter Dietgart. 21. VI. 1947"

sollte in vielen Reproduktionen verbreitet und vor jungen Menschen oft besprochen werden, da es Ausdruck für die große Tragik des Menschen ist, des Menschen, dem es nicht gegeben ist, Gutes zu schaffen, das nicht mißbraucht, ja sogar zu gegenteiligem Zwecke verkehrt werden könnte.

Die Erfindung des mechanischen Webstuhles war zweifellos von größter Bedeutung für den Bekleidungsbedarf. Daß sie aber Hunger und Aufstand im Gefolge haben werden, daß Kinder in vielstündiger, fast pausenloser Arbeit an solchen Maschinen stehen würden, so daß ihre Mütter kommen und sie füttern mußten, nein, das hat der Erfinder nicht gewollt.

Seit der Erfindung der Flugzeuge mit Motorantrieb haben viele Male Flugzeuge Nachrichten und Hilfe in ferne Gegenden gebracht. Aber vieltausendmal öfter sind sie ausgesendet worden, um Menschen in Massen, ja sogar zu Hunderttausenden, zu töten. Durch Funkspruch könnte heute in Sekundenschnelle eine Botschaft über die ganze Erde gehen, eine Botschaft, die alle Herzen dankbar schlagen ließe – aber sie kommt nicht, diese Botschaft – noch nicht! Hingegen wurde seit der Erfindung des Radios damit millionenmal gelogen. – Die Reihe der Beispiele des Mißbrauches von Erfindungen ließe sich beliebig verlängern und würde schließlich zum traurigsten Buch über die Menschheit.

Eine Idee, diese geheimnisvolle plötzliche Erhellung unserer Erkenntnis, ist nicht allein Besitz desjenigen, in dessen Hirn sie aufscheint. Ideen sind Geschenke an die Menschen, Besitz der ganzen Menschheit.

Aber der Mißbrauch der Ideen, die Verkehrung ihres Zieles zu gegenteiliger Wirkung, ist die eigentliche Sünde, da jedes Abirren vom klar Erkannten Umweg und Verhängnis für die Menschheit bedeutet. Daher ist unsere Verpflichtung zur Reinhaltung der Ideen und getreuer Mitarbeit an der Verwirklichung unmittelbar gegeben. Um dies zu erkennen, dafür bereit zu werden und zu bleiben, bedarf es des Denkens in Ehrfurcht. Goethe sagt: „Eines aber bringt niemand mit auf die Welt, das, worauf alles ankommt, damit der Mensch nach allen Seiten ein Mensch sei: Ehrfurcht". Wer vor nichts Ehrfurcht empfindet, keine Gesinnung achten und kein Leben schonen will, sei es noch so unschuldig, vor keiner Untat zurückschreckt, verdient nicht den Namen Mensch, ist nicht Mensch, sondern Untier und schließt sich als Entarteter und Wahnwitziger aus der menschlichen Gemeinschaft aus. „Der Mensch wird nur durch Erziehung", lehrte Kant und betrachtet es als die größte Angelegenheit des Menschen, zu wissen, was man sein muß, um ein Mensch zu sein. Erziehung muß den Menschen zu immer höherer Erkenntnis über sein Dasein, sein Ziel und damit seine Aufgabe innerhalb der menschlichen Gemeinschaft bringen. Freilich bietet diese Gemeinschaft noch ein traurig-lächerliches Bild von Unwissenheit und Uneinigkeit. Aber allen Menschen gemeinsam ist das Bewußtsein, daß ihr Leben nur eine kleine Spanne Zeit währt. Nur wer dies kurze Dasein als Berufung auffaßt, wird es menschenwürdig erfüllen. Berufen sind wir, deren Anbeginn rätselvoll, deren „Dann" nur im Glauben erahnt wird, ein kleines bißchen Ewigkeit zu schauen, und gerade die Erkenntnis der Kürze unseres Daseins läßt uns doppelt verantwortlich werden: Verantwortlich für die Sinngebung unseres Lebens, verantwortlich für die Mittel, diese zu erfüllen. Albert Schweitzer drückt dies in folgendem Satz aus: „Ich bin Leben, das leben will, inmitten von Leben, das leben will." – Hier ist die zu lösende Aufgabe.

Auf unserer schönen Erde hätten wir alle genug Platz und Nahrung, ja längst ist durch einwandfreie Berechnungen festgestellt, daß weit mehr Menschen als jetzt auskömmlich leben könnten, leben in friedlicher Arbeit, in weiser Ausnützung der Erdschätze und -kräfte für uns, für einander und nicht gegeneinander.

Der große Däne N.F.S. Grundtvig[68], der seinem Volke ein unvergleichlicher Lehrer und Führer war, nannte den Menschen gleichnishaft ein Experiment Gottes. Wenn wir alle an die letzten Jahrzehnte denken, ist uns, als hätte Satan mit uns experimentiert, hätte erproben wollen, wie weit er uns vom Ziele abbringen, uns unsere Bestimmung vergessen lassen, uns entmenschen könne. – Nichts wird uns darüber trösten, daß dies in einem Grade möglich war, den nur die seherischen Kräfte der Dichter voraussagten. (Ebner-Eschenbach, Grillparzer, Romain Rolland) Es gibt viele unter uns, die bis zum letzten Atemzug Scham und Trauer darüber empfinden werden, daß sie hilflos zusehen mußten, wie Menschen zu Untieren wurden und gegen Schuldlose wüteten.

Der Mensch fiel durch seine drei großen Laster, die Trägheit, die Feigheit und die Falschheit, aus denen alle übrigen Fehler gemischt sind, wie die Farben aus den drei Grundfarben. Verblendet durch Machtgier und Neid, verlor der Mensch seine Menschlichkeit.

Aus Machtgier wurden in den beiden Weltkriegen unter Einsatz einer Unsumme von Arbeit die Schätze und Kräfte unserer Mutter Erde maßlos ausgebeutet, verschwendet und in dämonischer Weise zu Zerstörungszwecken verwendet. Die beispiellose

---

68 Nikolaj Frederik Grundtvig (1783–1872), dänischer Schriftsteller und Theologe, Begründer der dänischen Volkshochschulbewegung. Vgl. The Columbia Electronic Encyclopedia. Columbia University Press 2000 (http://www.encyclopedia.com/)

Verarmung hiedurch macht dem einfachsten Kopf klar, daß gleichgroße Bemühungen, richtig eingesetzt, die Not in jedem Erdenwinkel hätten beseitigen oder lindern können. Wie war es nur möglich, daß die Völker dies alles mitmachten, durchlitten und noch an den Folgen lange leiden, ohne zu meutern? Das eine Mittel der Machthaber ist Gewalt, ist der Zwang, durch den ein Volk aus freien Individuen zur durchmilitarisierten Nation geformt wird. Militarismus ist nichts anderes als eine moderne Form der Sklaverei. Das zweite Mittel ist die Einschränkung der Gesinnungsfreiheit durch Unterbindung des freien Meinungsaustausches, also der Verständigungsmöglichkeit, und die Unterdrückung der Wahrheit. Das dritte: Verhüllung und Lüge; Lügen über feindselige Pläne der anderen und schließlich eine ganz besonders gefährliche Form der Lüge, die schwer erkannt wird, weil sie den Anschein erweckt, daß der Lügner selbst daran glaubt; das ist die Verblendung zu Großmachtwahn, die Vorspiegelung eines Erfolges, den nach dem Gesetz der unvorhergesehenen Wirkungen niemand voraussagen dürfte. Nur die fast allgemeine Unkenntnis der Mängel des modernen Geld- und Kreditwesens ermöglichte seinen Mißbrauch für diese menschenunwürdigen Zwecke. Vom Geld- und Kreditwesen wissen nur wenige Eingeweihte viel, die große Masse aber nur, daß sie kein Geld hat. Eine diesbezügliche Rundfrage unter Gebildeten, die 1936 stattfand, hat geradezu groteske Unwissenheit über diesen wichtigen Wirtschaftssektor ergeben. Es ist daher allerhöchste Zeit, in den Schulen aller Länder über diesen Gegenstand die nötige Aufklärung zu erteilen, was in Österreich schon vor mehr als 10 Jahren von einer großen, aus Delegierten vieler Vereine gebildeten Arbeitsgemeinschaft als Teilgebiet eines Friedenserziehungsplanes verlangt wurde.

Die Menschen in den vom Kriege heimgesuchten Ländern liegen noch darnieder wie die Ähren nach Hagelschlag. Aber alle Greuel der Verwüstung und des Jammers sind scheinbar nicht genug, denn die Bedrohung durch neue Waffen, die alles bisherige an Entsetzlichkeit der Wirkung übertreffen sollen, ist bereits Tatsache geworden. Die Schutzlosen fragen: Wird die weltumspannende Einrichtung der UNO sich bewähren oder sind wir dem Untergang geweiht?

Denn merkt: Jede neue Waffe reizt zur Erprobung im Gebrauch! Aber – die den Befehl zum Töten gaben und geben könnten, zögern, denn sie haben erkannt, daß sie zu weit gegangen sind – viel zu weit!

Die Betrogenen erheben sich: die Mütter der Welt, Sie, die in Milliarden Arbeits-, Sorgen- und Schmerzensstunden die neuen Menschen großziehen, sie lehren, verträglich und rücksichtsvoll zu sein, nicht zu lügen, kein Tier zu quälen, sie mußten erfahren, wie ihre Söhne anderer Mütter Söhne, die ihnen niemals etwas Böses taten, bekämpfen, verwunden und töten mußten auf Befehl; wie ihre Töchter qualvoll gepeinigt, vergewaltigt und dabei oft auch geschwängert oder krank gemacht, wie sie im Falle der Weigerung niedergeschossen wurden gleich Jagdtieren. Mütter mußten erleben, daß ihre Kinder auf dem Schulweg durch Bordwaffen getötet, daß an Orten des Grauens ihre Kleinen lebendig verbrannt, Neugeborene ertränkt wurden. – Keine Sprache der Welt reicht hin, um die Verzweiflung und das Leid der Mütter auszudrücken!

Die Mütter, denen das Leben heilig ist, betrachten den Krieg, der die Männer aus dem Kreise jeglicher Gesittung wirft, als den Zerstörer ihrer Lebensleistung und ihres Glückes. Alle Mütter der Welt haben den einen gleichen Wunsch: die Wohlfahrt ihrer Kinder und ihres Volkes, alle betrachten das Massenmorden im Kriege, in Gefangenen- und Interniertenlagern, durch Schiffversenkungen, Bombergeschwader und Atombomben als die entsetzlichste Verhöhnung ihres Müttertums. Sie haben überall die gleichen antimilitaristischen Interessen und müssen daher einig an die Arbeit gehen, alle ihre Schwestern aufzuklären und ihren Willen auf ein gemeinsames Ziel richten: Kriege unmöglich zu machen. Drei Dinge sind hiezu nötig. Erstens: Selbst denken – und welche Frau hätte in den qualvollen Jahren der beiden Kriege nicht genug denken gelernt? Zweitens: Der Wille, sich in den anderen Menschen, die andere Frau, das andere Volk hineinzudenken und jede Gesinnung zu achten, die vom Verantwortungsgefühl gegenüber den Mitmenschen getragen ist. Drittens: Wachsam sein, kein Abirren vom richtig Erkannten dulden. Die Mütter verlangen daher in allen Ländern Unterrichtsreformen, damit die gesamte Jugend unter Absage an Rachegedanken im Sinne der Völkerverständigung erzogen und ihr jenes Wissen vermittelt werde, das Kriege vermeiden lehrt. Denn nur eine selbständig denkende, vorurteilsfreie und zur Wahrhaftigkeit erzogene Jugend wird sich später jener Mächte erwehren können, die imstande waren, Millionen Unschuldiger in den Tod zu schicken. Die Lehrerschaft der Welt – leider noch nicht vollzählig in der UNESCO vertreten, – wird die Frauen weitgehend unterstützen, sind doch die Lehrer durch den Krieg gleich den Müttern um ihr Erziehungswerk gebracht. Die Arbeiten, welche zum Preisausschreiben der Österreichischen Liga für die Vereinten Nationen eingesandt wurden, sind hiefür überzeugende Beweise.

Von den Müttern und Lehrern müssen die Industriearbeiter gewonnen werden. Das Problem, wie die Arbeiterschaft von der Rüstungsarbeit weg und zu friedlicher Aufbauarbeit gelenkt werden kann, ist eine der größten Nachkriegsangelegenheiten. Sie ist ebenso schwierig, wie die Bekämpfung unredlicher Methoden im Geld- und Kreditwesen. Vergessen wir nicht: Der Krieg war für viele ein Riesengeschäft.

Aber die Mütter sind nicht mehr gewillt, aus dem Blut ihrer Kinder, ihrer Männer, ihrer Brüder, Kapital schlagen zu lassen. Ob eine Frau nun schwarze, gelbe oder weiße Haut trägt, sie liebt ihr Kind und niemand hat das Recht, ihr dieses Kind zu nehmen, es zu mißhandeln, zu mißbrauchen, zu töten, oder ihr den Mann, den Bruder von der Seite zu reißen und ihn in Fron- oder Morddienst zu stellen. Die Mütter wollen und brauchen eine andere Welt für ihre Kinder, in der es weder Kriege gibt noch Wirtschaftsformen, die gestatten, daß Tausende von ihrer Väter Scholle weg in ferne Gegenden zu ungewohnter Arbeit verschickt werden, oder solche, in denen lebenswichtige Verbrauchsgüter-Vorräte vernichtet oder dem Konsum vorenthalten werden – um den Preis zu halten.

Sie brauchen eine Welt, in der jede anständige Gesinnung frei betätigt werden kann, eine Welt, in der jeder friedlich Arbeitende den Schutz der Gemeinschaft genießt, in der kluge, reinliche Verwaltung die gerechte Verteilung der erarbeiteten Güter und deren sparsamen Verbrauch sichert. Sie wollen eine Welt, in der nicht der Mensch zum Teil einer Maschine wird, sondern durch Anwendung technischer Methoden schwierige Arbeiten erleichtert werden und jedem Schaffenden genug Muße und Mittel zur Verfügung stehen, seinen Geist zu bilden und sich seines Daseins zu freuen.

Nie war so viel Hunger in der Welt, wie in diesen Kriegs- und Nachkriegsjahren, nie lag so viel fruchtbare Erde brach. Nie waren so viele Menschen in Zwangsarbeit als Fremdarbeiter oder Kriegsgefangene, nie so viele wegen ihrer Gesinnung ihrer Freiheit beraubt. Nie gab es so viele Heimatlose, die in Trauer ihr Leben fristen, während viele Wohnstätten leer stehen. – Noch immer fehlt es an gutem Willen, wie könnte sonst die Freigabe der Kriegsgefangenen und ihre Heimkehr sowie die gerechte Vorsorge für das Schicksal der Vertriebenen solange verzögert werden? Weit mehr international denkend als die Männer, da sie voneinander gleiches Leid und gleiche Schmerzen wissen, wollen die Frauen diese menschenunwürdigen Zustände nicht länger ertragen noch mit ansehen. Da die Charta der Vereinten Nationen zu wenig, viel zu wenig enthält, um den durchaus notwendigen Einfluß der Frauen zu ermöglichen, müssen sich die Frauen diesen selbst erringen. Wenn in einem Lande die politisch organisierten Frauen durchaus getrennt arbeiten, werden sie nichts erreichen; nur wenn sie sich wie in Österreich mit den politisch nicht organisierten Frauen auf überparteilicher Basis, wie dies die Ligen für die UNO in den einzelnen Ländern sein müssen, zusammenfinden, wird ihr Einfluß auf die UNO und deren Sektionen stark genug. Die solchermaßen gebildeten Frauensektionen aller Ligen wären ein Weltfrauen- und Mütterbund innerhalb der UNO.

Noch ist in vielen Ländern die Frau bloßes Gebrauchsgut, nicht Person. Darum müssen diejenigen, die freie Bürgerinnen ihrer Staaten sind, reden für die stumm und dumpf Leidenden.

In seinem Buche „Jahre der Entscheidung" schrieb Oswald Spengler den Satz: „Wir sind Raubtiere." – Die Frauen und Mütter dieser Welt werden dieses furchtbare Wort entkräften und ihre Mütterlichkeit daran setzen, daß die Menschheit nach ihrer größten Katastrophe die Wendung vom tierhaften einander Zerfleischen zu reinem Helfertum vollziehe, was allein menschenwürdig ist.

In allen Ländern werden sie den Rundfunk benutzen, um von Volk zu Volk zu rufen, ihr Wollen kundgeben und Wege aufzeigen, wie ihre Ziele zu erreichen sind. Die Mütter werden eine neue Großmacht auf Erden, eine die ihre Macht nicht mißbrauchen wird.

Mathilde Hanzel-Hübner
Wien, 1. Mai 1947

[Aufdruck auf der Umschlagrückseite:] Wir bitten unsere Freunde, Förderer und Mitglieder im Sinne dieser Ausführungen unsere Friedensarbeit zu unterstützen.

Frauenarbeit–Frauenhilfe
Luise Hitschmann Präsidentin
Dr. Alma Motzko Vizepräsidentin

Herausgegeben von Frauenarbeit–Frauenhilfe

Anhang

Ausgewählte biographische Daten zu Mathilde Hanzel-Hübner

1884	in Oberhollabrunn in Niederösterreich geboren
1895–1898	Privat-Bürgerschule für Mädchen der Leopoldine Holl in Wien
1898–1899	Höhere Töchterschule des Schulvereins für Beamtentöchter in Wien
1899–1903	K. u. K. Lehrerinnen-Bildungsanstalt in Wien
1903	Abschluß der Lehrerinnen-Bildungsanstalt, Zeugnis der Reife für Volksschulen
1903–1908	Supplentin und Aushilfslehrerin an verschiedenen Wiener Volks- und Bürger-Schulen
1905	Lehrbefähigungsprüfung für den Turnunterricht an Höheren Mädchenschulen
1906	Maturitätsprüfung an einer Staatsrealschule in Wien
1906–1908	Kampf um die Zulassung zum Studium an der Technischen Hochschule in Wien
1907	Lehrbefähigungsprüfung für Bürgerschulen
1907	Tod des Vaters Gustav Hübner
1909	Zulassung als Gasthörerin der Technischen Hochschule in Wien
1909	Definitive Anstellung als Bürgerschullehrerin in Wien
1909	Erste Erwähnung im *Neuen Frauenleben* als Berichterstatterin des *Allgemeinen Österreichischen Frauenvereins*
1910–1914	Vizepräsidentin des *Allgemeinen Österreichischen Frauenvereins*
1910	Heirat mit Ottokar Hanzel, Lehramtskandidat für Mittelschulen
1910	Belobende Anerkennung für Verdienste um Errichtung und Erhaltung einer Schulausspeisestelle
1911	Geburt der Tochter Ruthilt
1913	Tod der Mutter Agnes Hübner
1914	Geburt der Tochter Dietgart
1914	Rücktritt aus dem Vorstand des *Allgemeinen Österreichischen Frauenvereins*
1914	Erste friedenspolitische Aktivitäten in der Folge des Kriegsausbruches
1926	Ernennung zur Direktorin der Bürgerschule Redtenbachergasse
1934	Verleihung des Titels ‚Schulrat'
1934	Vorzeitige Pensionierung im Rahmen des sogenannten „Doppelverdienergesetzes" des austrofaschistischen Ständestaates

1935–1938	Friedens- und erziehungspolitisches Engagement im Kontext der *Internationalen Frauenliga für Frieden und Freiheit*
1938–1945	Keine politischen Aktivitäten, ambivalente, teils zustimmende Haltung zum Nationalsozialismus
1936	Mitverfasserin der Denkschrift „Frauenforderungen für den Mädchenunterricht"
1945	Wiederaufnahme der friedens- und erziehungspolitischen Aktivitäten im Rahmen des Vereins *Frauenarbeit-Frauenhilfe*
1947	Autorin der Broschüre „Die Mütter in der UNO"
1959	Tod des Ehemannes Ottokar Hanzel
1970	in einem Pflegeheim in Wien/Liebhartstal gestorben

AutorInnen und AdressatInnen – biographische Angaben

Die folgende Liste mit kurzen biographischen Daten zu jenen Personen, deren Korrespondenz mit Mathilde Hanzel-Hübner im Nachlaß erhalten ist und in „Auto/Biographie und Frauenfrage" bzw. auf der beigelegten CD-ROM „Frau Hübner/Passagen" publiziert wird, dient in erster Linie der Orientierung bei der Lektüre. Die Angaben zu den AdressatInnen und AutorInnen der publizierten Texte aus dem Nachlaß geben aber auch ein ausschnitthaftes Bild von den sozialen, politischen und kommunikativen Kontexten, in denen sich Mathilde Hanzel-Hübner bewegte. Auslassungen und Verzerrungen dieses Bildes ergeben sich dabei sowohl durch die von uns vorgenommene Dokumentenauswahl wie auch durch die Tatsache, daß nur die im Archiv dokumentierten Personen darin repräsentiert sind. Die Tatsache etwa, daß von der jüngeren Tochter Mathilde Hanzel-Hübners, Dietgart Pangratz, kein Dokument aufgenommen wurde, bedeutet in keiner Weise, daß es kein enges Verhältnis zwischen Mutter und Tochter gegeben hat. Diese Leerstelle ergibt sich vielmehr daraus, daß die Tochter Dietgart in sehr großer und alltäglicher Nähe mit der Mutter lebte und daher kaum in schriftlicher Form mit ihr kommunizierte. Die ältere Tochter Ruthilt Lemche hingegen lebte seit den dreißiger Jahren in Dänemark, ein räumlicher Abstand, den Mutter und Tochter mit einer umfangreichen Korrespondenz überbrückten, die in einer minimalen Auswahl auch in „Auto/Biographie und Frauenfrage" dokumentiert ist. Dietgart Pangratz und auch die Enkelkinder von Mathilde Hanzel-Hübner wurden in die biographische Liste aufgenommen, obwohl sie weder AutorInnen noch AdressatInnen der von uns aus dem Nachlaß publizierten Texte sind. Tochter und Enkelkinder gehören aber einerseits ganz wesentlich zu den familialen Kontexten, in denen sich Mathilde Hanzel bewegte, andererseits sind die Enkel als Nachlaßgeber indirekt zentrale ProtagonistInnen des gesamten Projekts.

Die Namen in der folgenden Liste werden durch drei soziologische Merkmale für die LeserInnen sozial und historisch verortbar gemacht. Angegeben werden die jeweilige Beziehung zu Mathilde Hanzel-Hübner, die beruflichen oder politischen Tätigkeiten und, falls bekannt, die Geburts- und Sterbedaten der genannten Personen. Personen, die nicht öffentlich tätig gewesen sind, sind daher ebenso knapp in dieser Liste beschrieben wie solche, zu denen es bereits publizierte Biographien gibt. Der dennoch teilweise unterschiedliche Grad in der Detailliertheit der Angaben resultiert nicht aus dem Grad der Bedeutsamkeit der jeweiligen Person für Mathilde Hanzel-Hübner oder für die Geschichte der Frauenbewegung, sondern in erster Linie aus unserem unterschiedlichen Wissensstand über die Personen, mit denen Mathilde Hanzel-Hübner korrespondierte. Ausführlichere biographische Angaben zu den Mathilde Hanzel-Hübner nahestehenden Personen sowie Literaturhinweise zu genannten AkteurInnen der Frauenbewegung finden sich im Fußnotenapparat von „Auto/Biographie und Frauenfrage".

Familiale Kontexte

Agnes Hübner (geb. von Coulon): Mutter, aufgewachsen in Bayern, Gouvernante und Privatlehrerin für Französische und Englische Sprache, Hausfrau (1845–1913)

Gustav Hübner: Vater, Gymnasiallehrer für Lateinische und Griechische Sprache in Oberhollabrunn, später in Wien (1848–1907)

Berta Hübner: Älteste Schwester, Kanzleigehilfin in der Post- und Telegraphendirektion Wien, blieb unverheiratet, später als Telegrafen-Oberoffizialin tätig, 1938 als Rechnungsoberrevidentin im Ruhestand (1880–1946)

Olga Hübner: Ältere Schwester, Kunstmalerin in Wien, blieb unverheiratet und wurde von Mathilde Hanzel-Hübner bis ins hohe Lebensalter finanziell mitunterstützt (1882–1967)

Maria (Mimi) Jikeli (geb. Hübner): Jüngere Schwester, Sängerin am Kurtheater in Bad Ischl, seit 1918 verheiratet mit Dr. Hanns Jikeli, lebte mit ihm in Sibiu-Hermannstadt, seit 1963 verwitwet (1885–1970)

Carola (Alla) Teubel (geb. Hübner): Jüngere Schwester, Beamtin im Post- und Telegraphenamt, Schneiderin, verheiratet mit Reg. Rat Gustav Teubel, einem engen Jugendfreund der Hübner Schwestern (1885–1976)

Ottokar Hanzel: Ehemann seit 1910, Gymnasiallehrer für Mathematik und Darstellende Geometrie in Wien (1879–1959)

Ruthilt Lemche (geb. Hanzel): Tochter, Studium der Germanistik und Philosophie in Wien, 1935 Heirat mit Karsten Lemche, Hausfrau und Volkshochschulvortragende in Dänemark (1911–1993)

Karsten Lemche: Schwiegersohn, Ministerialrat im Verwaltungsdienst (1901–1977)

Dietgart Pangratz (geb. Hanzel): Tochter, Malerin, Silberschmiedin, Heirat Friedrich Pangratz, Hausfrau in Wien (1914–1982)

Friedrich Pangratz: Schwiegersohn, Architekt (1910–1997)

Einar Lemche: Enkel, Ministerialrat im Verwaltungsdienst, zuständig für Fischereirechte, lebt in Dänemark, geb. 1939

Gunvor Sramek (geb. Lemche): Enkelin, Studium der Photographie und Gesang in Wien, amerikanische Ausbildung in Validation Gerontologie, Trainerin und Ausbildnerin für Altenbetreuer in Wien, geb. 1942

Viggo Lemche: Enkel, Diplomingenieur, lebt in Dänemark, geb. 1950

Ewald Pangratz: Enkel, Diplomingenieur in Wien, geb. 1940

Reinhilt Häusler (geb. Pangratz): Enkelin, Studium der Architektur, Lehrerin für hauswirtschaftliche Fächer, Heirat mit Univ. Prof. Häusler, lebt in Deutschland, geb. 1944

Freundinnen und Kolleginnen, berufliches und politisches Umfeld

Helene Basch: Schulkollegin und Freundin in der Höheren Töchterschule des Schulvereins für Beamtentöchter in der Langegasse in Wien

Friederike (Frieda) Feichtinger: Mitautorin der ‚Frauenforderungen für den Mädchenunterricht' (1936) und Kollegin im Erziehungsausschuß der *Internationalen Frauenliga für Frieden und Freiheit*

Auguste Fickert: Kollegin im *Allgemeinen Österreichischen Frauenverein*, Städtische Lehrerin in Wien, Mitbegründerin und Präsidentin des *Allgemeinen Österreichischen Frauenvereins* (1893), gemeinsam mit Marie Lang und Rosa Mayreder Herausgeberin der *Dokumente der Frauen*, Herausgeberin des *Neuen Frauenleben*, Gründerin der ersten österreichischen *Rechtsschutzstelle für unbemittelte Frauen* (1855–1910)

Enna von Filek: Kollegin im *Allgemeinen Österreichischen Frauenverein*, Lehrerin, seit 1910 im Vereinsvorstand des *Allgemeinen Österreichischen Frauenvereins*

Adele Gerber: Kollegin im *Allgemeinen Österreichischen Frauenverein*, Kontoristin, wichtige Funktionen (u. a. Kassiererin) im *Allgemeinen Österreichischen Frauenverein,* seit 1900 verantwortl. „Redakteur" im *Neuen Frauenleben* und ab 1909 ebenfalls in der Zeitschrift *Die Postanstaltsbeamtin,* gest. 1937

Marie Goldscheid: Kollegin in der *Internationalen Frauenliga für Frieden und Freiheit*, 2. Vizepräsidentin der *Internationalen Frauenliga für Frieden und Freiheit Gruppe Mayreder*

Mathilde (Tilde) Halarevici-Mell: Freundin und Jahrgangskollegin an der k. u. k. Lehrerinnen-Bildungsanstalt, Schwester der Schauspielerin Maria Mell und des Schriftstellers Max Mell, Lehrerin an dem von ihrem Vater Alexander Mell geleiteten k. u. k. Blindenerziehungsinstitut in Wien. Tilde Mell, verheiratete Halarevici, lebte nach ihrer Heirat ab 1921 in Rumänien und unterrichtete dort an einem Blinden-Institut, das ihr Ehemann leitete. 1951, nach dem Tod ihres Mannes, kehrte Mathilde Mell-Halarevici nach Österreich zurück.

Arthur Henderson: Adressat von Mathilde Hanzels-Hübners (friedens)politischer Arbeit, Mitbegründer der Britischen Labour Party, Parlamentarier, Präsident der internationalen Abrüstungskonferenz des Völkerbundes in Genf, Friedensnobelpreis 1934 (1863–1935)

Alfred Hofmann: Jugendfreund, Bildhauer, Mitglied der Secession (1879–1958)

Matthäus Hollerweger: Bekannter aus dem Urlaubsort der Familie Hübner, Schmied in Nußdorf am Attersee

Leopoldine Kulka: Kollegin im *Allgemeinen Österreichischen Frauenverein*, Journalistin. Nach Auguste Fickerts Tod leitete sie gemeinsam mit Christine Touaillon und Emil Fickert das *Neue Frauenleben*. Vermutlich ab 1913 übernahm Leopoldine Kulka nach Mathilde Hanzel und Sophie Regen die Vizepräsidentinnenschaft des *Allgemeinen Österreichischen Frauenvereins* (1873–1920)

Anna Kwaternik, geb. Michl: Freundin und Jahrgangskollegin an der k. u. k Lehrerinnen-Bildungsanstalt

Ina Langer-Kampmüller: Freundin und Jahrgangskollegin an der k. u. k Lehrerinnen-Bildungsanstalt

Rosa Mayreder (geb. Obermayer): Mitautorin eines Briefes an Arthur Henderson (1934), Schriftstellerin, Philosophin und Feministin. ‚Zur Kritik der Weiblichkeit' (1905), ‚Geschlecht und Kultur' (1927), Mitbegründerin des *Allgemeinen Österreichischen Frauenvereins* (1899), gemeinsam mit Marie Lang und Auguste Fickert Herausgeberin der *Dokumente der Frauen* (1858–1938)

Stefanie Nauheimer: Kollegin im *Allgemeinen Österreichischen Frauenverein*, Absolventin der k. u. k. Lehrerinnenbildungsanstalt, Volksschullehrerin und gemeinsam mit Fickert und Glöckel führende Persönlichkeit im Kampf um die dienstrechtliche Gleichbehandlung der weiblichen Lehrer, 1911 als erste weibliche LehrerInnenvertreterin in den Bezirksschulrat gewählt (1868–1946)

Josefine von Noé: Freundin und Jahrgangskollegin an der k. u. k. Lehrerinnen-Bildungsanstalt

Barbara Nordhaus-Lüdecke: Herausgeberin des Sammelbandes „Der Ruf der Mütter" (1949), in dem Mathilde Hanzel-Hübner ihren Text „Die Mütter in der UNO" publiziert

Johann Rupp: Lehrer und Vorgesetzter, Direktor der k. u. k. Lehrerinnen-Bildungsanstalt

Barbara Sahulka: Mitunterzeichnerin der Frauenforderungen für den Mädchenunterricht (1936), Lehrerin, Vertreterin des Reichsvereins der Hauptschullehrerschaft

Anna Sophie Seidelin: Promovierte Germanistin und bekannte Literaturreferentin, Freundin von Ruthilt Lemche und Briefpartnerin von Mathilde Hanzel in den fünfziger Jahren

Marianne Zycha: Kollegin im *Allgemeinen Österreichischen Frauenverein*, Mitautorin der ‚Frauenforderungen für den Mädchenunterricht' (1936), Kollegin im Erziehungsausschuss der *Internationalen Frauenliga für Frieden und Freiheit,* Lehrerin, seit 1910 im Vorstand des *Allgemeinen österreichischen Frauenvereins*

Verzeichnis ganz oder teilweise wiedergegebener Dokumente

Das Gesamtverzeichnis des umfangreichen Nachlasses von Mathilde Hanzel-Hübner sowie die Originaldokumente sind in der *Sammlung Frauennachlässe* am Institut für Geschichte der Universität Wien einsehbar.

Das folgende Verzeichnis listet alle im Buch „Auto/Biographie und Frauenfrage" und auf der dem Buch beigelegten CD-ROM „Frau Hübner/Passagen" ganz oder teilweise wiedergegebenen Dokumente auf. Dokumente, die in mehreren Kapiteln bzw. sowohl im Buch als auch auf der CD-ROM ganz oder teilweise wiedergegeben sind, erscheinen in dieser nach Kapiteln geordneten Liste mehrfach.

„Von der Hohen Schule der Frauen"

Mathilde Hanzel, Tagebuch ‚Auf der Suche nach verlorenen Idealen' 1940–1954 (NL II/10)
Gustav Hübner, Tagebuch 1885–1892 (NL I/1)
Großmutter Mathilde Hanzel erzählt (Tonbandprotokoll) 1962 (NL IIIB)
Mathilde Hanzel, geb. Hübner, Lebensübersicht. In: Vor 50 Jahren war Matura (NL IIID/1)
Josephine von Coulon an ihre Töchter, undatiert (NL I/1)
Gustav Hübner an Agnes Hübner, 5. 9. 1878 (NL I/1)
Louise [Nachname unbekannt] an Agnes von Coulon, 15. 7. 1878 (NL I/1)
Anton Hübner an Gustav Hübner, 22. 8. 1872 (NL I/1)
Berta, Olga, Agnes, Mimi, Carola, Tilly Hübner (Hollabrunn) an Gustav Hübner, 13. 10. 1894 (NL I/1)
Mathilde Hübner an Ottokar Hanzel, 9. 6. 1904 (NL I/2)
Mathilde Hanzel-Hübner an Ruthilt Lemche, 17. 2. 1956 (NL II/17)
Mathilde Hübner an das Ministerium für Unterricht und Kultus, 6. 7. 08 [Abschrift] (NL I/50)
TU Wien/Archiv, Einreichungsprotokollbücher: 1906/07 Rzl. 2289–1906/07 (Ansuchen um Aufnahme als ordentliche Hörerin)
TU Wien/Archiv, Einreichungsprotokollbücher: 1907/08 Rzl. 1909 (Neuerliches Ansuchen um Aufnahme als ordentliche Hörerin)
TU Wien/Archiv, Einreichungsprotokollbücher: 1907/08 Rzl. 2108–1907/07 (Ansuchen um Zulassung zu einzelnen Vorlesungen)
TU Wien/Archiv, Einreichungsprotokollbücher: 1908/09 Rzl. 657 (Ansuchen zur Aufnahme als Gasthörerin)

Auto/Biographien

Mathilde Hanzel, Lebensübersicht. In: *Vor 50 Jahren war Matura [Typoskript]* (NL IIID/1)
Mathilde Mell. In: *Vor 50 Jahren war Matura [Typoskript]* 1953 (NL IIID/1)
Anna Kwaternik, geb. Michl. In: *Vor 50 Jahren war Matura [Typoskript]*, (NL IIID/1)
Ina Langer-Kampmüller. In: *Vor 50 Jahren war Matura [Typoskript]*, (NL IIID/1)
Maschinschriftliche Disposition zu einem Curriculum Vitae, gezeichnet und handschriftlich kommentiert (NL I/50)
Mathilde Hanzel, Curriculum Vitae, 1934 (NL I/50)
Mathilde Hanzel-Hübner, Österreich. (Kurzbiographie) In: *Der Ruf der Mütter*. München 1949, 90–91
Tilde Mell an Mathilde Hübner, 12. 9. 1906, (NL I/2b)
Mathilde Hanzel-Hübner, Rede an den IV. Jahrgang 1953 (handschriftliches Konzept, NL I/21/9)
Barbara Nordhaus-Lüdecke, „Mütter sprechen zur Welt" (Buchkonzept) (NL I/42/Internationale Friedensarbeit)
Barbara Nordhaus-Lüdecke an Mathilde Hanzel, 5. 1. 1948 (NL I/42/Internationale Friedensarbeit)
Mathilde Hanzel an Barbara Nordhaus-Lüdecke, 16. 6. 1948 [Abschrift] (NL I/42/Internationale Friedensarbeit)
Mathilde Hanzel an Barbara Nordhaus-Lüdecke, 5. 7. 1949 (NL I/42/Internationale Friedensarbeit)
Emilie Babirad, Mein Lebenslauf. In: *Vor 50 Jahren war Matura [Typoskript]* (NL IIID/1, 6)
Abschrift eines nicht datierten Schreibens (vermutl. an den Stadtschulrat) vom 14. 6. 1934 (NL I/50)

Ausblick: „Frau Hübner/Passagen", 1899–1918

Mathilde Hübner, Tagebuch ‚Mein Leben, Lieben und Leiden' 1904–1905 (NL IIIC/4)
Tilde Mell an Mathilde Hübner, 30. 6. 1912 (NL I/2b)

Nahaufnahme: Frau Hübner 1907/08

Mathilde Hübner, Konzeptheft ‚Von der Hohen Schule der Frauen' [und andere Texte, 1907, 1908] (NL IIIC/4)
Mathilde Hübner, Tagebuch 1905–1910 (NL IIIC/4)
Tilde Mell an Mathilde Hübner, 11. 1. 1907 (NL I/2b)
Tilde Mell an Mathilde Hübner, [Stempel: Wien, 5. 6. 1907] (NL I/2b)
Tilde Mell an Mathilde Hübner, 14. 8. 1907 (NL I/2b)
Tilde Mell an Mathilde Hübner, 2. 10. 1907 (NL I/2b)
Tilde Mell an Mathilde Hübner, 1. 11. 1907 (NL I/2b)
Tilde Mell an Mathilde Hübner, 8. 11. 1907 (NL I/2b)

Tilde Mell an Mathilde Hübner, 24. 1. 1908 (NL I/2b)
Tilde Mell an Mathilde Hübner, 30. 1. 1908 (NL I/2b)
Tilde Mell an Mathilde Hübner, 6. 2. 1908 (NL I/2b)
Tilde Mell an Mathilde Hübner, 13. 3. 1908 (NL I/2b)
Tilde Mell an Mathilde Hübner, 27. 3. 1908 (NL I/2b)
Tilde Mell an Mathilde Hübner, 31. 3. 1908 (NL I/2b)
Mathilde Hübner und Ottokar Hanzel, Brieftagebuch ‚Wir' 1905–1908 (NL IIIC/4)
Ottokar Hanzel an Mathilde Hübner, 27. 7. 1907 (NL I/3)
Ottokar Hanzel an Mathilde Hübner, 29. 7. 1907 (NL I/3)
Mathilde Hübner an Ottokar Hanzel [Briefentwurf], 10. 8. 1907 (NL I/3)
Ottokar Hanzel an Mathilde Hübner, 10. 8. 1907 (NL I/3)
Ottokar Hanzel an Mathilde Hübner, 11. 8. 1907 (NL I/3)
Josefine von Noé an Mathilde Hübner, 14. 8. 1907 (NL I/2a)
Josefine von Noé an Mathilde Hübner, 2. 9. 1907 (NL I/2a)
Enna von Filek an Auguste Fickert, 25. 3. 1908. Wiener Stadt- und Landesbibliothek, Hs., I.N. 70391
K. k. niederösterreichischer Landesschulrat an Mathilde Hübner, 27. 2. 1907 (NL I/50)
K. k. Technische Hochschule in Wien an Mathilde Hübner, 4. 7. 1907 (NL I/50)
Mathilde Hübner an das Ministerium für Kultus und Unterricht, 11. 10. 1907 (NL I/50)
Ministerium für Kultus und Unterricht an Mathilde Hübner, 19. 10. 1907 (NL I/50)
Ina Langer-Kampelmüller. In: Vor 50 Jahren war Matura [Typoskript], (NL IIID/1)

„Auf der Suche nach verlorenen Idealen"

Mathilde Hanzel, Tagebuch ‚Auf der Suche nach verlorenen Idealen' 1940–1954 (NL II/10)
Mathilde Hanzel an Anna Sophie Seidelin, 4. 5. 1938, zit. n. Seidelin, De unge år, 288, Rückübersetzung der dänischen Übersetzung
Mathilde Hanzel an Ruthilt Lemche, 28./31. 10. 1940 (NL IIIA/4)
Mathilde Hanzel an Ruthilt Lemche, 28. 10. 1940 (NL IIIA/4)
Mathilde Hanzel an Ruthilt Lemche, 14. 12. 1939 (NL IIIA/6)
Mathilde Hanzel an Ruthilt Lemche, 13. 5. 1940 (NL IIIA/6)
Mathilde Hanzel an Ruthilt Lemche, 24. 4. 19141 (NL IIIA/4)
Mathilde Hanzel an Ruthilt Lemche, 13. 3. 1941 (NL IIIA/4)
Mathilde Hanzel an Ruthilt Lemche, 20. 10. 1938 (NL IIIA/3)
Mathilde Hanzel an Ruthilt Lemche, 18. 11. 1938 (NL IIIA/3)
Mathilde Hanzel an Ruthilt Lemche, 20. 10. 1938 (NL IIIA/3)
Mathilde Hanzel an Ruthilt Lemche, 23. u. 24. 10. 1940 (NL IIIA/4)
Mathilde Hanzel an Ruthilt Lemche, 24. 4. 1941 (NL IIIA/4)
Mathilde Hanzel an Ruthilt Lemche, 14. 5. 1941 (NL IIIA/4)

Mathilde Hanzel an Ruthilt Lemche, 10. 3. 1945 (NL IIIA/4)
Mathilde Hanzel an Ruthilt Lemche, 23. 3. 1945 (NL IIIA/4)

„Über die Notwendigkeit der Veränderungen in der bürgerlichen Gesellschaft"

Mathilde Hanzel, Tagebuch ‚Auf der Suche nach verlorenen Idealen' 1940–1954 (NL II/10)
Rosa Mayreder und Mathilde Hanzel an Arthur Henderson, 10. 6. 1934 (NL I/39, Korrespondenz)
Schreiben Mathilde Hanzel an Unbekannt (vermutlich Rosa Mayreder), 24. 6. 1936 (NL I/39, Korrespondenz)
Mathilde Hanzel an Mrs. Cadbury, 1. 8. 1947 (NL I/42, Internationale Friedensarbeit)
Marianne Zycha, Mathilde Hanzel, Frieda Feichtinger u. a. an das Bundesministerium für soziale Verwaltung, 8. 6. 1936 (NL I/40)
Barbara Sahulka und Mathilde Hanzel an den Stadtschulrat für Wien [undatierte Abschrift], (NL I/42, Denkschriften 1946)
Mathilde Hanzel an Ottokar Hanzel, 17. 7. 1935 (NL I/14)
Mathilde Hanzel, Entwurf zu einer Rundfrage an die Frauenorganisationen, 30. 11. 1935 (NL I/40)
Beate Hanzel (Wien), Die Not des Mittelstandes. In: Neues Frauenleben 2/1910, 41–44
Mathilde Hanzel, Frauenforderungen für den Mädchenunterricht. In: Pädagogischer Führer 7/1937, 539–541
Mathilde Hanzel, Das „Manifest der Mütter". Mai-Botschaft an die Frauen und Mütter der Welt. 1948 (NL I/42, Mütter in der UNO)
Mathilde Hanzel-Hübner, Die Mütter in der UNO. Wien 1947 [Broschüre, hg. vom Verein Frauenarbeit – Frauenhilfe – Vereinigung Österreichischer Frauen, Wien I, An der Hülben 1]
Sonderarchiv Moskau: „Im Interesse aller!" [Flugblatt], Fasz. 523 (IFFF)-2-10, 12
Sonderarchiv Moskau: Kundgebung der österreichischen und der deutschen Sektion der Internationalen Frauenliga für Frieden und Freiheit [Flugblatt], Fasz. 523 (IFFF)-2-7, 411.
Sonderarchiv Moskau: Arthur Henderson vor Paketen mit Unterschriftenlisten [Bildpostkarte], Fasz. 523 (IFFF)-1-5

„Frau Hübner/Passagen", 1899–1918 (CD-ROM)

Tagebücher
Mathilde Hübner, Tagebuch 1899 (NL I/1)
Mathilde Hübner, Tagebuch 1901–1903 (NL IIIC/4)
Mathilde Hübner, Tagebuch ‚Mein Leben, Lieben und Leiden' 1904–1905 (NL IIIC/4)
Mathilde Hübner, Tagebuch 1905–1910 (NL IIIC/4)

Konzepthefte, Textentwürfe

Mathilde Hübner, Konzeptheft ‚Von der Hohen Schule der Frauen' [und andere Texte, 1907, 1908] (NL IIIC/4)

Mathilde Hübner, Konzeptheft ‚Wie sollen …', (NL IIIC/4)

Nichtautorisierter Text, vermutlich von Mathilde Hanzel, undatiert, ohne Titel, zu Schulausspeisung in der Schule Knöllgasse 61 (NL I/50)

Briefwechsel mit Tilde Mell

Tilde Mell an Mathilde Hübner, 2. 9. 1903 (NL I/2b)
Tilde Mell an Mathilde Hübner, 18. 11. 1903 (NL I/2b)
Tilde Mell an Mathilde Hübner, 21. 1. 1904 (NL I/2b)
Tilde Mell an Mathilde Hübner, 28. 1. 1904 (NL I/2b)
Tilde Mell an Mathilde Hübner, 1. 7. 1904 (NL I/2b)
Tilde Mell an Mathilde Hübner, 11. 9. 1904 (NL I/2b)
Tilde Mell an Tilly Hübner, 27. 4. 1905 (NL I/2b)
Tilde Mell an Mathilde Hübner, 19. 7. 1905 (NL I/2b)
Tilde Mell an Mathilde Hübner, 2. 8. 1905 (NL I/2b)
Tilde Mell an Mathilde Hübner, 4. 1. 1906 (NL I/2b)
Tilde Mell an Mathilde Hübner, 17. 8. 1906 (NL I/2b)
Tilde Mell an Mathilde Hübner, 6. 9. 1906 (NL I/2b)
Tilde Mell an Mathilde Hübner, 12. 9. 1906 (NL I/2b)
Tilde Mell an Mathilde Hübner, 28. 10. 1906 (NL I/2b)
Tilde Mell an Mathilde Hübner, 11. 1. 1907 (NL I/2b)
Tilde Mell an Mathilde Hübner, [Stempel Wien, 5. 6. 1907] (NL I/2b)
Tilde Mell an Mathilde Hübner, 14. 8. 1907 (NL I/2b)
Tilde Mell an Mathilde Hübner, 2. 10. 1907 (NL I/2b)
Tilde Mell an Mathilde Hübner, 1. 11. 1907 (NL I/2b)
Tilde Mell an Mathilde Hübner, 8. 11. 1907 (NL I/2b)
Tilde Mell an Mathilde Hübner, 24. 1. 1908 (NL I/2b)
Tilde Mell an Mathilde Hübner, 27. 3. 1908 (NL I/2b)
Tilde Mell an Mathilde Hübner, 22. 4. 1908 (NL I/2b)
Tilde Mell an Mathilde Hübner, 25. 7. 1908 (NL I/2b)
Tilde Mell an Mathilde Hübner, 5. 7. 1909 (NL I/2b)
Tilde Mell an Mathilde Hübner, 29. 9. 1909 (NL I/2b)
Tilde Mell an Mathilde Hübner, 9. 2. 1910 (NL I/2b)
Tilde Mell an Mathilde Hübner, 2. 3. 1910 (NL I/2b)
Tilde Mell an Mathilde Hanzel, 26. 4. 1911 (NL I/2b)
Tilde Mell an Mathilde Hanzel, 1. 1. 1912 (NL I/2b)
Tilde Mell an Mathilde Hanzel, 30. 6. 1912 (NL I/2b)

Briefwechsel mit Ottokar Hanzel

Mathilde Hübner an Ottokar Hanzel, 8. 5. 1904 (NL I/2a)
Mathilde Hübner an Ottokar Hanzel, 9. 6. 1904 (NL I/2a)
Mathilde Hübner an Ottokar Hanzel, 25. 6. 1904 (NL I/2a)
Mathilde Hübner an Ottokar Hanzel, [Postkarte] 28. 6. 1904 (NL I/2a)
Mathilde Hübner an Ottokar Hanzel, 3. 7. 1904 (NL I/2a)
Mathilde Hübner an Ottokar Hanzel, 28. 7 1904 (NL I/2a)
Mathilde Hübner an Ottokar Hanzel, 15. 8. 1904 (NL I/2a)
Mathilde Hübner an Ottokar Hanzel, 26. 8. 1904 (NL I/2a)
Mathilde Hübner an Ottokar Hanzel [Briefentwurf], 10. 8. 1907 (NL I/3)
Mathilde Hanzel an Ottokar Hanzel, 18. 5. 1911 (NL I/2a)
Mathilde Hanzel an Ottokar Hanzel, 1. 1. 1913 (NL I/2a)
Mathilde Hanzel an Ottokar Hanzel, 3. 6. 1914 (NL IIIC/6)
Mathilde Hanzel an Ottokar Hanzel, 30. 6. 1914 (NL IIIC/6)
Mathilde Hanzel an Ottokar Hanzel, 2. 8. 1914 (NL I/4c/I)
Mathilde Hanzel an Ottokar Hanzel, 30. 8. 1914 (NL I/4c/I)
Mathilde Hanzel an Ottokar Hanzel, 1. 2. 1915 (NL I/4c/II)
Mathilde Hanzel an Ottokar Hanzel, 24. 8. 1915 (NL I/4c/II)
Mathilde Hanzel an Ottokar Hanzel, 31. 8. 1915 (NL I/4c/II)
Mathilde Hanzel an Ottokar Hanzel, 9. 9. 1915 (NL I/4c/II)
Mathilde Hanzel an Ottokar Hanzel, 23. 1. 1916 (NL I/4d/III)
Mathilde Hanzel an Ottokar Hanzel, 29. 1. 1916 (NL I/4d/III)
Mathilde Hanzel an Ottokar Hanzel, 8. 2. 1916 (NL I/4d/III)
Mathilde Hanzel an Ottokar Hanzel, 14. 2. 1916 (NL I/4d/III)
Mathilde Hanzel an Ottokar Hanzel, 15. 3. 1916 (NL I/4d/III)
Mathilde Hanzel an Ottokar Hanzel, 18. 5. 1916 (NL I/4d/III)
Mathilde Hanzel an Ottokar Hanzel, 14. 1. 1917 (NL I/4d/IV)
Mathilde Hanzel an Ottokar Hanzel, 5. 5. 1917 (NL I/4e/V)
Mathilde Hanzel an Ottokar Hanzel, 16. 9. 1917 (NL I/4e/VI)
Mathilde Hanzel an Ottokar Hanzel, 18. 1. 1918 (NL I/4e/VI)
Mathilde Hübner und Ottokar Hanzel, Brieftagebuch ‚Wir' 1905–1908 (NL IIIC/4)
Ottokar Hanzel in: Mathilde Hübner, Tagebuch 1905–1910 (NL IIIC/4)
Ottokar Hanzel an Mathilde Hübner, 27. 7. 1907 (NL I/3)
Ottokar Hanzel an Mathilde Hübner, 10. 8. 1907 (NL I/3)
Ottokar Hanzel an Mathilde Hübner, 11. 8. 1907 (NL I/3)
Ottokar Hanzel an Mathilde Hübner, [Postkarte] 5. 8. 1908 (NL IIIC/6)
Ottokar Hanzel an Mathilde Hübner, 9. 5. 1915 [Bildpostkarte] (NL I/4b) (fak)
Ottokar Hanzel an Mathilde Hanzel, 24. 5. 1915 (NL I/4b)
Ottokar Hanzel an Mathilde Hanzel, 25. 5. 1917 (NL I/4b)

Briefwechsel mit Josefine von Noé
Josefine von Noé an Mathilde Hübner, [Postkarte], 6. 8. 1901 (NL I/2a)
Josefine von Noé an Mathilde Hübner, 20. 8. 1905 (NL I/2a)
Josefine von Noé an Mathilde Hübner, 14. 8. 1907 (NL I/2a)
Josefine von Noé an Mathilde Hübner, 2. 9. 1907 (NL I/2a)
Josefine von Noé an Mathilde Hanzel, 14. 3. 1910 (NL I/3)
Josefine von Noé an Mathilde Hanzel, 22. 1. 1912 (NL I/2a)

Private Korrespondenz/unterschiedliche AbsenderInnen und EmpfängerInnen
Helene Basch an Mathilde Hübner, 28. 3. 1899 [Bildpostkarte] (NL I/2a) (fak)
Stammbuchblatt mit Unterschriften aller Mitschülerinnen von Mathilde Hübner in der Höheren Töchterschule des Schulvereins für Beamtentöchter [vermutlich 1899] (NL I/1) (fak)
Anna (Nachname unbekannt) an Mathilde Hübner, 29. 7. 1902 (NL I/2a)
Johann Rupp an Mathilde Hübner, 7. 11. 1903 (NL IIIC/4)
R. Weinwurm an Mathilde Hübner, 18. 11. 1903 (NL IIIC/4)
Matthäus Hollerweger an Mathilde Hübner, 28. 4. 1904 (NL I/2a)
Mathilde Hübner an Carola Hübner, [Postkarte] 25. 7. 1908 (NL IIIC/6)
Mathilde Hübner an Agnes Hübner, [Postkarte] 28. 8. 1908 (NL IIIC/6)
Marie Goldscheid an Mathilde Hübner, 2. 3. 1910 (NL I/3)
Adele Gerber an Mathilde Hanzel, 5. 3. 1910 (NL I/3)
Auguste Fickert an Mathilde Hanzel, Postkarte [Stempel Wien, 14. 3. 1910] (NL I/3)
Friederike Krieger-Kleyer an Mathilde Hanzel [Stempel 15. 3. 1910] (NL I/3)
Enna von Filek an Mathilde Hanzel [Stempel 17. 3. 1910] (NL I/3)

Zeugnisse/Dekrete Mathilde Hübner
Zeugnis der Reife für Volksschule der k. k. Lehrerinnen-Bildungsanstalt, Mathilde Hübner, 4. 7. 1903 (NL I/50) (fak)
Maturitäts-Zeugnis der k. k. Staatsrealschule im V. Bezirke Wiens, Mathilde Hübner, 18. 10. 1906 (NL I/50) (fak)
Lehrbefähigungszeugnis für Bürgerschulen, Mathilde Hübner, 27. 5. 1907 (NL I/50) (fak)
Anstellungsdekret des k. k. niederösterreichischen Landesschulrates, Mathilde Hübner, 29. 1. 1909 (NL I/50) (fak)

Korrespondenz mit Behörden
Mathilde Hübner an den Minister f. Kultus u. Unterricht Marchet, 25. 10. 1906 [Briefentwurf] (NL I/50)
K. k. niederösterreichischer Landesschulrat an Mathilde Hübner, 27. 2. 1907 (NL I/50)
K. k. Technische Hochschule in Wien an Mathilde Hübner, 4. 7. 1907 (NL I/50)
Mathilde Hübner an das Ministerium für Kultus und Unterricht, 11. 10. 1907 (NL I/50)
Ministerium für Kultus und Unterricht an Mathilde Hübner, 19. 10. 1907 (NL I/50)

K. k. Technische Hochschule in Wien an Mathilde Hübner, 9. 5. 1908 (NL I/50)

Mathilde Hübner [Briefentwurf, vermutlich an den Unterrichtsminister]. In: Konzeptheft ‚Von der Hohen Schule der Frauen' [und andere Texte, 1907, 1908], S. 43v–52v (NL IIIC/4)

Mathilde Hübner an das Ministerium für Unterricht und Kultus, 6. 7. 1908 [Abschrift] (NL I/50)

K. k. Technische Hochschule in Wien an Mathilde Hübner, 28. 12. 1908 (NL I/50)

K. k. Bezirksschulrat Wien an Mathilde Hanzel, 11. 4. 1910 (NL I/50)

K. k. Bezirksschulrat Wien an Mathilde Hanzel, 12. 7. 1910 (NL I/50)

K. k. Bezirksschulrat Wien an Mathilde Hanzel, 16. 2. 1911 (NL I/50)

K. k. niederösterreichischer Landesschulrat an Mathilde Hanzel, 25. 1. 1912 (NL I/50)

Dokumente zum Allgemeinen Österreichischen Frauenverein (Publikationen und Korrespondenz)

Tätigkeitsbericht des Allgem. österr. Frauenvereines und seiner Sektionen. In: Neues Frauenleben 9/1909

Alfred Hofmann an Mathilde Hanzel, 3. 10. 1910 (NL I/3)

Leopoldine Kulka an Mathilde Hanzel, vermutlich 1911 (NL IIIC/6)

Stefanie Nauheimer an Mathilde Hanzel, 31. 10. 1911 (NL I/2a)

Petition des Allg. österr. Frauenvereines an das Hohe k. k. Justizministerium. In: Neues Frauenleben 12/1911

Familiendokumente

Totenschein Gustav Hübner, 27. 7. 1907 (NL I/28) (fak)

Visitkarte Ottokar Hanzel mit einer Notiz zur Geburt von Ruthilt Hanzel (NL IIIA/10)

Nicht zuordenbare Einzeldokumente

Stundenplan 1903/04 von Mathilde Hübner [ins Tagebuch eingelegt] (NL IIIC/4) (fak)

Zeichnung von Olga Hübner, Kirchberg in Tirol (NL I/3) (fak)

Photographien

Porträt Mathilde Hübner, vermutlich 1903 (NL I/29)

Die Schwestern Hübner um 1895 (NL I/29)

Mathilde Hübner und Gustav Hübner in Kirchberg an der Pielach, 15. 8. 1899 (NL I/30)

Gustav Teubel und Ottokar Hanzel, vermutlich 1899 (NL I/31)

Mathilde Hübner und Mitschülerinnen im Institut Holl, vermutlich 1900 (NL I/29)

Mathilde Hübner beim Rudern in Laxenburg, vermutlich Sommer 1903 (NL I/30)

Porträt Mathilde Mell 1903 (NL I/30)

Matthäus Hollerweger an Mathilde Hübner, 5. 3. 1903 [Bildpostkarte mit Porträt des Absenders] (NL I/30)

Mathilde Hübner und Kolleginnen in der Lehrerinnen-Bildungsanstalt, vermutlich 1903 (NL I/29)

Die Schwestern Hübner, vermutlich in Nußdorf am Attersee 1903 (NL I/29)

Porträt Mathilde Hübner 1905 (NL I/30)

Porträt Ottokar Hanzel 1905 (NL I/30)

Die Schwestern Hübner und Gustav Teubel im Garten, um 1906 (NL I/30)

Agnes Hübner mit ihren Töchtern (NL I/29)
Mathilde und Ottokar Hanzel, vermutlich 1914 (NL I/31)
Mathilde und Ottokar Hanzel mit ihren Töchtern Ruthilt und Dietgart, vermutlich 1917 (NL I/34)
Porträt Mathilde Hanzel 1915 (NL I/31)

Archive

Sammlung Frauennachlässe an der Universität Wien:

Nachlaß Familie Mathilde Hanzel-Hübner:

Die Teilnachlässe I und II wurden in einer ersten Tranche 1989 und in mehreren weiteren Tranchen 1993 und 1994 der *Sammlung Frauennachlässe* übergeben. Im Zuge der Arbeiten an diesem Buch wurden der *Sammlung Frauennachlässe* während der Jahre 1996 bis 1999 eine Reihe zusätzlicher Materialien zu Mathilde Hanzel-Hübner übergeben. Diese aus den Haushalten der Enkelkinder von Mathilde Hanzel-Hübner in Wien und Dänemark stammenden Materialien bilden die Teilnachlässe III A–D.

Teilnachlaß I (Mathilde Hanzel-Hübner), Karton 1–50
Korrespondenz, Tagebücher, Konzepthefte, Behördendokumente, Zeitungsausschnitte, Druckschriften, Photographien, Zeichnungen und persönliches Material aus dem Nachlaß von Mathilde Hanzel-Hübner
Teilnachlaß II (Ruthilt Lemche, geb. Hanzel), Karton 1–20
Korrespondenz, Tagebücher, Konzepthefte, Druckschriften sowie eine Ahnentafel der Familie Hanzel aus dem Nachlaß von Ruthilt Lemche
Teilnachlaß III A (Nachträge A), Karton 1–10
Korrespondenz, Druckschriften, Zeitungsausschnitte, Photographien und Familiendokumente der Familien Hanzel, Pangratz und Lemche
Teilnachlaß III B (Nachträge B), Karton 1
Tonbandtranskript, Druckschriften, Familiendokumente, Zeitungsausschnitte und Genealogien der Familie Coulon (alles: Kopien), Tonbänder Ruthilt Lemche und Mathilde Hanzel-Hübner 1966, Ruthilt Lemche 1983
Teilnachlaß III C (Nachträge C), Karton 1–7
Korrespondenz, Tagebücher, Konzepthefte, Arbeitsbücher, Druckschriften, Schulhefte, Kalender und Journale von Mathilde Hanzel-Hübner, Ruthilt Lemche und Ottokar Hanzel
Teilnachlaß III D (Nachträge D), Karton 1–4
Korrespondenz der Familie Pangratz, Jubiläumsschrift ‚Vor 50 Jahren war Matura', politische Konzepte und Korrespondenz Mathilde Hanzel-Hübner

Interviews zum Nachlaß Familie Mathilde Hanzel-Hübner:

Interview mit Gunvor Sramek, Wien, 11. 4. 1994
(Interviewerinnen: Johanna Gehmacher, Edith Saurer)
Interview mit Ewald und Fritz Pangratz, Wien, 30. 5. 1994
(Interviewerin: Johanna Gehmacher)

Interview mit Reinhilt Häusler und Ewald Pangratz, Wien, 9. 6. 1997
(Interviewerinnen: Monika Bernold, Johanna Gehmacher)

Archiv der Technischen Universität Wien:

Haupt-Kat.: 1899/1900, 1900/1901, 1901/1902
Einreichungsprotokollbücher: 1906/07
Einreichungsprotokollbücher: 1907/08, 1908/09

Archiv der Universität Wien:

Prüfungsakt Ottokar Hanzel

Archiv des Wiener Stadtschulrats:

Personalakt Mathilde Hanzel

Österreichisches Staatsarchiv/Kriegsarchiv:

Grundbuchblatt und Qualifikationsliste Ottokar Hanzel

Wiener Stadt- und Landesbibliothek – Handschriftenabteilung (WStLB, Hs.):

Nachlaß Auguste Fickert
Tätigkeitsberichte des Allgemeinen Österreichischen Frauenvereins

Zentrum Historisch-dokumentarische Sammlungen („Sonderarchiv" Moskau):

Bestand: Arbeitsgemeinschaft Österreichischer Friedensvereine
Bestand: Internationale Frauenliga für Frieden und Freiheit

Editionszeichen

Fettbuchstaben	Hervorhebung in der Quelle (gesperrte Buchstaben, Lateinschrift im kurrentschriftlichen Text, etc.)
~~Streichun~~	Streichung in der Quelle
[sic]	Kennzeichnung von unüblichen Schreibweisen und Rechtschreibfehlern
[..]	unlesbare Buchstaben oder Wortteile
[…]	Kürzung durch die Herausgeberinnen
/Hinzufügung/	Hinzufügungen der Autorin/des Autors der Quelle zwischen den Zeilen werden zwischen zwei Querstrichen in den Text aufgenommen.
[***]	(in den Tagebüchern:) Kürzung durch die Herausgeberinnen, die sich über mehrere Einträge erstreckt
Textanmerkungen*	Auf Korrekturen, korrigierende Hinzufügungen, Randnotizen, besondere Schreibweisen und graphische Zeichen der Autorin/des Autors der Quelle wird durch eigene mit einem Sternchen gekennzeichnete Textanmerkungen hingewiesen.
Orthographie	Die zeitgenössische Orthographie der Quellen (z. B. „giengen" statt „gingen" oder „Thal" statt „Tal") wurde beibehalten, offensichtliche Schreibfehler wurden aber mit [sic] gekennzeichnet. Unübliche Abkürzungen wurden, soweit sie auflösbar erschienen, ohne Kennzeichnung belassen. Die Interpunktion wurde modernisiert.
Kürzungen	Der Sinnzusammenhang eines Briefes wurde grundsätzlich nicht durch Kürzungen zerstört. In Tilly H.s Tagebüchern, Aufzeichnungen und Konzepten haben wir hingegen zum Teil umfangreiche Kürzungen vorgenommen.

Literaturverzeichnis

Reinhold Aigner, Seraphine Puchleitner, Der erste weibliche Student und Doktor an der Universität Graz. In: Blätter für Heimatkunde 51, 1/1977, 119–122

James C. Albisetti, Mädchenerziehung im deutschsprachigen Österreich, im Deutschen Reich und in der Schweiz, 1866–1914. In: David F. Good/Margarete Grandner/Mary Jo Maynes (Hg.), Frauen in Österreich. Beiträge zu ihrer Situation im 20. Jahrhundert. Wien u. a. 1994, 15–31

Ann Taylor Allen, Feminism and eugenics in Germany and Britain, 1900–1940 a comparative perspective. In: German studies review 23, 2001/3, 477–505

Klaus Amann, Der Anschluß österreichischer Schriftsteller an das Dritte Reich. Frankfurt/Main 1988

Klaus Amann/Hubert Lengauer (Hg.), Österreich und der große Krieg 1914–1918. Die andere Seite der Geschichte. Wien 1989

Klaus Amann/Karl Wagner (Hg.), Autobiographien in der österreichischen Literatur. Von Franz Grillparzer bis Thomas Bernhard. Innsbruck/Wien 1998

Harriet Anderson, Aufbruch in das Jahrhundert der Frau? Rosa Mayreder und der Feminismus in Wien um 1900. Wien 1989

Harriet Anderson, Vision und Leidenschaft. Die Frauenbewegung im Fin de Siècle Wiens. Wien 1994

Harriet Anderson, Der Feminismus des Sich-Erinnerns. Zum Verhältnis zwischen dem Persönlichen und dem Politischen in Autobiographien der österreichischen Frauenbewegung. In: Klaus Amann/Karl Wagner (Hg.), Autobiographien in der österreichischen Literatur. Von Franz Grillparzer bis Thomas Bernhard. Innsbruck/Wien 1998, 61–75

Karola Auernig, „Sehr geehrtes Fräulein". Die Briefe der Stefanie Kummer (1868–1942) an Auguste Fickert (1855–1910) von ca. 1891–1907. (Diplomarbeit) Wien 1994

Anna Babka, Unterbrochen – „Gender" und die Tropen der Autobiographie. Wien 1998

Ingeborg Bachmann, Malina. Frankfurt/Main 1980

Birgitta Bader-Zaar, Women in Austrian Politics, 1890–1934: Goal and Visions. In: David F. Good/Margarete Grandner/Mary Jo Maynes (eds.), Austrian Women in the Nineteenth and Twentieth Centuries. Cross-Disciplinary Perspectives. Providence/Oxford 1996, 59–90

Birgitta Bader-Zaar, Bürgerrechte und Geschlecht. Zur Frage der politischen Gleichberechtigung von Frauen in Österreich, 1848–1918. In: Ute Gerhard (Hg.), Frauen in der Geschichte des Rechts. Von der Frühen Neuzeit bis zur Gegenwart. München 1997, 547–562

Irene Bandhauer-Schöffmann, Frauenbewegung und Studentinnen. Zum Engagement der österreichischen Frauenvereine für das Frauenstudium. In: Waltraud Heindl/Marina Tichy (Hg.), „Durch Erkenntnis zu Freiheit und Glück …" Frauen an der Universität Wien (ab 1897). Wien 1990, 49–79

Irene Bandhauer-Schöffmann/Ela Hornung (Hg.), Wiederaufbau weiblich. Dokumentation der Tagung „Frauen in der österreichischen und deutschen Nachkriegszeit". Wien/Salzburg 1992

Irene Bandhauer-Schöffmann/Claire Duchen (Hg.), Nach dem Krieg. Frauenleben und Geschlechterkonstruktionen in Europa nach dem Zweiten Weltkrieg. Pfaffenweiler 2000

Gunda Barth-Scalmani, Geschlecht: weiblich, Stand: ledig, Beruf: Lehrerin. Grundzüge der Professionalisierung des weiblichen Lehrberufs im Primarschulbereich in Österreich bis zum Ersten Weltkrieg. In: Brigitte Mazohl-Wallnig (Hg.), Bürgerliche Frauenkultur im 19. Jahrhundert. (L'Homme Schriften Bd. 2) Wien/Köln/Weimar 1995, 343–400

Ingrid Bauer, Frauen im Krieg. In: Ingrid Bauer/Erika Thurner u. a. (Hg.), Eine andere Geschichte. Eine Salzburger Frauengeschichte von der ersten Mädchenschule (1695) bis zum Frauenwahlrecht (1918). Salzburg 1996, 285–334

Ingrid Bauer/Helga Embacher, „Um Politik hab' ich mich damals nicht viel gekümmert". Frauenerfahrungen im Nationalsozialismus; Ergebnisse „mündlicher Geschichte". In: Katrina Bachinger (Hg.), Feministische Wissenschaft: Methoden und Perspektiven. Beiträge zur 2. Salzburger Frauenringvorlesung. Salzburg 1990, 145–182

Ingrid Bauer/Erika Thurner u. a. (Hg.), Eine andere Geschichte. Eine Salzburger Frauengeschichte von der ersten Mädchenschule (1695) bis zum Frauenwahlrecht (1918). Salzburg 1996

Barbara Becker-Cantarino, Leben als Text. Briefe als Ausdrucks- und Verständigungsmittel in der Briefkultur und Literatur des 18. Jahrhunderts. In: Hiltrud Gnüg/Renate Möhrmann (Hg.), Schreibende Frauen. Frauen Literatur Geschichte. Stuttgart 1985, 83–103

Neda Bei/Edith Saurer, Zu einer noch zu schreibenden Geschichte weiblicher Universitätsgeschichtslosigkeit. In: Projektgruppe Kritische Universitätsgeschichte (Hg.), Vernunft als Institution? Geschichte und Zukunft der Universität. Wien o.J., 156–172

Beiträge 7 zur feministischen Theorie und Praxis. Weibliche Biographien. München 1982

Christina Benninghaus/Kerstin Kohtz (Hg.), „Sag mir, wo die Mädchen sind …" Beiträge zur Geschlechtergeschichte der Jugend. Köln/Weimar/Wien 1999

Mechthild Bereswill/Leonie Wagner (Hg.), Bürgerliche Frauenbewegung und Antisemitismus. Tübingen 1998

Mechthild Bereswill/Leonie Wagner, Nationalism and the women's question. The women's movement and nation. Orientations of the bourgeois women's movement in Germany during the First World War. In: The European Journal of Women's Studies 5, 1998/2, 233–247

Karin Berger, Zwischen Eintopf und Fließband. Frauenarbeit und Frauenbild im Faschismus. Österreich 1938–1945. Wien 1984

Monika Bernold, Anfänge. Zur Selbstverortung in der populären Autobiographik. In: Historische Anthropologie 1/1993, 5–25

Monika Bernold, Darstellungsmuster des Anfangs. – Spuren geschlechtsspezifischer Identitätsbildung in Eröffnungserzählungen geschriebener Lebensgeschichten. In: David F. Good/Margarete Grandner/Mary Jo Maynes (Hg.), Frauen in Österreich. Beiträge zu ihrer Situation im 20. Jahrhundert. Wien u. a. 1994, 207–224

Monika Bernold, „The constitution of the Self in the Openings of autobiographical writings". In: Christa Hämmerle (ed.), Plurality and Individuality. Autobiographical Cultures in Europe. Mitteilungen des Instituts für Kulturwissenschaften. Wien 1995, 22–33

Monika Bernold, Shaping Gender Identities in Written Life/Stories. In: Mary Jo Maynes, Margarete

Grandner, David F. Good (eds.), Austrian Women in the Nineteenth and Twentieth Centuries. Cross-Disciplinary Perspectives. Minneapolis 1996, 197–213

Monika Bernold, Eat up TV. In: Götterspeisen. Katalog zur Ausstellung „Götterspeisen. Vom Mythos zum Big Mäc", hg. v. Historischen Museum der Stadt Wien. Wien 1997, 104–120

Monika Bernold/Andrea Ellmeier/Johanna Gehmacher/Ela Hornung/Gertraud Ratzenböck/Beate Wirtensohn (Hg.), Familie: Arbeitsplatz oder Ort des Glücks? Wien 1990

Monika Bernold/Andrea Ellmeier, Konsum, Politik und Geschlecht. Zur „Feminisierung" von Öffentlichkeit als Strategie und Paradox. In: Hannes Siegrist/Hartmut Kälble/Jürgen Kocka (Hg.), Europäische Konsumgeschichte. Zur Gesellschafts- und Kulturgeschichte des Konsums (18.–20. Jahrhundert). Frankfurt a.M./New York 1997, 441–466

Monika Bernold/Johanna Gehmacher, ‚A Private Eye on Feminist Agency'. Biography, Self-Documentation and Political Consciousness. In: Womens' Studies International Forum 2/1999, 237–247

Monika Bernold/Johanna Gehmacher, Auto/Biographien einer Akteurin der Frauenbewegung. Tradierungspraxen, biographische Darstellungsmuster und feministisches Geschichtsbewußtsein. In: Elisabeth Wolfgruber/Petra Grabner (Hg.), Politik und Geschlecht. Dokumentation der 6. Frauenringvorlesung an der Universität Salzburg WS 1999/2000. Innsbruck u. a. 2000, 107–125

Monika Bernold/Johanna Gehmacher, „Biographie einer österreichischen Feministin". Quellenedition und Kommentar. Überlegungen zu Biographie, Archiv und Geschlecht. In: Grete Klingenstein u. a. (Hg.), Umgang mit Quellen heute. Zur Problematik neuzeitlicher Quelleneditionen vom 16. Jahrhundert bis zur Gegenwart. Wien 2003, 173–176

Klaus Beyrer/Hans-Christian Täubrich (Hg.), Der Brief. Eine Kulturgeschichte der schriftlichen Kommunikation. Heidelberg 1996

Ernst Bezemek, Die Geschichte der Stadtgemeinde Hollabrunn und ihrer Gemeinden 1848–1945. In: Ernst Bezemek/Willibald Rosner (Hg.), Vergangenheit und Gegenwart. Der Bezirk Hollabrunn und seine Gemeinden. Hollabrunn 1994, 757–762

Ernst Bezemek/Gottfried Böck, Von der Revolution zum Zusammenbruch der Monarchie. In: Ernst Bezemek/Willibald Rosner (Hg.), Vergangenheit und Gegenwart. Der Bezirk Hollabrunn und seine Gemeinden. Hollabrunn 1994, 155–177

Günter Bischof (ed.), Women in Austria. New Brunswick/New York u. a. 1998

Maria W. Blochmann, Laß dich gelüsten nach der Männer Weisheit und Bildung. Frauenbildung als Emanzipationsgelüste 1800–1918. Pfaffenweiler 1990

Birgit Bolognese-Leuchtenmüller (Hg.), Töchter des Hippokrates. 100 Jahre akademische Ärztinnen in Österreich. Wien 2000

Pierre Bourdieu, Die biographische Illusion. In: BIOS. Zeitschrift für Biographieforschung und Oral History, 1/1990, 75–81

Silvia Bovenschen, Die imaginierte Weiblichkeit. Exemplarische Untersuchungen zu kulturgeschichtlichen und literarischen Präsentationsformen des Weiblichen. Frankfurt/Main 1979

Stephanie Braun u. a. (Hg.), Frauenbewegung, Frauenbildung und Frauenarbeit in Österreich. Wien 1930

Ilse Brehmer (Hg.), Lehrerinnen. Zur Geschichte eines Frauenberufes. Texte aus dem Lehrerinnenalltag. München 1980

Ilse Brehmer/Karin Ehrich (Hg.), Mütterlichkeit als Profession. Lebensläufe von deutschen Pädagoginnen in der ersten Hälfte dieses Jahrhunderts. Pfaffenweiler 1994

Ilse Brehmer/Gertrud Simon (Hg.), Geschichte der Frauenbildung und Mädchenerziehung in Österreich. Graz 1997

Bella Brodzki/Celeste Schenk (eds.), Life/lines: Theorizing Women's Autobiography. Ithaca/New York 1988

Hanna Bubenicek, Rosa Mayreder oder Wider die Tyrannei der Norm. Wien 1986

Felicitas Buchner-Genf, Die Sittlichkeitsfrage auf dem Internationalen Frauenkongreß zu Berlin. In: Neues Frauenleben 6/1904, 5–11

Gertrude Bussey/Margaret Tims, Women's International League for Peace and Freedom 1915–1965. A Record of Fifty Year's Work. Woking/London 1965

Judith Butler, Joan W. Scott (eds.), Feminists Theorize the Political. New York 1992

Michel de Certeau, Die Lektüre. Eine verkannte Tätigkeit. In: Aisthesis. Wahrnehmung heute oder Perspektiven einer anderen Ästhetik. Leipzig 1990, 295–299

Bärbel Clemens, „Menschenrechte haben kein Geschlecht!" Zum Politikverständnis der bürgerlichen Frauenbewegung. Pfaffenweiler 1988

Sandi E. Cooper, Women's Participation in European Peace Movements: The Struggle to Prevent World War I. In: Ruth Roach Pierson (ed.), Women and Peace. Theoretical, Historical and Practical Perspectives. London 1987, 51–71

Sandi E. Cooper, Eine Schwesternschaft von Friedensaktivistinnen: auf der Suche nach einem friedlichen 20. Jahrhundert. Wien 1994

Hannelore Cyrus, Die andere Geschichte. Eine Salzburger Frauengeschichte von der ersten Mädchenschule (1695) bis zum Frauenwahlrecht (1918). In: L'Homme. Zeitschrift für feministische Geschichtswissenschaft, 7, 1996/1, 197–199

Felix Czeike, Historisches Lexikon Wien in 5 Bänden. Wien 1992–1997

Susanna Dammer, Kinder, Küche, Kriegsarbeit – Die Schulung der Frauen durch die NS-Frauenschaft. In: Frauengruppe Faschismusforschung, Mutterkreuz und Arbeitsbuch. Zur Geschichte der Frauen in der Weimarer Republik und im Nationalsozialismus. Frankfurt/Main 1981, 215–245

Natalie Zemon Davis, Die zwei Körper der Geschichte. In: Der Historiker als Menschenfresser. Über den Beruf des Geschichtsschreibers. Berlin 1990, 46–48

Jennifer Anne Davy, Feministischer Pazifismus. Der deutsche Zweig der Internationalen Frauenliga für Frieden und Freiheit 1915–1933. In: Ariadne. Zeitschrift des Archivs der deutschen Frauenbewegung, 1999/37,38 (Das Zwanzigste Jahrhundert)

Heide Dienst/Edith Saurer (Hg.), „Das Weib existiert nicht für sich". Wien 1990

Ulrike Döcker, Die Ordnung der bürgerlichen Welt. Verhaltensideale und soziale Praktiken im 19. Jahrhundert. Frankfurt/New York 1994

Johanna Dohnal, Die Staatsfrage aus der Sicht der Frauen. In: AUF: eine Frauenzeitschrift, 1996/92 (Luftblasen und Seifenflocken, die Zukunft der Frauen in Österreich), 4–9

Gilla Dölle, Die (un)heimliche Macht des Geldes. Finanzierungsstrategien der bürgerlichen Frauenbewegung in Deutschland zwischen 1865 und 1933. Frankfurt/Main 1997

Monika Dorn, Was dürfen Frauen wissen? Zur Mädchenbildung zwischen Diskriminierung und Emanzipation. (Dissertation) Wien 1996

Georges Duby/Michelle Perrot (Hg.), Geschichte der Frauen. 19. Jahrhundert, hg. von Geneviève Fraisse und Michelle Perrot. Frankfurt/M./New York 1994

Rebecca Earle, Epistolary Selves: Letter and Letter-writers. 1600–1945. Aldershot et al 1999, 111–134

Franz X. Eder, „Durchtränktsein mit Geschlechtlichkeit". Zur Konstruktion der bürgerlichen Geschlechterdifferenz im wissenschaftlichen Diskurs über die „Sexualität" (18.–19. Jahrhundert). In: Margret Friedrich/Peter Urbanitsch (Hg.), Von Bürgern und ihren Frauen. Wien/Köln/Weimar 1996, 25–49

Andrea Ellmeier, Konsumentinnen. Einkaufen in Wien 1918–1933 (II). Analyse konsumgenossenschaftlicher FrauenPolitik und bürgerlicher Frauenzeitschriften. (Diplomarbeit) Wien 1990

Helga Embacher, Außenseiterinnen: bürgerlich, jüdisch, intellektuell – links. In: L'Homme. Zeitschrift für Feministische Geschichtswissenschaft. 2/1991, 57–76

Helmut Engelbrecht, Geschichte des österreichischen Bildungswesens. Erziehung und Unterricht auf dem Boden Österreichs Bd. 4. Wien 1986

Fritz Fellner, Der Krieg in Tagebüchern und Briefen, Überlegungen zu einer wenig genützten Quellenart. In: Klaus Amann/Hubert Lengauer (Hg.), Österreich und der große Krieg 1914–1918. Die andere Seite der Geschichte. Wien 1989

Günter Fellner, Athenäum. Die Geschichte einer Frauenhochschule in Wien. In: Zeitgeschichte 3/1986, 99–116

Ursula Ferdinand, Das Malthusische Erbe. Entwicklungsstränge der Bevölkerungstheorie im 19. Jahrhundert und ihr Einfluß auf die radikale Frauenbewegung in Deutschland. Münster 1999

Auguste Fickert, An die Leser! In: Neues Frauenleben 1/1902, 14

Auguste Fickert, Der Stand der Frauenbildung in Österreich. In: Gertrud Bäumer/Helene Lange (Hg.), Handbuch der Frauenbewegung, 4. Bde. Berlin 1902, Bd. III, 160–190

Egid von Filek, Der Mann und die Frauenbewegung. In: Neues Frauenleben, 1/1908, 1–3

E. Finger, Über die Bedeutung und Verbreitung der Geschlechtskrankheiten. In: Neues Frauenleben 1/1904, 2–12

Lisa Fischer/Emil Brix (Hg.), Die Frauen der Wiener Moderne. Wien 1997

Renate Flich, Der Fall Auguste Fickert – eine Lehrerin macht Schlagzeilen. In: Wiener Geschichtsblätter 1/1990, 1–24

Renate Flich, Wider die Natur der Frau? Entstehungsgeschichte der höheren Mädchenschulen in Österreich dargestellt anhand von Quellenmaterial. Wien 1996

Friedrich Wilhelm Foerster, Jugendlehre: Ein Buch für Eltern, Lehrer und Geistliche. Berlin 1907

Michel Foucault, Die Ordnung des Diskurses. Aus d. Franz. von Walter Seitter. Mit einem Essay von Ralf Konersmann. Frankfurt/Main 1991

Wilma Frank, 60 Jahre Bund Österreichischer Frauenvereine. Wien 1963

Elisabeth Freund, Als Zwangsarbeiterin 1941 in Berlin. Die Aufzeichnungen der Volkswirtin Elisabeth Freund. hrsg. und kommentiert von Carola Sachse. Berlin 1996

Maikki Friberg-Helsingfors, Offener Brief an die Redaktion. In: Neues Frauenleben 1/1907, 4f.

Margret Friedrich, Hatte Vater Staat nur Stieftöchter? Initiativen des Unterrichtsministeriums zur Mädchenbildung 1848–1914. In: Brigitte Mazohl-Wallnig (Hg.), Bürgerliche Frauenkultur im 19. Jahrhundert. (L'Homme Schriften Bd. 2) Wien/Köln/Weimar 1995, 301–342

Margret Friedrich, „Dornröschen schlafe hundert Jahr". Zur Geschichte der Mädchenbildung in Österreich im 19. Jahrhundert. In: Margret Friedrich/Peter Urbanitsch (Hg.), Von Bürgern und ihren Frauen. Wien/Köln/Weimar 1996, 181–197

Margret Friedrich, „Ein Paradies ist uns verschlossen ..." Zur Geschichte der schulischen Mädchenerziehung in Österreich im ‚langen' 19. Jahrhundert. Wien u. a. 1999

Margret Friedrich/Peter Urbanitsch (Hg.), Von Bürgern und ihren Frauen. Wien/Köln/Weimar 1996

Elisabeth Frysak, Legale Kämpfe. Der Einsatz des Petitionsrechtes als politische Strategie der österreichischen bürgerlichen Frauenvereine. (Diplomarbeit) Wien 2000

Gabriele Frohnhaus, Feminismus und Mutterschaft. Eine Analyse theoretischer Konzepte der Mütterbewegung in Deutschland. Weinheim 1994

Christoph Führ, Das k. u. k. Armeeoberkommando und die Innenpolitik in Österreich 1914–1917. In: Studien zur Geschichte der österreichisch-ungarischen Monarchie Bd. VII. Graz/Wien/Köln 1968

Henriette Fürth, Mutterschaft und Beruf. In: Neues Frauenleben 1/1908, 3–8

Henriette Fürth, Wieviel kostet ein Kind? In: Neues Frauenleben 3/1914, 67–70

Eva Geber/Sonja Rotter/Marietta Schneider (Hg.), Die Frauen Wiens. Ein Stadtbuch für Fanny, Frances und Franceska. Wien 1992

Johanna Gehmacher, Antisemitismus und die Krise des Geschlechterverhältnisses. In: Österreichische Zeitschrift für Geschichtswissenschaften 4/1992, 424–448

Johanna Gehmacher, Jugend ohne Zukunft. Hitler-Jugend und Bund Deutscher Mädel in Österreich vor 1938. Wien 1994

Johanna Gehmacher, Kein Historikerinnenstreit ... Fragen einer frauen- und geschlechtergeschichtlichen Erforschung des Nationalsozialismus in Österreich. In: Zeitgeschichte 3/4 1995, 109–123

Johanna Gehmacher, „Völkische Frauenbewegung". Deutschnationale und nationalsozialistische Geschlechterpolitik in Österreich. Wien 1998

Johanna Gehmacher, Men, Women, and the Community Borders. German-Nationalist and National Socialist Discourses on Gender, „Race" and National Identity in Austria, 1918–1938. In: Ruth Roach Pierson/Nupur Chaudhuri (eds.), Nation, Empire, Colony. Historicizing Gender and Race. Bloomington and Indianapolis 1998, 205–219

Johanna Gehmacher, Zukunft, die nicht vergehen will. Jugenderfahrungen in NS-Organisationen und Lebensentwürfe österreichischer Frauen. In: Christina Benninghaus/Kerstin Kohtz (Hg.),

„Sag mir, wo die Mädchen sind ..." Beiträge zur Geschlechtergeschichte der Jugend. Köln/Weimar/Wien 1999, 261–274

Johanna Gehmacher, Der andere Ort der Welt. Käthe Schirmachers Auto/Biographie der Nation. In: Sophia Kemlein (Hg.), Geschlecht und Nationalismus in Mittel- und Osteuropa 1848–1918. (Einzelveröffentlichungen des Deutschen Historischen Instituts Warschau Nr. 4) Osnabrück 2000, 99–124

Johanna Gehmacher, Nachfolgeansprüche. Deutschnationale und nationalsozialistische Politik und die bürgerliche Frauenbewegung. Österreich 1918–1938. In: Ute Gerhard (Hg.), Feminismus und Demokratie. Europäische Frauenbewegungen der 1920er Jahre. Königstein/Taunus 2001, 159–175

Johanna Gehmacher, De/Platzierungen – zwei Nationalistinnen in der Hauptstadt des 19. Jahrhunderts. Überlegungen zu Nationalität, Geschlecht und Auto/Biographie. In: Werkstatt Geschichte 32 (2002), 6–30

Ute Gerhard, Unerhört. Die Geschichte der deutschen Frauenbewegung. Reinbek bei Hamburg 1990

Ute Gerhard, „Bewegung" im Verhältnis der Geschlechter und Klassen im Patriarchalismus der Moderne. In: Wolfgang Zapf (Hg.), Die Modernisierung moderner Gesellschaften. Verhandlungen des 25. Deutschen Soziologentages in Frankfurt/M. 1990. New York 1991, 418–431

Ute Gerhard (Hg.), Frauen in der Geschichte des Rechts. Von der Frühen Neuzeit bis zur Gegenwart. München 1997

Ute Gerhard (Hg.), Feminismus und Demokratie. Die europäischen Frauenbewegungen der 1920er Jahre. Königstein/Taunus 2001

Hiltrud Gnüg/Renate Möhrmann (Hg.), Schreibende Frauen. Frauen Literatur Geschichte. Stuttgart 1985

Ulrike Gollonitsch, „Als wär nichts geschehen." Die jüdische Gemeinde in Hollabrunn. Wien 1990

David F. Good/Margarete Grandner/Mary Jo Maynes (Hg.), Frauen in Österreich. Beiträge zu ihrer Situation im 20. Jahrhundert. Wien u. a. 1994

David F. Good/Margarete Grandner/Mary Jo Maynes (eds.), Austrian Women in the Nineteenth and Twentieth Centuries. Cross–Disciplinary Perspectives. Providence/Oxford 1996

Margit Göttert, „... als würde die geheime Kraft der Erde einem getilgt!" Frauen, ihre Freundschaften und Beziehungen in der alten Frauenbewegung. In: L'Homme. Zeitschrift für Feministische Geschichtswissenschaft 1/1993, 40–56

Margit Göttert, Macht und Eros. Frauenbeziehungen und weibliche Kultur um 1900. Eine neue Perspektive auf Helene Lange und Gertrud Bäumer. Königstein 2000

Reinhold Grimm/Jost Hermand, Vom Anderen und vom Selbst. Königstein 1982

Susan Groag Bell/Marilyn Yalom (eds.), Revealing Lives. Autobiography, Biography and Gender. New York 1990

Rebekka Habermas, Frauen und Männer des Bürgertums. Eine Familiengeschichte (1750–1850). (Bürgertum. Beiträge zur europäischen Gesellschaftsgeschichte 14) Göttingen 2000

Hanna Hacker, Staatsbürgerinnen. Ein Streifzug durch Protest- und Unterwerfungsstrategien in der Frauenbewegung und im weiblichen Alltag 1918–1938. In: Franz Kadrnoska (Hg.), Aufbruch und Untergang. Österreichische Kultur zwischen 1918 und 1938. Wien 1981, 225–246

Hanna Hacker, Von Frau zu Frau auf dem blanken Parkett der Meta-Ebene. Androzentristische Systematisierung und die Frage nach lesbischer Authentizität (Österreich 1870–1914) In: Wiener Historikerinnen (Hg.), Die ungeschriebene Geschichte. Historische Frauenforschung. Dokumentation des 5. Historikerinnentreffens. Wien 1984, 225–246

Hanna Hacker, Wer gewinnt? Wer verliert? Wer tritt aus dem Schatten? Machtkämpfe und Beziehungsstrukturen nach dem Tod der „großen Feministin" Auguste Fickert (1910). In: L'Homme. Zeitschrift für Feministische Geschichtswissenschaft 1/1996, 97–106

Hanna Hacker, Gewalt ist: keine Frau: Akteurinnen – eine Geschichte der Transgressionen. Königstein/Taunus 1997

Edith Hagener, Die unsichtbaren Verletzungen des Krieges. Wie ich dazu kam, Feldpostbriefe zu sammeln. In: Hannes Heer/Volker Ullrich (Hg.), Geschichte entdecken. Erfahrungen und Projekte der neuen Geschichtsbewegung. Reinbek 1985

Manuela Hager, Selbstzeugnisse von Frauen in Tagebüchern an der Wende vom 19. ins 20. Jahrhundert: Marie Bashkirtseff, Marie Lenéru und Matilde Serao. In: Heide Dienst/Edith Saurer (Hg.), „Das Weib existiert nicht für sich". Wien 1990, 210–229

Alois Hahn/Volker Kapp (Hg.), Selbstthematisierung und Selbstzeugnis: Bekenntnis und Geständnis. Frankfurt/M. 1987

Brigitte Hamann, Bertha von Suttner. Ein Leben für den Frieden. München 1986

Christa Hämmerle (Hg.), Kindheit im ersten Weltkrieg. Wien/Köln/Weimar 1993

Christa Hämmerle, „… wirf ihnen alles hin und schau, daß Du fort kommst." Die Feldpost eines Paares in der Geschlechter(un)ordnung des Ersten Weltkrieges. In: Historische Anthropologie 3/1998, 431–459

Beate Hanzel, Die Not des Mittelstandes. In: Neues Frauenleben 2/1910, 41–44

Mathilde Hanzel, Frauenforderungen für den Mädchenunterricht. In: Pädagogischer Führer 7/1937, 539–541

Mathilde Hanzel-Hübner, Die Mütter in der UNO, hg. v. Frauenarbeit – Frauenhilfe. Vereinigung österreichischer Frauen. Wien 1947

Mathilde Hanzel-Hübner, Gott konnte nicht überall sein, deshalb schuf er Mütter. In: Barbara Nordhaus-Lüdecke (Hg.), Der Ruf der Mütter. München 1949, 86–92

Helmut Hartwig, Zwischen Briefsteller und Briefpostkarte. Briefverkehr und Strukturwandel bürgerlicher Öffentlichkeit. In: Ludwig Fischer u. a. (Hg.), Gebrauchsliteratur. Methodische Überlegungen und Beispielanalysen. Stuttgart 1976

Gabriella Hauch, Frau Biedermann auf den Barrikaden. Frauenleben in der Wiener Revolution 1848. Wien 1990

Gabriella Hauch, Frauenbewegungen – Frauen in der Politik. In: Emmerich Tálos u. a. (Hg.), Handbuch des politischen Systems Österreichs. Erste Republik 1918–1933. Wien 1995, 277–291

Gabriella Hauch, Vom Frauenstandpunkt aus. Frauen im Parlament 1919–1933. Wien 1995

Gabriella Hauch, Welches Jahrhundert wird uns gehören? Frauen – Feminismus – Öffentlichkeit. In: Wahnsinnsweiber? Weiberwahnsinn: wer braucht Feminismus? (Erweiterte Dokumentation des 6. Linzer AbsolventInnentages, hg. von Monika Bacher) Linz 2000, 7–27

Karin Hausen, Die Nicht-Einheit der Geschichte als historiographische Herausforderung. Zur historischen Relevanz und Anstößigkeit der Geschlechtergeschichte. In: Hans Medick, Anne-Charlott Trepp (Hg.), Geschlechtergeschichte und Allgemeine Geschichte: Herausforderungen und Perspektiven. Göttingen 1998, 15–55

Hannes Heer/Volker Ullrich (Hg.), Geschichte entdecken. Erfahrungen und Projekte der neuen Geschichtsbewegung. Reinbek 1985

Waltraud Heindl/Marina Tichy (Hg.), „Durch Erkenntnis zu Freiheit und Glück ..." Frauen an der Universität Wien (ab 1897). Wien 1990

Lida Gustava Heymann in Zusammenarbeit mit Dr. jur. Anita Augspurg, Erlebtes – Erschautes. Deutsche Frauen kämpfen für Freiheit, Recht und Frieden 1850–1940. Herausgegeben von Margrit Twellmann. Meisenheim/Glan 1977

Eric J. Hobsbawm, Nationen und Nationalismus. Mythos und Realität seit 1780. Frankfurt/Main/New York 1991

E. Hoffet, Die Reglementierung der Prostitution vom christlichen Standpunkt aus. In: Neues Frauenleben 11/1906, 1–7

Caroline Hopf, Frauenbewegung und Pädagogik – Gertrud Bäumer zum Beispiel. Bad Heilbrunn 1997

Ela Hornung, Trennung, Heimkehr und danach. Karl und Melittas Erzählungen zur Kriegs- und Nachkriegszeit. In: Frauenleben 1945. Kriegsende in Wien (Ausstellungskatalog). Wien 1995, 133–149

Dietlind Hüchtker, Subjekt in der Geschichte? Emanzipation und Selbstbehauptung. Flucht und Verfolgung in der Autobiographie von Minna Lachs (1907–1993). In: Carmen Scheide/Natali Stegmann (Hg.), Normsetzung und -überschreitung. Geschlecht in der Geschichte Osteuropas im 19. und 20. Jahrhundert. Bochum 1999, 151–167

Claudia Huerkamp, Bildungsbürgerinnen. Frauen im Studium und in akademischen Berufen 1900–1945. Göttingen 1996

Doris Ingrisch, Benachteiligung von Frauen im Bildungssystem. Zur Bildungs- und Berufsbildungsgeschichte. In: Kurswechsel: Zeitschrift für gesellschafts-, wirtschafts- und umweltpolitische Alternativen, 17, 1991/2, 48–55

Doris Ingrisch, Vertriebene und Verbliebene. Zur Geschichte intellektueller Frauen in Österreich. In: Zeitgeschichte 24, 1997/1,2 (Antisemitismus und Zionismus), 30–48

Initiative 70 Jahre Frauenwahlrecht (Hg.), Wer wählt gewinnt? 70 Jahre Frauenwahlrecht. Wien 1989

Kali Israel, Names and Stories. Emilia Dilke and Victorian Culture. New York/Oxford 1999

Gerhard Jagschitz/Stefan Karner, „Beuteakten aus Österreich". Der Österreichbestand im russischen „Sonderarchiv" Moskau. Redaktion: Sabine Elisabeth Gollmann. Wien 1996 (= Veröffentlichungen des Ludwig Boltzmann-Instituts für Kriegsfolgenforschung Bd. 2)

Pieter M. Judson, „Whether Race or Conviction Should be the Standard". National Identity and Liberal Politics in Nineteenth-Century Austria. In: Austrian History Yearbook XXII/1991, 76–95

Karin Jusek, Auf der Suche nach der Verlorenen. Die Prostitutionsdebatten im Wien der Jahrhundertwende. Wien 1994

Karin Jusek, Die Grenzen weiblichen Begehrens. Beiträge österreichischer Feministinnen zur Sexualdebatte im Wien der Jahrhundertwende. In: David F. Good/Margarete Grandner/Mary Jo Maynes (Hg.), Frauen in Österreich. Beiträge zu ihrer Situation im 20. Jahrhundert. Wien 1994, 168–189

Franz Kadrnoska, Auf den Schleichwegen der Karikatur. Streiflichter zur österreichischen Innenpolitik der Ersten Republik zwischen Ideologie, Politik und sozialem Empfinden. In: ders. (Hg.), Aufbruch und Untergang. Österreichische Kultur zwischen 1918 und 1938. Wien 1981

Franz Kadrnoska (Hg.), Aufbruch und Untergang. Österreichische Kultur zwischen 1918 und 1938. Wien 1981

Franz Kafka, Briefe an Milena. Erweiterte Ausgabe hg. v. Jürgen Born u. Michael Müller. Frankfurt/M. 1983

Immanuel Kant, Zum ewigen Frieden. Ein philosophischer Versuch. Text der Ausgabe A (1795) unter Berücksichtigung des Manuscriptes, der Ausgaben Aa (1795) und B (1796), hg. v. Karl Kehrbach. Leipzig o.J.

Anne-Marie Käppeli, Die feministische Szene. In: Georges Duby/Michelle Perrot (Hg.), Geschichte der Frauen. 19. Jahrhundert, hg. von Geneviève Fraisse und Michelle Perrot. Frankfurt/M./New York 1994, 539–573

Volker Kapp, Von der Autobiographie zum Tagebuch. In: Alois Hahn/Volker Kapp (Hg.), Selbstthematisierung und Selbstzeugnis. Bekenntnis und Geständnis. Frankfurt/Main 1987, 297–310

Ellen Key, Über den Individualismus. In: Neues Frauenleben 7/1906, 1–4

Walter Killy/Rudolf Vierhaus (Hg.), Deutsche Biographische Enzyklopädie Bd. 7. München 1998

Kindlers Literatur Lexikon. München 1974

Christina Klausmann, Politik und Kultur der Frauenbewegung im Kaiserreich. Das Beispiel Frankfurt am Main. Frankfurt/New York 1997

Elke Kleinau, Ein (hochschul-)praktischer Versuch: Die „Hochschule für das weibliche Geschlecht" in Hamburg. In: Elke Kleinau/Claudia Opitz (Hg.), Geschichte der Mädchen- und Frauenbildung. Bd. 2: Vom Vormärz bis zur Gegenwart. Frankfurt/M./New York 1996, 66–82

Elke Kleinau, Bildung und Geschlecht. Eine Sozialgeschichte des höheren Mädchenschulwesens in Deutschland vom Vormärz bis zum Dritten Reich. Weinheim 1997, 60–96

Walter Kleindel, Österreich. Daten zur Geschichte und Kultur, hg., bearbeitet und ergänzt von Isabella Ackerl u. Günter K. Kodek. Wien 1995

Grete Klingenstein/Heinrich Lutz/Gerald Stourzh (Hg.), Biographie und Geschichtswissenschaft. Aufsätze zur Theorie und Praxis biographischer Arbeit. Wien 1980

Ruth Klüger, Zum Wahrheitsbegriff in der Autobiographie. In: Magdalene Heuser, Autobiographien von Frauen. Beiträge zu ihrer Geschichte. Tübingen 1996, 405–410

Helmut Konrad, Die Arbeiterbewegung und die österreichische Nation. In: ders./Wolfgang Neugebauer (Hg.), Arbeiterbewegung – Faschismus – Nationalbewußtsein. Wien u. a. 1983, 367–379

Helmut Konrad/Wolfgang Neugebauer (Hg.), Arbeiterbewegung – Faschismus – Nationalbewußtsein. Wien u. a. 1983

Ilse Korotin (Hg.), Wir sind die ersten, die es wagen: Biographien deutschsprachiger Wissenschafterinnen, Forscherinnen, intellektueller Frauen. (Bundesministerium für Unterricht und Kunst, Abteilung für Mädchen- und Frauenbildung) Wien 1993

Margret Kraul/Sonngrit Fürter, Mathilde Vaerting (1884–1977). Gebrochene Karriere und Rückzug ins Private. In: Ariadne. Almanach des Archivs der deutschen Frauenbewegung 11/1990: Schnittstellen und Schmerzgrenzen. Die „alte" und die „neue" Frauenbewegung im Nationalsozialismus, 30–34

Siegmund Kraus, Erster internationaler Kongress für Schulhygiene. In: Neues Frauenleben 5/1904, 1–4

Birge Krondorfer, Kritik der Bildung. In: Renate Fleisch (Hg.), 54 % der Welt den Frauen. Umverteilung von A – Z. Wien 1995, 104–108

Maria Anna Kronreif, Frauenemanzipation und Lehrerin. Ein Beitrag zur Sozialgeschichte der Pflichtschullehrerin in Österreich. (Dissertation) Salzburg 1985

Ursula Kubes-Hofmann, „Etwas an der Männlichkeit ist nicht in Ordnung". Intellektuelle Frauen am Beispiel Rosa Mayreders und Helene von Druskowitz. In: Lisa Fischer/Emil Brix, Die Frauen der Wiener Moderne. Wien/München 1997, 124–137

Leopoldine Kulka, Unser Weg. In: Neues Frauenleben 1/1916, 2–6

Meike Lauggas, Mädchenbildung bildet „Mädchen". Begriffshistorische und diskursanalytische Untersuchung ausgehend von den Studienhofkommissionsakten zu Mädchenschulen. (Diplomarbeit) Wien 1997

Elisabeth Lebensaft (Hg.), Desiderate österreichischer Frauenbiographieforschung. Symposium des Instituts für Wissenschaft und Kunst im November 2000. Wien 2001

Lehmann's Wohnungsanzeiger. Wien 1901

Lehmann's Wohnungsanzeiger Bd. 3. Wien 1925

Otto Leichter, Brieftagebuch für Käthe Leichter. Abschlußbericht zum Forschungsprojekt Nr. 7411 des Jubiläumsfonds der Österreichischen Nationalbank [Otto Leichter]. Projektleiterin: Edith Saurer. Projektbearb.: Heinz Berger. Salzburg 2000 (LBIHS-Projektberichte; 11)

Philippe Léjeune, Le pacte autobiographique. Paris 1975

Philippe Léjeune, Women and Autobiography at Author's Expense. In: Domna C. Stanton (ed.), The Female Autograph. Chicago/London 1987, 205–218

Philippe Léjeune, Le moi des demoiselles: enquête sur le journal de jeune fille. Paris 1993

Ilse Lenz/Anja Szypulski/Beate Molsich (Hg.), Frauenbewegungen international. Eine Arbeitsbibliographie. Opladen 1996

Dora Leon, Auguste Fickert. In: Bund Österreichischer Frauenvereine (Hg.), Frauenbilder aus Österreich. Wien 1955, 51–63

Lexikon der Frau, Bd. 2. Zürich 1954

Elisabeth Malleier, Jüdische Frauen in Wien. (1816–1938). Wohlfahrt, Mädchenbildung, Frauenarbeit. (Diss.) Wien 2000

Laura Marcus, Auto/biographical Discourses. Theory, Criticism, Practice. Manchester/New York 1994

Rosa Mayreder, Die Frauen und der Prozess Riehl. In: Neues Frauenleben 11/1906, 7–17

Rosa Mayreder, „Über die sexuelle Aufklärung der Jugend". In: Neues Frauenleben 4/1908, 90–97

Rosa Mayreder, Die Frau und der Internationalismus. In: Neues Frauenleben 2/1916, 25–33

Rosa Mayreder, Zur Kritik der Weiblichkeit. Essays, zusammengestellt und eingeleitet von Hanna Schnedl. München 1982

Rosa Mayreder, Tagebücher 1873–1939, hg. und eingeleitet von Harriet Anderson. Frankfurt/Main 1988

Brigitte Mazohl-Wallnig/Margret Friedrich, „… Und bin doch nur ein einfältig Mädchen, deren Bestimmung ganz anders ist …". Mädchenerziehung und Weiblichkeitsideologie in der bürgerlichen Gesellschaft. In: L'Homme. Zeitschrift für feministische Geschichtswissenschaft 2/1991, 7–32

Brigitte Mazohl-Wallnig (Hg.), Bürgerliche Frauenkultur im 19. Jahrhundert. (L'Homme Schriften Bd. 2) Wien/Köln/Weimar 1995

Brigitte Mazohl-Wallnig (Hg.), Die andere Geschichte. Eine Salzburger Frauengeschichte von der ersten Mädchenschule (1695) bis zum Frauenwahlrecht (1918). Salzburg/München 1995

Max Mell (Hg.), Österreichische Zeiten und Charaktere, ausgewählte Bruchstücke aus österreichischen Selbstbiographien. Wien u. a. 1912

Max Mell (Hg.), Stimme Österreichs. Zeugnisse aus drei Jahrhunderten. München 1938

Eva Menasse, „Wann i Dänisch hör', wiar' i wurlat." In: Profil 37/1994

Eva Meyer, Die Autobiographie der Schrift. Frankfurt/M. 1989

Eva Meyer, Trieb und Feder. Basel 1993

Juliane Mikoletzky/Ute Georgeacopol-Winischhofer/Margit Pohl, „dem Zuge der Zeit entsprechend …" Zur Geschichte des Frauenstudiums in Österreich am Beispiel der Technischen Universität Wien. (Schriftenreihe des Universitätsarchivs Bd. 1) Wien 1997

Gisela Miller, Erziehung durch den Reichsarbeitsdienst für die weibliche Jugend (RADwJ). Ein Beitrag zur Aufklärung nationalsozialistischer Erziehungsideologie. In: Manfred Heinemann (Hg.), Erziehung und Schulung im Dritten Reich. Teil 2: Hochschule und Erwachsenenbildung. Stuttgart 1980, 170–173

Olga Misar, Wieviel kostet ein Kind? In: Neues Frauenleben 7/1914, 204–208

Michael Mitterauer, „Ich in der Geschichte, Geschichte im Ich". Zur Dokumentation lebensgeschichtlicher Aufzeichnungen am Institut für Wirtschafts- und Sozialgeschichte der Universität Wien. In: Klaus Amann/Karl Wagner (Hg.), Autobiographien in der österreichischen Literatur. Von Franz Grillparzer bis Thomas Bernhard. Innsbruck/Wien 1998, 241–270

Wolf-Dieter Mohrmann, Die Sammlung von Feldpostbriefen im Niedersächsischen Staatsarchiv in Osnabrück. Gedanken zu Genese, Quellenwert und Struktur. In: Peter Knoch (Hg.), Kriegsalltag. Die Rekonstruktion des Kriegsalltags als Aufgabe der historischen Forschung der Friedenserziehung. Stuttgart 1989, 25–39

Lucia Morawitz, Die Ursachen der Prostitution. (Bericht nach dem Vortrag von Dr. Lucia Morawitz.) In: Neues Frauenleben 2/1904, 5–10 und Neues Frauenleben 4/1904, 4–9

Sibylle Moser, Weibliche Selbst-Organisation. Der Wirklichkeitsanspruch autobiographischer Kommunikation. Wien 1997

Wolfgang Müller-Funk/Hans-Ulrich Reck (Hg.), Inszenierte Imagination. Beiträge zu einer historischen Anthropologie der Medien. Wien/New York 1996

Friedrich Naumann, Mitteleuropa. Berlin 1915

Neue Deutsche Biographie. Berlin 1997

Neues Frauenleben, Jahrgang 1904 – Jahrgang 1918

Gerda Neyer, Die Entwicklung des Mutterschutzes in Deutschland, Österreich und der Schweiz von 1877 bis 1945. In: Ute Gerhard (Hg.), Frauen in der Geschichte des Rechts. Von der Frühen Neuzeit bis zur Gegenwart. München 1997, 744–758

Susanne zur Nieden, Vom Privatjournal zum literarischen Bekenntnis. Zu den Anfängen der Tagebuchkultur. In: dies., Alltag im Ausnahmezustand. Frauentagebücher im zerstörten Deutschland 1943 bis 1945. Berlin 1992, 34–41

Susanne zur Nieden, Alltag im Ausnahmezustand. Frauentagebücher im zerstörten Deutschland 1943–1945. Berlin 1993

Niederösterreichischer Amtskalender für das Jahr 1907

Friedrich Nietzsche, Menschliches, Allzumenschliches. Leipzig 1894

Friedrich Nietzsche, Also sprach Zarathustra (III). Von alten und neuen Tafeln. In: Gesammelte Schriften. o.O. o.J. (1996)

Gisela Notz, Klara Marie Fassbinder (1890–1974) and women's peace activities in the 1950s and 1960s. In: Journal of Women's History 13, 2001/3, 98–123

Karen Offen, Defining Feminism: A Comparative Historical Approach. In: Gisela Bock/Susan James (Hg.), Beyond Equality and Difference. Citizenship, Feminist Politics, and Female Subjectivity. London 1992, 698–8

Karen Offen, European Feminisms. A political History. 1700–1950. Stanford 2000

Julius Ofner, Verbrechen und Jugendgericht. In: Neues Frauenleben 11/1911, 291f.

Julius Ofner, Aufruf an die Frauen Österreichs. In: Neues Frauenleben 11/1911, 292f.

Susanne Omran, Frauenbewegung und Judenfrage. Diskurse um Rasse und Geschlecht nach 1900. Frankfurt/M. 2000

Maria Oppitz, Gehalt und Zölibat. Die Lage der Pflichtschullehrerinnen in Österreich nach dem Reichsvolksschulgesetz (1869) bis zum ersten Weltkrieg. (Diplomarbeit) Wien 1993

Luise Passerini, Myths, Experiences and Emotions. In: The Personal Narrative Group (ed.), Interpreting Women's Lives. Bloomington 1989

Paul Patton u. a. (eds.), Nietzsche, Feminism and Political Theory. Sydney 1993

Verena Pawlowsky, Arbeitslosenpolitik im Austrofaschismus. Ein Beispiel restriktiver Sozialpolitik in ökonomischen Krisenzeiten. (Diplomarbeit) Wien 1988

Gudrun Perko (Hg.), Mutterwitz. Das Phänomen Mutter – eine Gestaltung zwischen Ohnmacht und Allmacht. Wien 1998

Carl Pfistermeister, Die Unauflösbarkeit der christlichen Ehe. 7 Vorträge anläßlich der jüngsten Angriffe auf die christliche Ehe. Innsbruck 1906

Ruth Roach Pierson (ed.), Women and Peace. Theoretical, Historical and practical Perspectives. London 1987

Ute Planert (Hg.), Nation, Politik und Geschlecht. Frauenbewegungen und Nationalismus in der Moderne. Frankfurt/Main 2000

Wolfgang Pollazek, Polizeiverordnung und Gesetz. In: Neues Frauenleben 11/1906, 17–21

Katharina Prato, Süddeutsche Küche. Graz 1858

Elspeth Probyn, Sexing the Self. Gendered Positions in Cultural Studies. London 1993

Edeltraud Ranftl, Wegmarken und Pflastersteine. Ideengeschichtliche und historische Entwicklung von Frauenbildung und Frauenforschung. Linz 1999

Marie Raschke, Die rechtliche Stellung der Frau nach dem österreichischen und deutschen BGB. In: Neues Frauenleben 5/1904, 4–8

Marie Raschke, Die rechtliche Stellung der unehelichen Mütter und Kinder nach dem österreichischen und deutschen B.-G.-B. In: Neues Frauenleben 8/1904, 3–6

Anne Kathrin Reulecke, ‚Die Nase der Lady Hester'. Überlegungen zum Verhältnis von Biographie und Geschlechterdifferenz. In: Hedwig Röckelein (Hg.), Biographie als Geschichte. Tübingen 1993, 117–142

Leopold Rieder, Das Schulwesen im Bezirk Hollabrunn. In: Ernst Bezemek/Willibald Rosner (Hg.), Vergangenheit und Gegenwart. Der Bezirk Hollabrunn und seine Gemeinden. Hollabrunn 1994, 456–473

Denise Riley, ‚Am I that name'? Feminism and the Category of ‚Women' in History. London 1988

Denise Riley, The Words of Selves, Identification, Solidarity, Irony. Stanford 2000

Friederike Ritter, geb. Wechsler (Mat. Jg. 1917), Ein kleiner autobiographischer Beitrag zur Geschichte des Mädchenstudiums am Hollabrunner Gymnasium. In: Viktor Scheibelreiter (Hg.), 100 Jahre Bundesrealgymnasium Hollabrunn. 1865–1965. Hollabrunn 1965

Hedwig Röckelein (Hg.), Biographie als Geschichte. Tübingen 1993

Auguste Rodin, Die Kunst. Gespräche des Meisters, gesammelt von Paul Gsell. München 1920

Franziska Rogger, Der Doktorhut im Besenschrank: das abenteuerliche Leben der ersten Studentinnen – am Beispiel der Universität Bern. Bern 1999

Gabriele Rosenthal, Das soziale Schweigegebot zu den Nazi-Verbrechen. Bedingungen und Institutionalisierungen einer Abwehrhaltung. In: Irene Bandhauer-Schöffmann/Ela Hornung (Hg.), Wiederaufbau weiblich. Dokumentation der Tagung „Frauen in der österreichischen und deutschen Nachkriegszeit". Wien/Salzburg 1992, 55–72

Hazel Rowley, How Have Biographies Been Written and How Can They Be? In: Australian Feminist Studies, 7 (1992) 16: Writing lives, 139–143

Franz Ruhm, 111 Eintopfgerichte. Mit der lustigen Bilderserie „Die Abenteuer des Kochkünstlers Blasius Topf". Illustriert von Ferdinand Kóra-Korber, Reime von Heino Seitler. Wien 1936

Leila J. Rupp, Worlds of Women. The Making of an International Women's Movement. Princeton 1997

Edith Saurer, „Le Krach de l'intellectuelle"? Koedukation und Geschlechtertrennung an den Universitäten der Jahrhundertwende. USA, Frankreich und Österreich. In: Ordnung und Freiheit. Festschrift für Gerald Stourzh. Graz 1990, 411ff.

Edith Saurer, Frauengeschichte in Österreich. Eine fast kritische Bestandsaufnahme. In: L'Homme. Zeitschrift für feministische Geschichtswissenschaft 2/1993, 37–63

Edith Saurer, Die Autobiographie des Thomas Pöschl. Erweckung, weibliche Offenbarungen und religiöser Wahn. In: dies. (Hg.), Die Religion der Geschlechter: historische Aspekte religiöser Mentalitäten. Wien/Köln/Weimar 1995, 169–212

Edith Saurer, Liebe, Geschlechterbeziehungen und Feminismus. In: L'Homme. Zeitschrift für feministische Geschichtswissenschaft 1/1997, 6–20

Edith Saurer, Liebe und Arbeit. Geschlechterbeziehungen im 19. und 20. Jahrhundert Frankfurt/Main 1997

Viktor Scheibelreiter (Hg.), 100 Jahre Bundesrealgymnasium Hollabrunn. 1865–1965. Hollabrunn 1965

Hanna Schissler, Soziale Ungleichheit und historisches Wissen. Der Beitrag der Geschlechtergeschichte. In: dies. (Hg.), Geschlechterverhältnisse im historischen Wandel. Frankfurt/M./New York 1993, 9–36

Hiltraud Schmidt-Waldherr, Emanzipation durch Professionalisierung. Politische Strategien und Konflikte in der bürgerlichen Frauenbewegung während der Weimarer Republik und die Reaktion des bürgerlichen Antifeminismus und des Nationalsozialismus. Frankfurt/Main 1987

Andrea Schnöller/Hannes Stekl, Vorwort zu: „Es war eine Welt der Geborgenheit ..." Bürgerliche Kindheit in Monarchie und Republik. Wien 1987

Irene Schöffmann, „... da es in Christus weder Mann noch Weib gibt." Eine historische Analyse des Geschlechterverhältnisses im Katholizismus am Beispiel der Katholischen Frauenorganisationen im Austrofaschismus. In: Wiener Historikerinnen (Hg.), Die ungeschriebene Geschichte. Historische Frauenforschung. Dokumentation des 5. Historikerinnentreffens. Wien 1984, 70–84

Irene Schöffmann, Die bürgerliche Frauenbewegung im Austrofaschismus. Eine Studie zur Krise des Geschlechterverhältnisses am Beispiel des Bundes Österreichischer Frauenvereine und der Katholischen Frauenorganisation für die Erzdiözese Wien. (Dissertation) Wien 1986

Linda K. Schott, Reconstructing Women's Thoughts. The Women's International League for Peace and Freedom before World War II. Stanford/California 1997

Winfried Schulze (Hg.), Ego-Dokumente: Annäherung an den Menschen in der Geschichte. Berlin 1995

Joan Wallach Scott, Only Paradoxes to Offer. French Feminists and the Rights of Man. Cambridge 1996

Joan Wallach Scott, Feminism and History. Reprint. Oxford 1997

Joan Wallach Scott/Cora Kaplan/Debra Keates (eds.), Transitions, Environments, Translations: Feminisms in International Politics. New York 1997

Anna Sophie Seidelin, De unge år. (Die jungen Jahre.) Kopenhagen 1997

Gertrud Simon, Hintertreppen zum Elfenbeinturm. Höhere Mädchenbildung in Österreich. Anfänge und Entwicklungen. Wien 1993

Gertrud Simon, „Von Maria Theresia zu Eugenia Schwarzwald". Mädchen- und Frauenbildung in Österreich zwischen 1774 und 1919 im Überblick. In: Ilse Brehmer/Gertrud Simon (Hg.), Geschichte der Frauenbildung und Mädchenerziehung in Österreich. Graz 1997, 178–188

Sidonie Smith, A Poetics of Women's Autobiography: Marginality and the Fictions of Self-Representation. Bloomington 1987

Sidonie Smith, Who's Talking/Who's Talking Back. The Subject of Personal Narrative. In: Signs 18, 2/1993, 392–408

Sidonie Smith, Construing Truth in Lying Mouths: Truthtelling in Women's Autobiography. In: Martine Watson Brownley/Allison B. Kimmich (eds.), Women and Autobiography. Wilmington 1999, 33–53

Sidonie Smith/Julia Watson (eds.), Women, Autobiography, Theory. A Reader. London 1998

Jane Elizabeth Sokolosky, Rosa Mayreder. The Theory in her Fiction. Washington 1997

Gustav Spann, Zensur in Österreich während des I. Weltkrieges. (Dissertation) Wien 1972

Liz Stanley, The auto/biographical I. Oxford/New York 1992

Domna C. Stanton (ed.), The Female Autograph. Chicago/London 1987

Carolyn Steedman, Childhood, Culture and Class in Britain. Margaret McMillan, 1860–1931. London 1990

Carolyn Steedman, Past Tenses. Essays on Writing Autobiography and History. London 1994

Carolyn Steedman, A Woman Writing a Letter. In: Rebecca Earle, Epistolary Selves. Letter and Letterwriters. 1600–1945. Aldershot et al 1999 111–134

Gertrud Stein, Jedermanns Autobiographie. Aus dem Amerikanischen von Marie-Anne Stiebel. Frankfurt/Main 1986

Christiane Steiner, Die Anfänge der Frauenarbeit im Staatsdienst am Beispiel der österreichischen Post- und Telegraphenanstalt 1869–1919. (Diplomarbeit) Wien 1994

Margit Sturm, Lebenszeichen und Liebesbeweise aus dem Ersten Weltkrieg. Zur Bedeutung von Feldpost und Briefschreiben am Beispiel der Korrespondenz eines jungen Paares. (Diplomarbeit) Wien 1992

Emmerich Tálos u. a. (Hg.), Handbuch des politischen Systems Österreichs. Erste Republik 1918–1933. Wien 1995

Erika Thümmel, Von Kuheutern, Wildschweinsköpfen und Kalbsohren. Die „schriftstellernde Kochkünstlerin" Katharina Prato und ihre „Süddeutsche Küche". In: Carmen Unterholzer/Ilse Wieser (Hg.), Über den Dächern von Graz ist Liesl wahrhaftig. Eine Stadtgeschichte der Grazer Frauen. Wien 1996

Lew N. Tolstoi, Nachwort zur Kreutzersonate, übersetzt von R. Löwenfeld. Berlin 1890

Lew N. Tolstoi, Unsere Armen und Elenden. Geld. Berlin 1891

Isolde Tröndle-Weintritt ... (Hg.), „Nun gehen Sie hin und heiraten Sie!" Die Töchter der Alma mater im 20. Jahrhundert. Freiburg i. Br. 1997

Sigrid Undset an Barbara Nordhaus-Lüdecke, 4. 2. 1948. In Barbara Nordhaus-Lüdecke (Hg.), Der Ruf der Mutter. München 1949

Mathilde Vaerting, Neubegründung der Psychologie von Mann und Weib. Karlsruhe 1921

Mathilde Vaerting, Soziologie und Psychologie der Macht. Berlin 1928

Mathilde Vaerting, Lehrer und Schüler. Ihr gegenseitiges Verhalten als Grundlage der Charakterbildung. Leipzig 1931

Erich Voegelin, Der autoritäre Staat. Ein Versuch über das österreichische Staatsproblem. Wien 1936

Erich Voegelin, Die politischen Religionen. Wien 1938

Heinz Wagner, Großes Handbuch der Oper. Wilhelmshaven 1987

Bernd Jürgen Warneken, Populare Autobiographik: Empirische Studien zu einer Quellengattung der Alltagsgeschichtsforschung. Tübingen 1985

Martine Watson Brownley/Allison B. Kimmich (eds.), Women and Autobiography. Wilmington 1999

Gudrun Wedel, Lehren zwischen Arbeit und Beruf. L'Homme Schriften 4. Wien 2000

Sigrid Weigel, „Der Mensch meines Lebens bin ich?" Tagebücher und Ich-Texte. In: dies., Die Stimme der Medusa. Schreibweisen in der Gegenwartsliteratur von Frauen. Reinbek bei Hamburg 1987, 97–108

Sigrid Weigel, Telephon, Post, Schreibmaschine. Weibliche Autorschaft im Aufschreibesystem der (Post)Moderne am Beispiel von Ingeborg Bachmanns ‚Malina'. In: Wolfgang Müller-Funk/Hans-Ulrich Reck (Hg.), Inszenierte Imagination. Beiträge zu einer historischen Anthropologie der Medien. Wien/New York 1996, 147–162

Sigrid Weigel, Ingeborg Bachmann. Hinterlassenschaften unter Wahrung des Briefgeheimnisses. Wien 1999

Josef Weinheber, „Österreich kehrt heim ins Deutsche Reich". In: Max Mell, Stimme Österreichs. Zeugnisse aus drei Jahrhunderten. München 1938, 74f.

Karl J. Weintraub, Autobiography and Historical Consciousness. In: Critical Inquiry, June 1975, 821–848

Erika Weinzierl, Emanzipation? Österreichische Frauen im 20. Jahrhundert. Wien 1975

Irmgard Weyrather, Muttertag und Mutterkreuz. Der Kult um die „deutsche Mutter" im Nationalsozialismus. Frankfurt/Main 1993

Hayden White, Auch Klio dichtet oder die Fiktion des Faktischen. Studien zur Tropologie des historischen Diskurses. Einführung von Reinhart Koselleck. Stuttgart 1986

Hayden White, Die Bedeutung der Form. Erzählstrukturen in der Geschichtsschreibung. Frankfurt/Main 1990

Wiener Historikerinnen (Hg.), Die ungeschriebene Geschichte. Historische Frauenforschung. Dokumentation des 5. Historikerinnentreffens. Wien 1984

Dorothee Wierling, Mädchen für alles. Arbeitsalltag und Lebensgeschichte städtischer Dienstmädchen um die Jahrhundertwende. Berlin u. a. 1987

Birgitta Zaar, Vergleichende Aspekte der Geschichte des Frauenstimmrechts in Großbritannien, den Vereinigten Staaten von Amerika, Österreich, Deutschland und Belgien, 1860–1920. (Dissertation) Wien 1994

Edda Ziegler, Heinrich Heine. Leben – Werk – Wirkung. Zürich 1993

Maria Ziniel, Die Situation der Lehrerin um 1900 im Spiegel der ‚Österreichischen Lehrerinnen-Zeitung' (1893–1907). (Diplomarbeit) Wien 1992

böhlau

L'Homme Schriften
Band 3 in Vorbereitung

Band 1
Edith Saurer (Hg.)
Die Religion der Geschlechter
Historische Aspekte religiöser Mentalitäten
1995. 279 Seiten. 4 schw.-w. Abb. Br.
ISBN 3-205-98388-2

Band 2
Brigitte Mazohl-Wallnig (Hg.)
Bürgerliche Frauenkultur im 19. Jahrhundert
1995. 443 Seiten. 14 S. schw.-w. Abb. Br.
ISBN 3-205-05539-X

Band 4
Gudrun Wedel
Lehren zwischen Arbeit und Beruf
Einblicke in das Leben von Autobiographinnen
aus dem 19. Jahrhundert
2000. 350 Seiten. Br. ISBN 3-205-99041-2

Band 5
Bärbel Kuhn
Familienstand: ledig
Ehelose Frauen und Männer im Bürgertum (1850–1914)
2002. 448 Seiten. Br.
ISBN 3-412-11101-5

www.boehlau.at

böhlau

L'Homme Schriften

Band 6
Angelika Schaser
Helene Lange und Gertrud Bäumer
Eine politische Lebensgemeinschaft
2000. 416 Seiten. 10 schw.-w. Abb. auf 8 Tafeln. Br.
ISBN 3-412-09100-6

Band 7
Christa Hämmerle / Edith Saurer (Hg.)
Briefkulturen und ihr Geschlecht
Zur Geschichte der privaten Korrespondenz
vom 16. Jahrhundert bis heute
in Vorbereitung
ISBN 3-205-99398-5

Band 8
Margareth Lanzinger
Das gesicherte Erbe
Heirat in lokalen und familialen Kontexten,
Innichen 1700–1900
2003. 384 Seiten. mit zahlr. schw.-w. Abb.,
Graphiken und Tabellen. Br.
ISBN 3-205-99371-3

www.boehlau.at